카피라이팅의 영어

독자의 1초를 아껴주는 정성 길벗출판사

(주)도서출판 길벗　IT단행본, 성인어학, 교과서, 수험서, 경제경영, 교양, 자녀교육, 취미실용 www.gilbut.co.kr
길벗스쿨　　　　국어학습, 수학학습, 주니어어학, 어린이단행본, 학습단행본 www.gilbutschool.co.kr

유튜브 @GILBUTEZTOK ○ **인스타그램** gilbut_eztok ○ **네이버포스트** gilbuteztok

카피라이트의 영어

초판 1쇄 발행 2025년 10월 25일

지은이	Edward Povey, Daniel Svoboda
번역	강주헌
발행인	이종원
발행처	(주)도서출판 길벗
브랜드	길벗이지톡
출판사	등록일 1990년 12월 24일
주소	서울시 마포구 월드컵로 10길 56(서교동)
대표 전화	02) 332-0931
팩스	02) 323-0586
홈페이지	www.gilbut.co.kr
이메일	eztok@gilbut.co.kr

기획 및 책임편집 김효정(hyo@gilbut.co.kr) ○ **디자인** 글리치팩토리 ○ **제작** 이준호 손일순 이진혁
마케팅 차명환 장봉석 최소영 ○ **유통혁신** 한준희 ○ **영업관리** 김명자 심선숙 ○ **독자지원** 윤정아
외주 편집 정영주 ○ **인쇄/제본** 정민

· 길벗이지톡은 (주)도서출판 길벗의 성인어학서 출판 브랜드입니다.
· 이 책은 저작권법의 보호를 받는 저작물로 이 책에 실린 모든 내용, 디자인, 이미지, 편집 구성은 허락 없이 복제하거나 다른 매체에 옮겨 실을 수 없습니다.
· 인공지능(AI) 기술 또는 시스템을 훈련하기 위해 이 책의 전체 내용은 물론 일부 문장도 사용하는 것을 금지합니다.
· 잘못 만든 책은 구입한 서점에서 바꿔 드립니다.
· 책 내용에 대한 문의는 길벗 홈페이지(www.gilbut.co.kr) 고객센터에 올려 주세요.

ISBN	979-11-407-1593-0 03740 (길벗도서번호 301210) © 길벗, 2025
정가	25,000원

애플부터 스포티파이, 그리고 BBC까지
글로벌 브랜드의 영문 카피 레퍼런스

카피라이팅의 영어

Edward Povey,
Daniel Svoboda 지음
강주헌 번역

서문

언어는 인류가 발명한 가장 강력한 도구 중 하나이다. 언어가 있어, 우리는 정보를 전달할 수 있을 뿐만 아니라 정서를 불어넣고 결정을 말로 표현하며 아이디어를 널리 퍼뜨릴 수 있다. 오늘날처럼 빠르게 변하고, 과학기술에 기반한 세계에서 언어를 설득력 있게 사용하는 능력은 그 어느 때보다 중요해졌다. 바이럴 캠페인부터 제품 출시에 이르기까지, 신중하게 선택된 단어는 궁금증을 불러일으키고, 신뢰를 구축하며 잠재 고객을 행동하도록 유도할 수 있다.

이 책에서는 마케팅과 카피라이팅에서 언어가 실제로 어떻게 사용되는지 다루고 있다. 광고, 뉴스레터, 웹사이트, 소셜 미디어, 심지어 매장 내 홍보 등 언어라는 도구를 통해 대중과 소통하는 모든 사람을 위해 쓰인 책이다. 당신이 언어를 사용해 대중의 관심을 끌고, 대중과 소통하며, 대중의 행동에 영향을 미치는 것을 목표로 한다면, 이 책에 제시된 도구와 예시는 바로 당신을 위한 것이다.

이 책이 쓰인 방식은 간단하지만 강력하다. 다양한 산업 분야의 옥외 광고판과 포스터, 광고와 웹사이트, 캠페인 등에서 실제로 사용된 마케팅 언어를 예로 들어, 그 텍스트를 역으로 분석했다. 달리 말하면, 그 텍스트가 어떻게 어떤 이유에서 효과가 있는지 분석함으로써 표면 아래에 숨겨진 전략을 밝혀냈다. 이 책에서 보듯이, 그렇게 밝혀낸 결과는 실질적이기도 하지만, 실제 커뮤니케이션 세계에 곧바로 적용될 수 있다. 유아용 유동식부터 호화 크루즈까지, 가정용품 브랜드부터 틈새 제품까지 다양한 사례를 제시된다. 특정한 산업에 종사하지 않는 독자여도 다른 분야를 살펴보는 것은 가치 있는 작업이다. 최고의 아이디어가 일종의 아이디어 교류 cross-pollination 에서, 또는 뜻밖의 곳에서 기술을 차용해 자신에게 맞게 조정할 때 생거나는 경우가 적지 않다.

이런 조정 과정을 설명하기 위해 이 책에서 선택한 사례들은 마케팅 퍼널 marketing funnel 이란 개념을 중심으로 구성되었다. 잠재 고객이 어떤 브랜드에 대해 알게 되고 평가한 뒤에 궁극적으로 그 브랜드와 관계를 맺게 되는 여정을 가리키는 마케팅 퍼널은 대체로 5단계로 설명된다.

1. 인지(awareness) - 관심을 사로잡는 첫 노출 순간
2. 관심(interest) - 궁금증이 커지기 시작하고, 더 자세히 알고 싶은 욕구를 자극한다
3. 고려(consideration) - 선택 가능성들을 따져보고, 비교가 이루어진다
4. 구매 결정(decision) - 구매하거나 행동을 취하는 시점
5. 충성도(loyalty) - 장기적인 관계로, 이 단계에서는 신뢰를 유지하고 재구매를 유도하는 게 목표이다.

각 단계에서는 엄선된 문구, 슬로건, 표현이 예로 제시되고, 분석과 설명이 더해진다. 또한 '마케팅 퍼널 프랙티스'에서는 독자가 약간 개작하면 자신의 프로젝트에 곧바로 사용할 수 있도록 다양한 예가 제시된다.

전체적으로 종합해 보면, 이 책은 실제 사례부터 언어 분석과 마케팅 전략, 끝으로는 커뮤니케이션을 설득력 있게 끌어가는 데 필요한 실질적인 구성 단위까지 아우른다. 따라서 이 책을 끝까지 읽고 나면 효과적인 마케팅 언어의 원리를 이해하는 것은 물론이고. 더욱 창의적이고 자신 있게 언어를 구사할 능력을 얻었다는 자부심을 느낄 수 있기를 바랄 뿐이다.

저자 Edward Povey, Daniel Svoboda

옮긴이의 글

한 권에 담긴 모든 산업 분야의 마케팅 언어

마케팅 언어, 특히 카피라이팅은 단순히 정보를 전달하는 것을 넘어, 언어를 통해 사람의 마음을 움직이는 기술, 어쩌면 예술이다. 빠르게 변화하는 현대 사회에서 어떤 상품이나, 어떤 의도를 설득력 있게 함축적으로 요약하는 언어 능력은 마케터와 카피라이터에게 반드시 필요한 자질일 수 있다. 이 책은 그런 능력을 길러주는 실용적인 안내서이다.

마케팅을 이론적으로 접근한 책이 아니다. 한류 K-wave 를 비롯한 52개의 산업 분야에서 마케팅 슬로건이나 메시지로 성공한 사례를 '역분석'한 책이다. 구체적으로 말하면, 옥외 광고판, 웹사이트, 소셜 미디어 등 다양한 매체에 사용된 성공적인 카피들을 분석하여, 그 단어와 문장이 어떻게 사람들의 마음을 사로잡고 행동을 유도했는지 그 숨겨진 전략을 파헤친다. 요컨대 단순히 이론을 나열하는 것이 아니라, 성공적인 카피의 원리를 실질적인 예시를 통해 설명하는 방식이어서 읽기에도 편하다.

책의 구성도 실례를 통한 마케팅 학습에 적합하도록 이루어졌다. 해당 산업의 마케팅 역사에 대해 간략히 설명한 뒤에 대표적인 기업 3곳(드물게 2곳)과 각 기업의 마케팅 전략이 소개된다. 그러고는 이른바 '마케팅 퍼널'의 5단계(인지, 관심, 고려, 구매 결정, 충성도)에 따라, 성공한 슬로건 혹은 메시지가 제시되고 분석된다. 다시 말하면, 잠재 고객이 브랜드를 처음 접하는 순간부터 충성 고객이 되기까지, 각 단계에서 어떤 언어적 전략이 필요한지 구체적으로 제시된다. 따라서 독자는 다양한 산업 분야의 실제 사례들을 통해 최고의 아이디어가 어떻게 다른 분야에서 영감을 얻어 탄생하는지 배울 수 있다. 이 책의 가장 눈에 띄는 강점은 효과적인 마케팅 언어의 원리를 이해하는 데 그치지 않고, 실제 현장에서 바로 적용할 수 있는 '마케팅 퍼널 프랙티스'이다.

이른바 실전 마케팅이라 할 수 있는 카피를 번역하면서 느낀 소회는, 카피가 '시'와 비슷하다는 점이었다. 따라서 카피의 번역이 간혹 직역처럼 보일 때가 있을지 모르겠다. 이 경우 '의역'이라는 방식으로는 카피에 담긴 뜻을 충분히 담아내지 못하고 오히려 의미를 좁히게 될 위험이 있어, 직역에 가까운 단어를 선택했으니 그 단어를 시어처럼 폭넓게 이해해 주기를 바란다.

또 하나는 카피 번역에서 종결 어미를 어떻게 선택할 것인가 하는 문제였다. 같은 경어체에 속하지만 '하십시오'와 '하세요'는 격식의 차이가 있으며, '-십시오'가 더 무겁게 느껴지는 것은 사실이다. 이번 번역에서는 카피의 성격을 '방향성의 제시'라는 점에 중점을 두었으므로, 독자가 상황에 맞게 적절히 선택하는 수고를 기꺼이 받아들여 주기를 바랄 뿐이다.

번역가에게 번역은 새로운 지식을 배울 수 있는 관문이다. 그 지식을 자기의 것으로 받아들여 삶의 일부는 삼는다면 번역가의 삶은 결코 '고인물'이 될 수 없다. 시쳇말로 '꼰대'일 수 없다. 이 원칙은 독자에게도 그대로 적용된다. 1년 동안 많은 책을 읽었다고 자랑하더라도 책을 읽고 배운 것을 삶에 적용해 실천하지 못하면 '꼰대'에서 벗어날 수 없다. 이 책에서도 많은 독자가 많은 것을 배우기 바란다. 이 책을 통해 우리 세상에 존재하는 다양한 산업들에 대해 조금이나마 알고, 그 산업이 자신의 존재를 세상에 알리기 위해 선택하는 마케팅 언어의 본질을 꿰뚫어 보고, 더욱 창의적이고 자신감 있게 언어를 구사하는 능력을 얻게 되기를 바란다.

충주에서 강주헌

목차

서문	4
옮긴이의 글	6

FINANCE — 12

일반 은행 General Banking	14
핀테크 Fintech	24
보험 Insurance	34
투자 은행 Investment Banking	44
자산 관리 Wealth Management	55

RETAIL & CONSUMER GOODS — 66

화장품 Beauty & Cosmetics	68
소비자 가전 Consumer Electronics	78
명품 브랜드 Luxury Brands	88
스포츠웨어와 아웃도어 장비 Sportswear & Outdoor Gear	98
가전 제품 Home Appliances	109
유아 및 아동용품 Baby & Children's Products	120
알코올 음료 Alcoholic Beverages	130
의류와 의복 Clothing & Apparel	141

TRAVEL & SERVICES — 152

항공사 및 여행 플랫폼 Airlines & Travel Platforms	154
호텔 및 리조트 Hotels & Resorts	165
이벤트와 컨퍼런스 장소 Event & Conference Venues	176
테마 파크 Theme Parks	187
렌터카 Car Rental	198
카페 Cafés	208
레스토랑 Restaurants	218
음악 공연장 Music Venues	228

MEDIA — 238

웹서비스 Web Services	240
소셜 미디어와 네트워킹 Social Media & Networking	250
인공지능과 기계학습 AI & Machine Learning	260
가상현실과 증강현실 VR & AR	270
사이버 보안과 가상 사설망 Cyber Security & VPN	280
검색 엔진 최적화와 온라인 마케팅 SEO & Online Marketing	290

UTILITIES & TRANSPORT — 302

에너지와 공익 사업 Energy & Utilities	304
재생 에너지 Renewable Energy	315
조선 Shipbuilding	326
철도망 Rail Networks	335
전기 자동차 Electric Vehicles	345
럭셔리 자동차 Luxury Vehicles	355
자동차 판매 대리점 Car Dealerships	365

ENTERTAINMENT & EDUCATION — 376

OTT 스트리밍 서비스 OTT Streaming Services	378
게임 산업 Gaming	388
영화와 텔레비전 제작 Film & Television Production	398
음악 산업과 스트리밍 Music Industry & Streaming	409
서적과 출판 Books & Publishing	421
뉴스 채널과 신문 News Channels & Newspapers	432
대학 및 대학교 Colleges & Universities	442
사립학교와 기숙학교 Private & Boarding Schools	453
이러닝 플랫폼 E-Learning Platforms	464
교과서와 교육 출판 Educational Textbooks & Publishing	476

HEALTHCARE & MEDICINE — 488

의료 기관과 제약 회사
Healthcare Providers & Pharmaceuticals	490
건강 보험 Health Insurance	501
영양과 영양 보충제 Nutrition & Supplements	512
웨어러블 테크놀로지 Wearable Tech	523

HALLYU & K-WAVE — 534

K-드라마와 텔레비전 K-Dramas & Television	536
K-팝 K-pop	547
한국 전통 음식 Korean Traditional Food	558

Editor's Page — 570

FINANCE

일반 은행	General Banking
핀테크	Fintech
보험	Insurance
투자 은행	Investment Banking
자산 관리	Wealth Management

일반 은행　　General Banking

배경

은행 산업의 마케팅 커뮤니케이션은 안정된 기관을 강조하는 메시지에서 탈피해 고객 중심의 스토리텔링으로 진화해 왔다. 은행 산업의 카피라이팅 역사를 되짚어 보면, 국제적 역량과 개별 지역에 대한 이해를 연계한 HSBC의 캠페인 The World's Local Bank 세계의 안방 은행 부터, 은행업의 전통적인 관습에 도전한 ING의 Banking Made Fresh 새로운 은행 만들기 운동에 이르기까지 은행업의 마케팅을 재정의한 혁신적인 캠페인이 여러 차례 등장했다.

　　오늘날 은행 업계의 카피라이팅은 기관으로서의 신뢰와 디지털 혁신 사이에 균형을 맞추며, 전통적인 은행의 가치와 현대적인 편의성을 결합하는 메시지를 전달해야 한다. 은행 산업은 초기 은행 광고에서 확인되듯이 안정성에 초점을 맞춘 전통적인 마케팅에서 벗어나, 라이프스타일을 통합하는 접근 방식으로 옮겨가고 있다. 은행을 최종 목적지가 아니라 조력자로 포지셔닝한 DBS의 캠페인 Live More, Bank Less 삶은 더 여유롭게, 은행 일은 덜 번거롭게 가 대표적인 예이다.

기업 개요

HSBC
설립 - 1865년
웹사이트 - https://www.hsbc.com

HSBC는 세계 전역에서 수백만 명의 고객에게 서비스를 제공하는 글로벌 은행 및 금융 서비스 기업이다. 처음에 Hongkong and Shanghai Banking Corporation으로 시작한 HSBC는 이제 세계에서 가장 큰 금융 기관의 하나로 성장해 소매 금융부터 기업을 상대로 하는 상업 은행 및 투자 은행까지 종합적인 서비스를 제공하고 있다.

 HSBC의 마케팅 전략은 글로벌한 영업 범위와 문화 이해를 강조하며, 다양한 시장과 문화를 연결해 주는 은행으로 포지셔닝하는 것이다. 따라서 국경에 구애받지 않는 연결성과 기회를 강조하는 데 초점을 맞추고, 국경을 넘나드는 비즈니스와 개인 금융 거래를 용이하게 해 주는 역량을 강조한 캠페인을 사용하는 접근 방식을 취한다. HSBC는 광범위한 글로벌 네트워크 및 다양한 시장에 대한 깊은 이해를 활용해 전 세계에 진출하고 현지 전문성을 갖춘 은행을 찾는 국제 기업과 개인 모두에게 어필하고 있다.

DBS Bank
설립 - 1968년
웹사이트 - https://www.dbs.com

DBS Bank는 Development Bank of Singapore로 시작하여 이제는 아시아를 선도하는 디지털 뱅킹 혁신 기업으로 변신했다. 기술 혁신과 디지털 뱅킹 솔루션에 중점을 두면서도 소매 금융부터 기업을 상대로 한 은행업과 투자 은행업까지 포괄적인 금융 서비스를 제공하는 은행이다.

DBS Bank의 마케팅 전략은 단순히 전통적인 은행이 아니라 라이프스타일의 조력자로 포지셔닝하는 데 중점을 두고 있다. 따라서 고객이 일상 생활에서 은행 업무에 신경쓰지 않도록 원활하게 처리하기 위한 노력과 그에 수반되는 디지털 역량을 강조한다. DBS Bank의 캠페인은 주로 기술 혁신과 편의성을 강조하며, 테크놀로지에 능숙해 효율성과 디지털 솔루션을 중시하는 고객들을 주된 대상으로 삼는다. DBS Bank의 마케팅 접근 방식은 강력한 디지털 역량과 은행 업무의 간소화로 삶의 질을 높이겠다는 메시지를 결합하는 데 있다.

Wells Fargo
설립 - 1852년
웹사이트 - https://www.wellsfargo.com

Wells Fargo는 미국 골드 러시 American Gold Rush 시대에 은행업 및 특송 회사로 시작하여 이제는 미국에서 가장 큰 금융 기관의 하나로 성장했다. Wells Fargo는 소매 금융 및 기업을 상대로 한 상업 은행업, 재산 관리, 투자 서비스 등 다양한 금융 서비스를 제공하는 은행이다.

Wells Fargo의 마케팅 전략은 고객과의 장기적 관계와 신뢰를 구축하는 데 초점이 맞추어져 있다. 따라서 파트너십과 신뢰성을 역설하며 고객이 재무적 목표를 달성하도록 돕기 위한 Wells Fargo의 헌신적인 노력과 오랜 역사를 강조하는 캠페인 접근 방식을 취한다. 또한 고객의 성공담과 지역 사회에 참여한 이야기를 종종 마케팅

소재로 삼으며, 개인과 공동체의 성장을 지원하는 신뢰할 수 있는 금융 파트너로 포지셔닝하고 있다.

마케팅 퍼널

> **Opening up a world of opportunity.** (HSBC - billboard)
> 기회의 세계가 열립니다. (HSBC - 광고판)

HSBC가 국제적인 연결과 상거래를 용이하게 해 주는 글로벌 금융기관이라는 위상이 반영된 슬로건이다. 국경을 넘나드는 광범위한 서비스 및 세계 시장에 접근할 기회를 제공함으로써 기업과 개인 모두에게 가능성을 열어 주는 HSBC의 역할을 역설하는 문구이다. opportunity에 초점을 맞춤으로써 국제적으로 사업을 확장하려는 기업만 아니라, 개인적으로 재무적 성장을 추구하는 개인까지 겨냥한 카피이다. 또한 HSBC는 곧 '기회의 문을 열어주는 곳'이라 등식화함으로써 열망과 야망을 암묵적으로 부추기며 HSBC에서 그 열망을 해결해 보라고 독려하는 슬로건이다.

opening a world라는 비유적 표현을 사용함으로써 HSBC를 성장과 변화의 촉진자로 포지셔닝하고, 고객에게 국제적 네트워크의 일원이 되어 성공하겠다는 욕망을 불러일으키는 슬로건이다. 비유적 표현을 사용해 긍정적인 강렬한 감성을 유도한 점에서 역사적인 카피라이팅 이론과도 맞아떨어진다. HSBC는 이렇게 기회의 제공에 초점을 맞춤으로써 솔루션의 제공자라는 입지를 은근히 확립하며, 잠재 고객에게 HSBC의 서비스를 더 자세히 살펴보도록 유도하는 효과를 거둔다.

> **Together we'll go far.** (Wells Fargo - website)
> 함께 더 멀리 갑시다. (Wells Fargo - 웹사이트)

Wells Fargo가 고객과의 협력과 장기적인 관계를 강조한다는 사실이 반영된 슬로건이다. 경쟁이 치열한 금융계에서 운영되는 만큼 이 슬로건을 앞세워 고객의 금융 여정에서 신뢰할 수 있는 파트너로 포지셔닝하려는 것이 Wells Fargo의 목표이다. together라는 포용적인 단어에서 금융 기관의 핵심적 속성인 파트너십과 신뢰성이 연상된다. 사명을 공유하면 은행과 고객이 관계를 통해 함께 이익을 얻을 수 있다는 뜻이 함축된 문구이기도 하다.

잠재 고객의 참여를 유도하는 데 필수적인 신뢰와 성장을 호소하기 때문에 마케팅 퍼널에서 관심 단계에 유효한 슬로건이다. 열망을 자극하는 문구여서, 행동을 촉구하려면 감성을 건드려야 한다는 카피라이팅 이론에 맞아떨어진다. go far라는 구절은 의도적으로 모호하게 표현되어, 고객이 재정적 안정, 성장, 성공 등 자신의 목표를 메시지에 대입할 수 있다. 이런 접근 방식은 Coca-Cola가 고객에게 경험을 공유한다는 기분을 불러일으켰던 캠페인 I'd like to buy the world a Coke 온 세상 사람에게 코카콜라를 주고 싶어요 처럼 역사적으로 성공한 광고 캠페인과 흡사하다. 세부적인 특징보다 정서적 연결을 우선시함으로써 Wells Fargo는 잠재 고객이 자사 서비스를 더 깊이 고려하도록 유도하는 효과를 기대한다.

> **It pays to be smart about how you spend.** (ING Direct - website)
> 현명하게 지출하는 게 좋지 않을까요. (ING Direct - 웹사이트)

더 나은 자금 관리를 원하는 고객을 겨냥한 카피이다. 신중한 지출의 가치를 강조함으로써 재무 관리의 중요성을 알고 있는 고객의 마음을 끌어당기는 광고 문안이기도 하다. 금융 지식과 보상 It pays 을 ING Direct의 상품에 교묘하게 연결하며, ING Direct가 제공하는 상품을 선택한 고객에게는 실질적인 이득이 있을 것이라 약속하는 메시지이다. It pays라는 문구는 이중적 의미를 띤다. 하나는 문자 그대로 금전적 보상 financial reward 이고, 다른 하나는 영리한 의사결정에 따른 광범위한 이득이다.

대화체이면서도 조언을 담고 있어 친근감을 느끼게 해 주는 표현이다. smart spending 현명한 지출 을 일종의 미덕으로 프레이밍함으로써 재무적으로 현명한 결정을 내리고 싶어하는 고객의 욕망을 이용한 슬로건, 특히 매슬로의 욕구 단계 이론 Maslow's hierarchy of needs 에서도 안전과 자아실현이란 욕구에 초점을 맞춘 슬로건이다. 현실적이지만 낙관적인 어법을 사용함으로써 재무적 독립성과 책임을 중시하는 고객의 관심을 효과적으로 유도하는 동시에, 장기적인 신뢰와 충성도를 끌어올리는 메시지가 된다.

> **Get S$88 cashback this Lunar New Year.** (DBS Bank - website)
>
> **올 설엔 S$88의 캐시백을 받아보세요.** (DBS Bank - 웹사이트)

잠재 고객에게 행동을 취해 특정 상품이나 서비스를 선택하라고 권장하는 구매 결정 단계의 적절한 예가 되는 카피이다. DBS Bank는 즉각적인 의사 결정을 유도하기 위해 S$88의 캐시백이라는 구체적이고 유혹적인 제안을 한다. S$88라는 구체적인 금전적 보상이 신뢰성을 더해주고, Lunar New Year라는 특정한 날은 이 프로모션을 문화적으로 중요하고 한시적인 행사로 제한함으로써 긴박감을 조성한다. 소비자가 한시적인 제안에 더 높은 가치를 부여한다는 '희소성 효과' scarcity effect 같은 행동 경제학 원칙이 효과적으로 적용된 접근 방식이기도 하다.

언어적 관점에서 볼 때, 간결하면서도 행동 지향적이며 정서적으로 공감을 불러일으키는 카피이다. Get S$88 cashback이라는 문구는 행동을 유도하는 명령형 동사 get를 사용해 이득이 있을 것이라 노골적으로 말한다. 게다가 Lunar New Year를 사용해 문화적 자부심과 축제에 호소함으로써 아시아의 주요 시장들에서 고객과 정서적 유대감을 형성하려는 정성을 보인다. 숫자 88은 아시아의 많은 문화권에서 번영을 뜻하기 때문에 캐시백으로 돌려주는 혜택의 호소력을 더 높여준다. 문화적 관련성과 금전적 보상액까지 세심하게 고려함으로써 구매 결정 단계 마케팅에서 정서적 동기와 실질적인 동기를 결합하는 DBS Bank의 능력을 잘 보여준 광고 문안이라 할 수 있다.

> **All the many small touches, add up to one big helping hand.** (HSBC - website)
> **무수히 많은 작은 손길도 모이면 하나의 크나큰 도움이 됩니다.**
> (HSBC - 웹사이트)

독점적 혜택과 서비스의 누적 효과를 역설하며 고객의 재정적 안녕에 대한 사려 깊은 맞춤형으로 주어지는 것이라 주장하는 카피이다. small touches라는 비유적 표현은 세심한 배려와 개별화된 관리라는 뜻을 전달하고, one big helping hand에는 small touches가 반복되고 누적되면 상당히 의미 있고 큰 혜택이 된다는 뜻이 담겨 있다. 이 메시지를 통해 HSBC는 맞춤형 솔루션을 통한 고객 지원을 우선시하는 동반자로서 포지셔닝한다.

언어적으로는 대화체로 불안감을 덜어주는 말투의 카피이다. small과 big이란 단어를 대비적으로 사용함으로써 발전하는 느낌을 안겨주고, 지극히 사소한 몸짓도 큰 영향을 미칠 수 있다는 생각을 강조하여 정서적으로 고객의 공감을 불러일으킨다. helping hand라는 문구는 인간을 중심에 둔 따뜻한 표현이어서 금융 산업의 중요한 요소인 신뢰와 믿음을 북돋운다. 마케팅 이론의 관점에서 보면, 상호주의 원칙을 활용하여 HSBC의 사려 깊은 행동이 고객의 선택을 받을 만하지 않느냐고 은근히 제안하는 슬로건이다. 배려라는 보편적 주제와 지역별로 특화된 서비스를 결합하는 데 초점을 맞춘 HSBC의 글로벌 브랜딩 전략이 반영된 접근 방식이다.

마케팅 퍼널 프랙티스

인지(Awareness)

> Banking for your world/future/lifestyle.
> 당신의 세계/미래/라이프스타일을 위한 뱅킹.
>
> Your global/digital/trusted banking partner.
> 글로벌/디지털/신뢰받는 뱅킹 파트너.
>
> Experience banking without limits/boundaries/complications.
> 제한/경계/복잡함이 없는 뱅킹을 경험합니다.
>
> Welcome to modern/smarter/simpler banking.
> 현대적/더 스마트한/더 간편한 은행에 오신 것을 환영합니다.
>
> Banking that works for you/your goals/your life.
> 당신/당신의 목표/당신의 삶을 위해 함께하는 은행.

관심(Interest)

Your money, your way/world/future.
당신의 돈이 곧 당신의 길/세계/미래입니다.

Bank smarter/better/easier with us.
우리와 함께하면 은행이 더 똑똑해집니다/더 좋아집니다/더 쉬워집니다.

Transform the way you bank/save/grow.
예금/저축/성장하는 방법이 달라집니다.

Banking that fits your life/style/needs.
당신의 삶/스타일/요구에 맞춰 주는 은행.

Discover what banking can be/do/achieve.
은행이 어떤 곳인지/무엇을 할 수 있는지/무엇을 해낼 수 있는지 직접 알아보세요.

고려(Consideration)

Global/expertise/solutions, local understanding.
글로벌/전문성/해결책, 현지에 대한 이해.

Secure/simple/smart banking solutions.
금융에 대한 안전하고/간편하고/똑똑한 해결책.

Banking that grows/moves/works with you.
고객과 함께 성장하는/움직이는/협력하는 은행.

Trusted by millions/generations/communities worldwide.
세계 전역에서 수백만/많은 세대/많은 공동체가 신뢰하는 은행.

Innovation meets tradition/security/reliability.
혁신과 전통/안전/신뢰의 만남.

구매 결정(Decision)

> Join millions/thousands/communities of satisfied customers worldwide.
> 세계 전역에서 만족한 수백만/수천/커뮤니티의 고객과 함께하세요.
>
> Start your banking journey/relationship/future with us.
> 우리와 함께 금융의 여정/관계/미래를 시작하세요.
>
> Open an account in minutes/moments/clicks.
> 몇 분/몇 초/몇 번의 클릭이면 계좌를 개설할 수 있습니다.
>
> Switch to smarter/better/easier banking today.
> 오늘 더 똑똑한/더 좋은/더 간편한 은행으로 바꾸세요.
>
> Begin your financial success/journey/future now.
> 지금 당장 재정적 성공/여정/미래를 시작하세요.

충성도(Loyalty)

> Rewarding relationships/banking/membership.
> 보람 있는 관계/은행/멤버십.
>
> Your trusted financial partner/advisor/guide.
> 금융과 관련해 신뢰할 수 있는 파트너/고문/안내자.
>
> Growing together/stronger/better.
> 함께/더 강하게/더 좋은 모습으로 성장하세요.
>
> Exclusive benefits/rewards/services for valued customers.
> 소중한 고객을 위한 독점적 혜택/보상/서비스.
>
> Banking that celebrates your success/milestones/achievements.
> 여러분의 성공/이정표/성취를 함께 축하하는 은행.

핀테크 Fintech

배경

핀테크 산업의 마케팅 커뮤니케이션은 금융계의 전통적인 메시지 전달 방식에서 벗어나, 과학기술을 선도적으로 활용한 파격적인 스토리텔링 방식으로 진화했다. 전자 결제에 인간미를 부여한 Mastercard의 광고 캠페인 Priceless 세상 그 무엇과도 바꿀 수 없는 로부터, 국제 송금을 사치스런 서비스가 아니라 기본적인 권리로 인식시킨 Wise의 Money Without Borders 국경 없는 돈 의 이동이란 개념까지, 핀테크 분야의 카피라이팅 역사를 장식한 몇몇 획기적인 캠페인은 금융 시장의 마케팅 기법을 바꿔놓았다.

이제 핀테크 기업의 카피라이팅은 기술 혁신과 금융 보안 사이에 균형을 맞추고, 기술 스타트업의 혁신성과 전통적인 은행의 신뢰성을 결합해야 한다. 핀테크 산업은 PayPal이 초기에 사용한 The New Money 돈의 새로운 기준 라는 캠페인으로 대표되는 전통적인 금융 마케팅에서, 포용성과 접근성을 강조한 Square의 For Every Kind of Business 모든 비즈니스를 위한 솔루션 라는 접근법처럼 라이프스타일에 더 초점을 맞춘 방식으로 옮겨가고 있다.

기업 개요

Wise
설립 - 2011년
웹사이트 - https://wise.com

Wise는 국경을 넘나드는 거래에서 발생하는 비싼 은행 수수료 문제를 해결할 목적으로 설립되었다. Wise는 적은 비용으로 빠른 해외 송금 수단을 제공하며, 환차액과 수수료를 최소화하기 위해 현지 은행 계좌를 사용한다.

    Wise의 마케팅 전략은 투명성, 고객 역량 강화, 전통적인 은행과의 차별화에 초점을 맞추고 있다. 해외 송금에 숨겨진 수수료를 폭로하며 비용 절감과 속도 및 사용 편의성을 강조한다. Wise는 대담한 광고 캠페인, 사용자 후기, 교육 내용을 활용해 금융업계의 새로운 혁신 기업으로서 자리매김하고 있다. Wise는 세계 전역에서 테크놀로지에 능숙한 고객, 특히 해외 출장이 잦은 사람, 프리랜서, 국제적으로 사업을 운영하는 기업 등을 상대로 마케팅을 펼치는 경우가 많다.

Revolut
설립 - 2015년
웹사이트 - https://www.revolut.com

처음에 모바일 앱을 통한 통화 환전 서비스로 시작했지만, 그 이후로 Revolut는 국제 송금, 암호화폐 거래, 주식 투자, 특혜를 추가로 제공하는 프리미엄 계좌 등 다양한 금융 서비스를 제공하는 등 업무 영역을 꾸준히 확대했다.

Revolut의 마케팅 전략은 혁신, 단순성, 권한 부여에 중점을 두고 있다. 밀레니엄 세대, 테크놀로지에 능숙한 사용자, 국경을 빈번히 넘나들기 때문에 금융의 편의성과 통제력을 중시하는 여행객을 주요 대상으로 마케팅 전략을 수립한다. Revolut의 광고 캠페인은 낮은 수수료, 앱의 사용 편의성, 첨단 기능 등을 강조하며, 전통적인 은행을 대신할 똑똑한 대안으로 포지셔닝한다. Revolut는 소셜 미디어, 인플루언서와의 제휴, 추천 프로그램을 활용해 고객을 확보하는 동시에 고객의 참여를 유도하는 등 마케팅에 디지털 채널을 광범위하게 사용한다. 또한 고객 신뢰와 유연성, 재무적 자립성에 중점을 두고, 국제적으로 돈을 관리하는 능력을 강조하는 메시지를 전달한다.

Stripe

설립 - 2010년
웹사이트 - https://stripe.com

Stripe는 규모와 상관없이 어떤 기업이든 온라인 결제를 승인하고 관리할 수 있게 해 주는 일련의 결제 처리 소프트웨어와 API(Application Programming Interface, 응용 프로그램 인터페이스)를 제공하는 선도적인 핀테크 기업이다. Stripe의 플랫폼은 청구, 사기 방지 및 재무 관리를 위한 부가적 도구를 제공하는 동시에 전자 상거래와 구독 서비스 및 시장을 지원한다.

    Stripe의 마케팅 전략은 끊김 없이 매끄럽게 진행되고 쉽게 확장할 수 있는 결제 방법을 구하는 개발자와 기업에 초점이 맞추어져 있다. 통합의 편의성, 혁신, 신뢰성을 강조함으로써, 스타트업은 물론 대기업 및 테크놀로지에 익숙한 기업가도 믿고 찾을 만한 플랫폼이란 인식을 심어 주는 접근법을 사용하고 있다. Stripe는 개발자를 위한 자원과 기술 지침이 포함된 콘텐츠 마케팅을 사용해 광고 대상의 관심을 유도한다. 또한 고객에게 전달하는 메시지에서는 유연성과 확장성, 산업 전반에서 기업들의 결제 시스템을 간소화한 기능을 강조한다.

마케팅 퍼널

> **Change the way you money.** (Revolut - website)
> 돈에 대한 생각을 바꿔보세요. (Revolut - 웹사이트)

대담하고 혁신적인 카피라이팅으로, Revolut의 접근 방식을 핀테크 financial technology, fintech 분야의 혁신적 개척자로 요약해 주는 슬로건이다. money를 동사로 사용함으로써 Revolut는 문법만 아니라 금융 서비스 산업의 전통적인 규범에 과감히 도전하며, 이 슬로건을 통해 게임 체인저로서의 브랜드 이미지를 부각하고 있다. 이런 언어적 선택은 Google it이나 Netflix and chill 같은 카피라이팅에서 보듯이 명사가 동사화되는 요즘의 문화적 추세와 크게 다르지 않다. 이런 파격적인 문구는 주의를 끌고, 현대적이고 친근한 어조를 빚어내며, 단순함과 혁신을 중요하게 생각하는 고객, 즉 디지털에 익숙한 고객의 공감을 끌어내는 등 다양한 목적을 띤다.

> **Make your spend, well-spent.** (Revolut - website)
> 돈을 쓰려면 잘 써야 합니다. (Revolut - 웹사이트)

언어적 창의성과 명확하고 실행 가능한 메시지를 결합한 슬로건이다. 압운을 맞춘 문구는 음악성을 띠고 쉽게 기억되기 때문에 기억에 남겨질 가능성이 더 높아 효과적인 수사적 장치가 된다. 이렇게 기억을 돕는 압운을 사용함으로써 브랜드에 대한 기억이 향상되고, 슬로건 자체도 고객의 마음속에 오래 남는 효과를 기대할 수 있다. 또한 이 슬로건은 돈을 사용하는 행위와 그 행위의 결과인 spend의 이중적 의미를 핵심적으로 활용하고 있다. spend와 well-spent를 차례로 배치해, 고객에게 돈을 어떤 목적으로 어떻게 사용하고 있는지 돌이켜 보도록 유도한다. 따라서 Revolut와 함께하면 지출 spending 을 더 효율적이고 보람되며 의미 있는 행위로 바꿀 수 있을 것이라 고객에게 은근히 약속한다. 더 젊고, 금융에 관련한 의식을 지닌 고객에게 공감을 얻기에 충분한 슬로건이기도 하다.

Low-and no-code options for getting started.
(Stripe - website)

코딩 능력과 별개로 바로 시작할 수 있습니다. (Stripe - 웹사이트)

여러 이유에서 효과적인 마케팅 문구이다. 최소한의 코딩 능력을 지닌 고객부터 코딩 능력이 전혀 없는 고객까지 폭넓은 고객층에 다가가며 손쉬운 접근성을 강조한 문구이다. 사용자가 기술적인 면에서 깊은 지식이 없어도 제품을 곧장 사용할 수 있다는 점을 부각함으로써, 다시 말하면 복잡성을 단순화해 진입 장벽을 낮춤으로써 제품에 더 쉽게 접근할 수 있다는 것을 역설하는 문구이기도 하다. 적응 과정이 매끄럽고 빠르게 진행되기 때문에 사용자가 제품을 즉시 사용할 수 있다는 뜻이 함축되어, 고객에게 즉시 가입해 이점을 체험해 보라고 독려하는 기운이 느껴진다. 게다가 코딩 능력이 없는 사용자도 부담없이 사용하며 더 빠르고 효율적으로 사용할 수 있게 해 주는 로우코드/노코드 솔루션 low-code/no-code solution 을 점점 더 많은 기업들이 찾고 있는 현재 시장 추세와도 맞아떨어진다. 따라서 이 제품이 현대적이고 합리적이며 효율적이란 느낌을 주며, 잠재적 사용자를 유혹하는 데 필요한 모든 특징을 갖추었음을 강조한다.

> **Trusted by millions of customers worldwide.** (Wise - website)
>
> **세계 전역에서 수백만의 고객이 신뢰합니다.** (Wise - 웹사이트)

강력한 사회적 증거가 되는 문구로, 고려 단계에서 Wise의 신뢰도를 높이고 잠재적 고객에게 믿음을 주기 위해 전략적으로 배치되었다. 다른 사람들이 어떤 제품이나 서비스를 이미 채택해 사용하고 있음을 확인하는 경우 그 제품이나 서비스를 선택할 가능성이 더 높아진다는 심리학적 개념, '사회적 검증' social validation 원칙을 이용한 메시지이다. 여기에서는 '수백만' 사용자로부터 받은 신뢰를 강조함으로써 믿을 만한 확실한 브랜드로 포지셔닝하는 동시에, 금융 서비스를 평가하는 고객의 주요 관심사인 안전성과 신뢰성을 해결한다.

언어적으로 이 메시지는 간결하면서도 권위적이고 명확하다. trusted라는 단어를 사용함으로써 고객이 송금할 때 기대하는 중요한 조건, 즉 신뢰성과 정서적 안정감을 떠올려 주는 메시지이다. 또한 전문 용어를 피하고, 쉽게 이해되는 보편적 언어를 선택해 설득력을 넓힌 메시지이기도 하다.

> **Three ways our usage-based billing product is unique.** (Stripe - website)
>
> **사용량에 기반한 청구 방법에서 우리 상품이 특별한 세 가지 이유.** (Stripe - 웹사이트)

이 마케팅 문구는 한 블로그에 게시된 글에서 인용한 것이다. 구체적이고 소중한 인사이트를 알려주겠다고 간결하게 약속하며 잠재적 고객의 눈길을 곧바로 사로잡는 문구이다. 세 가지 특별한 면을 강조하고, 글의 내용이 집약적이고 쉽게 이해된다고 암시함으로써 곧바로 실행에 옮길 수 있는 정보를 원하는 블로그 독자를 끌어당긴다. 또한 이 블로그 게시글을 통해 그 특정 제품이 돋보이는 이유를 명확히 알 수 있을 거라 말하며, 청구 방법에서 여러 선택안을 비교 평가하며 혁신적인 해결책을 찾고 있는 잠재적 고객에게 반드시 읽어보라고 유혹하는 문구이기도 하다.

마케팅 퍼널 프랙티스

인지(Awareness)

> Change the way you bank/invest/save.
> 은행/투자/저축에 대한 생각이 달라집니다.
>
> Experience a new way to bank/wire money/invest.
> 은행/송금/투자에 대한 새로운 방법을 경험할 기회입니다.
>
> Banking without boundaries/limits/borders.
> 경계/한계/국경이 없는 저축.
>
> Discover the future of finance/investing/saving.
> 금융/투자/저축의 미래를 먼저 발견하세요.
>
> Banking/Investing/Saving made simple.
> 간편해진 은행 업무/투자/저축

관심(Interest)

Your money, your rules/way/choice.
당신의 돈, 당신의 규칙/방식/선택으로!

Unlock savings/benefits/rewards with every transaction.
거래할 때마다 할인/혜택/보상을 누려 보세요.

Invest/Save/Spend smarter, live better.
더 영리하게 투자/저축/소비하시고 더 나은 삶을 즐겨 보세요.

Make your money/investment/savings well-spent.
돈/투자/저축이 더 가치 있게 쓰이도록 하세요.

See how much you can save/earn/invest.
얼마나 저축/절약/투자할 수 있는지 직접 확인해 보세요.

고려(Consideration)

Transparent fees/pricing/costs, no surprises.
투명한 수수료/가격 책정/숨겨진 추가 비용은 없습니다!

Customizable/Tailored/Flexible solutions for your business.
기업을 위한 주문형/맞춤형/유연한 솔루션.

Instant transfers/payments/deposits, without the hassle.
번거로움 없이 즉시 송금/결제/입금할 수 있습니다.

You always get the low fee/real exchange rate/best service we're known for.
언제나 낮은 수수료/실시간 환율/최고 수준의 서비스를 제공해 드립니다.

Low-cost options for getting started/implementation/setup.
낮은 비용으로 시작/시행/설정할 수 있습니다.

구매 결정(Decision)

Join over a million/40+ million/thousands of satisfied customers.
이미 만족한 1백만/4천만 이상/수천의 고객과 함께해 보세요.

Start your financial journey/success/future with us today.
지금 당장 우리와 함께 금융 여정/성공/미래를 시작하십시오.

Start your financial future in minutes/moments/seconds.
몇 분만 투자해/한 번의 탭으로/지금 당장 재무적 미래를 시작하세요

Join/Sign up/Register now and see the difference.
지금 가입/신청/등록하고 차이를 확인해 보세요.

Become part of the future of finance/global movement/new era in banking.
금융의 미래/범세계적인 변화/은행의 새로운 시대에 함께해 보세요.

충성도(Loyalty)

Exclusive rewards/benefits/offers for our loyal customers.
충성도 높은 고객을 위한 특별한 보상/혜택/제안.

Your financial partner for life/success/the future.
삶/성공/미래를 위한 당신의 금융 파트너가 되겠습니다.

We're here to help, 24/7/whenever you need/around the clock.
24시간 연중무휴로/당신이 필요할 때마다/24시간 언제라도 도움을 드리겠습니다.

Rewards/Benefits/Services that grow with you.
고객과 함께 성장하는 보상/혜택/서비스.

Experience the company/product/service name difference.
회사/제품/서비스에서 이름의 차이를 경험해 보세요.

보험 Insurance

배경

보험 산업의 마케팅 커뮤니케이션 marketing communications 은 두려움에 기반한 메시지를 벗어나, 힘을 북돋워주며 보호에 더 초점을 맞추는 스토리텔링 기법으로 진화했다. 보험 부문의 카피라이팅 역사에는 보험 마케팅을 바꿔 놓으며 큰 족적을 남긴 획기적인 캠페인이 적잖게 있었다. 지역 사회와의 연계를 통해 보험에 인간미를 더해준 State Farm의 캠페인 Like a Good Neighbor 좋은 이웃처럼, 도마뱀붙이 gecko 를 이용해 보험 마케팅이 기억할 만하고 재미까지 있을 수 있음을 증명해 보인 Geico의 혁명적인 광고 등이 대표적인 예라 할 수 있다.

요즘의 보험 카피라이팅은 보호와 낙관 사이의 균형을 유지하고, 미래를 위한 보장과 풍요로운 삶을 결합해야 한다. 보험 산업은 사고 시 보장하겠다는 초기의 광고에서 보듯이 두려움에 기반한 전통적인 마케팅에서 벗어나 Progressive의 Becoming Your Parents 여러분의 부모가 되겠습니다 캠페인에서 보듯이 여전히 보호를 중요시하면서도 라이프스타일에 더 중점을 두고 유머러스하게 소비자를 유혹하는 기법으로 옮겨갔다.

기업 개요

AXA
설립 - 1816년
웹사이트 - https://www.axa.com

AXA는 세계 최대의 보험 및 금융 서비스 회사 중 하나로, 건강과 생명, 재산과 상해를 비롯해 종합적인 보호 솔루션을 제공하고 있다. 프랑스에서 시작된 이 회사는 이제 여러 대륙에서 개인과 기업 모두에게 위험 관리와 보험 분야에서 서비스를 제공하는 글로벌 리더로 성장했다.

AXA의 마케팅 전략은 단순히 보험 제공자로 끝나지 않고, 고객의 역량 강화와 보호에 초점을 맞추며 고객과 함께하는 삶의 동반자로 포지셔닝하는 것이다. AXA는 디지털 혁신과 개개인의 맞춤형 서비스를 강조하며, 첨단 테크놀로지 플랫폼과 모바일 애플리케이션을 활용해 더 나은 고객 경험 customer experience 을 제공하려 한다. 또한 예방과 위험 관리에 초점을 맞춘 캠페인을 통해, 고객이 잠재적인 문제를 예측하고 대비할 수 있도록 돕는다. AXA의 메시지는 세계적인 전문성을 강조하는 동시에 개인적인 감성을 유지하며, 강력한 재무 안정성을 바탕으로 종합적인 보장을 중요시하는 고객을 포섭하려 한다.

Co-op Insurance
설립 - 1867년
웹사이트 - https://www.co-opinsurance.co.uk

원래 협동조합 운동의 일환으로 설립된 Co-op Insurance는 도덕적으로 옳은 보험 정책과 공동체 중심의 서비스에 매진하겠다는 약속을 꾸준히 지켜왔다. Co-op Insurance는 승용차와 주택 및 여행과 관련된 보험 상품을 전문적으로 제공하고, 조합원 소유의 협동조합 구조로 운영되며 투명성과 공정한 거래를 강조한다.

Co-op Insurance의 마케팅 접근 방식에는 Co-op Insurance가 추구하는 윤리적 입장과 공동체의 가치가 반영된다. Co-op Insurance는 재무적 결정에서 사회적 책임과 지속 가능한 정책을 우선시하는 양심적인 소비자를 목표로 한다. 마케팅 메시지에서는 조합원 소유 구조와 공정한 가격 책정을 위한 노력이 강조되고, 지역 사회와 지속 가능한 계획에 대한 투자가 부각된다. Co-op Insurance는 디지털 채널과 전통적인 미디어를 활용하여 윤리적 차별성을 강조하는 동시에 가격 책정이나 클레임을 처리하는 과정을 투명하게 공개함으로써 신뢰를 구축하고 있다.

RAA Car Insurance

설립 - 1903년
웹사이트 - https://www.raa.com.au

RAA(Royal Automobile Association, 왕립 자동차협회) 자동차 보험은 사우스오스트레일리아 주 South Australia 에서 자동차 클럽으로 시작했지만, 이제는 종합 자동차 보험 및 긴급 출동 서비스를 제공하는 신뢰할 수 있는 기업으로 성장했다. 사우스오스트레일리아에 깊이 뿌리를 내린 까닭에 지역 운전 조건과 운전자의 요구 사항을 이해하는 현지 전문가로서 확고한 위치를 굳힐 수 있었다.

RAA는 사우스오스트레일리아 시장에서의 강력한 입지와 전문성을 활용해 마케팅 전략을 세운다. 부가가치 서비스와 조합원 혜택을 통해 고객과 장기적인 관계를 구축하는 데 주력한다. RAA의 캠페인은 신뢰성과 경제성 및 연중무휴 24시간 긴급 출동 서비스 역량을 강조한다. RAA는 전통적인 마케팅 채널과 디지털 마케팅 채널을 동시에 사용해 잠재적 고객에게 다가가며, 지역별 운전 환경을 정확히 파악하고 있을 뿐만 아니라 고객과의 약속에 조금도 소홀하지 않다는 사실을 부각하는 메시지를 전달하려고 애쓴다. 따라서 RAA의 마케팅에는 서비스에 만족한 조합원의 추천글이 자주 언급되고, 신뢰할 수 있는 지역 기관으로서의 역할이 강조된다.

마케팅 퍼널

> **Miss out and you'll be fuming.** (RAA Car Insurance - billboard)
>
> 기회를 놓치시면 열불이 나지 않을까요. (RAA Car Insurance - 광고판)

보험 회사의 인지도를 높이는 창의적이고 강렬한 방법 중 하나는 사고나 재난의 여파를 떠올려 주도록 설계한 광고판을 이용하는 것이다. 이런 광고판에는 충돌한 자동차, 추락한 헬리콥터, 쓰러진 나무, 화재나 수재 현장 등 충격적인 시각 자료가 흔히 사용된다. 실재한 재난을 압축적으로 모방함으로써 이런 광고판은 즉각적으로 시선을 사로잡고, 예기치 않은 사건은 언제라도 발생할 수 있다는 메시지를 효과적으로 전달하며, 보험의 중요성을 강조한다.

  Miss out and you'll be fuming이라는 문구는 엔진에서 연기를 뿜어내는 자동차가 한 부분을 차지한 광고판에서 흔히 볼 수 있다. 연기는 광고판 위로도 뻗어갈 듯 사실적이고 극적인 효과를 연출한다. 이 문구는 fuming이란 단어의 문자 그대로의 의미만이 아니라 감정적인 의미까지 이용해 창작된 카피이다. 시각적으로도 연기가 나고 있는 자동차는 시선을 사로잡으며, 긴박감과 재난 가능성을 즉각적으로 전달한다(직역하면 '실수하면 연기를 내뿜게 됩니다'). 이 문구와 이 이미지는 완벽한 짝을 이루며, 보험이 제공하는 보호 혜택을 놓쳤을 때 절감하게 되는 좌절과 후회를 여실히 보여준다. 따라서 이 문구는 광고판을 본 사람들에게 정서적으로 강렬한 인상을 남기며, 제때 보험에 가입하지 않으면 실제로 재난을 맞아 분노하고 스트레스를 받을 수 있다는 것을 깨닫게 해 준다.

> **As a business owner, you're in control.** (AXA - website)
> **결정권은 기업주, 당신에게 있습니다.** (AXA - 웹사이트)

기업주가 자신의 기업을 보호하기 위해 예방적 결정을 내릴 수 있다는 것을 강조한다는 점에서 매우 효과적인 마케팅 문구이다. 기업주의 책임감과 자율성에 호소하며, 적절한 보험의 선택이 기업의 미래를 통제하는 데 무척 중요하다는 점을 강조하는 마케팅 문구이기도 하다. 적절한 보험을 확보해 둘 때 자신 있게 위험을 관리하고 투자를 보호할 수 있을 뿐만 아니라, 성공에 대한 책임감과 안정감을 느끼고 싶어하는 기업가들의 욕구에 부합하는 선택이라는 것을 은근히 암시한다.

> **Even if you're going diving in the Bermuda triangle We'll cover you.** (Co-op Insurance - social media)
> **버뮤다 삼각지대로 다이빙하러 가시더라도 우리가 안전을 담보해 드리겠습니다.** (Co-op Insurance - 소셜 미디어)

이 소셜 미디어 게시글은 이모티콘이 붙어 완성되며, 모험에 안심시키는 말을 결합함으로써 고객의 기억에 깊이 각인된다. 버뮤다 삼각지대를 언급함으로써 극한 지역의 여행에 잠재된 위험을 떠올려 준다. 어느덧 전설이 된 지역에서 미스터리하게 실종된 사건이나 설명되지 않는 현상을 그대로 인정하는 게시물이다. 그렇게 위험한 경우도 보장된다고 자신 있게 장담하는 여행자 보험 게시글로, 보험의 포괄적인 면을 강조하며 여행 계획이 모험으로 가득하고 색다르더라도 보호받을 수 있다고 여행자를 안심시킨다. 이렇게 위험과 보장을 결합함으로써 Co-op Insurance가 어떤 유형의 여행에도 안심하고 선택할 수 있는 믿음직한 보험 회사라는 것을 부각하고, 편안한 마음으로 모험적인 여행을 즐기고 싶은 여행자의 마음을 사로잡는 문구이기도 하다.

> **Turn your drives into worry-free adventures.** (Co-op Insurance - website)
>
> **운전을 걱정할 필요가 없는 모험으로 바꿔 보세요.** (Co-op Insurance - 웹사이트)

편안한 마음으로 운전할 수 있다는 것을 약속하는 마케팅 문구이다. worry-free adventures 걱정할 필요가 없는 모험 란 구절을 사용함으로써, 보장 범위가 적절한 보험에 가입하면 운전자가 잠재적인 문제나 사고를 걱정하지 않고 마음껏 여행을 즐길 수 있다고 넌지시 말해주는 문구이기도 하다. 이런 접근 방식으로 Co-op Insurance는 재미와 안전을 동시에 추구하는 고객의 마음을 사로잡으며, 고객의 모험을 안전하게 보호하는 필수적인 도구로 포지셔닝한다. 이렇게 고객에게 안심감을 주는 문구를 Get a Quote 견적 받기 바로 위에 배치함으로써 잠재적 고객이 다음 단계로 넘어가 안심하고 운전하는 데 필요한 보장을 받도록 유도한다.

> **What was your favourite part of the #Coop Local Community Fund celebration day yesterday?** (Co-op Membership - social media)
>
> **어제 #Coop 지역공동체기금 기념일 행사에서 가장 마음에 들었던 부분은 무엇이었나요?** (Co-op 조합원 - 소셜 미디어)

이 소셜 미디어 게시물이 고객 충성도에 어떤 영향을 미치는지 이해하려면 Co-op Group의 배경을 이해해야 한다. 영국에 본사를 둔 Co-op Group은 식품 소매와 보험을 비롯해 다양한 분야에서 사업을 운영하는 협동조합 조직이다. Co-op Group은 지역 사회에 헌신적으로 봉사하며, 각 지역의 목표와 프로젝트에도 투자하고 있어, 하나의 상품이나 서비스를 판매하는 수준을 넘어선다. Co-op Group은 윤리적 구매, 공정 거래, 공동체 지원에 중점을 두며 협동조합으로서의 가치를 반영하는 방향으로 경영 활동을 설계하고 있다.

여기에 소개된 소셜 미디어 게시물은 지역 문제에 진심으로 참여해 투자의 실질적 결과를 보여주려는 Co-op Group의 광범위한 전략에 완벽하게 맞아떨어진다. 따라서 지역 사회 중심의 조직이라는 Co-op Group의 이미지를 강화하는 동시에 조합원과 후원자의 적극적인 참여를 독려하는 게시글이기도 하다.

마케팅 퍼널 프랙티스

인지(Awareness)

> Don't get caught out—get insured/protected/covered.
> 갑작스런 손실에 대비하세요. 보험에 가입하고/보호를 받고/보장을 받으세요.

Life is unpredictable, be prepared/protected/secure.
우리 삶은 예측할 수 없습니다. 준비/보호/대비하십시오.

Protect what matters most with reliable/comprehensive/affordable insurance.
가장 소중한 것을 지키는 신뢰할 수 있는/종합적인/경제적인 보험이 여기에 있습니다.

Your peace of mind starts with the right/our/comprehensive insurance.
마음의 평안은 적절한/우리의/종합 보험에서 시작됩니다.

Secure your future/family/business today.
오늘 당신의 미래/가족/사업을 지키세요.

관심(Interest)

Take control of your future/finances/wellbeing.
당신의 미래/재정/건강을 관리해 보세요.

Insurance that fits your lifestyle/needs/budget.
당신의 라이프스타일/필요/예산에 꼭 맞는 보험.

Discover the benefits of tailored/flexible/comprehensive insurance.
맞춤형/탄력적인/종합 보험의 혜택을 직접 알아보세요.

Find a plan that understands your life/fits your needs/is tailored to you.
당신의 삶을 이해하는/당신의 필요에 맞는/당신에게 맞춤화된 계획이 준비되어 있습니다.

Get the coverage/plan/rider you need, without the hassle/fuss/bother.
번거로움/귀찮음/성가심 없이, 당신에게 필요한 보장 범위/보험 설계/추가 사항을 확인하세요.

고려(Consideration)

Transparent policies, no hidden fees/clauses/surprises.
투명한 보험을 추구합니다. 숨겨진 수수료/조항/뜻밖의 면책은 전혀 없습니다.

We're here for you, every step of the way.
매 순간 고객과 함께합니다.

Making insurance simple/easy/understandable.
보험은 단순하고/쉽고/이해하기 쉬워야 합니다.

Get a free/personalized/quick quote today.
오늘 무료/맞춤형/빠른 견적을 받아보실 수 있습니다.

Compare our coverage/plans/quotes and see the difference.
보장 범위/보험 설계/견적을 비교하고 차이를 확인해 보실 수 있습니다.

구매 결정(Decision)

Join thousands/millions of satisfied customers.
수천/수백만 고객이 선택한 만족을 지금 함께하세요.

Get the protection/coverage/riders you deserve.
마땅히 받아야 할 보호/보장/추가 사항을 받으세요.

Choose the insurance you can trust/rely on/count on.
신뢰/의지/믿을 수 있는 보험을 선택하세요.

Apply online/directly/via the web in minutes.
망설이지 마시고 온라인으로/직접/웹사이트를 통해 신청하세요.

Your journey to peace of mind/a little security in an insecure world starts here.
불안한 세상에서 마음의 평안/적잖은 안심을 얻기 위한 여정이 바로 여기에서 시작됩니다.

충성도(Loyalty)

Exclusive benefits/advantages/offers for our valued customers.
소중한 고객을 위한 독점적인 혜택/편익/제안.

We're more than just insurance, we're your partner/advisor/advocate.
우리는 그저 보험을 파는 회사가 아닙니다. 우리는 여러분의 동반자/조언자/대변자입니다.

Building a stronger/safer/more secure future, together.
더 강하고/안전하고/안심할 수 있는 미래를 함께 만들어 갑니다.

Experience the company name difference.
우리 회사만의 차별화를 직접 경험하세요.

Your loyalty/trust/choice is rewarded.
여러분의 충성/신뢰/선택에는 반드시 보답이 따릅니다.

투자 은행   Investment Banking

배경

투자 은행 업계의 마케팅 커뮤니케이션은 전문 용어로 가득한 배타적 메시지에서 벗어나, 한층 정교하지만 쉽게 이해되는 스토리텔링으로 진화했다. 투자 은행 업계의 카피라이팅 역사에는 투자 은행의 매력을 널리 알린 Goldman Sachs의 캠페인 Progress is Everyone's Business 진보는 모두의 직무 부터, 투자 은행업을 세계화 동력으로 포지셔닝한 Morgan Stanley의 캠페인 Capital Creates Change 자본이 변화를 이끈다 까지 금융 마케팅의 획기적인 변화를 유도한 캠페인들이 있었다.

오늘날 투자 은행의 카피라이팅은 기관의 권위와 접근성 사이에 균형을 맞추고, 금융에 대한 복잡한 전문 지식과 명쾌한 커뮤니케이션을 결합해야 한다. 이제 투자 은행 업계는 초기 프라이빗 뱅킹 private banking 광고에서 흔히 보던 전통적인 배타적 마케팅에서 벗어나, 한층 목표 지향적인 접근 방식으로 옮겨가고 있다. 대표적인 예가 투자 은행으로서의 명망을 유지하면서도 국제적인 영향을 강조하는 JPMorgan의 What We Do Goes Beyond Banking 우리 역할은 은행 업무에 머물지 않습니다 이다.

기업 개요

Goldman Sachs

설립: 1869년

웹사이트: https://www.goldmansachs.com

Goldman Sachs는 투자 은행 업무, 유가 증권, 투자 관리 등에 대한 종합 금융 서비스를 제공하며 세계 최고의 투자 은행 기관 중 하나로 자리를 굳혔다. 처음에는 기업 어음 commercial paper 을 취급하는 회사로 시작했지만, 이제는 기업과 정부, 기관과 고액 자산가 등 다양한 고객층에게 서비스를 제공하는 세계적 규모의 금융 강자로 성장했다.

    Goldman Sachs의 마케팅 전략은 기관 투자자로서의 탁월한 실적과 선구자적인 철학을 강조하는 데 있다. 오랜 역사와 성공 실적을 자랑하며, 세계 곳곳의 유수한 조직과 부유층을 대상으로 조언하는 신뢰받는 기업으로 포지셔닝한 기업이기도 하다. 고급 출판물을 간행하고 세간의 이목을 끄는 행사를 후원하는 등 세심하게 엄선된 채널을 통해 지적 수준이 높은 고객을 주된 마케팅 대상으로 삼는다. 또한 광범위한 분야의 연구 출판물을 비롯해, 기업이 현명한 결정을 내리고 성장을 추구할 수 있도록 시장에 대한 깊은 분석을 제공하는 마켓 인사이트 Market Insight, 선구자적인 철학을 앞세워 전문성을 입증하고 글로벌 금융에서 선도적인 목소리를 내는 기업으로서의 입지를 유지하고 있다.

Morgan Stanley

설립 - 1935년

웹사이트 - https://www.morganstanley.com

Morgan Stanley는 대공황 시대에 설립된 이후 꾸준히 성장해 이제는 종합적인 투자 은행 업무, 유가 증권, 자산 관리 및 투자 관리 서비스를 제공하는 세계적인 금융 서비스 리더가 되었다. Morgan Stanley는 기관과 개인을 고객으로 확고한 관계를 유지하며 정교한 금융 솔루션을 제공하는 것으로 명성을 쌓아 왔다.

    Morgan Stanley의 마케팅 전략은 신뢰할 수 있고 탁월한 서비스 제공을 통해 지속적인 고객 관계를 구축하는 데 중점을 두고 있다. 따라서 글로벌한 역량을 강조하면서도 고객과의 상호작용에서 개별적인 배려에 소홀하지 않다는 점을 내세운다. Morgan Stanley는 관계에 기반한 전통적인 접근 방식에 현대식 디지털 유인 전략을 결합한 마케팅 기법을 구사하며, 기관과 개인 투자자 모두를 고객으로 확보하려 한다. 또한 고객의 욕구를 파악해 맞춤형 솔루션을 제공하고, 고객의 재정적 성공을 위해 노력하는 장기적인 동반자로서 자리매김하겠다는 약속에 소홀하지 않겠다는 캠페인을 자주 펼친다. Morgan Stanley가 전달하는 메시지에는 연구로 얻은 통찰 및 복잡한 세계 시장을 헤쳐나가면서도 최고 수준의 고객 서비스를 유지하는 능력을 강조하는 경우가 많다.

JP Morgan Chase
설립 - 1799년
웹사이트 - https://www.jpmorganchase.com

JP Morgan Chase는 JP Morgan & Co.과 Chase Manhattan의 합병 등 일련의 역사적인 합병을 통해 탄생한 세계 최대 금융 기관 중 하나이다. 미국에서 전통적인 형태의 은행으로 시작했지만 이제는 60개국 이상에서 투자 금융, 상업 금융, 소비자 금융 및 자산 관리 서비스를 제공하는 종합 금융 회사가 되었다.

JP Morgan Chase의 마케팅 전략은 전통적인 기관으로서의 유산과 현대의 혁신 사이에 균형을 맞추고, 글로벌 금융계의 안정된 리더이자 금융 테크놀로지의 선구자로서 포지셔닝하고 있다. 전통적인 미디어, 디지털 플랫폼, 공동체 참여 프로그램 community engagement initiatives, 공동체의 문제를 해결하고 삶의 질을 개선하기 위해 공동체와 함께하는 활동 을 아우르는 다중 채널 마케팅 기법을 사용하며, 메인 스트리트와 월스트리트에서 맡은 역할을 강조하는 데 주력한다. 지속 가능한 금융과 공동체 발전을 위해 노력한다는 메시지를 시시때때로 전달하고, 세계적인 금융 강자로서의 입지를 유지하면서 JP Morgan Chase라는 브랜드에 인간적인 냄새를 더하는 메시지를 구상하는 데도 소홀하지 않다.

마케팅 퍼널

> **Hello from Morgan Stanley New York.** (Morgan Stanley - billboard)
>
> **안녕하십니까, 뉴욕에서 모건 스탠리가 인사드립니다.** (Morgan Stanley - 광고판)

전광판을 이용한 마케팅 슬로건으로, 특히 Morgan Stanley처럼 유명한 회사에게는 간결하지만 강력한 효과가 기대되는 슬로건이다. Morgan Stanley의 세계적인 인지도를 활용해 동반자 관계로 함께하지 않겠느냐고 은근히 초대하는 효과를 기대할 수 있기 때문이다. 격식을 따지지 않는 친근한 말투를 사용함으로써 Morgan Stanley가 가까이 있고, 고객과 새로운 관계를 구축하는 데도 개방적이라 말하는 듯하다. Hello 안녕하십니까 가 사용되어, 상냥하고 유혹하는 느낌을 주는 슬로건이다. 격식 있고 복잡한 문구와 달리, Hello라는 인사말은 보편적이어서 즉각적으로 공감대를 형성하는 듯하다. 여기에 from Morgan Stanley New York을 덧붙임으로써 가벼운 인사말에 Morgan Stanley의 유산과 권위를 더하고 있다. 이 메시지는 글로벌 금융과 권력의 동의어로 쓰이는 도시, 뉴욕에 기반을 두고 있어, Morgan Stanley의 본사와 뿌리가 세계 금융의 수도에 있다는 것을 강조한다. 또한 신뢰와 공신력을 구축하는 동시에 동반자 관계를 맺자고 공개적으로 초청하는 메시지이기도 하다. 종합적으로 Morgan Stanley는 최고의 지위에 있지만 고객에게 열린 마음으로 다가가 함께 일할 준비가 되어 있고, 의미 있고 지속적인 비즈니스 관계를 만들겠다는 신념을 명확히 드러낸 슬로건이다.

> **Connect with investment banking.** (Goldman Sachs - website)
>
> **투자 은행과 친해져 보세요.** (Goldman Sachs - 웹사이트)

명쾌하고 간결하며, 잠재 고객을 Goldman Sachs의 핵심 서비스에 곧바로 초대하는 카피이다. 여기에서 핵심어는 connect이다. connect를 사용함으로써 참여와 소통을 요구하는 공개적인 초대로 해석되기 때문이다. Goldman Sachs가 잠재 고객에게 열린 마음으로 다가가 의미 있는 관계를 맺을 준비가 되어 있다고 알리는 카피이기도 하다. 거래와 자문이 주로 신뢰와 맞춤형 서비스를 기반으로 형성되는 금융의 세계에서, connect는 그런 관계가 즉각적이고 어렵지 않게 느껴지게 만드는 효과가 있다. investment banking을 사용함으로써 Goldman Sachs가 가장 잘 하는 업무에 직접적으로 초점을 맞춘 메시지가 된다. 또한 잠재 고객의 반응을 유도하는 방식으로 단어들을 배치함으로써 불필요하고 복잡한 설명을 생략한 채 Goldman Sachs의 강점과 전문성을 명확히 전달하는 메시지가 된다.

> **Explore our offerings.** (Goldman Sachs - website)
> 우리가 제공하는 서비스를 잘 살펴보세요. (Goldman Sachs - 웹사이트)

잠재 고객에게 Goldman Sachs가 제공하는 광범위한 서비스에 적극 참여하도록 유혹하는 카피이다. explore라는 단어는 호기심을 불러일으키는 동시에 개방성을 강조하며, 고객에게 개인적인 요구에 딱 들어맞는 해결책을 찾아낼 기회를 얻게 될 것이라 말한다. 또한 Goldman Sachs가 고급 금융 서비스를 폭넓게 제공하기 때문에 고객에게 더 깊은 동반자 관계를 맺기 위한 첫걸음을 떼어 보라고 독려하는 카피이기도 하다. 상품의 직접적인 권유로 방문객을 주눅 들게 하는 대신, 포괄적이고 위압적이지 않은 방식으로 Goldman Sachs가 제공하는 서비스를 살펴보도록 부드럽게 유도한다. 이런 은근한 초대는 고객의 관심을 끌고, 신뢰감과 호기심을 키우는 데 효과적이다.

> **Ready to start investing?** (JPMorgan Chase & Co. - website)
> 투자를 시작할 준비가 되셨나요? (JPMorgan Chase & Co. - 웹사이트)

명확하고 관심을 끄는 질문으로 잠재 고객에게 직접 다가가려는 카피이다. 방문객에게 행동을 취하고 투자할 준비를 고려하지 않겠느냐고 유도하는 접근 방식이다. 질문을 던짐으로써 고객에게 혼자 생각하고, 투자의 여정에서 다음 단계를 밟는 자기 모습을 머릿속에 그려 보라고 유도한다. 게다가 결정 과정을 단순화하며 강하게 행동을 촉구하는 문구로도 들린다. ready라는 단어를 사용함으로써 긴박감과 동기를 자극해 지금이 투자를 시작할 적기임을 넌지시 암시한다. 이렇게 긴박감을 자극함으로써 잠재 고객에게 더 이상 망설이거나 주저하지 말고 JPMorgan Chase의 서비스를 즐겨 보지 않겠냐고 유도하는 효과를 기대할 수 있다.

> **Perks from brands you love.** (Morgan Stanley - website)
> **좋아하는 브랜드의 특전을 누려 보세요.** (Morgan Stanley - 웹사이트)

회원에게 다양한 혜택과 경험에 독점적으로 접근할 권한을 무료로 제공하는 혜택 프로그램 Morgan Stanley Reserved에서 발췌한 것으로, 고객의 감정과 기호를 곧바로 자극하는 카피이다. brands you love를 강조함으로써 친숙함을 부각하고, Morgan Stanley Reserved가 이미 어떤 식으로든 고객이 관계 맺고 있는 유명하고 평판 좋은 기업들과 제휴해 혜택을 제공하겠다는 제안이다. 제휴를 통한 혜택 제공은 고객에게 매력적인 제안이 되어, 각자 라이프스타일과 관심사에 맞추어 그 혜택을 누릴 수 있다. 또한 perks라는 단어에는 고객의 충성도를 높이는 데 필수적인 실질적 혜택과 배타적 보상이 있을 것이란 뜻이 함축되어 있다. 이처럼 혜택과 보상에 초점을 맞춤으로써 지속적인 참여를 유도할 뿐만 아니라 고객과 브랜드 간의 정서적 유대감을 강화하는 효과도 기대된다.

마케팅 퍼널 프랙티스

인지(Awareness)

> Partner with a leader/experts/the best in investment banking.
> 투자 은행의 리더/전문가/최고와 파트너가 됩니다.
>
> Unlock opportunities/growth/value with strategic financial advice.
> 전략적 투자 자문을 받아 기회/성장/가치의 문을 엽니다.
>
> Navigate the complexities of the financial markets/global economy with confidence.
> 복잡한 금융 시장/글로벌 경제를 자신 있게 항해합니다.
>
> Capitalizing on tomorrow's opportunities/Building the future of finance/The strategic partner for global growth.
> 내일의 기회를 활용합니다/금융의 미래를 건설합니다/글로벌 성장을 위한 전략적 파트너가 되겠습니다.
>
> Building a legacy of success/growth/financial strength.
> 성공/성장/재력의 발판을 만듭니다.

관심(Interest)

> Achieve your financial goals/strategic objectives with our expert guidance.
> 전문가의 안내를 받아 재무적 목표/전략적 목적을 이룹니다.
>
> Maximize returns/value/growth potential through strategic investments.
> 전략적 투자를 통해 수익/가치/성장 잠재력을 극대화합니다.

Connect with a team of seasoned professionals/industry experts/trusted advisors.
숙련된 전문가/산업 전문가/신뢰할 수 있는 조언자로 구성된 팀에게서 도움을 받으세요.

Discover the power of strategic partnerships/financial innovation/global reach.
전략적 파트너십/재정 혁신/전세계에 걸친 영향력의 효과를 경험해 보세요.

Shaping the future of your business/your investments/the financial world.
당신의 사업/당신의 투자/금융 세계의 미래를 함께 만들어 갑니다.

고려(Consideration)

Tailored solutions to meet your unique needs/specific goals/complex challenges.
당신의 고유한 요구 사항/구체적 목표/복잡한 과제에 부합하는 맞춤형 솔루션을 제공합니다.

A track record of success/innovation/client satisfaction.
성공/혁신/고객 만족에 대한 실적.

Unparalleled access to global markets/capital/expertise.
세계 시장/자본/전문 지식에 견줄 데 없는 접근력.

Experience the firm name advantage.
우리 회사 이름이 지닌 이점을 경험해 보세요.

Explore the possibilities of a strategic partnership/long-term relationship.
전략적 파트너십/장기적 관계의 가능성을 살펴보세요.

구매 결정(Decision)

> Trust your financial future to proven leaders/industry experts.
> 입증된 리더/업계 전문가에게 당신의 재정적 미래를 맡기십시오.
>
> Partner with a name you can trust/a firm that delivers results.
> 신뢰할 수 있는 이름/성과를 내는 회사와 함께하세요.
>
> Take the next step towards achieving your financial ambitions/strategic vision.
> 재정적 야망/전략적 비전을 달성하기 위한 다음 단계로 나아가세요.
>
> Connect with our team to discuss your specific needs/investment goals.
> 우리 팀과 하나가 되어 당신의 구체적인 요구 사항/투자 목표에 대해 논의하세요.
>
> Let us help you build a stronger/more prosperous/more secure future.
> 더 강하고/더 번영하고/더 안전한 미래를 구축하도록 도와드립니다.

충성도(Loyalty)

> Exclusive insights and opportunities for our valued clients/customers/partners.
> 우리가 소중한 고객/고객/파트너에게 제공하는 최고의 통찰과 기회를 누리세요.
>
> Building lasting relationships based on trust/integrity/mutual success.
> 신뢰/성실/상호 성공을 기반으로 지속적인 관계를 구축합니다.

Your partner in navigating the financial markets/achieving long-term growth.
금융 시장을 항해하는/장기적 성장을 달성하려는 당신에게 든든한 파트너가 되겠습니다.

Experience the difference of a truly dedicated/client-centric approach.
진정으로 헌신적인/고객 중심적인 접근 방식의 차이를 직접 경험하세요.

Your success is our priority/success/goal.
고객의 성공이 우리의 우선순위/성공/목표입니다.

자산 관리 Wealth Management

배경

자산 관리 산업의 마케팅 커뮤니케이션은 거액의 자산가들을 대상으로 자산을 특별 관리해 주는 배타적 프라이빗 뱅킹 private banking 서비스를 제공한다고 광고하던 메시지에서 벗어나, 교육과 자문에 초점을 맞춘 스토리텔링으로 진화했다. 이 분야의 카피라이팅 역사를 되짚어보면 금융 서비스 마케팅을 웅대한 성공과 연계시킨 American Express의 캠페인 Membership Has Its Privileges 회원에게는 특권이 있습니다 부터, 자산 관리의 대중화를 추구한 Charles Schwab의 Own Your Tomorrow 미래의 주인이 되십시오 에 이르기까지 자산 관리 마케팅을 바꿔 놓은 획기적인 캠페인이 여러 차례 등장했다.

오늘날의 자산 관리 카피라이팅은 전통적인 명망과 현대적인 접근성 사이에 균형을 맞추고, 금융에 관한 복잡한 전문 지식과 교육적인 내용을 결합해야 한다. 자산 관리 산업은 초기 프라이빗 뱅킹 광고에서 확인되던 수익성 추구 중심의 전통적 마케팅에서 벗어나, 세련된 감각을 유지하면서도 목적을 강조하는 Morgan Stanley의 캠페인 What Will Your Wealth Do? 당신의 자산이 무엇을 할 수 있을까요? 처럼 고객의 관심 접근 방식으로 옮겨가고 있다.

기업 개요

Edward Jones
설립 - 1922년
웹사이트 - https://www.edwardjones.com

Edward Jones는 단칸방의 투자 회사로 시작했지만 이제는 미국에서 금융 자문 서비스를 제공하는 가장 큰 회사 중 하나로 성장했다. 고객 개개인에게 맞춤형 자산 관리 방법을 제공하는 것으로 유명한 만큼, 지역별 금융 자문가들로 짜여진 네트워크를 활용해 개인 투자자와 소기업주에게 서비스를 제공하는 것을 전문으로 하며 장기적 투자 전략과 개인적 관계를 강조한다.

    Edward Jones의 마케팅 전략은 접근성과 개인적인 관계에 초점을 맞추고, 자사가 소개하는 자문가를 지역 사회에 대해 잘 알고 있어 신뢰할 수 있는 이웃으로 포지셔닝하는 것이다. Edward Jones의 캠페인은 고객의 삶에서 중대한 단계들과 장기적 재무 계획에 초점을 맞추고, 복잡한 금융 개념을 쉽게 이해할 수 있게 돕는 직관적인 언어를 사용한다. 마케팅 접근 방식은 얼굴을 맞대는 대면 관계 및 지역 사회와 함께한다는 사실을 강조하며, 재무 계획을 수립하는 과정에서 직접적인 상호작용을 중시하는 고객을 주된 대상으로로 삼는다.

Julius Baer
설립 - 1890년
웹사이트 - https://www.juliusbaer.com

Julius Baer는 스위스에 본사를 둔 손꼽히는 프라이빗 뱅킹 그룹으로, 전 세계의 고액 자산가와 패밀리 오피스 family office, 하나 이상의 가문의 자금을 직접 운용하거나 자문 역할을 하는 사적인 투자 회사 에게 정교한 자산 관리 서비스를 제공한다. Julius Baer는 자산 관리 및 그와 관련된 서비스에만 집중하는 순수한 프라이빗 뱅크라는 지위를 줄곧 유지해 왔다.

Julius Baer의 마케팅 전략은 전통과 장래를 대비하는 투자 전문성을 강조하는 데 있다. 스위스 은행들의 전통적인 신중함과 현대적 자산 관리 솔루션과 결합해, 맞춤형 서비스를 원하는 고상한 투자자를 타깃으로 하는 접근법을 사용한다. Julius Baer의 캠페인은 사고 리더십 thought leadership 및 글로벌 트렌드에 대한 통찰을 과시하며, 오랜 세대에 걸쳐 자산을 보존하고 키우는 데 필요한 조언자로 포지셔닝하는 데 주력한다.

Charles Schwab
설립 - 1971년
웹사이트 - https://www.schwab.com

Charles Schwab은 투자자들이 자산 관리에 더 쉽게 접근할 수 있는 길을 열어 투자 산업을 혁명적으로 바꿔 놓았다. Charles Schwab은 디지털 플랫폼과 개별적인 자문을 결합하여, 전문가의 조언을 원하는 투자자만 아니라 자기 주도적인 투자자에게도 포괄적인 투자 서비스를 제공한다.

Charles Schwab의 마케팅 전략은 투명성과 고객 역량 강화에 중점을 두고 있으며, 이해하기 쉽고 직설적인 캠페인으로 전통적인 자산 관리 마케팅의 틀을 깬 것으로 유명하다. Charles Schwab의 광고는 업계의 관행에 도전하며 가치와 명확성, 고객 우선주의를 강조한다. 마케팅 접근 방법으로는 정교한 투자 역량과 이해하기 쉬운 언어 사이에 균형을 추구하며, 자산 관리를 시작한 초보자만이 아니라 경험 많은 투자자까지 고객으로 끌어들이려고 애쓴다.

마케팅 퍼널

> **How much will you need to retire? Let's talk.** (Edward Jones - billboard)
>
> **은퇴하려면 얼마나 있어야 할까요? 얘기 좀 해 볼까요.** (Edward Jones - 광고판)

How much will you need to retire?는 간단하지만 생각을 자극하는 질문으로, 잠재 고객의 관심을 즉각적으로 끌어당기는 카피이다. 은퇴는 보편적으로 금전적 불안감을 자극하는 중대한 관심사이기 때문에, 이 질문은 그 자체로 개인화되어 광고판을 지나가는 모든 사람에게 관련된 문제가 된다. 뒤따라 이어지는 Let's talk에서 말투가 정보를 묻는 질문형에서 대화형으로 바뀌며, Edward Jones는 친근하면서도 해결책을 제시할 준비가 된 회사로 포지셔닝한다.

언어적 관점에서 보면 잠재 고객을 멀어지게 만들 수 있는 전문 용어를 피하고 평이하고 직관적인 언어를 사용해 고객과 교감하려 하고 있다. 개방형 질문으로 위기감을 조성하고 성찰을 유도하며, 사람들에게 해결되지 않은 질문에 대한 답을 찾아보라는 동기를 부여하는 호기심 격차 curiosity gap 같은 심리학적 원리를 이용한 카피이기도 하다.

> **How we invest today is how we live tomorrow.**
> (Julius Baer - website)
>
> **오늘 어떻게 투자하느냐가 내일 어떻게 사느냐를 결정합니다.**
> (Julius Baer - 웹사이트)

자산 관리에 대한 해결책을 찾으려 하며 여러 선택 가능성을 저울질하고 있는 고객을 대상으로 한 메시지이다. Julius Baer는 이 슬로건을 앞세워 재무적으로 장기적 안녕을 성취하는 데 도움을 주는 미래 지향적 파트너로 포지셔닝한다. 건전한 투자를 통해 미래를 보장하려는 부유층 개인이나 가족의 염원에 부응하겠다고 약속하는 슬로건이기도 하다.

의도적으로 동기를 부여하고 깊은 성찰을 요구하는 어법이 사용되었다. we를 사용해 회사와 고객 간의 파트너십을 확고히 약속함으로써 신뢰할 수 있는 조언자로서의 Julius Baer의 역할을 한층 더 강조한다. how we invest today와 how we live tomorrow는 병렬 구조로 음악적 느낌을 자아내고 메시지 전체를 더 쉽게 기억하게 해 주며, 잠재 고객에게도 강렬한 인상을 전한다. 고객이 목표에 대해 생각하고, 그 목표를 달성하기 위해 당장 행동하도록 독려한다는 점에서 미래 지향성 future orientation 같은 심리학적 원리를 이용한 메시지이기도 하다.

> **Financial goals aren't achieved overnight. The right process can help. Match with financial advisors based on your needs.** (Edward Jones - website)
>
> **재무적 목표는 하루아침에 달성할 수 있는 게 아닙니다. 올바른 과정이 도움이 될 수 있습니다. 여러분의 필요에 맞는 재무 전문가와 손잡아 보세요.** (Edward Jones - 웹사이트)

온라인 설문조사에서 선택을 받은 메시지로, 부의 축적은 점진적인 과정이라는 일반인들의 현실적 이해가 반영되어 있다. 이런 보편적 진실을 숨김없이 밝힘으로써 Edward Jones는 신뢰를 얻는 데 그치지 않고 재무 관리를 믿고 맡길 수 있는 현실적인 파트너로 포지셔닝한다. 카피의 두 번째 부분인 The right process can help는 'Edward Jones는 고객이 재무적 열망을 성취할 수 있도록 안내할 수 있는 전문 지식과 시스템을 갖추고 있다'라는 고유한 가치 제안으로 초점을 돌린다. 또한 Match with financial advisors based on your needs라는 메시지를 덧붙임으로써 맞춤형 솔루션을 제시한다는 사실을 강조한다. 많은 고객이 경쟁사들을 비교하며 개인의 요구에 맞춘 해결책을 제공하는 회사를 찾기 때문에 이런 메시지는 고려 단계에서 매우 중요하다. 사용자에게 온라인 퀴즈에 참여해 다음 단계로 나아가도록 은근히 유도하는 콜 투 액션 call to action, 고객의 반응을 유도하는 행위 기법이 사용된 메시지이다.

금융과 관련해 겁부터 먹게 하는 전문 용어의 사용을 피하면서도 전문성을 유지하고 있다는 점에서 권위와 친근함이 결합된 어법이 사용된 메시지라 할 수 있다. 이런 접근 방식은 의사결정 과정의 신뢰 구축과 맞춤형 참여를 강조한다는 점에서 관계 마케팅 이론 relationship marketing theory 의 원칙이 반영된 것이다.

> **In the business of planning.** (Raymond James - annual report)
>
> **재무 계획 부문에서** (Raymond James - 연례 보고서)

마케팅 퍼널에서 잠재 고객을 고객으로 끌어들이는 것이 목표인 구매 결정 단계에 적합하도록 조정된 슬로건이다. Raymond James를 고객이 무엇보다 필요하다고 생각하는 재무 계획을 수립하는 데 특화된 자산 관리 회사로 간결하게 포지셔닝하고 있다. 전문성을 기반으로 면밀하게 숙고된 전략을 제공하는 데만 집중할 것이란 의도를 전달함으로써 잠재 고객에게 전담 전문가의 도움을 받을 수 있다는 확신을 심어 준다.

이 메시지는 권위가 느껴지는 어법으로 쓰였다. planning에 초점을 맞춤으로써 금융 서비스에서 의사결정의 논리적 측면을 직설적으로 표현하고, 자산 관리의 구조와 예지력을 우선시하는 고객에게 호소하고 있다. 또 business라는 단어를 사용해 Raymond James가 진지함과 경쟁력을 겸비한 회사라는 것을 은근히 전달하면서 재무 계획이 단순히 부수적 서비스가 아니라 회사 정체성에서 핵심적인 부분을 차지한다는 것을 알린다.

> **Priority assistance, wherever you are.** (Charles Schwab - website)
>
> **어디에 계시더라도 우선적으로 지원해 드리겠습니다.** (Charles Schwab - 웹사이트)

고객 충성도를 강화할 목적으로 고안된 카피이다. 특권층만 누리는 배타성과 맞춤형 서비스가 제공된다고 말하며, 기존 고객에게는 지금도 프리미엄 서비스를 누리고 있다는 사실을 떠올려 주는 카피이기도 하다. wherever you are라는 부사절을 덧붙임으로써 접근성과 편의성을 강조하고, 고객에게는 어디 어떤 상황에 있더라도 도움을 받을 것이란 확신을 심어 준다. 이런 구절은 해외를 자주 여행하거나 국경을 넘나들며 자산을 관리하는 고액 자산가에게 중요한 요소이다

또한 이 카피는 의도적으로 간결하면서도 공감을 끌어내는 어법이 사용되었다. priority는 중요하다는 느낌을 자아내며 고객에

게 소중하고 특별한 존재라고 느끼게 해 준다. 한편 assistance는 따뜻하고 친근한 느낌을 주는 단어로, 문제 해결을 위한 도움을 제공할 것이라고 고객을 안심시키는 역할을 한다. 두 단어가 결합됨으로써 정서적 교감이 이루어지고, 고객을 유지하기 위해서는 신뢰가 중요하다고 역설하는 관계 마케팅 이론에도 부합된다. 언제라도 힘들이지 않고 이용할 수 있는 서비스라는 사실을 강조함으로써 고객에게 요구 사항이 끊임없이 충족될 것이란 확신을 심어 준다.

마케팅 퍼널 프랙티스

인지(Awareness)

Your wealth, your legacy/future/journey.
여러분의 자산은 곧 여러분의 유산/미래/여정입니다.

Building wealth/security/prosperity together.
함께 자산/안정/번영을 만들어 갑니다.

Invest in your dreams/goals/tomorrow.
당신의 꿈/목표/내일에 투자합니다.

Wealth management made clear/simple/personal.
자산 관리는 투명해야/간단해야/맞춤형이어야 합니다.

Expert guidance for your future/success/legacy.
당신의 미래/성공/유산을 위해 전문가의 안내를 받아 보세요.

관심(Interest)

Your money deserves expertise/attention/care.
여러분의 돈에는 전문가의 조언/관심/관리가 필요합니다.

Discover smarter/better/personalized investing.
더 똑똑한/더 나은/맞춤형 투자를 발견하세요.

Transform your wealth journey/story/future.
당신 자산의 여정/이야기/미래에 변화를 더합니다.

Investment solutions that work/grow/evolve with you.
여러분과 함께 고민하는/성장하는/진화하는 투자 솔루션.

Experience wealth management reimagined/redefined/renewed.
다시 짜인/다시 정의된/새롭게 바뀐 자산 관리를 경험합니다.

고려(Consideration)

Trusted advice for generations/decades/lifetimes.
여러 세대/수십 년/평생 동안 신뢰를 받은 조언.

Personalized strategies for your goals/dreams/future.
목표/꿈/미래를 위한 맞춤형 전략.

Global expertise, personal/local/individual attention.
글로벌한 전문성이 개인적/지역적/개별적인 문제에 접목됩니다.

Solutions as unique as your aspirations/goals/journey.
해결책도 여러분의 열망/목표/여정만큼이나 특별해야 합니다.

Wisdom meets innovation/technology/expertise.
혁신/기술/전문성에 지혜가 더해집니다.

구매 결정(Decision)

Join successful/discerning/accomplished investors worldwide.
세계 전역의 성공한/통찰력을 지닌/뛰어난 투자자들과 함께하세요.

Start your wealth journey/transformation/story today.
여러분 자산의 여정/변화/이야기를 오늘 당장 시작해 보세요.

Choose experienced/trusted/proven guidance.
숙련된/신뢰할 수 있는/검증된 안내자를 선택하세요.

Partner with excellence/expertise/success.
우수성/전문성/성공을 함께 만들어 가세요.

Begin your legacy of wealth/prosperity/success.
이제부터 자산/번영/성공의 유산을 만들어 가세요.

충성도(Loyalty)

Your trusted wealth partner/advisor/guide.
여러분의 신뢰할 수 있는 자산 파트너/조언자/안내자가 되겠습니다.

Exclusive insights for valued/premium/preferred clients.
소중한/프리미엄/우선적인 고객에게 독점적으로 제공되는 통찰.

Growing stronger/wealthier/better together.
함께 더 강해지고/더 부유해지고/더 나아집니다.

Dedicated to your lasting success/prosperity/legacy.
영원히 지속될 성공/번영/유산을 위해 최선을 다합니다.

Excellence in every interaction/moment/decision.
어떤 관계/순간/결정에서나 탁월함을 경험하게 될 겁니다.

RETAIL & CONSUMER GOODS

화장품	Beauty & Cosmetics
소비자 가전	Consumer Electronics
명품 브랜드	Luxury Brands
스포츠웨어와 아웃도어 장비	Sportswear & Outdoor Gear
가전 제품	Home Appliances
유아 및 아동용품	Baby & Children's Products
알코올 음료	Alcoholic Beverages
의류와 의복	Clothing & Apparel

화장품　　　Beauty & Cosmetics

배경

화장품 산업은 마케팅 커뮤니케이션에서 극적인 변화를 겪으며, 제품 중심의 전통적 광고에서 벗어나 목적 중심의 스토리텔링 purpose-driven storytelling 으로 진화했다. 화장품 산업의 카피라이팅 역사를 돌이켜보면 1950년대에 처음으로 화장 makeup 을 자기 표현의 도구로 포지셔닝한 Revlon의 캠페인 Fire and Ice 뜨거움과 차가움 부터 2004년 아름다움에 대한 전통적인 기준에 반발하며 진정한 아름다움에 대한 세계적 논의를 촉발한 Dove의 혁명적인 캠페인 Real Beauty 진정한 아름다움 에 이르기까지, 뷰티 마케팅 beauty marketing 을 재정의한 획기적인 캠페인들이 있었다.

화장품 산업에서는 한국계 뷰티 브랜드의 영향력이 상당하다. 예컨대 Amorepacific의 뷰티 브랜드 Innisfree와 Sulwhasoo는 성분에 대한 교육적인 내용 및 상품에 대한 혁신적인 스토리텔링을 통해 뷰티 마케팅에 혁명적인 변화를 불러일으켰다. 이 브랜드들은 뷰티 카피라이팅에서 전통적인 지혜와 현대 과학의 융합을 선도하며, 이제는 세계적으로 통용되는 어휘로 발전한 유리처럼 빛나는 피부 glass skin 과 더블 클렌징 double cleansing 같은 개념을 만들어냈다.

오늘날 화장품 산업의 카피라이팅은 과학적 신뢰성과 정서적 공감을 동시에 추구하며 성분에 대한 전문적인 정보와 열망적인 메시지 사이에 균형을 맞추어야 한다. 소셜 미디어와 인플루언서 문화의 부상으로 인해 화장품 산업은 진심에서 우러나는 대화체 말투를 사용하면서도 품질을 강조하던 화장품 산업의 전통적 마케팅 기법을 유지하고 있다. 이런 변화는 화장품과 관련한 블로그로 출발했지만 커뮤니티에 초점을 맞춘 카피라이팅으로 이제는 10억 달러 규모의 회사로 성장한 Glossier 같은 브랜드에서 두드러지게 나타난다.

기업 개요

Dove
설립 - 1957년
웹사이트 - https://www.dove.com

보습용 미용 비누 브랜드로 시작한 Dove는 이제 아름다움의 기준에 과감히 도전하는 것으로 유명한 글로벌 뷰티 기업으로 성장했다. Dove는 다양한 개인 미용 및 위생 용품을 판매하는 동시에 여성이 자신의 외모와 긍정적인 관계를 만들어 가도록 돕는다는 사명도 게을리하지 않는다. 진정한 아름다움을 찬양하겠다는 캠페인에 적극적인 것이 그 증거이다.

    Dove의 마케팅 전략은 자존감 및 자신의 몸에 대한 긍정적 시각을 증진하려는 목적 지향적인 메시지를 전달하는 데 중점을 둔다. Dove의 획기적인 캠페인 Real Beauty는 뷰티 산업에서 진정성을 띤 광고의 기준을 제시했다. Dove의 접근 방식은 감성적인 스토리텔링과 교육적인 내용을 결합해 진정성과 포용성을 중시하는 고객을 대상으로 삼는다. Dove의 캠페인에는 평범한 여성이 종종 등장한다. 따라서 Dove의 캠페인은 평범한 여성이 자신감을 키우도록 돕는 한편 현실적인 아름다움의 기준을 제시하는 대변자로서 Dove를 포지셔닝하는 데 초점이 맞추어진다.

The Ordinary
설립 - 2016년
웹사이트 - https://theordinary.com

The Ordinary는 피부 관리 skincare 에 임상적으로 접근하고, 고품질의 유효 성분을 합리적인 가격에 제공하며 뷰티 산업의 판도를 바꾸어 놓았다. The Ordinary는 배합 방법과 가격 정책의 투명성을 강조하고 성분과 그 효능에 대해서도 자세한 정보를 제공한다.

  The Ordinary의 마케팅 전략은 뷰티 산업의 전통적 마케팅 방법과 비교할 때 과학적 전문성과 성분 교육을 강조하는 데 있다. 접근 방식에서도 전통적인 뷰티 산업의 화려함을 탈피하고 제품 배합에 대한 교육적 내용을 간결하게 전달하는 데 집중한다. The Ordinary의 캠페인에는 전문적인 표현이 자주 등장하고 성분의 효능에 초점이 맞추어진다. 따라서 고급스러운 포장이나 유명인의 추천보다는 피부에 바르는 제품에 대한 이해를 우선시하는 소비자들에게 호소하는 캠페인이 주로 사용된다.

Pat McGrath Labs
설립 - 2015년
웹사이트 - https://www.patmcgrath.com

전설적인 메이크업 아티스트 Pat McGrath가 설립한 회사로, Pat McGrath Labs는 전문가적 예술성과 소비자용 미용 제품 consumer beauty products 이 교차하는 대표적인 뷰티 브랜드라 할 수 있다. Pat McGrath Labs는 창의적인 표현과 예술적 실험을 가능하게 해 주는 혁신적이고 효능이 뛰어난 화장품을 제공하는 브랜드이기도 하다.

  Pat McGrath Labs의 마케팅 전략은 화장이라는 예술적 행위에 필요한 예술의 자유와 전문적 지식에 초점을 맞추는 데 있다. Pat McGrath Labs의 캠페인에는 아름다움에 대한 전통적 규범에 반론을 제기하는 듯한 대담한 메시지와 전위적인 이미지가 자주 등장한다. 마케팅 접근 방식으로는 창의성과 자기 표현을 강조하며, 화장품을 단순한 미용 도구가 아니라 예술의 한 형태로 생각하는 메이크업 애호가와 전문가를 대상으로 한다.

마케팅 퍼널

> **We see beauty all around us.** (Dove - billboard)
> 아름다움은 우리 주변 어디에나 있습니다. (Dove - 광고판)

Dove의 브랜드 정체성을 진정한 아름다움의 대변자로 소개하는 슬로건이다. we를 사용해 공동체적 분위기를 조성하고, 고객이 Dove의 관점을 함께하도록 유도하는 슬로건이기도 하다. 아름다움을 어디에나 존재하는 것으로 규정함으로써 아름다움에 대한 편협한 기준에 반론을 제기하고, 다른 브랜드들이 이상적인 아름다움이라고 집스레 전파하는 전통적이고 편협한 기준에 지친 소비자들에게 정서적 공감을 얻을 법하다.

    이 메시지는 제품 홍보보다 정서적 참여를 우선적으로 유도한다. Dove의 포괄적인 캠페인 Real Beauty 진정한 아름다움 에 기반을 두고, 진심이 담긴 제품을 찾으려는 소비자에게 호소하는 브랜드의 목적성이 여실히 반영되어 있다. Dove를 즉각적이고 긍정적으로 떠올려 주며 Dove를 당장 사용해 보지 않겠느냐고 은근히 부추기는 슬로건이다.

> **Someone said working with celebrities would be good for our brand. But we couldn't find one with a degree in biochemistry.** (The Ordinary - billboard)
> 누군가 유명인과 함께 일하면 우리 브랜드에 좋을 거라 말했습니다. 그러나 생화학 학위를 지닌 유명인을 찾을 수가 없었습니다. (The Ordinary - 광고판)

뷰티 산업이 제품을 판매하기 위해 유명인의 추천에 의존하는 현상을 재치 있게 비판한 슬로건이다. The Ordinary의 마케팅은 현란함과 화려함보다 과학과 전문성에 중점을 둔다는 것을 재밌게 강조하는 슬로건이기도 하다. a degree in biochemistry를 강조함으로써 The Ordinary는 제품을 과학적으로 만들고자 노력하며, The Ordinary라는 브랜드를 떠받치는 진짜 주역은 유명인이 아니라 과학자와 제조 방법이라는 것을 역설한다.

이 광고판의 슬로건은 The Ordinary가 과학과 전문성에 집중한다는 것을 부각하며, 유명인의 추천에 의존하는 뷰티 산업의 관행을 뒤엎는다. 이런 대비는 즉각적으로 고객의 관심을 끌며 현란한 마케팅 전술보다 투명성과 효능을 중시하는 소비자에게 어필한다. 카피에 담긴 유머와 자기 인식은 뷰티 산업의 전통적 광고에 회의적인 잠재 고객층으로부터 강력한 공감을 얻기에 충분하다. 이런 접근 방식은 The Ordinary를 피상적인 추천보다 제품 품질과 교육적 내용을 우선시하는 브랜드로 포지셔닝하므로 '차별화 마케팅'에 부합한다고 말할 수 있다.

> **Use without caution.** (Pat McGrath Labs - website)
> 마음놓고 사용하세요. (Pat McGrath Labs - 웹사이트)

대담함, 창의성, 자유로움이 집약된 메시지로, 화장품을 자기 표현의 한 형태로 생각하는 메이크업 애호가들에게 직접적으로 어필한다. 잠재 고객에게 망설이지 말고 실험 결과를 받아들이도록 독려함으로써 Pat McGrath Labs를 자율적이고 자유로운 브랜드로 포지셔닝한다.

이 메시지는 언어적으로도 간결하면서도 힘이 넘치고 직설적이어서 기억에 남는다. 일반적으로 중립적인 행동을 뜻하는 동사 use를 (이례적 지시라 할 수 있는) without caution과 파격적으로 짝지음으로써 아름다움에 대한 전통적 규범을 탈피해 메이크업에 대한 Pat McGrath Labs의 전위적 접근 방식에 부합시킨다. Pat McGrath Labs를 대담하고 경계를 무너뜨리는 선택으로 돋보이게 하며, 전통적인 뷰티 브랜드의 신중하고 규칙에 얽매인 메시지와 뚜렷히 대조되는 선언으로 읽힌다.

> **Extending an invite to women to start their body confidence journey.** (Dove - educational video series)
> **몸에 대해 자신감을 갖게 되는 여정에 여성 여러분을 초대하는 문을 활짝 열겠습니다.** (Dove - 교육용 비디오 시리즈)

점잖지만 설득력 있게 참여를 유도하는 카피이다. Extending an invite함으로써 공동체의 일원으로 받아들여진다는 느낌을 주며, 여성에게 압박감보다 따뜻하게 환영받는 기분을 안기기도 한다. 이 부드러운 콜 투 액션은 상업적인 냄새를 전혀 풍기지 않으면서 은근히 행동(비디오 시리즈 시청)을 유도한다.

이 카피는 많은 여성이 공감하며 개인적인 문제로 받아들이는 body confidence journey라는 염원이 담긴 개념에 초점을 맞추고 있다. 자신감의 확보를 journey로 규정함으로써 자신감을 얻기 위해서는 시간과 노력이 필요하다는 점을 인정하며 그 여정에 도움을 줄 수 있는 파트너로 Dove를 포지셔닝하는 카피이다. 정서적 공감을 끌어내며 단순히 제품을 판매하는 데 그치지 않고 고객의 삶을 개선하도록 도움을 주는 데 초점을 둔 변혁적 브랜딩 transformational branding 에 근접한 메시지이다.

> **Share this with your workout buddy, stat.** (Dove - social media)
>
> **운동을 함께하는 친구와 공유해 보세요, 바로!** (Dove - 소셜 미디어)

잠재 고객들에게 참여와 커뮤니티 조직을 유도하는 콜 투 액션이다. 함께하자는 의도를 대화체로 전달하며, 소셜 미디어의 사용자들에게 Dove의 메시지 전달에 다른 사람들도 적극적으로 참여시키라고 촉구하는 문구이다. 이런 접근 방식은 충성도가 높은 고객에게 브랜드 홍보 대사가 되어 내용을 널리 알리라고 독려함으로써 Dove의 고객층을 확대하고, 고객과 항상 함께하며 도움을 아끼지 않는 브랜드라는 Dove의 위상을 강화하는 효과를 기대한다.

즉시 immediately 혹은 되도록 빨리 as soon as possible 를 뜻하는 의학 용어에서 차용한 구어적 표현 stat를 사용해 긴박감을 드러내지만, 격식에 얽매이지 않아 친근하면서도 편안한 분위기를 자아내며 Dove의 광고 타깃으로부터 효과적으로 공감을 끌어낸다. 이 메시지는 your workout buddy를 언급함으로써 친구들 간의 유대감을 활용하고 사회적 관계를 강화한다. 사람들이 소속 집단에서 자신의 자아 개념을 부분적으로 도출하는 사회 정체성 이론 social identity theory 이 반영된 메시지이기도 하다.

이 카피는 공유를 독려함으로써 긍정적인 피드백 루프를 만들어낸다. Dove가 전하려는 메시지에 참여하고 그 내용을 공유하는 고객은 Dove라는 브랜드와 연결되어 있다고 느끼며 충성도가 더 높아질 수 있다. 또한, 공유하는 행위는 새로운 잠재 고객을 Dove의 메시지에 노출시키며 마케팅 퍼널을 인지 단계로 다시 되돌리는 효과를 낳는다.

마케팅 퍼널 프랙티스

인지(Awareness)

> Beauty in every/all/unique forms.
> 어떤 것에나/모든 것/고유한 것에는 아름다움이 있습니다.
>
> Discover your radiance/glow/beauty.
> 여러분의 광채/빛깔/아름다움을 찾아보세요.
>
> Science meets beauty/skincare/wellness.
> 과학이 아름다움/피부 관리/건강을 만납니다.
>
> Transform your skin/routine/beauty journey.
> 여러분의 피부/일상/아름다움을 찾는 여정에 변화를 주세요.
>
> Beauty reimagined/redefined/renewed.
> 재해석된/재정의된/되살아난 아름다움.

관심(Interest)

> Your skin deserves care/attention/science.
> 당신의 피부는 관리/관심/과학을 받을 자격이 있습니다.

Beauty without limits/boundaries/rules.
아름다움에는 한계/경계/규칙이 없습니다.

Discover real/authentic/natural beauty.
진정한/진실한/자연스러운 아름다움을 발견하세요.

Skincare that works/delivers/transforms.
효과 있는/기대를 저버리지 않는/변화를 가져오는 스킨케어.

Experience beauty differently/naturally/confidently.
아름다움을 색다르게/자연스럽게/자신감 있게 경험해 보세요.

고려(Consideration)

Backed by science/research/experts.
과학/연구/전문가가 보증합니다.

Clean ingredients, powerful/effective/visible results.
성분이 깨끗할 때 강력한/효과적인/눈에 띄는 결과를 만듭니다.

Beauty solutions for every/real/unique skin.
모든/진짜/독특한 피부에 맞는 뷰티 솔루션입니다.

Formulated for you/results/perfection.
당신/구체적인 결과/완벽함을 위해 공들여 만들었습니다.

Trust in science/nature/expertise.
과학/자연/전문성을 신뢰합니다.

구매 결정(Decision)

Join the revolution/movement/community.
혁명/운동/커뮤니티와 함께하세요.

Start your beauty journey/transformation/story today.
오늘 당장 당신의 아름다움을 향한 여정/변신/이야기를 시작하세요.

Choose science/nature/expertise.
과학/자연/전문성을 선택하세요.

Experience the difference/transformation/results.
차이/변화/결과를 경험해 보세요.

Begin your skincare journey/transformation/evolution.
스킨케어를 위한 여정/변화/진화를 시작해 보세요.

충성도(Loyalty)

Your trusted beauty companion/partner/expert.
아름다움을 향한 당신의 여정에서 신뢰할 수 있는 친구/동반자/전문가.

Exclusive benefits/formulations/innovations for members.
회원에게만 독점적으로 제공되는 혜택/제품/혁신.

Growing confident/beautiful/radiant together.
함께 키워가는 자신감/아름다움/광채.

Beauty that celebrates you/authenticity/individuality.
아름다움은 당신다움/진정성/개성에 있습니다.

Excellence in every product/formula/innovation.
제품/제조법/혁신에 담긴 탁월함.

소비자 가전　　Consumer Electronics

배경

소비자 가전 산업의 마케팅 커뮤니케이션은 기술 사양에 초점을 맞춘 광고에서 벗어나 라이프스타일 중심의 스토리텔링으로 진화했다. 소비자 가전 산업의 카피라이팅 역사에는 Apple이 1984년 슈퍼볼 광고에 선보여 혁명적인 반응을 불러일으켰던 '1984'부터, Samsung을 추종자가 아닌 혁신가로 포지셔닝하며 Apple의 지배에 성공적으로 도전해 판도를 바꾼 Samsung의 캠페인 Next Big Thing 다음의 대단한 것 까지, 테크놀로지 마케팅 방식을 바꿔 놓은 상징적인 캠페인이 적잖게 있었다.

　Samsung과 LG가 테크놀로지 스토리텔링에 대한 새로운 접근 방식을 선보이면서 한국의 거대 테크놀로지 기업들은 전자 제품의 글로벌 마케팅의 중대한 영향을 미쳤다. Samsung의 캠페인 Do What You Can't 불가능을 가능케 하라 는 제품의 특징보다 인간의 잠재력에 초점을 맞춤으로써 테크놀로지 마케팅에 혁명을 일으켰고, LG의 슬로건 Life's Good 삶의 즐거움 또한 간결하고 감성적인 메시지가 문화적이고 언어적인 장벽을 어떻게 뛰어넘을 수 있는가를 보여주었다.

　오늘날 소비자 가전의 카피라이팅은 테크놀로지에 대한 설명과 생활 방식에 주는 이익을 결합해 기술적 신뢰성과 정서적 공감 사이에 균형을 맞추어야 한다. 소비자 가전 산업의 마케팅은 1980년대 Sony의 캠페인 It's a Sony 소니입니다 와 같이 공학적 우수성을 강조하던 기능 위주의 메시지 전달에서 벗어나, 제품 자체보다는 생각하는 방법을 판매한 Apple의 캠페인 Think different 다르게 생각하라처럼 혜택에 초점을 맞춘 메시지 전달로 옮겨갔다. 이런 변화는 전자 제품이 단순한 도구로부터 라이프스타일을 지원하는 도구로 진화하고 있는 현상을 반영한다.

기업 개요

Apple
설립 - 1976년
웹사이트 - https://www.apple.com

Apple은 컴퓨터 회사에서 글로벌 라이프스타일 브랜드로 탈바꿈하여 전자 기기와 서비스에 관련된 종합적인 생태계를 제공한다. Apple은 스마트폰부터 태블릿까지 다양한 범주에서 대변혁을 일으키면서도 테크놀로지와 탁월한 디자인을 결합한 프리미엄 브랜드로서의 위상을 유지했다.

Apple의 마케팅 전략은 단순함과 감성적 교감에 중점을 두고, 기술 사양보다는 제품이 사용자의 삶을 어떻게 향상시킬 수 있는지에 초점을 맞춘다. Apple의 캠페인은 깔끔하고 미니멀한 디자인을 강조하고, 전문 용어보다는 사용자의 경험에 역점을 두며 메시지를 쉽게 전달하는 특징을 띤다. Apple의 마케팅 접근 방식은 사용자가 원하는 라이프스타일을 담은 메시지와 제품 혁신을 결합하고, 디자인과 단순성, 생태계 통합을 중시하는 소비자를 대상으로 한다.

Dell

설립 - 1984년

웹사이트 - https://www.dell.com

Dell은 소비자를 직접적으로 상대하는 direct-to-consumer 개인용 컴퓨터 제조업체로 시작하여, 이제는 테크놀로지에 관련된 종합 솔루션 제공업체로 성장해 소비자용 노트북부터 기업용 IT 서비스까지 모든 것을 제공하고 있다. Dell은 주문 제작과 가치 존중이라는 본래의 명성을 유지하면서도 프리미엄급 및 게임용 컴퓨터 시장에도 진출하고 있다.

 Dell의 마케팅 전략은 제품을 고객의 개인적 선택에 맞추어 설계하고 제작한다는 사실에 역점을 두고 맞춤형 테크놀로지 솔루션 제공자로서 포지셔닝하는 데 있다. 실질적인 혜택에 초점을 맞춘 메시지 전달과 기술적인 전문성을 결합한 접근 방식으로 개인과 기업 모두를 대상으로 한다. Dell의 캠페인에서는 제품의 주문 제작 가능성과 가치 제안이 부각되고, 성능과 신뢰성을 중시하는 실리적인 구매자에게 호소한다.

Razer

설립 - 2005년

웹사이트 - https://www.razer.com

Razer는 게이밍 주변 기기 제조업체로 출발해 이제는 게이머를 위한 라이프스타일 브랜드 lifestyle brand로 성장해, 게임 애호가를 위해 특별히 설계된 노트북부터 스마트폰까지 모든 제품을 내놓고 있다. 독특한 미적 감각과 고성능 제품으로 유명세를 얻으며 게이밍 하드웨어 부문에서 프리미엄 브랜드로서의 위상을 굳혔다.

Razer의 마케팅 전략은 게임 커뮤니티에 초점을 맞추어 게이머에 의해 by gamers, 게이머를 위해 for gamers 설립된 브랜드로 포지셔닝하는 데 있다. Razer의 캠페인은 공격적인 설계와 커뮤니티 중심의 메시지로 하드코어 게이머들의 공감을 불러일으킨다. 마케팅 접근 방식에서는 성능과 문화적 진정성을 강조하며 하드웨어를 게임 정체성의 필수 요소로 여기는 열성 게이머들을 타깃으로 한다.

마케팅 퍼널

> **Think different.** (Apple - website)
> **다르게 생각하라.** (Apple - 웹사이트)

꿈이 담긴 대담하고 열망적인 콜 투 액션으로 모두의 관심을 사로잡는 슬로건이다. Apple의 타깃층인 미래 지향적인 사람들에게 깊은 공감을 불러일으키는 가치, 즉 개성과 창의성, 혁신을 독려하고 있다. 이 문구는 Apple이라는 브랜드와 관련된 야심찬 정체성을 담고 있어 시대를 초월한 마케팅 구호가 되기에 충분하다.

간결하면서도 단순한 문장 구조는 의도된 것이다. differently가 아니라 different를 사용해 전통적인 문법 규칙을 깨뜨리며 일반적인 예상을 뒤엎는다. 이런 접근 방식은 호기심을 자극하여 잠재 고객에게 Apple이 무엇을 상징하고, 자기만의 가치를 어떻게 지켜 나가는지 의문을 품게 만든다. 단순하고 명쾌하면서도 감정을 자극하는 슬로건으로 변혁적 브랜딩을 구현함으로써 Apple을 단순한 테크놀로지 기업 이상의 존재로 포지셔닝한다. 그 결과로 Apple은 하나의 라이프스타일이자 사고방식이 된다.

> **Yours is here.** (Dell - website)
> 당신에게 필요한 것이 여기에 있습니다. (Dell - 웹사이트)

주의를 끌며 관련성 여부에 즉각 궁금증을 갖도록 유도하는 데 중점을 둔 카피라이팅의 좋은 예이다. 이 카피는 간결하고 개인적이며 친근하게 느껴진다. 또한 고객에게 직접 말을 걸며 Dell이 고객의 요구에 완벽하게 부응하는 제품을 보유하고 있다고 암시하기도 한다.

    Yours가 사용돼 메시지 자체가 개인화되면서, 주인 의식을 고취하고 정서적 유대감을 조성한다. is here라는 표현을 통해 Dell은 언제든 즉시 공급할 수 있다는 가능성을 제시한다. 전문 용어를 사용하지 않아 잠재 고객의 범위를 넓히는 동시에 고객 중심 브랜드로서 Dell의 입지를 더욱 굳혀 주는 슬로건이다. 또한 일반 사용자부터 테크놀로지 솔루션을 찾는 전문가에 이르기까지 다양한 계층의 공감을 불러일으킬 수 있는 간결한 슬로건이다.

> **For gamers. By gamers.** (Razer - website)
> 게이머를 위한, 게이머에 의한. (Razer - 웹사이트)

게이머를 위해 특별히 설계된 인사이더 브랜드로 Razer를 포지셔닝하며 게이머와의 정서적 유대감을 만들어내는 슬로건이다. gamers라는 단어를 반복함으로써 Razer가 잠재 고객의 고유한 욕구를 깊이 이해하고 있다는 것을 강조하며 신뢰와 소속감을 높여준다. 또한 이 단계의 핵심 전략인 차별화를 부각하고, Razer가 게임에 절대적으로 집중하고 있다는 것을 강조하는 슬로건이기도 하다. 이런 유형의 메시지는 특정 고객층을 공략하면 브랜드 충성도가 높아진다는 틈새 마케팅 이론 niche marketing theory 에 맞춘 것이다. 감성적 호소, 커뮤니티를 겨냥한 메시지, 전문 분야에 대한 집중을 결합하며 Razer는 게이머들에게 자사 제품들을 더 자주 살펴보라고 촉구한다.

> **This truly is a no-brainer.** (Anker - testimonial)
> **정말 생각할 필요도 없는 쉬운 결정입니다.** (Anker - 추천의 글)

Anker는 신뢰받는 유튜버 Unbox Therapy가 남긴 추천글을 사용함으로써 소비자의 의사결정에 중요한 역할을 하는 사회적 증거 원칙 principle of social proof 을 효과적으로 활용한다. 사회적 증거에는 인플루언서와 같은 믿을 만한 인물의 보증이 있을 때 불확실성이 줄어들고 신뢰가 구축된다는 뜻이 함축되어 있다.

no-brainer라는 문구는 제품의 가치를 강조하고 인지된 위험이나 의심을 제거함으로써 소비자의 의사결정 과정을 간소화한다. 또한 Anker의 제품이 여러 면에서 유리하기 때문에 고민할 필요도 없이 선택할 수 있다는 뜻도 감추어져 있다. 이 추천글은 테크놀로지 분야에서 편견 없는 제품 평가로 명성을 얻은 저명한 평론가 Unbox Therapy의 보증이어서 무게감이 더해진다. 이 카피는 특정 분야의 전문가나 인플루언서의 추천이 있을 때 잠재 고객이 신뢰하고 구매할 가능성이 높아진다는 권위 편향 authority bias 을 이용한 것이기도 하다.

> **See how easy it is to switch.** (Apple - website)
> **전환하는 게 조금도 어렵지 않다는 걸 확인해 보세요.** (Apple - 웹사이트)

전환을 앞두고 여전히 망설이는 고객을 겨냥한 전략적 카피이다. Android에서 iOS로 전환할 때 흔히 겪는 장벽, 즉 두 생태계 간 전환이 복잡하다는 인식을 직접적으로 거론하고 있다. Apple은 이것이 얼마나 쉬운지를 강조하며 사용자에게 그 과정을 직접 경험해 보라고 권함으로써 불확실성을 줄이고 고객을 안심시킨다. 전환을 힘들지 않은 과정으로 규정해 전환에서 예상되는 갈등을 효과적으로 제거하는 슬로건이기도 하다.

소비자는 새로운 제품으로 바꿀 때 익숙함과 기능성을 상실할까 두려워하는 경우가 많다. easy라는 단어에 역점을 둠으로써 Apple은 그런 인지된 위험을 완화하는 동시에, 혼란을 최소화하는 솔루션 기업으로 포지셔닝한다. see how라는 문구는 미묘하게 콜투 액션 역할을 하며 사용자에게 웹페이지에 소개된 내용, 예컨대 전환을 간소화하는 방향으로 설계된 단계별 가이드나 프로그램을 직접 경험해 보라고 유도한다. 이런 참여 독려는 헌신의 원칙 principle of commitment, 즉 사용자가 첫 단계를 밟으며 과정을 탐색하기 시작하면 전환을 끝마칠 가능성이 더 높아진다는 이론과 일맥상통한다. 잠재적 전환자로 하여금 iOS에 더 가까이 다가가게 만드는 메시지이다.

> **We're 20! And we want you to be a part of our celebrations.** (Razer - website)
> **창립 20주년을 맞았습니다. 저희 성년식을 여러분과 함께 축하하고 싶습니다.** (Razer - 웹사이트)

기존 고객들과 관계를 발전시키며 그들을 브랜드 지지자로 바꿔가려는 본보기가 되기에 충분한 카피이다. 창립 20주년을 맞이해 Razer는 커뮤니티와의 관계를 더욱 돈독히 하려 한다. We're 20!라는 문구는 자부심과 향수를 불러일으키고, we want you to be a part of our celebrations는 커뮤니티의 일원이라는 소속감을 안겨준다.

UGC(User-Generated Content, 사용자 제작 콘텐츠)와 RazerCon(신제품의 독점 공개, 경품 등을 제공하는, 게이머를 위한 디지털 이벤트)과 같은 커뮤니티 중심 활동을 부각하는 메시지이다.

이런 진취적인 계획은 고객을 브랜드 활동에 참여시킬 때 고객의 정서적 투자와 충성도가 높아진다는 참여 이론 engagement theory 이 충실히 반영된 것이다. 이 슬로건은 고객들에게 하나가 되어 함께 행동하자고 촉구하는 메시지로, 팬들에게 경험의 공유부터 행사 참여까지 창립 20주년 행사에 적극적으로 참여하라고 독려하는 역할을 한다. 이런 행사를 통해 양방향 관계가 구축되며 브랜드 친밀도 brand affinity 가 높아지고, 사용자 제작 콘텐츠와 입소문을 통한 유기적인 홍보가 가능해진다.

마케팅 퍼널 프랙티스

인지(Awareness)

> Technology that inspires/empowers/transforms.
> 영감을 주는/힘을 더해주는/변화를 이끄는 테크놀로지.
>
> Innovation for everyone/tomorrow/life.
> 모두/내일/삶을 위한 혁신.
>
> Experience technology differently/better/smarter.
> 다른/더 나은/더 똑똑한 테크놀로지를 경험합니다.
>
> Design that inspires/matters/transforms.
> 영감을 주는/중요한/변화를 선도하는 설계.
>
> Power to create/achieve/imagine.
> 세상에 없던 것을 만들어내는/새로운 것을 이루어내는/혁신적인 것을 상상하는 힘.

관심(Interest)

> Your world, amplified/enhanced/reimagined.
> 여러분의 세계가 확대/향상/재창조됩니다.
>
> Performance that delivers/matters/transforms.
> 기대에 걸맞는 결과를 내놓는/중요한/변화를 선도하는 성능.
>
> Technology that works/thinks/adapts like you.
> 여러분처럼 일하는/생각하는/적응하는 테크놀로지.
>
> Innovation that empowers/enables/inspires.
> 힘을 더해주고/가능하게 해 주고/영감을 주는 혁신.
>
> Experience the future/difference/possibilities.
> 미래/차이/가능성을 경험해 보세요.

고려(Consideration)

> Built for performance/reliability/you.
> 성과를 내기/신뢰를 얻기/사용자를 위해 구축되었습니다.
>
> Technology that lasts/delivers/evolves.
> 지속되는/기대에 걸맞는 결과를 내놓는/진화하는 테크놀로지.
>
> Solutions that work/matter/transform.
> 효과적인/중요한/변화를 선도하는 솔루션.
>
> Power meets simplicity/efficiency/elegance.
> 성능에 단순성/효율성/우아함이 더해집니다.
>
> Innovation meets reliability/quality/excellence.
> 혁신이 신뢰/품질/탁월함과 만납니다.

구매 결정(Decision)

Join the innovation/revolution/future.
혁신/혁명/미래와 함께하세요.

Choose smarter/better/powerful technology.
더 스마트하고/더 나은/강력한 테크놀로지를 선택하세요.

Experience the difference/innovation/future today.
오늘 차이/혁신/미래를 경험하세요.

Transform your work/life/world.
여러분의 일/삶/세상에 변화를 이끌어 갑니다.

Begin your journey/experience/story now.
이제라도 여러분의 여정/경험/이야기를 시작하세요.

충성도(Loyalty)

Your exclusive access to our community of innovators/creators/pioneers..
당신의 테크놀로지 친구/동반자/협력자.

Premium support for valued/exclusive/premium members.
소중한/엄선된/프리미엄 회원을 위한 프리미엄 지원.

Growing stronger/smarter/better together.
함께 더 성장합니다/더 스마트해집니다/더 좋아집니다.

Technology that evolves with you/time/needs.
사용자/시간/요구에 따라 진화하는 테크놀로지.

Excellence in every detail/innovation/moment.
모든 부문에서/부문/혁신/매 순간에 탁월함을 경험해 보세요.

명품 브랜드 　　Luxury Brands

배경

명품 산업의 마케팅 커뮤니케이션은 역사적으로 직접 판매보다는 배타성과 욕망을 강조해 왔다. 그러나 이제는 고급 출판물을 통한 차별적인 인쇄 광고에서 벗어나 엄선된 채널들을 통해 미묘한 감성을 담은 스토리텔링을 전하는 방향으로 진화했다. 명품 산업의 카피라이팅 역사는 Rolls-Royce의 전설적인 카피 At 60 miles an hour, the loudest noise in this new Rolls-Royce comes from the electric clock 시속 60마일로 달리는 롤스로이스에서 가장 큰 소음은 전자시계에서 나오는 소리입니다 에서부터 다이아몬드를 사랑의 영원한 상징으로 바꿔 놓은 De Beers의 변혁적인 캠페인 A Diamond is Forever 다이아몬드는 영원합니다 에 이르기까지 인간의 욕망을 끌어내는 기술을 보여준 상징적인 캠페인들로 이루어졌다고 해도 과언이 아니다.

　　한국의 명품 브랜드들도 어느덧 중요한 기업으로 올라섰다. Young Luxury로 접근하며 명품 마케팅을 재정의한 Genesis가 대표적인 예이다. 자동차 브랜드 Genesis의 Young Luxury 젊은 럭셔리 캠페인은 명품을 현대적으로 해석하면서도 프리미엄급이란 위치를 유지함으로써 명품에 대한 전통적인 인습에 도전해 성공을 거두었다. 역시 한국의 화장품 명품 브랜드 Sulwhasoo도 문화적 유산이란 스토리텔링과 과학적 혁신을 결합하며 피부 관리 분야의 명품 마케팅에 대변혁을 일으켰다.

AIDA 모델(Attention 주의, Interest 관심, Desire 욕구, Action 행동)은 명품 마케팅에서 Desire를 특히 강조하며 합리적인 의사결정을 초월하는 감성적 연결끈을 만들어낸다. 명품의 카피라이팅은 Action 단계를 의도적으로 지연시켜 기대감과 신비감을 조성하는 경우가 많다. 이런 접근 방식은 인위적으로 희소성을 조작함으로써 버킨 백 Birkin bag 의 대기자 명단을 만들어 Desire를 전례 없는 수준까지 끌어올린 Hermès가 완벽하게 보여주었고, 그런 전략은 럭셔리 마케팅의 청사진이 되었다.

오늘날 명품 산업의 카피라이팅은 배타성과 디지털 접근성 사이에 균형을 유지해야 한다. 달리 말하면, 명품의 신비로움을 유지하면서도 점점 디지털에 익숙해져 가는 소비자들과 관계를 맺어야 한다. 명품 산업의 마케팅은 Patek Philippe의 전통적인 캠페인 You never actually own a Patek Philippe, you merely look after it for the next generation 당신은 사실 파텍 필립을 소유한 것이 아니라, 다음 세대를 위해 맡아둔 것일 뿐입니다 으로부터 명품이라는 위상을 유지하면서도 젊은 고객층과의 문화적 관련성을 만들어가려는 Gucci의 혁신적 소셜 미디어 전략처럼 현대적인 접근 방식으로 옮겨가고 있다.

기업 개요

Tom Ford
설립 - 2005년
웹사이트 - https://www.tomford.com

Tom Ford는 Gucci와 Yves Saint Laurent에서 성공적으로 근무한 뒤 자신의 이름을 내건 브랜드를 론칭하여 럭셔리 의류와 액세서리 및 뷰티 제품을 선보이고 있다. Tom Ford라는 브랜드는 클래식한 장인 정신과 현대적인 세련미를 결합하며 현대 명품을 상징하는 하나의 브랜드로서 입지를 굳혔다.

Tom Ford의 마케팅 전략은 절제된 우아함과 세련된 섹슈얼리티를 강조하며 현대 명품의 완벽한 본보기로서 입지를 확보하는 데 있다. Tom Ford의 캠페인에서는 세련된 메시지와 도발적 이미지가 절묘하게 균형을 이루는 경우가 자주 눈에 띄고, 품질과 디자인을 모두 중시하며 자신감 넘치고 스타일에 민감한 소비자를 타깃으로 한다. 마케팅에서는 성공의 염원이 담긴 메시지와 제품의 우수성을 결합하고, 세련된 미적 감각과 자기만의 스타일을 중시하는 고객들에게 어필하는 접근 방식을 취한다.

Patek Philippe

설립 - 1839년
웹사이트 - https://www.patek.com

Patek Philippe은 수세대 전부터 세계에서 가장 권위 있는 시계 제조 회사라는 위치를 지켜 오며 명품 시계만을 제작하고 있다. Patek Philippe은 전통적인 시계 제작에서 탁월한 수준을 고수하면서도 혁신적인 컴플리케이션 complication 을 수용하는 것으로 유명하다.

Patek Philippe의 마케팅 전략은 대대로 전해지는 유산 및 세대를 아우르는 가치를 강조하는 데 있고, 소유보다 관리의 개념을 역설하는 것으로도 유명하다. Patek Philippe의 마케팅은 유산에 대한 감성적 스토리텔링에 기술적인 전문성을 결합하며, 명품 시계를 일종의 투자로 여기는 세련된 수집가와 개인을 타깃으로 하는 접근 방식을 취한다. Patek Philippe의 캠페인에서는 오랜 세대를 이어온 장인 정신이 자주 언급되며 전통과 장기적 가치를 중시하는 사람들의 관심을 끌어낸다.

Chanel

설립 - 1909년

웹사이트 - https://www.chanel.com

Chanel은 파리에서 부티크로 시작해 이제는 패션 의상과 액세서리, 장신구, 뷰티 제품을 제공하는 최고의 글로벌 명품 기업으로 성장했다. Chanel은 시대를 초월한 우아함의 상징으로 고유의 입지를 유지하면서도 현재의 잠재 고객을 위해 끊임없이 재창조하며 다른 모습을 보여주는 브랜드이다.

Chanel의 마케팅 전략은 전통과 근대성 사이에 균형을 유지하며, 전통적인 명품의 수호자인 동시에 현대적 욕망의 창조자로 포지셔닝하는 데 있다. Chanel의 캠페인은 클래식한 우아함과 전위적인 창의성을 혼합한 차별적 특징을 주로 보여주며, 전통과 혁신을 모두 중시하는 세련된 소비자를 타깃으로 한다. 마케팅에서는 배타성과 예술적 비전을 강조하며, 명품을 구매함으로써 지위와 스타일의 향상을 모색하는 고객에게 어필하는 접근 방식을 취한다.

마케팅 퍼널

> **Dressing well is a form of good manners.** (Tom Ford - quote)
>
> **옷을 잘 입는 것도 예절을 지키는 좋은 방법입니다.** (Tom Ford - 인용)

이 인용구는 우아함과 세련됨에 대한 패션 디자이너 Tom Ford의 철학을 효과적으로 압축한 메시지이다. 개인의 스타일을 사회적 존중과 연결하며, 옷차림이 타인에 대한 배려를 보여주는 것이라는 뜻을 담고 있다. 개개인이 주변 세상에 대해 관심을 가져야 한다고 말하며 시대를 초월한 패션과 흠 잡을 데 없는 장인 정신을 강조하는 명품 브랜드 Tom Ford가 지향하는 정신과도 일치하는 메시지이다.

마케팅 관점에서 보면, 이 인용구는 의상을 실용적 수단으로만 생각하지 않고 자신을 세련되게 표현하는 한 형태로 생각하는 소비자에게 공감을 얻기 충분하다. 또한 감성과 가치에 호소하며 Tom Ford라는 브랜드를 품격과 취향, 문화적 세련미의 상징으로 포지셔닝한다. 제품 자체에 명시적으로 초점을 맞추지 않고 Tom Ford가 지향하는 이상적 라이프스타일을 부각함으로써 브랜드 정체성과 충성도를 구축하는 데 미묘하지만 분명한 효과를 발휘하는 메시지이다.

> **You never actually own a Patek Philippe. You merely look after it for the next generation.** (Patek Philippe - print advert)
>
> **당신은 사실 파텍 필립을 소유한 것이 아닙니다. 다음 세대를 위해 맡아둔 것일 뿐입니다.** (Patek Philippe - 인쇄물 광고)

Patek Philippe의 상징적인 Generations 캠페인에서 중심이 되는 이 슬로건은 마케팅 퍼널의 관심 단계에 완벽하게 맞아떨어지는 예이다. 감성과 이성 모두에 호소하며 Patek Philippe 시계의 불멸성에 관심을 두는 동시에 가보로도 손색이 없는 시계를 소유하고 싶은 욕망에 불을 지피는 문구이다. 요컨대 Patek Philippe 시계를 소유하는 것은 미래를 위한 투자라는 뜻이 함축된 메시지이기도 하다. 상속과 유산에 초점을 맞춤으로써 Patek Philippe은 단순한 명품 시계 브랜드를 넘어 항구적인 가치와 가족 간의 유대를 상징하는 브랜드가 된다. 제품 자체에만 머물지 않고 영속성과 전통, 후손에 전해지는 재산을 추구하는 소비자의 욕망에 제품을 연결하는 접근 방식이다. Patek Philippe 시계는 다음 세대를 위해 맡아둔 것일 뿐 merely looked after for the next generation 이라 주장함으로써 Patek Philippe은 탁월한 장인 정신과 내구성을 겸비한 브랜드가 되고, 무분별하게 구매한 물건이 아니라 항구적 가치를 지닌 시계가 된다.

> **Begin your own tradition.** (Patek Philippe - print advert)
> **당신만의 전통을 시작하십시오.** (Patek Philippe - 인쇄물 광고)

소비자가 자신을 유산의 일부로 상상하도록 유도함으로써 Patek Philippe 시계를 좋은 시계일 뿐만 아니라 의미 있고 지속적인 가족 전통의 출발점으로 포지셔닝하고 있다. 이 슬로건은 열망하는 감정에 호소하는 문구로, 잠재 고객에게 자신의 구매 행위를 성공, 유산, 연속성을 상징하는 중대한 이정표로 인식하도록 이끈다. 정체성과 소속감에 대한 욕구를 자극하고, 시대를 초월하는 장인 정신이라는 Patek Philippe의 약속을 재확인해 주는 메시지이기도 하다. 따라서 구매로 인해 당장 지출되는 비용보다 지속적인 가치를 먼저 생각해 보라며 잠재 고객의 망설임을 줄여 주는 효과를 기대할 수 있다. 요컨대 소비자에게 자기만의 전통을 시작하라고 유도하며 행동을 부추기는 슬로건이다.

> **It's time to choose from a whirlwind of pleasures.**
> (Hermes - social media)
> **즐거움을 주는 것이 많겠지만 이제는 선택해야 할 시간입니다.**
> (Hermes - 소셜 미디어)

선물을 준비해야 하는 시즌이 되면 어김없이 등장하는 이 문구는 Hermes라는 브랜드의 고급스럽고 좋은 기억을 떠올려 주는 어조를 유지하는 동시에 즉각적인 행동을 유도하는 방향으로 세심하게 꾸며졌다. 소비자가 갖고 싶은 다양한 옵션 중에 선택하도록 유도하며 의사결정 과정을 신나고 재밌는 시간으로 프레이밍하는 문구이기도 하다.

choose란 단어는 무언가를 구매할 결정권이 소비자 자신에게 있다는 느낌을 안겨 주는 반면에 whirlwind of pleasures란 표현은 매혹적인 선택거리가 넘치도록 많다는 생생한 이미지를 떠올려 준다. 결국 소비자의 감성에 호소하며 Hermès 제품을 소유할 때 얻는 기쁨과 만족감을 강조하는 셈이다. It's time이라는 표현은 잠재 고객에게 서둘러야 한다는 미묘한 긴박함을 느끼게 하며, 결정을 미루지 말고 당장 구매하도록 유도하는 역할을 한다.

> **Chanel is a celebration.** (Chanel - social media)
> **Chanel은 축제입니다.** (Chanel - 소셜 미디어)

Chanel의 이미지를 영원한 축제의 이미지로 승화하며, 충성도가 높은 고객에게 자신이 특별한 것의 일부라고 느끼게 해 주는 슬로건이다. celebration이란 단어는 강렬하고 긍정적인 감정을 불러일으키며 고객에게 Chanel과 관련된 특별한 행사나 사건, Chanel로 인해 특별히 만족했던 순간을 떠올려 준다. 또한 제품 자체를 넘어서는 감정적 울림을 만들어내고, Chanel과 함께하는 행위를 축제와 같은 삶이나 개인적인 성취로 프레이밍하는 단어이기도 하다. 이 슬로건은 브랜드 고객과의 장기적인 관계를 유지하고 키워간다는 데 역점을 두고 있다는 점에서 관계 마케팅 relationship marketing 과 일맥상통한다. Chanel이 지향하는 열망을 은근히 강조하는 동시에, 충성도가 높은 고객에게 Chanel과의 여정을 앞으로도 계속할 것을 유도하며 Chanel과의 관계를 축하하고, 잠재 고객에게도 Chanel 공동체의 일원이 되라고 유혹하는 메시지이다. 이 메시지를 통해 고객이 Chanel를 찬미하는 만큼 Chanel도 고객을 찬미하는 브랜드로 포지셔닝된다.

마케팅 퍼널 프랙티스

인지(Awareness)

> Luxury redefined/reimagined/renewed.
> 새롭게 정의된/재해석된/거듭 태어난 명품.
>
> Experience excellence/perfection/distinction.
> 탁월함/완벽함/차별성을 경험합니다.
>
> Crafted for connoisseurs/sophistication/distinction.
> 진정한 애호가/세련미/차별화를 위해 공들여 제작되었습니다.
>
> Where heritage meets innovation/elegance/excellence.
> 전통이 혁신/우아함/탁월함과 만나는 곳.
>
> The art of luxury/craftsmanship/distinction.
> 명품/장인 정신/차별화가 빚어낸 예술 작품.

관심(Interest)

> Your legacy of excellence/distinction/sophistication.
> 탁월함/차별성/세련미가 여러분에게 남긴 유산.

Discover timeless/exceptional/extraordinary luxury.
시대를 초월하는/예외적인/평범을 넘어서는 럭셔리를 선보입니다.

Craftsmanship that endures/inspires/transforms.
오랫동안 지속되는/영감을 주는/변화를 주도하는 장인 정신.

Excellence in every detail/moment/creation.
세세한 부분까지/순간순간/모든 손길에서 탁월함을 느껴보세요.

Experience luxury reimagined/redefined/renewed.
새롭게 정의된/재해석된/거듭 태어난 명품을 경험하세요.

고려(Consideration)

Exclusively for the discerning/sophisticated/extraordinary.
오로지 안목 있는/세련된/특별한 고객을 위해.

Masterpieces of craft/design/artistry.
수공예/디자인/예술가적 기교가 담긴 걸작.

Heritage meets innovation/excellence/distinction.
전통이 혁신/탁월함/차별화를 만나다.

Curated for connoisseurs/collectors/sophisticates.
진정한 애호가/수집가/세련된 교양인을 위해 선별되었습니다.

The pinnacle of luxury/excellence/refinement.
명품/탁월함/세련미의 정점.

구매 결정(Decision)

Begin your journey of distinction/excellence/sophistication.
차별화/탁월함/세련미를 찾아가는 여러분만의 여정을 시작해 보세요.

Join the world of luxury/excellence/distinction.
명품/탁월함/차별화의 세계에 함께해 보세요.

Experience extraordinary/exceptional/unparalleled luxury.
평범을 넘어서는/예외적인/차별화된 고급스러움을 경험해 보세요.

Elevate your style/presence/world.
당신의 스타일/존재감/세계를 더 높여 보세요.

Transform through luxury/excellence/distinction.
명품/탁월함/차별성을 통해 변화를 시도해 보세요.

충성도(Loyalty)

Your luxury legacy/journey/destination.
럭셔리를 향한 당신의 유산/여정/종착지.

Exclusive privileges/experiences/access for connoisseurs.
진정한 애호가를 위한 배타적인 특권/경험/접속.

Crafting memories/moments/experiences together.
함께 만들어 가는 기억/순간/경험.

Excellence in every encounter/experience/moment.
모든 만남/경험/순간에 깃든 탁월함.

Your world of luxury/distinction/sophistication.
당신이 추구하는 럭셔리/차별성/세련미의 세계.

스포츠웨어와 아웃도어 장비
Sportswear & Outdoor Gear

배경

스포츠웨어 및 아웃도어 장비 산업의 마케팅 커뮤니케이션은 효능에 초점을 맞춘 메시지 전달에서 벗어나 운동 성취와 개인의 역량 강화를 결합한 스토리텔링으로 진화했다. 이 분야의 카피라이팅 역사에는 스포츠를 넘어 하나의 문화 현상이 되었던 Nike의 혁명적인 캠페인 Just Do It 그냥 일단 해 봐 부터 아웃도어 라이프스타일 마케팅을 재정의한 North Face의 Never Stop Exploring 끝없는 탐험 에 이르기까지 스포츠 마케팅을 완전히 바꿔 놓은 다수의 획기적인 캠페인이 있었다.

한국 브랜드들은 글로벌 스포츠웨어 시장 진입에도 의미 있는 성공을 거두었다. 특히 Fila는 한국의 소유로 넘어간 뒤 부활하며 유산 heritage 을 재해석하는 능력을 보여주었다. 2007년 한국 기업 E-Land에 인수된 후 Fila는 Heritage 유산 캠페인을 통해 운동 성과와 스트리트 스타일을 결합하고 스포츠와 럭셔리의 융합이라는 새로운 범주를 창조함으로써 Fila라는 브랜드를 성공적으로 재포지셔닝했다.

스포츠웨어의 카피라이팅은 감성적 스토리텔링 기술을 완벽하게 보여주는 듯하다. Nike의 캠페인 Find Your Greatness 당신의 위대함을 발견하라 가 대표적인 예로, 일상에서 운동을 즐기는 사람들에게도 목표를 성취하도록 박수를 보낸다. 스포츠웨어 산업은 Adidas의

Impossible is Nothing 불가능, 그것은 아무것도 아니다 과 Reebok의 I Am What I Am 나는 나일 뿐 과 같은 초기 캠페인에서 보듯이 제품을 중심에 둔 전통적인 광고에서 벗어나, 이제는 개인의 여정과 성취를 강조하는 한층 더 포괄적인 스토리텔링으로 옮겨갔다.

오늘날 스포츠웨어 및 아웃도어 장비 산업의 카피라이팅은 성능 인증과 사교적 목적을 결합하는 데 점점 더 초점을 맞추고 있지만, 역사적으로 스포츠 마케팅을 끌어온 탁월한 품질을 유지하는 데도 소홀하지 않다. 이런 진화적 변화는 스포츠 활동과 아웃도어 활동에 대한 인식 전환과 사회적 변화가 반영된 결과이며, 이제는 많은 브랜드가 성능만 아니라 접근성과 지속 가능성도 아울러 강조하고 있다.

기업 개요

Nike

설립 - 1964년
웹사이트 - https://www.nike.com

Nike는 러닝화 회사로 시작해 이제는 모든 주요 스포츠 종목에 의류와 장비를 광범위하게 제공하는 세계적인 스포츠 브랜드로 성장했다. Nike는 제품 개발과 마케팅 모두에서 끊임없는 혁신을 통해 본래의 위치를 굳건히 유지하며 강력한 스토리텔링을 통해 운동선수와 소비자에게 꾸준히 다가가고 있다.

Nike의 마케팅 전략은 개인의 역량 강화와 운동 성취를 강조하며, 개인의 변화를 위한 매개체로 스포츠를 포지셔닝하는 데 있다. Nike의 캠페인에는 프로 운동선수와 일상의 영웅이 함께 등장하는 경우가 많다. 다시 말하면, 직업으로 스포츠에 진지하게 매진하는 선수만이 아니라 가벼운 마음으로 운동을 즐기는 애호가 모두 캠페인의 주된 타깃이란 뜻이다. 또한 감성적인 스토리텔링과 제품의 혁신을 결합해 스포츠를 자기 정체성과 개인적 성장의 필수적인 요소로 생각하는 잠재 고객에게 어필하는 방식으로 마케팅에 접근한다.

Adidas
설립 - 1949년
웹사이트 - https://www.adidas.com

Adidas는 독일의 운동화 제조회사로 시작해 이제는 세계적인 스포츠웨어 기업으로 성장한 가운데 고성능 스포츠 의류와 라이프스타일 및 패션 부문에서 다양한 제품을 생산, 판매하고 있다. 특히 축구에서 Adidas라는 브랜드의 유산을 유지하는 동시에 다른 스포츠 분야와 스트리트 문화에서도 입지를 확대하고 있다.

    Adidas의 마케팅 전략은 경기력과 문화적 관련성 사이에 균형을 유지하며 스포츠와 스타일이 교차하는 지점에 포지셔닝하는 데 있다. Adidas의 캠페인에는 운동 성과와 스트리트 문화가 결합된 형태가 자주 등장하며, 직업적인 운동선수와 스타일을 의식하는 소비자 모두가 타깃이 된다. 마케팅 접근 방식에서는 혁신과 창의성을 강조하고 운동 기능성과 유행을 선도하는 디자인을 중시하는 소비자에게 어필한다.

Patagonia
설립 - 1973년
웹사이트 - https://www.patagonia.com

Patagonia는 아웃도어 장비의 선두 주자로 자리를 굳혔을 뿐만 아니라 환경 보호 environmental activism 에도 분명한 목소리를 내고 있다. Patagonia는 고급 아웃도어 의류와 장비를 제공하는 동시에 환경 보존과 지속 가능한 사업 방식에 충실하겠다는 약속을 지키고 있다.

Patagonia의 마케팅 전략은 환경에 대한 책임과 야외 활동의 진정성에 중점을 두고 고객과 지구 모두에게 도움을 주는 브랜드로 포지셔닝하는 데 있다. Patagonia의 캠페인에는 자연의 눈부시게 아름다운 모습과 환경과 관련한 메시지가 자주 등장한다. 제품의 품질과 환경에 대한 책임을 중요하게 생각하며, 야외 활동을 즐기는 애호가가 마케팅의 주된 대상이다. Patagonia의 마케팅은 제품의 우수성에 환경 보호를 결합하며 아웃도어 장비 선택을 자신의 가치관 표현으로 생각하는 고객에게 어필하는 접근 방식을 취한다.

마케팅 퍼널

> **Just do it.** (Nike - website)
> 그냥 해 봐! (Nike - 웹사이트)

마케팅 역사에서 가장 상징적이고 효과적이었던 슬로건 중 하나로, 결단력과 역량 강화, 행동이라는 Nike의 정신을 세 단어로 압축하고 있다. 스포츠 영역을 넘어 도전을 극복하고 장벽을 허물며 개인의 한계를 밀어붙이라는 보편적인 요구를 담은 메시지이기도 하다. 피부색, 문화, 체력 수준에 관계없이 공감을 불러일으키는 포용적이면서도 열망을 담은 슬로건이다. 이에 따라 Just Do It은 공개된 즉시 엄청난 충격을 주는 데 그치지 않고 Nike가 판매하는 제품만 아니라 Nike가 상징하는 인내와 투지 및 위대함을 향한 끝없는 추구를 반영하는 하나의 문화 운동이 되었다.

  이 슬로건이 성공한 결정적인 이유는 단순함에 있다. 간결하기 때문에 쉽게 기억되고, 직설적이어서 강력하면서도 절대적인 콜투 액션 call to action 이 된다. just라는 단어를 사용해 단순하면서도 긴박한 느낌을 주고, 변명이나 지나친 생각의 가능성을 원천적으로 차단한다. 한편 명령형으로 쓰인 do는 곧바로 움직이고 행동하라고 요구한다. 세 단어로 쓰인 문장이 간단명료하면서도 리드미컬하며 어디에나 적용되는 메시지가 된다.

> **Impossible is nothing** (Adidas - website)
> **불가능, 그것은 아무것도 아니다.** (Adidas - 웹사이트)

impossible이라는 개념을 완전히 뒤집어 놓으며 가능성과 회복 탄력성을 지닌 것이라 힘차게 선언하는 슬로건이다. 보편성을 띠는 대담한 메시지로 광범위한 잠재 고객과 즉각적으로 교감하며, 한계에 도전하고 성취 가능한 것을 재정의하라고 용기를 북돋운다. 단순하지만 깊은 의미가 담겨 정서적으로 공감을 불러일으키고 기억에 쉽게 각인된다. 결단력, 성공, 진보를 추구하는 Adidas의 정신이 함축된 문구이기도 하다.

  또한 이 메시지는 동기를 부여하며 행동과 인내를 강조한다. Adidas라는 이름과 장벽을 허무는 불굴의 의지를 짝지음으로써 Adidas는 단순히 운동용품을 공급하는 기업을 넘어, 개개인이 꿈을 이루는 것을 지원하는 동반자로서 포지셔닝한다. Nothing을 확고하게 사용함으로써 메시지 전체에 확신과 권위를 더해준다. 열망이 담긴 어조여서 잠재 고객으로 하여금 Adidas라는 브랜드에 더 깊이 참여해 살펴보도록 유도하는 토대가 된다.

> **You can't change the weather, but you can bring the right jacket.** (Patagonia - website)
> 날씨를 바꿀 수는 없지만 적절한 재킷을 가져갈 수는 있습니다.
>
> (Patagonia - 웹사이트)

잠재 고객과 교감하며 마음을 사로잡을 목적으로 제작된 훌륭한 카피의 전형이다. 이는 자연의 예측불가능성이라는 부인할 수 없는 진실을 인정하는 동시에 그런 난제를 극복할 수 있는 믿을 만한 해결책으로 Patagonia를 제시하며 아웃도어 애호가들에게 어필한다. 또한 악조건을 헤쳐 나가는 데 반드시 필요한 실질적인 도구로 Patagonia를 프레이밍함으로써 관련성과 신뢰성을 더해주는 카피이기도 하다.

　이 카피는 공감대를 형성하며 대화하는 듯한 어법으로 정서적 유대감을 불러일으키며 은근히 행동을 유도하기도 한다. the right jacket이라는 표현이 사용되어 Patagonia의 제품이 무수히 많은 것 중 하나가 아니라 신뢰할 수 있는 양질의 아웃도어 장비를 원하는 고객에게 이상적인 선택으로 포지셔닝된다. 또한 솔루션에 기반한 마케팅의 전형적인 예로, 문제(악천후)에서 실행 가능한 솔루션 Patagonia 재킷으로 초점이 옮겨간다. 이런 접근 방식은 잠재 고객에게 Patagonia 제품들을 면밀하게 살펴보도록 유도한다.

> **Have a hard year.** (Nike - website)
> 땀 흘리는 한 해를 맞이하기를! (Nike - 웹사이트)

새해 광고 New Year advertising 를 위해 제작된 슬로건으로, 전통적인 새해 인사 Have a happy new year!를 교묘하게 뒤집으며 시도한 비틀기는 Nike의 정신에 부합한다고 말할 수 있다. Have a happy new year!는 행복을 기원하는 전통적인 바람을 전달하지만, Nike가 살짝 비튼 Have a hard year!는 이런 전통적 접근 방식에 저항한다. 잠재 고객에게 투쟁과 노력에 대한 기존의 생각을 재고하라고 요구하고 Nike의 핵심 고객, 즉 고난을 방해물이 아니라 성장과 탄력성 회복의 기회로 생각하는 사람들에게 직접적으로 어필하는 슬로건이다.

> **We are committed to making the best products on earth, with communities, nature and the future in focus.** (North Face - website)
> **우리는 공동체와 자연, 미래를 중심에 두고, 지상에서 가장 뛰어난 제품을 만들기 위해 최선을 다하고 있습니다.** (North Face - 웹사이트)

품질 the best products on earth 의 유지와 개선에 최선을 다하는 동시에 윤리적인 문제와 지속 가능성에도 계속 관심을 두는 브랜드 North Face의 헌신을 강조하는 카피이다. 우수한 제품을 원대한 목적 의식과 연계함으로써 신뢰와 믿음을 구축하고, 고객들에게는 North Face의 선택이 현명할 뿐 아니라 책임감 있는 선택이라는 확신을 심어 주는 메시지이기도 하다.

또한 이 표현은 열망과 현실을 결합함으로써 진실성과 책임 의식을 느끼게 해 준다. committed와 focus라는 단어에서 신뢰성과 장기적인 헌신이 부각되고, communities, nature, and the future라는 문구는 사회적이고 환경적인 의식을 지닌 고객에게 어필한다. 포괄적인 사회적 목표를 언급함으로써 기능성 제품을 공급하는 기업을 넘어 더 나은 미래를 만들어 가는 동반자로 North Face를 포지셔닝한다.

> **Got 'em.** (Nike - SNKRS app notification)
> **득템하셨군요.** (Nike - 스니커즈 앱의 알림)

사용자가 탐내던 아이템을 성공적으로 구매한 것을 축하해 주는 짧고도 효과적인 문구이다. 밋밋하게 확인되는 것을, 무언가를 성취한 것처럼 흥분되는 순간으로 바꿔 주는 카피이다. 일상 대화에 쓰이는 편안한 어법을 사용함으로써 일부만이 누릴 수 있는 고급스러움과 수요가 많은 제품을 획득하는 짜릿함을 중요하게 생각하는 고객, 특히 SNKRS 스니커즈 애호가의 마음을 Nike가 이해한다는 뜻이 담겨 있다.

  Got 'em의 간결함과 속도와 타이밍이 중요한 스니커즈 구매 경험에서 아드레날린이 분비되는 듯한 기분이 느껴진다. 사용자에게 성취감과 스니커즈 문화의 일부가 되었다고 느끼게 해 준다는 점에서 보상 심리학 psychology of reward 을 활용한 문구이기도 하다. 구매를 승리로 규정함으로써 Nike는 정서적 충성도를 강화하고 브랜드 연결 brand connection 을 심화하며 반복적 참여를 유도한다.

마케팅 퍼널 프랙티스

인지(Awareness)

> Performance meets passion/purpose/potential.
> 실적이 열정/목적/잠재력에 더해집니다.

> Designed for athletes/explorers/achievers.
> 운동/탐험/성취에 도전하는 사람들을 위해 디자인되었습니다.

Push your limits/boundaries/horizons.
한계/경계/지평을 넓혀 보세요.

Adventure awaits everywhere/everyone/everyday.
어디에서나/누구에게나/언제나 모험이 기다리고 있습니다

Gear that empowers/enables/elevates.
역량을 더해주고/가능하게 해 주고/수준을 높여주는 장비.

관심(Interest)

Your journey, your way/path/story.
당신의 여정이 곧 당신의 길/경로/이야기입니다.

Performance that inspires/transforms/elevates.
영감을 주는/변화를 일으키는/수준을 높여주는 성과.

Discover your strength/potential/power.
강점/잠재력/능력을 새롭게 찾아보세요.

Equipment that delivers/performs/adapts.
기대를 저버리지 않는/성능을 발휘하는/상황에 맞추어 변신하는 장비.

Innovation that moves/drives/inspires.
감동/동력/영감을 더해주는 혁신.

고려(Consideration)

Tested in nature/extremes/reality.
자연/극한/실제 상황에서 검증되었습니다

Quality that endures/delivers/matters.
내구성을 띤/기대를 저버리지 않는/중요한 것은 품질.

Gear for life/adventure/achievement.
평생/모험/성공을 함께할 장비.

Performance meets sustainability/durability/reliability.
지속 가능성/내구성/신뢰성에 실적이 더해졌습니다.

Innovation meets strength/endurance/excellence.
혁신이 강점/내구성/탁월함에 더해진다면.

구매 결정(Decision)

Start your journey/adventure/story.
여러분만의 여정/모험/이야기를 시작해 보세요.

Choose performance/excellence/strength.
실적/탁월함/강점을 선택해 보세요.

Experience the difference/power/advantage.
차이/힘/이점을 경험해 보십시오.

Gear up for success/adventure/achievement.
성공/모험/성취를 위해 준비해 보세요.

Begin your journey/transformation/adventure.
여러분만의 여정/변화/모험을 시작해 보세요.

충성도(Loyalty)

Your trusted companion/partner/gear.
여러분의 믿음직한 동행/동반자/장비가 되겠습니다.

Excellence for every adventure/challenge/moment.
어떤 모험/도전/순간에도 탁월한 기능을 발휘합니다.

Growing stronger/better/together.
더 강하게/더 낫게/함께 성장해 가는 여정.

Performance that evolves with you/time/needs.
당신과 함께/시간과 더불어/필요에 따라 진화하는 성능.

Adventure awaits everywhere/always/everyday.
모험이 어디에서나/항상/매일 당신을 기다립니다.

가전 제품　　Home Appliances

배경

가전 업계의 마케팅 커뮤니케이션은 기능에 초점을 맞춘 메시지 전달에서 벗어나, 라이프스타일을 중심으로 제품이 일상생활을 어떻게 향상시킬 수 있는가를 강조하는 스토리텔링으로 진화했다. 가전 업계의 카피라이팅 역사에는 세탁 작업을 아이들의 자존심을 세워 주는 도구로 재포지셔닝한 Whirlpool의 캠페인 Care Counts 보살핌은 중요합니다 를 필두로, 24년 동안 사용되며 가전 브랜드와 소비자의 정서적 소통 방법을 혁명적으로 바꿔 놓은 GE의 상징적인 캠페인 We Bring Good Things to Life 삶을 윤택하게 에 이르기까지 획기적인 캠페인이 적지 않았다.

　　한국의 가전 대기업들은 글로벌 마케팅 접근 방식에 큰 영향을 미쳤다. LG의 캠페인 Life's Good 삶의 즐거움 은 가전 제품 마케팅에서 단순하면서 정서적인 메시지로 문화와 언어의 장벽을 뛰어넘을 수 있다는 것을 입증해 보였고, InstaView 똑똑, 속이 보이는 냉장고 캠페인에서는 기술적인 설명보다 사용자 경험에 초점을 맞추는 방식으로 냉장고 마케팅을 바꿔 놓았다.

　　요즘의 가전 제품 카피라이팅은 기술 혁신과 라이프스타일에 주는 이점을 균형적으로 강조하며 스마트 기능과 실용적인 이점을 결합한다. 가전 업계의 마케팅은 Kenmore의 초기 광고에서 보듯이 기능을 잔뜩 늘어놓는 메시지 전달 방식에서 벗어나, 가전 제품을 단순한 사용 도구가 아니라 삶의 질을 높이는 혁신으로 포지셔닝하는 Dyson의 스토리텔링처럼 라이프스타일을 통합하는 접근 방식으로 옮겨갔다. 이런 진화적 변화는 가전 제품에 대한 광범위한 인식 변화를 반영하며 이제는 많은 브랜드가 가전 제품 마케팅을 보고 배우면서 신뢰성을 유지하고 있다.

기업 개요

Miele
설립 - 1899년
웹사이트 - https://www.miele.com

Miele는 품질과 혁신에 대한 변함없는 헌신적 노력을 통해 독일 프리미엄 가전 제품 제조업체로서의 포지션을 유지해 왔다. Miele는 가정용 고급 가전 제품 및 상업용 장비를 전문으로 취급하며 내구성과 성능, 세련된 디자인을 중요시한다.

Miele의 마케팅 전략은 독일의 우수한 공학 기술과 장기적 가치를 강조하는 데 있다. 전통과 혁신을 결합한 접근 방식으로, 품질과 수명을 중시하는 안목 있는 소비자를 타깃으로 한다. 캠페인에서는 제품의 내구성과 정밀 공학을 강조하며 지속적인 품질 유지를 중시하는 고객들이 선택하는 제품으로 포지셔닝하는 접근 방식을 취한다. Miele의 마케팅은 신중하게 선택된 경로를 통해 수준 높은 고객에게 집중하며 제품의 투자 가치를 강조한다.

Bosch

설립 - 1886년

웹사이트 - https://www.bosch-home.com

Bosch Home Appliances는 정밀 기계를 제작하는 회사로 시작했지만, 이제는 가전 제품의 글로벌 리더로 성장해 가정용 주요 가전의 거의 모든 부문에서 혁신적인 솔루션을 제공하고 있다. Bosch는 지능형 테크놀로지와 지속 가능한 관행을 수용하면서도 독일 공학 기술의 명성을 그대로 유지하고 있다.

Bosch의 마케팅 전략은 혁신에 신뢰성을 결합함으로써 현대 가정을 위한 지능형 솔루션을 제공하는 업체로 포지셔닝하는 데 중점을 두고 있다. Bosch의 캠페인은 첨단 과학기술과 실용적 이점을 동시에 강조하며, 첨단 기술에 정통한 소비자만이 아니라 전통적인 품질을 중시하는 소비자까지 타깃으로 삼는다. 마케팅 접근 방식에서는 사용자 친화적인 혁신과 지속 가능성을 강조하고, 효율적이고 신뢰할 수 있으며 환경을 고려한 가전 제품을 찾는 고객에게 호소한다.

Dyson

설립 - 1991년

웹사이트 - https://www.dyson.com

Dyson은 진공 청소기 제조업체로 시작했지만, 혁신적인 공학 기술을 통해 일상 가전 제품에 대변혁을 불러일으킨 테크놀로지 기업으로 변모했다. Dyson은 먼지 봉투가 없는 진공 청소기부터 날개가 없는 선풍기까지, 과학기술적으로 독창적인 솔루션을 통해 일반적인 문제를 해결하는 제품 개발에 집중하고 있다.

Dyson의 마케팅 전략은 혁신적인 테크놀로지와 탁월한 공학

기술을 내세우는 데 있다. 혁신과 문제 해결을 강조하는 접근 방식을 통해 첨단 기술과 디자인을 중시하는 소비자를 공략한다. Dyson의 캠페인은 상세한 시연과 전문적인 설명을 통해 혁신적인 솔루션을 종종 선보이며 Dyson을 가전 테크놀로지 부문의 선구자로 포지셔닝한다. 마케팅 접근 방식에서는 교육적인 내용과 눈길을 사로잡는 시각적 시연을 결합함으로써 가전 제품의 기능은 물론 외적 형태까지 중요하게 생각하는 소비자들에게 어필한다.

마케팅 퍼널

> **Wash #LikeABosch**
> **Cook & clean #LikeABosch**
> **Let's move #LikeABosch**
> **Live sustainably #LikeABosch / Manufacture**
> **#LikeABosch** (Bosch - print advert)
> 세탁은 #Bosch처럼
> 요리와 청소는 #Bosch처럼
> 이동은 #Bosch처럼
> 지속 가능한 삶의 추구는 #Bosch처럼
> 제작은 #Bosch처럼 (Bosch - 인쇄물 광고)

Bosch의 제품을 제대로 인식하게 만드는 영리한 슬로건이다. 유머와 공감대 형성, 소셜 미디어 친화적인 현대적 접근 방식이 적절히 조합되어 있다. LikeABosch라는 문구는 자신감과 능력, 전문적 지식을 떠올려 주는 유명한 표현 like a boss 보스처럼 를 재치 있게 표현한 것이다. Bosch는 이 문구를 응용해, 자사의 가전 제품을 사용하면 설거지나 세탁과 같은 일상적인 작업을 효율적이고 번거롭지 않게 해 낼 수 있다는 정보를 전달한다. 또한 해시태그 #LikeABosch를 사용함으로써 슬로건 자체가 소셜 미디어 친화적인 문구로 변환된다. 경쾌하면서도 공감을 유도하는 메시지여서 전통적으로 진지한 분위기를 띠던 가전 제품의 광고 방식에서 벗어나 Bosch라는 브랜드를 한층 더 친근하고 기억하기 쉽게 만들어 준다.

> **Some call it rocket science.** (Dyson - print advert)
> **혹자는 로켓 과학이라고 말합니다.** (Dyson - 인쇄물 광고)

로켓 과학 rocket science 이란 용어는 고도로 발달하거나 복잡하고 지적으로 까다로운 것을 은유적으로 표현할 때 주로 사용된다. Dyson의 공학적 기술력을 항공 우주 기술의 복잡성과 정교함에 재밌게 비교한 문구이다. Dyson 제품의 디자인과 기능이 정밀 최첨단 연구의 결과라고 간접적으로 말해 주고 있어 Dyson 제품에 대한 인식을 단숨에 높여 주는 비교가 아닐 수 없다. 게다가 Dyson의 혁신적 제품이 일상적인 일을 어떻게 단순화하는지 강조하며 과학 기술을 재정의하고, 소비자들에게 경외감과 감탄을 불러일으키며 잠재 고객이 Dyson의 제품을 더 자세히 살펴보도록 유도하는 슬로건이기도 하다.

> **A SideOpening door that's a recipe for ease.** (Bosch Home - website)
> **옆으로 열리는 문도 요리를 쉽게 해 주는 비결입니다.** (Bosch Home - 웹사이트)

Bosch의 Benchmark® 시리즈 '문이 옆으로 열리는 오븐' Side Opening door oven 은 오븐의 안쪽을 더 쉽게 사용하도록 설계되었다. 즉, Benchmark® 오븐의 차별화된 기능 '옆으로 열리는 문'에 즉각 관심을 갖게 만드는 슬로건이다. 혁신을 강조하는 동시에 Bosch가 상대적으로 작거나 붐비는 주방에서는 오븐의 안쪽을 사용하기 힘들다는 일반적인 불만 사항을 해결했다는 것을 전달하는 메시지이다. 이 메시지에는 Bosch가 문제를 인식하는 데 그치지 않고 세심한 해결책까지 고안해 냈다는 자부심이 담겨 있다.

a recipe for ease라는 문구는 a recipe for success 성공의 비결 나 a recipe for disaster 재앙으로 가는 길 같은 문구에서 보듯이 친숙한 관용적 구조를 바탕으로 절묘하게 만들어낸 것이다. 이들 표현에 은유적으로 사용된 recipe라는 단어는 긍정적이든 부정적이든 간에 특정 결과를 가져오는 재료들이나 요인들을 결합한 것이란 뜻을 담고 있다. Bosch는 쉬움 ease 을 결과로 선택함으로써 잘 만들어진 요리와 관련된 단순함과 만족감을 떠올려 주며 주방 가전 제품의 맥락에 완벽하게 부응한다. recipe라는 단어의 사용도 요리 자체와 직접적으로 연결되며 잠재 고객에게 공감을 불러일으키고 기억에 남게 한다.

> **Once a Miele, always a Miele: Miele customers around the world remain loyal to Miele and recommend Miele to others.** (Miele - website)
> 언제나 당신 곁에, Miele: 세계 어디에서나 Miele 고객은 계속 Miele에게 충성하며 다른 사람에게도 Miele를 추천합니다.
> (Miele - 웹사이트)

고객 충성도와 고객 옹호를 강조하며, 사회적 증거 social proof 를 활용해 잠재 고객에게 Miele의 신뢰성을 확인시켜 주는 카피이다. Miele를 선택하는 것은 일회성 구매로 끝나는 것이 아니라 평생 지속되는 관계를 맺는 것이란 뜻이 담겨 있다. 또한 탁월한 품질과 고객 만족도 때문에 Miele에 대한 충성도는 필연적이란 것을 은근히 전하고 있다. 구매 결정 단계에 있는 고객에게는 Miele 선택이 장기적인 투자임을 재확인해 주며 구매 의향을 확고히 다지는 효과가 있다. 또한 장래의 유망한 고객에게는 Miele가 한 발짝밖에 떨어져 있지 않으므로 Miele 커뮤니티에 가입하겠다는 결정만 내리면 된다는 것을 역설하는 카피이다.

기존 고객이 Miele를 다른 사람들에게 추천한다 recommend Miele to others 는 것을 강조하는 두 번째 부분은 사회적 증거를 통해 신뢰를 강화하는 방식으로 이 점을 보강한다. 기존 고객이 매우 만족해 Miele 브랜드를 옹호한다는 뜻이므로 구매 결정을 망설이는 구매자에게 강력한 동기 부여 요인이 된다.

> **Follow our journey with The Washing Machine Project.** (Whirlpool Corporation - website)
> **세탁기 프로젝트를 지원하는 여정에 우리와 함께해 보세요.**
> (Whirlpool Corporation - 웹사이트)

세탁기 프로젝트 The Washing Machine Project 는 어려움에 처한 지역에 저렴한 가격의 수동식 세탁기를 제공할 목적으로 고안된 풀뿌리 운동이다. 자선 단체와의 연계를 활용해 사회적 영향과 기업의 책임에 충실하려는 Whirlpool Corporation의 노력을 강조함으로써 신뢰감을 형성하고 고객 가치에 부합하려는 정신이 담겨 있다. Whirlpool은 소비자에게 여정을 함께하자 follow our journey 고 권함으로써 구매 이후에도 Whirlpool과 계속 교류하도록 유도한다. 이런 관련성을 통해 Whirlpool이 가전 제품을 판매하는 데 그치지 않고 현실 문제를 해결하기 위해 전문성을 적극적으로 활용하고 있다는 것을 보여주려 한다. 사회에 환원하는 브랜드를 우선시하며 사회 의식이 있는 소비자들에게 공감을 불러일으키는 메시지이다.

이 메시지에서는 Whirlpool이 기업의 책임을 폭넓게 해석하며 삶의 질을 개선하기 위해 헌신적으로 노력하는 글로벌 리더로서 역할을 다한다는 것이 강조된다. 이런 접근 방식은 Whirlpool이 지향하는 가치를 공개적으로 천명함으로써 고객의 충성도를 높일 뿐만 아니라 Whirlpool을 선택한 고객들은 더 큰 대의에 기여한 사람이라는 자부심까지 심어 준다. 구매 행위를 거래 관계에서 공동의 목표와 공익 social good 에 뿌리를 둔 동반자 관계로 바꿔 주며, 더 깊고 지속적인 관계를 유도하는 메시지이기도 하다.

마케팅 퍼널 프랙티스

인지(Awareness)

> Innovation that transforms everyday/home/life.
> 여러분의 일상/가정/삶을 바꿔 놓을 혁신입니다.
>
> Engineering excellence meets daily/modern/smart living.
> 탁월한 공학 기술이 일상의 삶/현대인의 삶/스마트한 삶에 더해졌습니다.
>
> Appliances that think/work/perform smarter.
> 더 스마트하게 생각하는/기능하는/작동하는 가전 제품.

Discover the future of home/living/comfort.
미래의 가정/삶/편안함을 지금 경험해 보세요.

Technology that simplifies/enhances/perfects life.
삶을 단순화하는/삶의 질을 높이는/완벽한 삶을 가능하게 해 주는 과학 기술.

관심(Interest)

Your home, elevated/transformed/reimagined.
당신의 집, 품격이 올라갑니다/달라집니다/재창조됩니다.

Performance that delivers/lasts/matters.
기대치에 부응하는/지속되는/중요한 성능.

Smart solutions for modern/busy/real life.
현대인의/분주한/현실적인 삶을 위한 스마트 솔루션.

Experience efficiency/excellence/innovation.
효율성/탁월함/혁신을 경험합니다.

Design that works/thinks/adapts with you.
당신과 함께하는/당신처럼 생각하는/당신에게 맞추어진 디자인.

고려(Consideration)

Built for reliability/durability/performance.
신뢰성/내구성/성능을 기반으로 설계되었습니다.

German engineering meets modern/smart/sustainable design.
독일 공학 기술과 현대적/스마트한/지속 가능한 디자인의 만남.

Innovative solutions for everyday/modern/real needs.
일상적/현대적/실질적 요구를 충족해 주는 혁신적인 솔루션.

Quality that stands/lasts/delivers through time.
시간이 지나도 변하지 않는/지속되는/기대치에 부응하는 품질.

Technology that makes sense/works/delivers for you.
사용자가 이해하기 쉬운/사용자에게 도움이 되는/사용자의 기대에 부응하는 테크놀로지.

구매 결정(Decision)

Join millions of satisfied/smart/discerning homeowners.
만족한/현명한/안목 있는 수백만 주택 소유자들과 함께해 보세요.

Choose excellence/innovation/reliability.
탁월함/혁신/신뢰성을 선택해 경험해 보세요.

Transform your home/life/everyday.
여러분의 집/삶/일상에 변화를 주어 보세요.

Invest in quality/performance/innovation.
품질/성능/혁신에 투자하세요.

Begin your journey to smarter/better/efficient living.
더 스마트한/더 나은/효율적인 삶을 향한 여정을 시작해 보세요.

충성도(Loyalty)

Your trusted home/appliance/lifestyle partner.
여러분의 믿음직한 가정/가전 제품/라이프스타일 파트너.

Premium service for valued/loyal/exclusive customers.
소중한/충성스런/엄선된 고객을 위한 프리미엄 서비스.

Growing smarter/better/sustainable together.
함께 더 스마트하게/더 낫게/지속 가능하게 성장해 보세요.

Excellence in every cycle/moment/day.
모든 주기/매 순간/매일 탁월함을 경험해 보세요.

Experience the difference/quality/innovation every day.
차별화/품질/혁신을 매일 경험해 보세요.

유아 및 아동용품
Baby & Children's Products

배경

유아 및 아동용품 산업의 마케팅 커뮤니케이션은 안전 중심의 메시지에서 벗어나 정서적 교감을 불러일으키는 스토리텔링으로 진화했다. 이 분야의 카피라이팅 역사를 돌이켜보면, 부드러움을 강조하던 기존의 메시지 전달 방식에 큰 변혁을 일으킨 Johnson & Johnson의 상징적인 캠페인 No More Tears 눈물은 이제 그만 부터, 기저귀 마케팅에서 기능성을 배제한 Pampers의 Every Baby is a Little Miracle 모든 아기는 작은 기적입니다 에 이르기까지 육아용품 마케팅을 바꿔 놓은 여러 번의 획기적인 캠페인이 있었다.

한국 브랜드들도 전 세계의 유아용품 마케팅에 중대한 영향을 미쳤다. 대표적인 예가 천연 성분이 유아용품에 적용되는 방법에 혁명적 변화를 불러일으킨 Agabang의 퓨토 유아용 스킨케어 제품들 Putto baby skincare line 이다.

오늘날 유아용품의 카피라이팅에서는 부모의 신뢰와 정서적 유대 사이에 균형을 유지하며 안전을 보장하는 동시에 라이프스타일의 향상도 모색해야 한다. 유아용품 마케팅 기법이 초기 유아용품 광고에서는 임상적인 면을 강조했지만 이제는 라이프스타일을 통합하는 접근 방식으로 옮겨가고 있다. 유아용품을 육아라는 여정의 동반자로 포지셔닝하는 Huggies의 We Got You, Baby 우리가 있잖아, 아가 가 대표적인 예이다.

기업 개요

Johnson & Johnson
설립 - 1886년
웹사이트 - https://www.jnj.com

Johnson & Johnson은 피부에 자극을 주지 않는 부드러운 제품과 신뢰할 만한 전통으로 이름을 얻었고, 유아용 케어 제품 분야의 글로벌 리더로서 입지를 굳혔다. 상징적인 유아용 샴푸로 시작해 유아용 케어 제품 전체에 이르기까지 Johnson & Johnson은 제품 개발과 안전 기준 모두에서 지속적인 혁신을 통해 세계적 선두 기업의 위상을 유지하고 있다.

    Johnson & Johnson의 마케팅 전략은 신뢰와 부드러운 케어를 강조하며, 제품들을 유아 관리의 필수적 파트너로 포지셔닝하는 데 있다. Johnson & Johnson의 캠페인에서 눈에 띄는 특징은 부모와 아기 사이의 정서적 연결로, 아기를 처음 낳은 부모만이 아니라 상당한 경험을 지닌 부모까지 타깃으로 한다. Johnson & Johnson의 마케팅 접근 방식은 과학적 전문성과 감정적 공감을 결합함으로써 안전성만 아니라 육아도 중요시하는 부모들에게 어필한다.

Bugaboo
설립 - 1999년
웹사이트 - https://www.bugaboo.com

Bugaboo는 네덜란드 디자인 회사에서 글로벌 프리미엄 모빌리티 브랜드로 변모하며 혁신적인 디자인과 도시적인 매력으로 유모차 시장에 대변혁의 바람을 일으켰다. Bugaboo는 기능성과 스타일을 결합한 고가의 유모차와 액세서리를 판매한다.

Bugaboo의 마케팅 전략은 라이프스타일의 통합과 탁월한 디자인에 초점을 맞추며 자사 제품을 현대 육아에 반드시 필요한 도구로 포지셔닝하는 데 있다. Bugaboo의 캠페인은 다용도와 스타일을 강조하며, 기능과 미학을 모두 중시하는 도시 부모를 타깃으로 한다. 브랜드의 마케팅 접근 방식은 혁신과 융통성을 강조하며 유행에 민감해 유아 용품의 선택을 개인 스타일의 연장선으로 보는 부모들에게 어필한다.

Enfamil
설립 - 1959년
웹사이트 - https://www.enfamil.com

Enfamil은 유아용 분유 단일 제품을 제조하던 기업으로 시작해 유아 발달기에 단계별로 적합한 영양 솔루션을 제공하는 종합 건강식품 회사로 성장했다. Enfamil은 유아에게 필요한 영양에 대한 과학적 연구와 혁신을 통해 브랜드의 명성을 유지하고 있다.

Enfamil의 마케팅 전략은 적절한 영양 공급이 유아 발달에 미치는 이점에 초점을 맞추고, 아동 영양과 성장을 책임지는 동반자로서 포지셔닝하는 데 있다. Enfamil의 캠페인은 교육적인 내용과 감성적인 스토리텔링을 결합하며 자녀의 발달에 필요한 최적의 영양원을 찾는 부모들을 타깃으로 한다. Enfamil의 마케팅 접근 방식은 과학적 신뢰성과 감성적 교감을 강조하며, 연구에 기반한 영양 솔루션을 높이 평가하는 부모들에게 호소하는 것이다.

마케팅 퍼널

> **No more tears.** (Johnson's Baby - website)
> 눈물은 이제 그만. (Johnson's Baby - 웹사이트)

간결하면서도 감성적 공감을 자극하는 까닭에 즉각적으로 기억되고, 눈길을 끄는 데도 무척 효과적인 슬로건이다. 이렇게 짧고 쉽게 기억되는 문구를 사용함으로써 소비자의 기억에 오랫동안 남아 Johnson & Johnson이라는 브랜드를 쉽게 떠올리게 해 주는 역할도 한다. 부모는 자녀의 안위와 안녕에 관심을 갖기 마련이어서 No More Tears라는 약속은 이 관심사를 우선적으로 다루는 구호가 된다. 이 슬로건은 신뢰감과 안도감을 주며 Johnson & Johnson의 제품을 부모들의 공통된 관심사에 대한 해결책으로 포지셔닝한다. 이 문구에 내재한 부드러움이나 포근한 느낌을 주는 자음의 반복으로 유아 케어 제품과의 연결성을 강화하고 브랜드의 정체성을 완벽하게 드러낸다. 또한 특별한 편익을 암시함으로써 호기심을 자극하고 소비자에게 '이 제품을 사용하면 정말 눈물이 나지 않을까?'라는 의문을 갖게 만드는 슬로건이기도 하다.

> **The body builder.** (Enfamil - print advert)
> 보디 빌더의 영양식 (Enfamil - 인쇄물 광고)

이 슬로건은 아기 사진과 짝을 이루며, 흥미를 끌면서도 정보를 제공하는 이중적 의미를 만들어낸다. 표면적으로 이 표현은 체력과 몸매라는 개념을 가리킨다. 달리 말하면, 건강과 영양이란 맥락에서 이 표현에 익숙한 성인에게 공감을 불러일으키는 개념이다. 한편 이 문구는 아기의 성장과 발달에 연계되며, Enfamil이 유아기의 건강한 신체 발달 과정을 지원하는 역할을 맡고 있다는 것을 강조한다. 또한 이 문구는 자녀의 미래를 위해 최상의 영양을 선택하는 데 진심으로 투자하려는 부모들에게 직접적으로 호소한다. 특히 발달이란 측면을 강조함으로써 Enfamil을 경쟁사들과 차별화하는 동시에 성장과 건강을 우선시하는 부모들에게 최상의 선택지로 포지셔닝해 주는 슬로건이기도 하다.

> **City seekers show your style.**
> **Thrill seekers show your style.**
> **Yoga moms show your style.**
> **DIY dads show your style.**
> **Health nuts show your style.** (Bugaboo - print advert)
> **도시를 찾는 분들, 여러분의 스타일을 보여주세요.**
> **전율감을 구하시는 분들, 여러분의 스타일을 보여주세요.**
> **요가 엄마들, 여러분의 스타일을 보여주세요.**
> **DIY 아빠들, 여러분의 스타일을 보여주세요.**
> **건강광들, 여러분의 스타일을 보여주세요.** (Bugaboo - 인쇄물 광고)

이 슬로건 시리즈는 다양한 유형의 소비자를 타깃으로 한다는 점에서 무척 효과적이다. 요즘 소비자들은 여러 제품을 비교하며 자신의 정체성과 라이프스타일에 걸맞는 브랜드를 찾고 있다. Bugaboo의 캠페인은 이런 현상을 기회로 삼아 특정 라이프스타일의 전형에 직접적으로 호소하고, 포괄적으로 개개인의 필요에 맞추어 제품을 제공하는 듯한 기분을 안겨준다.

각각의 슬로건은 다른 유형의 소비자가 존재하는 것을 인정하며 Bugaboo 유모차의 다용도와 융통성을 부각한다. 예컨대 Yoga moms는 건강을 중시하는 부모를 타깃으로 하는 반면, DIY dads

는 실질적인 면 practicality 을 강조하며 육아에 적극적으로 참여하는 요즘 아버지를 유혹한다. 이 캠페인은 뚜렷이 구분되는 개별 집단을 일일이 언급함으로써 다양한 잠재 고객과 직접적으로 연결되는 정서적 고리를 만들어낸다. 이런 포용성에서, 다양한 유형의 잠재적 구매자들에게 브랜드에 반영된 자신의 정체성과 가치관을 확인하는 기회를 부여한다. show your style이라는 문구를 반복함으로써 슬로건들이 개성과 자기 표현이라는 통일된 주제하에 하나로 묶인다. 이렇게 개개인의 라이프스타일에 맞춘 제품이란 점을 강조함으로써 이 캠페인은 경쟁사보다 Bugaboo를 선택할 수밖에 없는 강력한 이유를 만들어낸다.

> **Seize everything the city has to offer. Our compact strollers' one-hand, one-piece folding mechanisms let you jump on the underground at a moment's notice. Unfold just as easily and you're ready to stroll in no time. Their compact designs let you maximize on space at home too — perfect for inner city living.** (Bugaboo - website)
> 도시가 제공하는 모든 것을 즐겨 보세요. 우리가 제공하는 간편한 유모차로! 한 손으로 하나로 접히는 구조여서 단번에 지하철에 올라탈 수 있으니까요. 펼치는 것도 그만큼 쉬워서 곧바로 산책 준비를 끝낼 수 있습니다. 작게 제작되어 집안에서도 공간을 최대한 활용할 수 있게 해 줍니다. 도시 생활에는 완벽한 선택일 것입니다. (Bugaboo - 웹사이트)

도시 생활에 적합한 편의성과 기능성을 강조함으로써 Bugaboo의 가치 제안 value proposition 을 효과적으로 더해주는 카피이다. 글 전체가 Bugaboo의 간편한 유모차에 대한 설득력 있는 설명으로 도시 부모들의 핵심적인 우려를 해소하는 동시에 그들에게 필요한 해결책을 제시한다. Seize everything the city has to offer라고 첫 문장을 야심차게 시작하며 Bugaboo의 유모차가 도시의 활기차고 능동적인 라이프스타일에 맞아떨어진다고 말한다. 예컨대 one-hand, one-piece folding mechanism 같은 특징들이 하나씩 부각되며 실질적인 이점이 명확히 서술된다. 또한 대중교통도 쉽게 사용할 수 있다는 점을 강조함으로써 이 유모차가 분주하게 살아가는 바쁜 삶에도 적합하다는 확신을 잠재적 구매자에게 안겨 주는 jump on the underground at a moment's notice 카피이다. 이런 실질적인 이점은 유모차를 신속하게 접을 수 있다는 편의성이 약속되며 더욱 강화된다. compact designs (that) maximize space at home이라는 표현을 끝에 덧붙여 도시 주민의 공통된 문제, 즉 제한된 주거 공간 문제도 해결한다. 전체적으로 제품의 특징들을 고단한 도시 생활과 직접적으로 연결함으로써 이 제품이 반드시 필요하다는 것을 역설하는 메시지이다.

> **Parents love sharing #bellybadges.** (Enfamil - website)
> 부모들도 아기들의 벨리 배지를 갖고 싶어합니다. (Enfamil - 웹사이트)

Belly Badges™는 아기의 삶에서 특별한 순간과 중요한 단계를 기념하고 공유할 목적으로 디자인된 재밌는 장식 스티커이다. 이 스티커를 아기의 배에 붙여 사진을 찍어, 중요한 사건이나 단계, 예컨대 첫 미소 First Smile, 첫 걸음마 First Steps, 생후 한 달 One Month Old 등을 시각적 기록으로 남겼다. 이 아이디어는 이런 특별한 순간을 사진에 담아 더 특별하고 시각적으로 매력적인 사건으로 승화함으로써 일상의 특별한 단계를 함께 공유하는 기억으로 남겨놓자는 것이다.

Belly Badges™라는 개념은 부모가 자녀의 성장과 발달에 투입하는 감성적 투자를 활용한다. 아기의 성취에 누구나 즐거워하는 마음을 십분 이용해 Enfamil은 공동체 의식을 조성하고, 육아에서 신뢰할 수 있는 동반자라는 입지를 굳히려 한다. 이 캠페인은 #bellybadges라는 해시태그를 통해 공유를 독려하며 공동체 의식을 구축하고 일회성 구매자를 Enfamil이란 브랜드의 장기적 지지자로 바꿔 가려는 목적을 띤다.

마케팅 퍼널 프랙티스

인지(Awareness)

> Gentle care for your precious/little/special one.
> 당신의 귀중한/작은/특별한 아이를 위한 부드러운 돌봄.
>
> Trust the science/expertise/knowledge behind every product.
> 모든 제품에 담긴 과학/전문성/지식을 믿어 보세요.
>
> For every moment/milestone/stage of childhood.
> 어린 시절의 모든 순간/이정표/단계를 위하여.
>
> Discover natural/safe/gentle baby care.
> 자연에 가까운/안전한/부드러운 베이비 케어를 경험해 보세요.
>
> Parenting made simple/easier/better.
> 육아가 간단해집니다/더 쉬워집니다/더 나아집니다.

관심(Interest)

Your baby deserves natural/gentle/safe care.
당신의 아기는 자연스러운/부드러운/안전한 돌봄을 받아야 마땅합니다.

Experience proven/trusted/gentle protection.
검증된/신뢰할 수 있는/부드러운 보호막을 경험해 보세요.

Discover innovative/smart/modern parenting solutions.
혁신적인/스마트한/현대적인 육아 솔루션을 경험해 보세요.

Products that grow/develop/adapt with your child.
여러분의 아이와 함께 성장하는/발전하는/아이에게 맞추어진 제품들.

Feel the difference/quality/gentleness in every touch.
바를 때마다 차이점/품질/부드러움을 느껴 보세요.

고려(Consideration)

Trusted by generations/parents/families worldwide.
세계 전역에서 여러 세대/부모/가족으로부터 신뢰를 받고 있습니다.

Scientifically proven/tested/developed for gentle care.
과학적으로 입증된/검증된/개발된 부드러운 케어 제품입니다.

Solutions for every stage/need/moment.
어떤 단계에서나/필요한 때에는 언제나/어떤 순간에나 적용되는 솔루션입니다.

Safety meets innovation/comfort/style.
안전성에 혁신/편안함/스타일이 더해졌습니다.

Natural/Gentle/Safe ingredients, guaranteed protection.
천연/부드러운/안전한 성분으로 만들어져 보호가 보장됩니다.

구매 결정(Decision)

Join thousands/millions of satisfied/happy/confident parents.
수천/수백만 명의 이미 만족한/행복한/신뢰하는 부모와 함께해 보세요.

Start your parenting journey/adventure/story with us.
우리와 함께 육아라는 여정/모험/스토리를 시작하세요.

Choose trusted/proven/tested care.
신뢰할 수 있는/입증된/검증된 케어를 선택해 보세요.

Experience the difference/gentleness/quality.
차이/부드러움/품질을 경험해 보세요.

Begin your baby's journey/future/development today.
오늘 아기의 여정/미래/발달을 시작해 보세요.

충성도(Loyalty)

Your trusted parenting partner/companion/guide.
여러분의 신뢰할 수 있는 육아 동반자/동행자/안내자가 되겠습니다.

Growing together/stronger/better with your child.
여러분의 자녀와 함께/더 강하게/더 좋게 성장해 보려 합니다.

Products that evolve/grow/adapt with your family.
여러분 가족과 함께 진화하는/성장하는/가족에 맞추어진 제품들.

Exclusive benefits/rewards/offers for growing families.
성장하는 가족을 위한 독점적인 혜택/보상/제안.

Experience better quality/care/protection.
더 나은 품질/케어/보호를 경험해 보세요.

알코올 음료　　Alcoholic Beverages

배경

알코올 음료 산업의 마케팅 언어는 직설적인 상품 홍보로 시작됐지만, 이제는 라이프스타일에 대한 세련된 스토리텔링으로 변했다. Absolut Vodka가 24년 동안 진행하며 1,500개 이상의 독특한 광고를 만들어낸 술병 중심의 혁명적인 예술 캠페인부터, 맥주 광고를 영화 예술의 수준으로 끌어올린 Guinness의 Good Things Come to Those Who Wait 기다리는 사람에게는 좋은 일이 찾아온다 시리즈에 이르기까지, 증류주와 맥주 마케팅에는 기념비적인 캠페인이 적잖게 있었다.

　　알코올 음료 분야의 카피라이팅 역사에서는 사회적 태도의 변화가 읽힌다. 예컨대 Johnnie Walker의 캠페인 Keep Walking 계속 나아가라 은 전통적인 남성적 주제를 넘어 야심찬 메시지를 재정립하고 있다. 알코올 음료 산업은 디지털 시대가 도래하기 훨씬 이전부터 인플루언서 마케팅을 선도했고, Bernbach가 1950년대에 유명 인사를 등장시켜 내 맥주 my beer 라고 소개하게 했던 캠페인 My Beer is Rheingold 내 맥주는 라인골드 가 대표적인 예이다. 이 캠페인은 이후 수십 년 동안 마케팅에 영향을 주었다.

　　요즘 알코올 음료 산업의 마케팅은 책임과 열망 사이에 균형을 유지하며, 해변의 환상을 심어 주던 Corona의 캠페인을 넘어 Heineken의 Open Your World 그대의 세계를 열어라 캠페인처럼 사회적 쟁점을 다루면서도 알코올 음료의 열정적 매력을 유지하는 미묘한 스토리텔링으로 옮겨갔다. 이런 변화는 알코올 음료 브랜드들이 관계를 맺는 방법이 크게 달라졌다는 것을 반영하는 동시에, 제품의 특성만 아니라 연결의 순간을 강조하는 것이다.

기업 개요

Heineken
설립 - 1864년
웹사이트 - https://www.heineken.com

Heineken은 네덜란드의 한 지역 맥주 양조장으로 출발해 이제는 일관된 품질과 프리미엄급 포지션으로 널리 알려진 글로벌 맥주 기업으로 성장했다. Heineken은 전통적인 매력과 적절한 현대성을 결합함으로써 고유의 지위를 유지하는 브랜드이며, 특히 국제 시장에서 두드러진다.

    Heineken의 마케팅 접근 방식은 세련된 유머와 문화적 관련성을 중심으로, 세계적이면서도 접근하기 쉬운 프리미엄 맥주, 즉 고급 맥주로 포지셔닝하는 데 있다. Heineken의 캠페인은 위트와 사회적 비판이 결합되는 경우가 많으며, 미묘한 메시지를 좋아하고 국제적 감각을 지닌 소비자를 타깃으로 한다. Heineken은 주요 스포츠 경기와 문화적 행사를 활용해, 폭넓은 관심을 유지하는 동시에 전통적인 맥주 마케팅을 넘어서는 캠페인을 창조해 내는 브랜드이기도 하다.

Miller Lite

설립 - 1975년

웹사이트 - https://www.millerlite.com

Miller Lite는 라이트 맥주 light beer 부문을 개척하며 풍부한 풍미와 낮은 칼로리 사이에 균형을 맞춘 제품으로 맥주 업계에 대변혁을 일으켰다. Miller Lite는 경쟁이 치열한 라이트 맥주 부문에서 혁신을 지속하며 전략적 마케팅과 제품 일관성을 통해 본연의 위치를 유지하고 있다.

  Miller Lite의 마케팅은 진정성과 사회적 관계를 강조하며 친구들과 진실한 순간을 함께할 때 선택되는 맥주로 포지셔닝하는 데 있다. Miller Lite의 캠페인에는 현실적인 사회적 상황과 공감대를 형성하는 유머가 자주 등장하며, 전통과 정직한 품질을 중시하는 소비자를 타깃으로 한다. 또한 노스탤지어와 현대적 적합성을 결합하며, 오랜 단골은 물론이고 맥주를 마시는 새로운 세대에게도 어필한다.

Tanqueray

설립 - 1830년

웹사이트 - https://www.tanqueray.com

Tanqueray는 전통적인 장인 정신과 현대적인 세련미가 조화를 이루며 프리미엄 진 카테고리의 기둥으로 자리 잡고 있다. 이 브랜드는 역사적인 런던 드라이 진의 유산과 현대적인 칵테일 문화의 매력 사이에서 균형을 이루고 있다.

  Tanqueray의 마케팅 전략은 세련된 단순함을 통해 일상의 순간을 향상시키는 데 중점을 둔다. 클래식한 칵테일 문화와 현대적인 라이프스타일 요소를 혼합한 캠페인으로 세련된 증류주를 즐기는 도시 전문가를 타깃으로 한다. 이 브랜드의 접근 방식은 칵테일 애호가와 프리미엄 증류주를 처음 접하는 사람들 모두에게 어필할 수 있는 다양성과 시대를 초월한 스타일을 강조한다.

마케팅 퍼널

> **Probably the best beer in the world.** (Heineken - website)
>
> **어쩌면 세계 최고의 맥주.** (Heineken - 웹사이트)

 대담함과 겸손함을 결합함으로써 효과적으로 인식 수준을 높인 슬로건이다. 간결해서 쉽게 기억되는 슬로건으로, 자부심에 넘치지만 언제든 접근할 수 있는 맥주라는 Heineken의 정체성과도 맞아떨어진다. probably라는 단어의 사용은 전략적인 선택이다. 지나칠 정도로 단정짓지 않아 호기심을 자극하며 소비자에게 더 깊이 알아보도록 유도한다. 이처럼 장난스레 모호한 뜻을 지닌 부사를 사용함으로써 슬로건 전체가 기억에 남고 공감을 불러일으키며, 경쟁이 치열한 시장에서 Heineken을 더욱 돋보이게 해 준다. 게다가 the world라는 단어를 언급함으로써 Heineken은 국제적으로 인정받고 존중받는 브랜드로 포지셔닝된다.

> **It's Miller time.** (Miller Lite - website)
>
> **이제는 Miller를 마실 시간.** (Miller Lite - 웹사이트)

간결하면서도 효과적인 문구로, Miller Lite라는 브랜드가 즐겁게 휴식을 즐길 순간과 연결된다. Miller time을 구체적이고 바람직한 사건으로 규정함으로써 Miller 맥주를 일과 후나 사교 모임에서의 보상으로 포지셔닝하는 슬로건이다. 또한 감정적 연결 고리가 만들어지고 Miller Lite를 마시는 행위가 하루 일과를 끝낸 것을 자축하며 긴장을 풀고 동료애를 쌓아가는 긍정적인 감정으로 이어진다. 짧고 간결하기 때문에 기억에 깊이 남고, 쉽게 다시 떠올릴 수 있는 슬로건이다.

> **This Bud's for you.** (Budweiser - poster advert)
> 이 Bud는 당신을 위한 것. (Budweiser - 포스터 광고)

맥주를 마시는 경험을 개인화하고 소비자와 정서적 연결을 시도하는 슬로건이다. for you라는 문구를 사용해 잠재 고객과 직접적으로 교감함으로써 그에게서 인정받고 소중히 생각된다는 느낌을 준다. 이런 개인화는 소속감과 충성도를 높여 주며, Budweiser가 그저 단순한 맥주에 그치지 않고 '당신'이란 개인을 축하하기 위해 특별히 고안되고 정성스레 선택된 것이라는 느낌을 준다. 또한 휴식과 축하, 보상이라는 주제를 하나로 묶어 소비자들이 Budweiser를 일상적 순간만이 아니라 특별한 행사에도 적합한 맥주로 인식하도록 독려하는 슬로건이기도 하다.

> **When you and the fellas have a tough case to crack.** (Miller Lite - social media)
> 당신과 친구들에게 해결하기 어려운 문제가 닥치면. (Miller Lite - 소셜 미디어)

a tough case to crack은 탐정이 풀어야 할 사건 a detective case 과 맥주 상자 a case of beer 라는 개념이 뒤섞여 교묘하게 이중 의미로 사용된 것이다. 하나는 '까다로운 수사 a case 를 해결하다 crack' 라는 뜻이다. 다른 하나는 '맥주 병이나 맥주 캔으로 채워진 상자 a case 를 열다 crack' 를 뜻한다. to crack open a beer도 '맥주 병이나 맥주 캔을 따다'를 뜻하며, 맥주를 새로 마시기 전의 상쾌한 소리나 느낌을 떠올려 준다. 이런 이중 의미는 유머러스하게 관심을 끌며 Miller Lite를 동료애와 휴식으로 연결시킨다. 이로써 소비자들에게 Miller Lite라는 맥주를 모임에서 빠질 수 없는 일부로 생각하도록 독려하는 메시지이기도 하다.

when you and the fellas라는 문구는 소셜 미디어에서 빈번하게 눈에 띄며 공감대를 형성하거나 유머러스한, 혹은 상황별 시나리오를 만들 때 가장 쉽게 쓸 수 있는 when you라는 형식을 흉내낸 것이다. 이 형식은 트위터, 인스타그램, 틱톡 같은 플랫폼에서 널리 알려졌고, 그만큼 쉽게 이해된다. When you로 시작되는 문장은 결정적인 구절 punchline 을 기대하게 만든다. 이 카피에서 결정적인 구절은 a tough case to crack (a case of beer)이라는 유머러스한 말장난이다. the fellas라는 문구에서는 특히 남성 친구들 간의 우정과 공유된 경험이 강조된다. 이 문구는 소셜 미디어에서 흔히 사용되는 표현과 편안하고 공감을 불러일으키는 어법을 이용하면서도 유머를 능숙하게 사용한 카피라이팅의 좋은 예이다.

> **The only thing better than a Bud? Two Budweisers.** (Budweiser - social media)
> Bud 한 병보다 유일하게 더 좋은 것은? Budweiser 두 병.
> (Budweiser - 소셜 미디어)

유머러스하면서 간결하지만 'Budweiser를 마시는 시간은 너무나 즐겁기 때문에 그 경험을 두 배로 하면 훨씬 더 좋아진다'라는 메시지를 명쾌하게 전달하는 문구이다. two Budweisers라는 표현은 고객이 자기도 모르게 더 많은 Budweiser를 구매하도록 유도한다. Budweiser의 추가 선택을 자연스런 진행 과정으로 규정한다. 한 병을 즐겼다면 두 병을 즐기지 못할 이유가 무엇인가? 이런 생각에 망설임이 은연중에 사라진다. 요컨대 Budweiser는 어떤 후회도 남기지 않는 편안한 선택지라고 말하는 메시지이다.

> **Cocktails? Mixed. Guests? Impressed. Now go on and own the night.** (Tanqueray Gin - social media)
> 칵테일요? 물론 섞었지요. 손님들이요? 감동하셨죠. 이제 여러분도 밤의 주인이 되는 거예요. (Tanqueray Gin - 소셜 미디어)

소셜 미디어에 게시된 글로, 소비자의 성공을 축하하며 Tanqueray Gin을 기억해야 할 순간에 빠질 수 없는 동반자로 포지셔닝한다. 긍정적인 결과, 완벽한 칵테일, 감동받은 손님들을 강조하며 Tanqueray를 성취감, 세련됨, 사회적 우월감과 연결해 주는 메시지이기도 하다. 긍정의 대답들은 기존 고객들에게 Tanqueray가 그들에게 가져다주는 가치를 떠올려 준다. 마지막 문장 Now go on and own the night는 소비자에게 자긍심과 자부심을 느끼게 해 주고 Tanqueray와 연결된 성공이라는 인상을 지속적으로 유지하게 해 준다. 전체적으로 Tanqueray가 단순히 하나의 제품으로 끝나지 않고, 소비자의 라이프스타일을 고양하는 믿을 만한 동반자라는 뜻도 전달하는 메시지이다.

> **Cold beer puts a smile on our face, too.** (Miller Lite - social media)
>
> **시원한 맥주는 우리 얼굴도 미소짓게 합니다.** (Miller Lite - 소셜 미디어)

소셜 미디어에서 Miller Lite를 쥐고 미소를 짓는 인플루언서의 모습과 짝을 이루는 문구이다. 편안하고 친근한 말투가 유혹적인 이미지와 함께하며 Miller Lite를 행복과 휴식, 즐거움에 결부시킨다. Miller Lite를 찾는 소비자의 선택을 은근히 지지하며 Miller Lite라는 브랜드를 휴식과 재미의 순간과 짝지워주는 캠페인이다. 강력하고 긍정적인 문구로 Miller Lite 고객에게 자신의 즐거운 경험을 다른 사람들과 공유하도록 독려하고, 더 나아가 Miller Lite 맥주에 대한 충성도를 굳히고 공동체 조성해 주는 역할을 한다.

마케팅 퍼널 프랙티스

인지(Awareness)

> Elevate your evening/moment/celebration.
> 저녁/순간/축하 행사의 품격을 높여 보세요.
>
> Crafted for connection/sharing/enjoyment.
> 교감/공유/즐거움을 위해 정성껏 양조되었습니다.
>
> Where tradition/quality/craft meets taste.
> 전통/품질/기술이 맛에 더해졌습니다.
>
> Pour perfectly/confidently/naturally.
> 완벽하게/자신감 있게/자연스럽게 따르세요.

Discover premium/authentic/exceptional flavor
고급스런/정통한/예외적인 풍미를 맛보세요.

관심(Interest)

Your moment to shine/celebrate/share.
빛나는/축하하는/나누는 당신의 순간.

Create memories/experiences/moments worth sharing.
함께할 가치가 있는 추억/경험/순간을 만들어 보세요.

Taste the difference/tradition/craftsmanship.
차이/전통/장인의 솜씨를 맛보세요.

Refresh/Reimagine your perspective/evening/gathering.
당신의 관점/저녁/모임에 생기를 불어넣어 보세요/새롭게 상상해 보세요.

Beyond ordinary/conventional refreshment.
평범한/통상적인 맥주를 넘어서.

고려(Consideration)

Expertly crafted/brewed/distilled for you.
당신을 위해 전문가의 손으로 빚어진/양조된/증류된 알코올.

Quality that speaks for itself.
품질은 스스로 말합니다.

Chosen for character/taste/excellence.
남다른 평판/맛/장점으로 인정받은 선택.

Traditions worth sharing/keeping/celebrating.
공유할/간직할/축하할 만한 전통.

Premium/Superior/Exceptional in every pour.
매 잔에서 최고급의/양질의/예외적인 풍미를!

구매 결정(Decision)

Become part of the craftmanship/excellence/legacy.
장인의 솜씨/탁월함/유산의 일부가 되어 보세요.

Choose exceptional/premium/superior taste.
예외적인/최고급의/양질의 맛을 선택해 보세요.

Experience authentic/refined/distinguished flavor.
인증된/세련된/고급스러운 풍미를 경험해 보세요.

Elevate your collection/bar/occasion.
소장품/술 찬장/행사의 품격을 높여 보세요.

Begin your journey/adventure/experience today.
오늘 바로 여정/모험/경험을 시작해 보세요.

충성도(Loyalty)

Part of your finest moments/memories/celebrations.
당신에게 가장 소중한 순간/기억/기념일과 함께합니다.

Your trusted companion/choice/tradition.
당신이 신뢰할 수 있는 동반자/선택/전통입니다.

Crafting memories/experiences/moments together.
기억/경험/현재의 순간을 함께 만들어 가겠습니다.

Excellence in every sip/pour/glass.
한 모금/한 컵/한 잔을 들이킬 때마다 최고를 실감해 보세요.

Share the passion/legacy/tradition.
열정/유산/전통을 함께 나눠 보세요.

의류와 의복   Clothing & Apparel

배경

의류 산업의 마케팅은 이제 제품의 기능 설명에서 벗어나 열망을 정체성과 결합한 캠페인에서 확인되듯이 문화적 스토리텔링으로 옮겨갔다. Calvin Klein의 1980년 캠페인 Nothing comes between me and my Calvins 나와 내 Calvin 사이에는 아무것도 없다 를 비롯해 몇몇 상징적인 캠페인은 데님을 반항의 상징으로 재정의한 반면, Chanel이 2004년 영화배우 니콜 키드먼을 앞세워 제작한 No. 5 광고는 향수와 영화의 화려함을 융합한 작품이었다.

한국 브랜드들, 특히 Beanpole은 Modern Heritage 현대적 유산 같은 캠페인을 통해 오랜 역사를 지닌 전통적 미학에 새로운 생명을 불어넣으며 전통과 평상복을 결합했다.

2010년대에는 목적 지향적인 변화가 일어났다. Patagonia의 Don't Buy This Jacket 이 재킷은 사지 마십시오 은 소비 지상주의에 경종을 울렸고 Benetton의 1990년대 United Colors 통합된 색깔들 시리즈는 도발적인 이미지를 사용해 다양성을 강조했다.

요즘 의류 산업의 카피라이팅에서는 노스탤지어와 혁신 사이에 균형을 유지하려는 노력이 엿보인다. Adidas의 Born Original 진정한 오리지널리티 은 개성을 예찬하는 반면, Gucci의 Aria 캠페인은 Z세대를 대신해 복고풍의 화려함을 재해석한다. Dior의 AR 기반 디지털 캠페인 Dazzle Your Senses 당신의 오감을 황홀하게 는 직접적인 참여를 강조하고 스토리텔링이 제품 유용성을 넘어서며 더 폭넓어진 요즘의 트렌드를 반영한다.

기업 개요

Levi's
설립 - 1853년
웹사이트 - https://www.levi.com

Levi's는 제품 개발과 문화적 연관성 측면 모두에서 지속적인 혁신을 통해 상징적인 데님 브랜드로서의 위치를 꾸준히 유지해 왔다. 작업복으로 시작해 패션의 기준이 되기까지, Levi's는 전통을 충실히 보존하는 동시에 현대 문화와 함께 진화했다.

Levi's의 마케팅 전략은 정통성과 문화적 관련성을 강조하며 Levi's 제품을 개인적인 이야기와 역사적 순간의 증인으로 포지셔닝하는 데 있다. Levi's의 캠페인에는 실제 인물과 그에 관련된 진짜 순간이 자주 등장하며, 전통과 현대적인 스타일을 모두 중시하는 소비자를 타깃으로 한다. Levi's의 마케팅 접근 방식은 개성에 대한 스토리텔링과 제품 혁신을 결합하며 데님의 선택을 개인적인 정체성의 표현이라 생각하는 소비자에게 어필한다.

H&M
설립 - 1947년
웹사이트 - https://www.hm.com

H&M은 스웨덴의 한 여성복 판매점으로 시작했지만, 합리적인 가격의 디자이너 공동 작업물이란 개념을 선도하며 패스트 패션 fast-fashion 글로벌 제국으로 변모했다. H&M은 트렌드에 대한 신속한 대응을 통해 본연의 위치를 유지하는 동시에 지속 가능성 계획을 확대해 추진하고 있다.

    H&M의 마케팅 전략은 패션의 대중화를 중심으로 누구나 고급 패션 high style 에 접근할 수 있다는 것을 알리는 데 있다. 따라서 H&M의 접근 방식은 적정한 가격으로 제공되는 현재의 트렌드를 강조하며, 연령층을 불문하고 패션에 민감한 소비자를 대상으로 한다. H&M의 캠페인에는 일상의 스타일과 동경의 패션이 결합된 이미지가 자주 등장하며, 런웨이 룩 runway look 을 합리적인 가격에 원하는 소비자들에게 어필한다.

Uniqlo

설립 - 1949년
웹사이트 - https://www.uniqlo.com

Uniqlo는 일본의 섬유 제조업체로 시작했지만, 테크놀로지 혁신과 미니멀리스트 디자인을 통해 기본적인 것의 대변혁을 시도하며 글로벌 라이프스타일 브랜드로 진화했다. Uniqlo는 기능성과 섬세한 스타일을 결합한 필수 의류의 공급업체로 확고한 입지를 굳혔다.

    Uniqlo의 마케팅 전략은 일상의 삶을 더 풍요롭게 해 주는 단순한 양질의 옷, 즉 라이프웨어 LifeWear 의 철학에 초점을 맞추고 있다. Uniqlo의 캠페인에서는 제품의 혁신과 보편성을 띤 디자인이 강조되고, 기본적인 품질과 세심한 기능성을 중시하는 소비자를 타깃으로 한다. Uniqlo라는 브랜드의 마케팅 접근 방식은 기술적 전문성과 라이프스타일 향상을 결합하며, 효율성과 절제된 스타일을 우선시하는 소비자에게 어필한다.

마케팅 퍼널

> **Quality never goes out of style.** (Levi's - billboard)
> 품질은 결코 유행을 타지 않습니다. (Levi's - 광고판)

Levi's는 '유행을 타지 않고 잊히지 않으며 열망하게 만드는 것'으로 브랜드의 정체성을 굳혀 주는 슬로건이다. 특히 패스트 패션과 끊임없이 변하는 트렌드로 가득하고 경쟁이 치열한 시장에서 강렬한 첫인상을 남기는 데 초점이 맞추어졌다. 이 문구는 Levi's를 세월의 시험을 견뎌낸 브랜드로 포지셔닝함으로써 신규 고객과 재방문 고객 모두에게 어필하기 때문에 효과적이다. quality라는 단어는 즉각적으로 내구성과 신뢰성을 떠올려 준다. 한편 never goes out of style은 Levi's가 최신 유행을 쫓으면서도 상징적인 브랜드라는 것을 강조함으로써 폭넓은 고객층에게 다가간다. 간결하면서도 보편적인 진실을 담은 문구로 Levi's라는 브랜드를 쉽게 기억하고 연상하게 해 주며, Levi's를 다른 패스트 패션 경쟁사와 은근히 차별화해 주는 슬로건이기도 하다.

> **Give what you love. Love what you give.** (Uniqlo - print advert)
> 진정으로 좋아하는 걸 선물하세요. 선물하는 마음까지 사랑하세요. (Uniqlo - 인쇄물 광고)

Uniqlo가 크리스마스 캠페인에 사용한 슬로건으로, 잠재 고객과의 연대 및 정서적 유대감을 깊게 해 준다. 이 슬로건의 목표는 Uniqlo와 크리스마스 쇼핑과의 관련성을 강화하며, Uniqlo 제품을 더 깊이 살펴보라고 독려하는 데 있다. 반복과 도치를 사용함으로써 기억하기 쉽고 리드미컬한 구조를 띠는 문구가 되었다. Give what you love에는 최고의 선물은 개인의 기호에서 비롯된다는 뜻이 담겨 있고, 반면에 Love what you give는 선물을 주는 기쁨을 이용해 쇼핑이란 행위를 긍정적인 감정과 연결시킨다. Uniqlo는 제품 자체보다 감성에 끌리는 메시지를 전달함으로써 잠재 고객이 사랑하는 사람을 위한 이상적인 선물로 Uniqlo 제품을 선택하도록 유도한다.

> **Find your fit.** (H&M - TV advert)
> **당신에게 딱 맞는 옷을 찾아 보세요.** (H&M - TV 광고)

잠재 고객에게 H&M의 데님 신상품들을 적극적으로 평가해 보라고 자극하는 슬로건이다. 이 메시지의 목적은 개인화와 다양함을 통해 몸에 완벽하게 맞는 청바지를 쉽게 찾을 수 있다는 점을 강조하며 H&M을 이상적인 선택으로 포지셔닝하는 데 있다. 의도적으로 짧고 딱 부러지게 행동 지향적으로 꾸며진 문구이다. 따라서 TV처럼 빠른 속도로 전개되는 광고 포맷에 무척 효과적인 메시지가 된다. find라는 명령형 동사를 사용함으로써 어떤 체형이든 상관없이 고객 누구나 자신에게 맞는 청바지를 찾아낼 수 있다는 뜻이 함축되었다. 한편 your fit는 메시지 자체를 개인화하며 구매를 고려해 보도록 잠재 고객를 자극한다.

> **H&M Studio is all about easy wardrobe solutions—timeless, multi-purpose pieces that take you from a working day to drinks and dinner, helping you to feel polished but relaxed.** (H&M - website)
>
> **H&M Studio는 옷장을 쉽게 꾸밀 수 있는 해결책입니다. 유행을 타지 않는 다목적 의류로, 근무할 때는 물론이고 술을 곁들인 저녁 식사 자리에도 입을 수 있을 뿐만 아니라 당신에게 세련되면서도 편안한 느낌을 주는 옷들이 준비되어 있습니다.**
>
> (H&M - 웹사이트)

왜 H&M Studio가 옳은 선택인지를 역설하며 잠재 고객에게 망설임을 떨쳐내라고 촉구하는 마케팅 메시지이다. 편의성, 다목적성, 자연스러운 스타일을 강조하며 잠재 고객을 마지막으로 밀어붙이는 데 목적을 두고 있다. easy wardrobe solutions라는 표현은 고객의 공통된 요구, 즉 패션 선택의 간소화라는 문제를 즉각적으로 해결해 주는 문구이다. 많은 쇼핑객이 스타일리시하면서도 실용적인 품목, 즉 자신의 라이프스타일에 완벽하게 어울리는 옷을 찾는 데 어려움을 겪는다. 이 메시지는 H&M Studio를 해결책으로 제시함으로써 구매자에게 H&M Studio가 옳은 선택이란 확신을 준다. 또한 timeless, multi-purpose pieces를 별도로 표현해 장기적인 가치를 강조함으로써 H&M의 매력을 더 높인다. take you from a working day to drinks and dinner라는 문구에서는 실용성과 변화의 용이성이 부각되어 바쁜 전문 직업인과 패션에 민감한 사람에게 이상적인 의상이란 인상을 주기에 충분하다. 끝으로 helping you to feel polished but relaxed는 자신감과 편안함이 주는 정서적 이점을 활용한 문구이다. 전체적으로 H&M Studio를 스타일리시하고 다목적성을 띤 의류로 편하게 옷장을 채우게 해 주는 선택으로 포지셔닝한다.

> **Designed for us.** (Uniqlo - print advert)
> **우리를 위해 디자인되었습니다** (Uniqlo - 인쇄물 광고)

고객과의 유대를 강화하고 브랜드 친밀도를 높이며 장기적인 관계를 독려하는 것을 목표로 한 캠페인이다. 기존 고객들과의 관계를 강화하며 그들을 소중히 여긴다는 느낌을 받게 함으로써 옷이 필요하면 언제라도 Uniqlo를 계속 선택하도록 유도하는 데 초점을 맞추고 있다. 또한 us라는 단어를 사용해 소속감과 정체성의 공유를 빚어낸다. 이 메시지는 공동체 중심의 포용적인 어감을 띠기 때문에 더욱더 강력한 효과를 발휘한다. 제품이 고객의 일상적인 욕구와 편안함 및 스타일을 염두에 두고 의도적으로 제작되었다는 뜻이 함축되어 있다. 일시적인 트렌드에 어필하는 일반적인 패스트 패션의 메시지와 Uniqlo를 뚜렷이 구분해 주며, Uniqlo 옷은 모두를 위해 디자인되었을 뿐만 아니라 고객의 라이프스타일에 맞춰 특별히 디자인되었다는 것을 강조함으로써 재구매와 브랜드에 대한 장기적인 충성도를 유도하는 메시지이기도 하다.

마케팅 퍼널 프랙티스

인지(Awareness)

> Redefine/reimagine/revolutionize the way you dress/express/own your style.
> 당신 스타일에 맞춰 옷을 입는/당신 스타일을 표현하는/당신 스타일의 주인이 되는 방식의 재정의/재발견/혁신.

Timeless/Iconic/Unmatched pieces for every body/every day/every era.
모든 체형/언제나/모든 시대에 어울리는 유행을 타지 않는/상징적인/차별화된 품목들.

Discover/Unlock/Embrace a wardrobe that works/lives/evolves with you.
여러분과 함께 일하는/살아가는/진화하는 옷장을 찾아/열어/끌어안아 보세요.

Break the mold/rules/cycle with fashion that moves/inspires/adapts.
움직임/영감을 주는/상황에 적응하는 패션으로 틀/규칙/사이클을 깹니다.

Where heritage/innovation/community meets design/function/passion.
유산/혁신/공동체가 디자인/기능/열정과 만나는 곳.

관심(Interest)

Your style, your rules/terms/way—no limits/complexity/exceptions.
당신의 스타일은 당신만의 규칙/조건/방식입니다. 여기에는 어떤 한계/복잡성/예외가 없습니다.

Fall in love with pieces that fit/adapt/transform to you/your life/your mood.
당신/당신의 삶/당신의 기분에 어울리는/맞춘/변하는 옷과 사랑에 빠집니다.

Dress for the moment/journey/legacy you want to create/own/remember.
만들고/소유하고/기억하고 싶은 순간/여정/유산에 어울리는 옷을 입어 보세요.

Innovative/sustainable/thoughtful designs for real lives/real people/real moments.
진정한 삶/살아 숨쉬는 사람/실질적인 순간을 위한 혁신적인/지속 가능한/사려 깊은 디자인입니다.

What if your closet could inspire/sustain/empower your dreams/routine/identity?
여러분의 옷장이 꿈/일상/정체성을 독려하고/지속 가능하게 하고/강화할 수 있다면 어떨까요?

고려(Consideration)

Tailored/Customized/Personalized fits for every shape/size/story.
맞춤형/주문형/개인화된 디자인으로 어떤 체형/사이즈/스토리에나 맞습니다.

Seamless/Effortless/Endless versatility—from boardroom/dinner/trail to street/party/home.
회의실/만찬장/산길부터 거리/파티장/집까지, 어디에서나/장벽 없이/자연스럽게 어울립니다.

Transparent/ethical/traceable materials, no compromises/exceptions/secrets.
투명한/윤리적인/추적할 수 있는 소재로, 어떤 타협/예외/비밀도 용납하지 않습니다.

> Why settle for ordinary/trends/fast when you can invest/elevate/transform?
> 투자/상승/변할 수 있는데 평범한/유행하는/빠른 것에 만족할 이유가 있을까요?
>
> Compare the quality/impact/experience—then see/feel/choose the difference.
> 품질/영향력/경험을 비교해 보세요. 그리고 그 차이를 보고/느끼고/선택해 보세요.

구매 결정(Decision)

> Join millions/believers/innovators who trust/wear/advocate our vision.
> 우리 비전을 신뢰하는/받아들인/지지하는 수많은 고객들/믿는 사람들/혁신가들과 함께해 보세요.
>
> Your future/legacy/style starts here—shop/claim/own it today.
> 미래/유산/스타일은 여기에서 시작됩니다. 오늘 바로 구매해 보세요/차지해 보세요/주인이 되어 보세요.
>
> Limited-edition/exclusive/early-access pieces waiting/reserved/crafted for you.
> 한정판/독점적/얼리 액세스 품목들이 당신을 기다리고 있습니다/당신을 위해 준비되었습니다/당신을 위해 제작되었습니다.
>
> Free shipping/returns/consultations—because confidence/trust/satisfaction matters.
> 무료 배송/반품/상담. 믿음/신뢰/만족이 중요하기 때문입니다.

Add it to your cart/wishlist/life before it's gone/the season ends/the trend fades.
매진되기/시즌이 끝나기/트렌드가 식기 전에 장비구니/위시 리스트/삶에 추가해 보세요.

충성도(Loyalty)

Rewarding every purchase/step/memory of your journey/style/evolution.
당신의 여정/스타일/변화 과정에서 모든 구매/단계/기억을 보상합니다.

Your loyalty/voice/choices shape our future/collections/community.
여러분의 충성도/의견/선택이 우리의 미래/컬렉션/커뮤니티를 만들어 갑니다.

Exclusive perks/access/stories for those who wear/live/believe our brand.
우리 브랜드를 착용하는/함께하는/신뢰하는 분들을 위한 독점적인 특전/이용권/스토리.

Share your look/story/moment and inspire/join/lead the movement.
여러분의 스타일/스토리/순간을 나누며 이 운동에 영감을 주세요/함께하세요/이끌어 가세요.

Grow/breathe/evolve with a brand that listens/adapts/celebrates you.
당신에게 귀기울이는/맞추는/박수를 보내는 브랜드와 함께 성장하세요/호흡하세요/진화하세요 // 앞과 같은 이유.

TRAVEL & SERVICES

항공사 및 여행 플랫폼	Airlines & Travel Platforms
호텔 및 리조트	Hotels & Resorts
이벤트와 컨퍼런스 장소	Event & Conference Venues
테마 파크	Theme Parks
렌터카	Car Rental
카페	Cafés
레스토랑	Restaurants
음악 공연장	Music Venues

항공사 및 여행 플랫폼
Airlines &
Travel Platforms

배경

여행 산업의 마케팅 내러티브는 목적지 중심의 광고에서 변화를 일으키는 탐험의 힘을 담은 스토리텔링으로 옮겨갔다. Pan Am의 World's Most Experienced Airline 세계에서 가장 숙련된 항공사 같은 상징적인 캠페인들이 여행 산업의 야심찬 마케팅의 초기 기준이 되었고, United의 Fly the Friendly Skies 친절한 항공 여행 는 고객과 감성적으로 연결되며 이후 수십 년 동안 항공사의 광고에 영향을 미쳤다.

British Airways는 한 마법의 섬에서부터 뉴욕까지의 비행을 묘사한 TV 광고 Manhattan Landing 맨해튼 착륙 같은 기념비적인 캠페인을 통해 항공사 광고의 대변혁을 일으킨 반면, Singapore Airlines의 캠페인 Singapore Girl 싱가포르 아가씨 은 서비스의 탁월함을 전달하는 새로운 기준을 제시했다. 이런 선구적인 시도들을 기점으로 여행 산업의 마케팅은 유용성에 기반한 메시지 전달에서 감성적인 스토리텔링으로 변해 갔다.

Korean Air의 캠페인 Excellence in Flight 탁월한 비행 는 항공 서비스의 문화적인 세련미를 강조하며 새로운 지평을 열었고, Asiana의 Beautiful People 아름다운 사람들 시리즈는 과거의 유산이 현대의 고급스런 위상을 어떻게 높여줄 수 있는가를 입증해 보였다. 이런 캠페인들로 말미암아 아시아 항공사들의 글로벌 마케팅 접근 방식이 재정립되었다.

디지털 플랫폼의 등장으로 여행 산업의 마케팅 메시지가 혁명적으로 달라졌다. Expedia의 캠페인 Where You Book Matters 어디서 예약하는지가 중요합니다 는 온라인 예약의 신뢰성을 강조했고, Airbnb의 Don't Go There, Live There 여행은 살아보는 거야 시리즈는 여행자들이 숙소에 대해 생각하는 방식을 바꿔 놓았다. 현대 여행 산업의 카피라이팅은 디지털의 편의성과 인간적인 유대 사이에 균형을 유지하며, 목적지에 초점을 맞춘 전통적인 마케팅을 넘어 여행을 통한 개인적 변화에 초점을 맞추는 쪽으로 옮겨갔다.

기업 개요

Qatar Airways
설립 - 1993년
웹사이트 - https://www.qatarairways.com

Qatar Airways는 손님을 환대하는 중동의 전통과 현대적인 화려함을 결합함으로써 최고의 글로벌 항공사로서 위상을 굳혔다. Qatar Airways는 프리미엄 서비스를 제공하는 동시에 광범위한 노선망을 운영하며 항공 업계의 새로운 기준을 세웠다.

Qatar Airways의 마케팅에서는 항공 여행을 단순한 이동 수단을 넘어 더 높은 차원으로 끌어올리는 데 초점을 맞추고 있다. Qatar Airways의 캠페인은 문화적 융합과 뛰어난 서비스를 강조하며 프리미엄급 경험을 중시하는 고급 취향의 여행객을 타깃으로 한다. Qatar Airways는 주요 스포츠 구단과의 파트너십 및 문화 행사를 통해 명품 항공사라는 매력을 유지하는 동시에 세계 문화권을 이어주는 가교로서 포지셔닝하고 있다.

British Airways

설립 - 1974년

웹사이트 - https://www.britishairways.com

British Airways는 영국의 여러 항공사를 합병해 영국을 대표하는 국적 항공사가 된 뒤 세계 항공계에서 영국의 우수성을 대변하고 있다. British Airways는 전통적인 서비스와 현대적 혁신 사이에 적절한 균형을 유지하고 있다.

British Airways의 마케팅 접근 방식은 전통적인 영국적 가치와 현대적 서비스의 우수성을 결합하는 데 있다. British Airways의 캠페인에서는 전통과 혁신을 연결하는 감성적인 스토리텔링이 자주 눈에 띄며, 최고 수준의 서비스와 현대적 편의성을 모두 중시하는 여행객을 타깃으로 한다. British Airways는 재회부터 비즈니스 성과에 이르기까지 삶의 중요한 순간에 기여하는 역할을 강조하기도 한다.

Booking.com

설립 - 1996년

웹사이트 - https://www.booking.com

Booking.com은 네덜란드의 작은 스타트업으로 출발해 세계 전역의 여행객들이 숙소를 계획하고 예약하는 방법을 혁명적으로 바꿔 놓은 글로벌 여행 업계의 테크놀로지 리더로 성장한 기업이다. Booking.com은 디지털 여행 서비스의 지속적인 혁신을 통해 현재 위치를 유지하고 있는 플랫폼이다.

Booking.com의 마케팅 전략은 온라인 예약의 접근성과 신뢰성을 강조하는 데 있다. Booking.com의 캠페인에서는 실제 여행자의 경험과 있는 그대로의 순간이 흔히 강조되고, 휴가든 비즈니스 출장이든 편리한 예약을 원하는 여행객을 타깃으로 한다. Booking.com은 실질적인 이점과 영감을 주는 콘텐츠를 결합해 편의성과 새로운 발견을 모두 중요시하는 여행객들에게 어필하는 접근 방식을 꾀한다.

마케팅 퍼널

> **Going places together.** (Qatar Airways - website)
> 함께하는 여행. (Qatar Airways - 웹사이트)

이 문구는 단순하고 기억하기 쉬우며, 감성적으로 공감을 불러일으켜 Qatar Airways라는 브랜드를 쉽게 연상하고 떠올리게 해 주는 슬로건이다. 이 슬로건이 인상적인 이유는 going places에 내재한 이중 의미에 있다. 첫째는 여행이란 실제 행위를 가리키며 고객을 세계 곳곳의 목적지로 데려다주는 Qatar Airways의 역할을 강조한다. 둘째는 개인적 성장과 야망, 성공의 성취, 즉 글로벌 여행자들의 열망과 일치된다. 결국 Qatar Airways는 실질적인 여행과 은유적인 여행 모두에서 신뢰할 수 있는 동반자라 말한다. 이렇게 이중 의미를 담아 주의를 끌고 지속적인 인상을 남김으로써 경쟁이 치열한 글로벌 시장에서 고객의 인식을 높이는 데 기여하는 슬로건이다.

> **To fly. To serve.** (British Airways - website)
> 비행이 곧 서비스. (British Airways - 웹사이트)

간결하고 기억에 남으며 British Airways의 유산에 뿌리를 깊이 둔 슬로건으로, British Airways라는 브랜드의 정체성을 소개하고 강화하는 데 이상적인 문구이다. British Airways의 사명에서 두 가지 기본 요소, 즉 승객을 태워 이동시키는 핵심적 서비스와 승객을 지극한 성심으로 섬기겠다는 약속을 강조하고 있다. 이는 British Airways의 유산 및 의무와 섬김이라는 영국의 전통적 가치관을 인정하며 신뢰감과 자긍심을 떠올려 준다. 단순하면서도 리드미컬하여 기억하기 쉽고 잠재적 고객의 마음에 각인되어 British Airways를 항공 산업의 신뢰할 수 있는 리더로 포지셔닝해 주는 문구이기도 하다.

> **Welcome aboard to our all-new Premium Economy.** ✈ (Cathay Pacific - social media)
> **완전히 새로운 프리미엄 일반석에 탑승하신 것을 환영합니다.** ✈ (Cathay Pacific - 소셜 미디어)

친근한 말투로 새롭게 개선된 것, 즉 프리미엄 일반석 Premium Economy 을 제공하겠다고 약속하는 메시지여서 곧바로 눈길을 사로잡는다. Welcome aboard로 시작하는 상냥하면서도 포용적인 어법에서 고객을 편안하고 정성껏 섬기겠다는 Cathay Pacific의 의지가 읽힌다. 잠재 고객에게 더 높은 수준으로 여행을 즐겨보라고 초대하는 문구이기도 하다. all-new를 강조함으로써 프리미엄 일반석이 경쟁사나 과거의 서비스와 어떻게 다른지 호기심을 자극하고, 업그레이드된 편의 시설에서 더 편안하고 더 나은 서비스를 받으며 더 향상된 여행의 즐거움을 만끽해 보라고 은근히 권유한다. 항공기를 가리키는 이모티콘 ✈ 을 사용함으로써 항공 산업의 환경을 강조하는 동시에 현대적이고 소셜 미디어 친화적인 느낌을 더해준다.

> **Find your next stay.** (Booking.com - website)
> **다음에 여행할 곳을 찾아보시죠.** (Booking.com - 웹사이트)

간결하고 직접적이며, 숙소를 예약하려는 사용자의 의도를 즉시 해결해 주겠다는 메시지이다. 이 단계에서 잠재적 여행자는 여러 가능성을 적극적으로 평가하고 자신의 계획에 맞는 해결책을 찾는다. 짧으면서도 명확한 문구여서 의사결정 과정의 마찰을 줄여 주고, your라는 단어를 사용함으로써 Booking.com을 개인적 기호에 맞추어진 플랫폼으로 포지셔닝하는 문구이기도 하다. 이렇게 개인적인 맞춤형 서비스가 강조되어 경쟁사들과는 달리 Booking.com은 사용자 중심의 플랫폼으로 부각된다.

> **Dreaming of views like this in 2025? We have the best seats in the house** ✈🛬 (British Airways - social media)
> **2025년에는 이런 풍경을 꿈꾸시나요? 집에서 가장 좋은 곳을 저희가 준비해 드리겠습니다.** ✈🛬 (British Airways - 소셜 미디어)

이 단계에서 잠재적 여행자는 항공사들이 미래 여행을 위해 제안하는 여러 가능성을 평가하고 탐색한다. Dreaming of views like this in 2025?라는 야심찬 질문으로 시작함으로써 고객의 상상력과 방랑벽을 자극하며 경이로운 풍경이 더해진 흥미진진한 여행을 머릿속에 그려보도록 유도하는 메시지이다. 두 번째 문구 We have the best seats in the house에는 기발한 이중 의미가 있다. 엔터테인먼트 분야에서는 가장 바람직한 좋은 위치, 예컨대 극장이나 스포츠 행사장에서 가장 좋은 좌석을 확보한 경우를 가리킬 때 주로 이 표현을 사용한다. 한편 문자 그대로의 의미로는 British Airways로 비행하면 프리미엄 좌석에 앉아 창문으로 보이는 멋진 광경을 즐기며 최고의 여행을 경험할 수 있다는 뜻이다. 두 의미를 결합하면 문자 그대로의 편안함과 은유적인 호사를 제공하는 항공사로서 British Airways의 입지를 강화해 주는 문구가 된다. 산 ⛰과 비행기 ✈ 같은 이모티콘을 붙여 시각적 효과를 높여 소셜 미디어에서 더 매력적이고 공유하기 쉬운 메시지로 만들었다.

> **When you fly with Cathay, we're connecting you to the world and all its possibilities. Discover our flight specials and exclusive offers, and start planning your next journey with us.** (Cathay Pacific - website)
>
> **Cathay와 함께 비행하시면 여러분은 세계와 그 안에 존재하는 모든 가능성과 연결됩니다. 우리 항공사만의 특별 상품과 독점적 제안을 확인하고, 우리와 함께 다음 여행을 계획해 보세요.**
> (Cathay Pacific - 웹사이트)

이 단계에서 잠재적 고객은 구매할 준비가 되어 있지만, 최종 결정을 내리기 위해서는 마지막 한 번의 자극이 더 필요할 수 있다. 첫 문장 When you fly with Cathay, we're connecting you to the world and all its possibilities는 Cathay Pacific의 역할이 단순히 교통 수단에 그치지 않는다는 것을 강조한다. 이 문구에서 Cathay Pacific은 무한한 기회를 여는 통로로 포지셔닝된다. 고객의 꿈과 모험심에 어필하며 Cathay와 함께 비행하는 것이 의미 있고 자신감을 더해주는 선택이라 느끼게 해 준다. 두 번째 문장 Discover our flight specials and exclusive offers, and start planning your next journey with us는 자연스럽게 행동을 촉구한다. 할인과 특가 상품 같은 구체적인 혜택을 강조하고 경제성 같은 실질적인 고려 사항에 대해 언급한다. 전 세계적 연결망에 대한 야심찬 다짐과 독점적 제안이라는 직접적인 우대를 결합함으로써 고객에게 망설이지 말고 예약을 마무리지으라고 독려하는 카피이다.

> **To those of you who traveled with us in 2024— either through booking.com or through our content—thank you!** (Booking.com - social media)
> **2024년에 booking.com이나 우리 콘텐츠를 통해 우리와 함께 여행하신 여러분에게 감사드립니다!** (Booking.com - 소셜 미디어)

이 메시지는 소셜 미디어에 연말을 축하하며 게시된 글의 일부이다. Booking.com은 연말을 축하하며 한 해를 되돌아보는 분위기에 이 메시지를 연결함으로써 고객들이 자연스럽게 자신의 경험을 되돌아보게 되는 기회를 제공한다. Booking.com을 이용하는 고객들에게 2024년에 여행하며 기억에 남는 긍정적인 순간과 Booking.com이란 브랜드를 연결해 보라고 독려하며 공개적으로 감사의 뜻을 표명함으로써 개별 고객과의 유대감을 강화하는 동시에 잠재 고객에게도 널리 감사는 마음을 전달하려는 메시지이다. 재예약을 독려하고 Booking.com에 우호적인 고객에게 이 게시글을 공유하도록 유도함으로써 영업 범위를 확대하려는 의도 또한 띠고 있다.

마케팅 퍼널 프랙티스

인지(Awareness)

> Journey into possibility/adventure/discovery.
> 가능성/모험/발견을 찾아가는 여정.
>
> Discover destinations/experiences/moments that inspire.
> 영감을 주는 목적지/경험/순간을 발견합니다.
>
> Your gateway to adventure/excellence/wonder.
> 모험/탁월함/경이로움에 이르는 길.
>
> Travel differently/beautifully/extraordinarily.
> 다르게/아름답게/특별하게 여행합니다.
>
> Explore the world/unknown/extraordinary.
> 세계/미지의 공간/특별한 곳을 탐험합니다.

관심(Interest)

> Create your perfect journey/escape/adventure.
> 완벽한 여행/탈출/모험을 만들어 보세요.
>
> Experience travel reimagined/elevated/transformed.
> 재창조된/고품격의/달라진 여행을 경험해 보세요.
>
> Where dreams/adventures/memories take flight.
> 꿈/모험/기억이 비행하는 곳.
>
> Discover your next destination/journey/story.
> 다음 목적지/여행지/이야깃거리를 찾아보세요.
>
> Travel beyond/above/forward expectations.
> 기대를 넘어서는/예상을 초월하는/가능성을 찾아가는 여행입니다.

고려(Consideration)

Journeys crafted with care/excellence/precision.
정성껏/탁월하게/정밀하게 기획된 여정.

Service that elevates/transforms/defines travel.
서비스로 여행의 품격이 높아집니다/여행이 달라집니다/여행이 새롭게 정의됩니다.

Choose confidence/excellence/distinction.
믿을 수 있는 곳/탁월한 곳/차별성을 지닌 곳을 선택하세요.

Travel with assurance/style/ease.
안심하고/품위 있게/편안하게 여행하세요.

Experience the difference/excellence/extraordinary.
차이/탁월함/특별함을 경험해 보세요.

구매 결정(Decision)

Begin your journey/story/adventure today.
오늘 당신의 여정/이야기/모험을 시작해 보세요.

Your dreams/destinations/adventures await.
당신의 꿈/목적지/모험이 기다리고 있습니다.

Let's make it happen/a reality.
함께 해 봐요/현실로 만들어 봐요.

Time to explore/discover/experience.
탐험을 떠날 시간/새로운 것을 찾아갈 시간/경험할 시간입니다.

Your journey starts here/now/today.
여러분의 여정은 여기에서/지금/오늘 시작됩니다.

충성도(Loyalty)

Always by your side.
항상 여러분 곁에 있습니다.

Creating memories/experiences/moments together.
함께 추억/경험/순간을 만들어 보세요.

Your trusted travel companion/partner/guide.
여러분의 신뢰할 만한 여행 동무/동반자/안내자가 되겠습니다.

Excellence in every journey/flight/moment.
어떤 여행/비행/순간에나 최고를 경험할 수 있습니다.

Celebrate the journey/adventure/experience.
여행/모험/경험을 기념해 보세요.

호텔 및 리조트   Hotels & Resorts

배경

호텔 및 리조트 산업의 마케팅 언어는 편의 시설을 소개하는 방식에서 개인의 변화와 탈출을 이야기로 꾸미는 방식으로 진화했다. 호텔 및 리조트 산업의 카피라이팅 역사에는 1960년대에 시작된 Holiday Inn의 획기적인 캠페인 The World's Innkeeper 세계의 여관지기 부터 한 세대 동안 럭셔리 호스피탈리티의 메시지로 군림하며 Hilton을 상징했던 Take me to the Hilton 힐튼에 갑시다 시리즈까지 호스피탈리티 마케팅을 혁명적으로 바꿔 놓으며 캠페인의 방식을 재규정한 순간들이 있었다.

오늘날 호텔 산업의 카피라이팅은 디지털 편의성에 유행을 타지 않는 럭셔리를 결합하며 현대적 효율성과 호스피탈리티의 전통적 가치 사이에 균형을 맞추려고 노력한다. 호텔 산업의 캠페인은 Sheraton의 고전적인 캠페인 Who's Taking Care of You? 누가 당신을 보살피고 있습니까? 를 넘어, 호텔이 더는 단순한 체류 공간이 아니라 개인적 발견과 변화를 위한 공간으로 포지셔닝하는 Marriott의 Travel Brilliantly 현명하게 여행하십시오 처럼 경험을 더 중시하는 메시지 전달 방식으로 옮겨갔다.

한국의 호스피탈리티 브랜드는 럭셔리 호텔의 마케팅을 재정립하는 데 큰 역할을 해냈다. 한국을 대표하는 럭셔리 호텔 브랜드 Lotte와 Shilla는 혁신적인 마케팅 캠페인을 통해 호감도를 높이고 수익을 늘렸다. Lotte Hotel은 Premium Deal Early Bird Promotion 조기 예약자에게 주는 프리미엄 혜택 을 실시해 인센티브를 주며 조기 예약을 유도하고 로열티 프로그램 회원에게는 다양한 혜택을 제공했다. Shilla Hotel은 L'Oréal과 손잡고 호스피탈리티와 뷰티 분야의 전문성을 결합해 새로운 럭셔리 뷰티 브랜드 Shihyo를 출시했다.

기업 개요

Four Seasons Hotels and Resorts
설립 - 1960년
웹사이트 - https://www.fourseasons.com

Four Seasons는 토론토의 한 모텔 motor hotel 로 시작했지만 이제는 럭셔리 호스피탈리티의 글로벌 기준을 제시하는 브랜드로 성장했다. Four Seasons는 세계 전역에 분포된 체인 호텔을 통해 고객 개개인에게 맞춤형 서비스와 특별한 경험을 제공하려는 변함없는 노력으로 최고의 호텔이란 위치를 유지하고 있다.

Four Seasons의 마케팅 전략은 진정한 럭셔리와 혁신적인 경험을 강조하는 데 있다. Four Seasons의 캠페인은 탁월한 서비스와 기억에 남는 순간을 연결하는 감성적 스토리텔링을 자주 활용하며, 맞춤형 배려와 세련된 편안함을 중시하는 지적인 고급 여행객을 타깃으로 한다. Four Seasons는 사용자가 만들어내는 콘텐츠와 인플루언서와의 협업 관계를 활용하는 동시에 다른 곳에서는 맛볼 수 없는 경험과 뜻밖의 호사를 강조하는 신중하게 짜여진 메시지를 통해 최고급 호텔이란 위치를 유지하는 브랜드이다.

Ritz-Carlton

설립 - 1983년

웹사이트 - https://www.ritzcarlton.com

Ritz-Carlton은 세자르 리츠의 유산을 기반으로 럭셔리 호스피탈리티의 본보기로 설립되었고 이후로도 여행객을 위한 혁신적 변화를 거듭하고 있다. Ritz-Carlton은 세계 전역에 분포된 호텔과 리조트를 통해 시간을 초월한 품격과 현대적 럭셔리를 결합한 브랜드로 알려져 있다.

Ritz-Carlton의 마케팅 전략은 감성적인 스토리텔링을 중심으로 두고 오랫동안 지속되는 기억을 만들어 가는 데 있다. Ritz-Carlton의 캠페인에서는 고객 경험이란 렌즈를 통해 Ritz-Carlton의 전설적인 서비스 철학을 과시하며 럭셔리와 진정한 유대감을 추구하는 부유층 여행객을 타깃으로 한다. Ritz-Carlton의 브랜드 마케팅은 Ladies and Gentlemen serving Ladies and Gentlemen이라는 정신을 강조하는 동시에 해당 지역에서만 누릴 수 있는 경험과 문화적 몰입 기회를 부각한다.

* 세자르 리츠(César Ritz, 1850-1918): 스위스의 기업가이자 호텔 경영자.

Holiday Inn

설립 - 1952년

웹사이트 - https://www.holidayinn.com

Holiday Inn은 비즈니스나 휴가로 미국 곳곳을 다니는 여행객을 위해 숙박 시설의 품질을 표준화하며 호스피탈리티 산업을 혁명적으로 바꿔 놓았고, 이후에는 이런 변화를 전 세계로 확대했다. Holiday Inn은 고·중가 시장에서 혁신을 거듭하며 전략적 현대화와 일관된 서비스 제공을 통해 현재의 포지션을 유지하게 된 브랜드이다.

　　Holiday Inn의 마케팅 전략은 접근 가능한 안락함과 믿을 만한 서비스를 강조하는 데 있다. Holiday Inn의 캠페인에서는 현실적인 여행 상황과 공감을 끌어내는 순간이 자주 눈에 띄며, 과시욕 없이 양질의 숙소를 구하는 출장객이나 여행객을 타깃으로 한다. Holiday Inn은 실리와 정서적 편안함을 결합하고 호텔에 숙박할 때 일관되고 따뜻한 환대를 중시하는 여행객에게 어필하는 방식으로 접근한다.

마케팅 퍼널

> **Change your view.** (Holiday Inn - TV advert)
> 시야를 바꿔 보세요. (Holiday Inn - TV 광고)

변화와 일신(一新)을 약속하며 고객의 감성을 자극하는 슬로건이다. 여행은 주로 일상에서 탈출해 새로운 시선으로 세상을 관찰하거나 휴식을 취하는 경우와 관련된다. Holiday Inn은 이러한 시선의 변화를 제안하며 보편적인 요구를 자극한다.

　　이 슬로건에도 이중 의미가 있다. 표면적으로는 풍경의 실질적인 변화를 뜻하며 여행자들에게 새로운 목적지를 찾아가 보라고 권한다. 보다 깊고 은유적인 의미에서는 사고방식이나 마음가짐의 변화를 촉구하며 일상에서 벗어나 개인적 일신을 꾀하라고 독려하는 슬로건이다. 이렇게 이중적으로 해석됨으로써 이 메시지는 여행에 대한 실질적이고도 감성적인 동기를 부여하며 보편적인 호소력을 갖게 된다.

> **Take me to the Hilton.** (Hilton Hotels & Resorts - print advert)
> **힐튼에 데려가 주세요.** (Hilton Hotels & Resorts - 인쇄물 광고)

무언가를 마음대로 하고 싶은 욕망과 열망을 떠올려 준다는 점에서 강한 감정적 호소력을 지닌 슬로건이다. take me라는 요청을 의인화함으로써 Hilton에 대한 선택이 객실 예약을 넘어 열망을 충족하는 것이라 말해 주는 메시지이다. 대화체여서 친밀하고 사사로운 느낌을 주며, 고객이 여행할 때 양질의 숙소와 배려를 원한다면 신뢰할 수 있는 선택으로 Hilton에 자연스레 끌리게 된다는 뜻이 담긴 문구이기도 하다.

> **Let us stay with you.** (Ritz-Carlton Hotel Company - TV advert)
> **저희가 당신 곁에 머물겠습니다.** (Ritz-Carlton Hotel Company - TV 광고)

다층적으로 작용하며 관심을 끄는 슬로건이다. 일반적으로는 손님이 Ritz-Carlton에 머물지만 이런 일반적인 예상을 교묘하게 뒤엎고, Ritz-Carlton이 손님의 곁에 머문다는 것을 강조하며 역학 관계를 뒤바꾼다.

이런 예상치 못한 뜻밖의 전환으로 호텔과 고객 간의 관계가 재설정된다. 고객이 Ritz-Carlton을 방문한 뒤에도 Ritz-Carlton이 오랫동안 고객의 기억과 감정 세계에 맴돌 정도로 강렬한 인상을 남기겠다는, 자신감 충만한 카피이다. Ritz-Carlton을 럭셔리한 숙박 시설만이 아니라 감정적으로 공감되는 경험을 제공하는 브랜드로 포지셔닝해 주는 메시지이기도 하다.

> **Psst… Four Seasons is the best place to spend the holidays. Pass it on.** (Four Seasons - social media)
> **잠깐만요 … Four Seasons는 휴가를 보내기에 가장 좋은 곳이에요. 이 비밀을 널리 퍼뜨려 주세요.** (Four Seasons - 소셜 미디어)

속삭이는 듯한 어조로 시작되는 Psst…는 곧바로 관심을 끌며 대화를 시작할 듯 친밀한 분위기를 조성한다. Four Seasons가 잠재 고객에게 그들만을 위해 계획된 비밀을 털어놓으며 공유하는 것처럼 개인적으로 배려 받는 느낌을 주는 접근법의 카피이다. 격식을 따지지 않고 거의 둘만의 비밀을 나누는 듯한 어조로 고객에게 다가감으로써 Four Seasons는 럭셔리 호스피탈리티의 전형적인 기업의 어조를 벗어던지고 한층 인간적이고 공감을 자극하는 접근 방식을 취한다.

Pass it on이라는 문구는 은근히 사회적 참여를 독려하며 또 하나의 층을 메시지에 더한다. 좋은 소식과 멋진 경험은 함께 나눌 가치가 있다는 생각을 담고 있다. 소셜 미디어에서는 공유와 입소문이 핵심 동력으로 작용하기 때문에 이런 제안은 소셜 미디어의 역학 관계와 맞아떨어진다. 잠재 고객에게 '비밀'을 널리 퍼뜨려달라고 제안함으로써 사회적 증거 social proof 를 활용해 추천을 통해 가치가 알려지게 된다는 것을 은근히 암시하는 슬로건이기도 하다.

* 사회적 증거(social proof): 불확실한 상황에서 다른 사람들의 행동을 따라하려는 심리적 현상.

> **New day. New stay.** (Holiday Inn - social media)
> **새로운 하루, 새로운 숙소** (Holiday Inn - 소셜 미디어)

이 슬로건이 특별히 효과적으로 들리는 이유는 간결함과 리듬감 때문이다. 'n'이 반복되는 두운(頭韻)이 day와 stay의 각운과 짝을 이루기 때문에 메시지 전체가 더욱 기억에 남는다. 갱신과 낙관을 강조하며 하루하루를 새로운 경험의 기회로 생각하는 여행객들에게 어필하는 슬로건이기도 하다. new day에는 new stay를 제공해 드리겠다는 약속을 연결함으로써 Holiday Inn은 고객들의 이상적인 동반자로 포지셔닝한다. 전체적으로 Holiday Inn은 적절한 분위기에 하루를 시작할 수 있는 곳이어서 올바른 선택이라고 말해 주는 메시지이기도 하다. 기억하기 쉬워 빠른 속도로 진행되는 소셜 미디어 세계에서도 돋보이는 문구이다.

> **Where you belong.** (Ritz-Carlton Hotel Company - website)
> **당신이 있어야 할 곳.** (Ritz-Carlton Hotel Company - 웹사이트)

Ritz-Carlton 웹사이트의 예약 페이지에서 인용한 예로, 신뢰감을 강화하고 잠재 고객의 감성에 호소해 잠재 고객을 숙박 손님으로 전환시키려는 카피이다. 인간이면 누구나 추구하는 '관계를 맺고 받아들여지며 편안하게' 지내고 싶은 보편적 욕구를 자극한다.

    Ritz-Carlton이란 브랜드를 이런 감정들과 연결함으로써 Ritz-Carlton을 선택하면 뛰어난 서비스를 즐기며 개인적으로 만족하는 선택이 될 것이라는 확신을 고객에게 안겨 준다. 심리적 관점에서는 Ritz-Carlton에 머무는 것이 올바른 선택이라 말하며 의사결정에서 오는 갈등을 줄여 주는 효과를 갖는다. 전략적으로 예약을 유도하는 콜 투 액션 call to action 바로 옆에 이 문구를 배치함으로써 예약을 독려하는 마지막 넛지 nudge 로 기능시킨다. 간결하면서 강렬한 인상을 남기는 문구로, 관심을 구매 결정으로 바꾸는 기술이 집약된 멋진 카피라 할 수 있다.

> **It's better to be a member.** (Holiday Inn - social media)
> 회원이 되는 게 더 좋습니다. (Holiday Inn - 소셜 미디어)

단순함과 특권 및 실질적 가치를 효과적으로 결합해 Holiday Inn 로열티 프로그램의 기존 회원과 잠재적 회원에게 공감을 불러일으키기에 충분한 문구이다. 충성도를 높이는 데 중요한 동기 부여 요소인 배타성과 특권 개념에 호소하는 문구이기도 하다. 회원이 되는 것이 본질적으로 더 좋다 better 라고 단언함으로써 회원이 되면 비회원에게는 허용되지 않는 혜택을 특별히 누릴 수 있음을 은밀히 전하며 호기심을 자극하고 부가적인 혜택을 강조한다.

    간결하면서도 효과적으로 충성도를 이끌어내는 메시지라고도 할 수 있다. 엘리트 계급에 속한다는 기분을 심어 주고 함께하는 집단과 지위가 필요하지 않겠느냐는 심리적인 요인도 자극한다. 성공하는 로열티 프로그램의 이면에는 이런 자극이 중요한 요인으로 작용한다.

마케팅 퍼널 프랙티스

인지(Awareness)

> Experience hospitality reimagined/redefined/renewed.
> 새롭게 상상된/새롭게 정의된/새롭게 태어난 호스피탈리티를 경험합니다.
>
> Where comfort meets luxury/style/elegance.
> 편안함에 럭셔리/스타일/우아함이 더해졌습니다.

Your home for discovery/adventure/memories.
여러분을 위한 발견/모험/기억의 공간입니다.

Hospitality that transforms/inspires/elevates.
변화/영감/품격을 더해주는 호스피탈리티.

The art of welcoming/hospitality/serving.
예술에 비견되는 환대/접대/서비스의 기술.

관심(Interest)

Your sanctuary in the city/world/moment.
도시/세계/적기에 당신에게 필요한 안식처.

Discover spaces that inspire/welcome/delight.
당신에게 영감/환대/기쁨을 주는 공간을 발견합니다.

Where memories become timeless/precious/unforgettable.
기억이 시간을 초월하는/소중해지는/잊혀질 수 없는 곳.

Experience service that anticipates/understands/delivers.
예상되는/이해되는/제공되는 서비스를 경험합니다.

Create stories worth sharing/telling/remembering.
공유할 만한/남에게 알려줄 만한/기억할 만한 가치가 있는 이야기를 만들어 보세요.

고려(Consideration)

Crafted for your comfort/pleasure/satisfaction.
편안함/즐거움/만족감을 주기 위해 정교하게 설계되었습니다.

Service that exceeds expectations/standards/imagination.
기대/기준/상상을 넘어서는 서비스가 여러분을 기다리고 있습니다.

Spaces designed for living/dreaming/connecting.
삶/꿈/교감을 위한 공간.

Where every detail tells a story/promise/journey.
사소한 것 하나에도 이야기/약속/여정이 담겨 있습니다.

Moments that become memories/magic/treasures.
기억/마법/보물로 변하는 순간들.

구매 결정(Decision)

Begin your journey of discovery/luxury/comfort.
발견/럭셔리/편안함의 여정을 시작해 보세요.

Choose exceptional/extraordinary/unparalleled experiences.
예외적인/특별한/무엇과도 비교할 수 없는 경험을 선택해 보세요.

Your perfect stay awaits/begins/unfolds.
당신만을 위한 완벽한 숙박이 기다리고 있습니다/시작됩니다/펼쳐집니다.

Transform your travel into memories/moments/experiences.
당신의 여행을 추억/기억할 만한 순간/잊지 못할 경험으로 바꿔 보세요.

Embrace the extraordinary/exceptional/unforgettable.
특별한/예외적인/잊을 수 없는 기회를 놓치지 마세요.

충성도(Loyalty)

Your home around the world/globe.
세계 어디에서나 당신의 집이 되겠습니다.

Creating memories together/that last forever.
함께/영원히 지속되는 추억거리를 만들어 보세요.

Where luxury becomes personal/yours.
럭셔리가 개인화되는 곳/당신만의 것이 되는 곳.

Rediscover exceptional/extraordinary/unparalleled experiences.
예외적/특별한/무엇과도 비교할 수 없는 경험을 다시 찾아보세요.

Your story continues here/now/always.
당신의 이야기는 여기에서/지금/영원히 계속됩니다.

| 이벤트와 | Event & |
| 컨퍼런스 장소 | Conference Venues |

배경

이벤트와 컨퍼런스 행사장 운영 산업의 마케팅 커뮤니케이션은 시설 중심의 메시지 전달에서 변화의 가능성을 강조하는 체험형 스토리텔링으로 진화했다. 이 산업의 카피라이팅 역사에는 ExCeL London 글로벌 커넥션의 촉매로 포지셔닝한 캠페인 Where the World Comes Together 세계가 하나로 합쳐지는 곳 부터, 전시 공간의 가치를 설명하는 방식을 혁명적으로 바꿔 놓은 Messe Frankfurt의 캠페인 More Than Space 단순한 공간을 넘어 에 이르기까지 획기적인 캠페인이 적잖게 눈에 띈다.

한국의 행사장 산업도 글로벌 마케팅 접근 방식에 큰 영향을 미쳤다. COEX의 캠페인 We Bring People Together 우리는 사람과 사람을 잇습니다 는 다목적 공간을 소개하는 새로운 방법을 개척했고, KINTEX의 슬로건 Global MICE Innovation Platform 글로벌 MICE 혁신 플랫폼 은 행사장이 단순한 물리적 공간이 아니라 혁신의 중심으로 어떻게 포지셔닝될 수 있는지 보여주었다.

오늘날의 행사장 산업 카피라이팅은 실질적인 기능성과 이상적인 비전 사이에 균형을 맞추고 전문적인 설명과 실감나는 스토리텔링을 결합해야 한다. 이 산업은 초기 컨벤션 센터의 광고에서 보듯이 수용 능력에 초점을 맞춘 전통적인 마케팅을 탈피하고 Las Vegas Convention Center의 캠페인 Imagination at Work 상상이 현실이 되는 곳처럼 행사 공간을 특별한 이벤트의 조력자로 포지셔닝하는 체험형 접근 방식으로 옮겨갔다.

* MICE: Meetings, Iincentives, Conferencing, Exhibitions.

기업 개요

Fira de Barcelona
설립 - 1932년
웹사이트 - https://www.firabarcelona.com

Fira de Barcelona는 지역 전시장으로 시작했지만 이제는 유럽을 대표하는 주요 행사장으로 변신해 대규모 국제 회의와 무역 박람회를 개최하고 있다. 바르셀로나를 가로지르는 역사적 건축물과 현대적 시설을 갖춘 건물로 이루어졌다.

Fira de Barcelona의 마케팅 전략은 세계 최고 수준의 시설과 바르셀로나의 문화적 매력이 결합된 공간이라는 것을 강조하는 데 있다. Fira de Barcelona의 캠페인에서는 국제 행사를 개최함으로써 바르셀로나의 매력을 높여 준다는 것이 빈번하게 강조되며, 세계적 행사를 주최하거나 전시하려는 사람 또는 기업을 타깃으로 한다. 마케팅 접근 방식은 실질적인 수용 능력과 행사장의 매력을 결합하고 뛰어난 전문성과 기억에 남는 경험을 모두 중시하는 주최자들에게 초점을 맞추고 있다.

McCormick Place
설립 - 1960년
웹사이트 - https://www.mccormickplace.com

McCormick Place는 북아메리카에서 가장 큰 컨벤션 시설로, 모든 규모의 행사에 맞추어 넓은 공간과 종합적인 서비스를 제공한다. McCormick Place는 시설과 서비스에 대한 지속적인 혁신을 통해 본연의 위상을 유지하고 있다.

    McCormick Place의 마케팅 전략은 규모와 다용도에 초점을 맞추고 대규모 행사를 치르기에 가장 적합한 공간으로 포지셔닝하는 데 있다. McCormick Place의 캠페인에서는 시카고의 접근성과 복잡한 요구사항을 수용할 수 있는 역량이 주로 강조된다. 인상적인 통계 자료와 맞춤형 서비스를 결합한 메시지를 전달하는 접근 방식으로, 수용 능력과 맞춤형 서비스를 요구하는 대규모 행사 주최자들을 타깃으로 한다.

Messe Frankfurt
설립 - 1907년
웹사이트 - https://www.messefrankfurt.com

Messe Frankfurt는 독일의 전통적인 무역 박람회장으로 시작했지만, 어느덧 세계적인 행사에 적절한 서비스를 제공하는 선두 주자로 발돋움했다. Messe Frankfurt는 세계 곳곳에서 많은 행사장을 운영하지만 프랑크푸르트에 여전히 주력 행사장 flagship location 을 유지하고 있다.

    Messe Frankfurt의 마케팅 전략은 국제적 확장성과 독일식 효율성을 강조하는 데 있다. Messe Frankfurt의 캠페인에서는 국제적인 연결성과 정밀한 조직력을 겸비한 곳이란 메시지가 자주 눈에 띄고, 다국적 기업과 산업계 리더들을 타깃으로 한다. 마케팅 접근 방식에서는 세계 곳곳에 지점을 갖추었다는 사실과 지역적 전문성이 강조되고, 믿을 만한 실행력을 갖춘 글로벌 플랫폼을 구하려는 주최자들에게 호소한다.

마케팅 퍼널

> **Where everything is possible** (Fira de Barcelona - TV advert)
>
> 무엇이든 가능한 곳. (Fira de Barcelona - TV 광고)

홍보 영상 광고에서 인용한 구절로, 열린 가능성을 강력하게 전해주는 표현이다. Fira de Barcelona를 한계가 없는 행사장, 즉 어떤 가능성도 현실이 될 수 있는 공간으로 포지셔닝하는 문구이다. everything이란 단어를 사용함으로써 행사 주최자와 전시업체, 참가자에게 무한한 기회가 제공되고 Fira de Barcelona라는 행사 공간이 혁신과 경험을 추구하는 다양한 산업체에 공간을 제공할 수 있다는 것을 강조한다. 한편 possible이란 단어는 잠재 고객의 열망을 자극하고 낙관주의와 창의적 잠재력을 불러일으킨다.

광범위한 대상에게 호소하기 때문에 특히 효과적인 슬로건이다. 어떤 기업이 최첨단 과학기술 박람회나 국제적인 무역 박람회 혹은 문화 전시회를 개최하고자 한다면 Fira de Barcelona에서 그 목표를 성취할 수 있을 것이라는 확신을 준다. 이 메시지는 Fira de Barcelona가 특정 분야에 한정되지 않고 포용적이고 탄력적인 공간이어서 다양한 분야의 이벤트 기획자나 기업을 환영한다는 뜻을 명확히 담고 있다.

> **Ready to elevate your event at McCormick Place?**
> (McCormick Place - website)
>
> **기획한 행사의 품격을 McCormick Place에서 높여 보시겠습니까?** (McCormick Place - 웹사이트)

행동을 유도하는 전략적인 콜 투 액션 call to action 이다. 이 단계에서 잠재 고객(행사 주최자, 전시업체, 기획자)은 McCormick Place를 행사장으로 이미 알고 있고, 선택 가능성을 모색하기 시작한다. 이 문구는 행사 수준을 한 단계 높일 수 있는 곳으로 McCormick Place를 포지셔닝함으로써 잠재 고객을 끌어들여 설득하는 역할을 한다.

    ready to라는 표현이 사용되어 메시지가 사사롭게 직접적으로 느껴지고, 잠재 고객이 행사를 적극적으로 준비하는 사람으로 간주된다. 또 잠재 고객이 의사를 결정하는 과정에 있다는 것을 은근히 암시하며 여세를 몰아 금방이라도 행동에 돌입할 듯한 분위기를 자아내는 문구이다. elevate에는 향상 enhancement 이란 뜻이 함축되어 있기 때문에 특히 강렬하게 들린다. 요컨대 이 카피는 McCormick Place에서 행사를 개최하면 더 높은 수준의 행사를 경험하게 될 것이라고 암시한다. 따라서 행사 참가자들에게 깊은 인상을 주고 참석률을 높이며 기억에 남는 경험을 보장해 주려는 행사 주최자들의 관심을 끌어내려는 문구이기도 하다. 끝으로 at McCormick Place라는 표현을 덧붙임으로써 브랜드 정체성과 신뢰성을 높이는 효과를 노리고 McCormick Place가 특별한 행사를 만들려는 사람들에게 최고의 선택지라는 것을 은근히 드러낸다.

> **Why Barcelona? Barcelona is a compact city, cozy and very pleasant. The great cultural, social and commercial diversity is one of its main attractions.** (Fira de Barcelona - website)
> 왜 바르셀로나일까요? 바르셀로나는 탄탄하고 아늑하며 매우 쾌적한 도시입니다. 문화적으로나 사회적으로, 또 상업적으로도 다양한 것이 바르셀로나의 주된 매력 중 하나입니다. (Fira de Barcelona - 웹사이트)

이 단계에서 잠재적인 행사 주최자, 전시업체 및 참가자는 단순히 인식하고 관심을 갖는 단계를 넘어 여러 선택지를 적극적으로 비교하며 다른 행사장보다 Fira de Barcelona를 선택했을 때 얻을 수 있는 이점을 저울질한다. 바르셀로나라는 도시 자체가 행사에 가치를 더해주므로 Fira de Barcelona를 선택하는 데 매력적인 이유를 전략적으로 강화해 주는 문구이다.

Why Barcelona?라는 단도직입적인 수사 의문문으로 시작되는 이 카피는 웹사이트를 방문한 사용자에게 바르셀로나라는 도시의 이점을 생각하게 만든다. 전체적인 구조는 의사결정에 중요한 요인, 즉 위치에 대한 답으로 메시지 전체가 표현되기 때문에 무척 효과적이다. 이 메시지는 잠재 고객들이 품는 공통된 질문을 예상하고 걱정을 덜어주는 매력적인 대답을 즉각적으로 제공한다. 바르셀로나에서 행사를 개최함으로써 얻을 수 있는 실질적인 이점과 열망을 모두 강조함으로써 잠재 고객이 Fira de Barcelona를 선택하는 결정을 합리화할 수 있도록 도와준다. 또한 행사 공간을 예약하는 데 그치지 않고 참가자의 전반적인 경험 수준을 높여 줄 수 있는 행사장을 선택하는 것이라는 확신까지 심어 주는 문구이다.

> **Submit your RFP today and let our expert team help you take your event to the next level.** (McCormick Place - website)
>
> **오늘 당장 RFP를 제출하시고, 우리 전문가 팀의 도움을 받아 여러분의 행사 수준을 한 단계 올려 보세요.** (McCormick Place - 웹사이트)
>
> * RFP(request for proposal): 제안 요청서

직접적이고 행동 지향적인 메시지로, 구매 결정으로의 전환을 유도하기 위한 마지막 압박 역할을 한다. 콜 투 액션이 시작되는 submit your RFP today는 시간까지 명확히 지정하는 명령에 해당한다. today라고 명시함으로써 긴급성을 강조하며 즉각적인 행동을 유도하는 문구이다. RFP 제안 요청서를 사용해 행사 기획 업계의 전문가들에게 직접적으로 호소하며 McCormick Place가 진지한 문의에 즉각적으로 대응하고 예약 과정을 간소화할 준비가 되어 있다는 것을 알리고 있다.

두 번째 부분 let our expert team help you는 이 과정에서 혼자가 아니라며 잠재 고객을 안심시킨다. 맞춤형 서비스와 전문성을 강조하고 expert team을 일부러 언급함으로써 모든 단계에서 고객을 적절한 방향으로 인도해 성공적인 행사를 보장하는 믿을 만한 동반자로 McCormick Place를 포지셔닝하는 문구이다. 마지막으로 take your event to the next level이 사용되며 McCormick Place를 선택하라는 가치 제안 value proposition 이 보강된다. McCormick Place가 단순한 공간이 아니라 행사의 품격과 규모 혹은 파급력을 높여 주는 전략적 자산이라는 함의가 담긴 문구이다. 전체적으로 이 메시지는 강력한 콜 투 액션, 안심시키는 문구, 열망이 담긴 호소가 결합된 까닭에 구매 결정 단계에서 무척 효과적이다.

> **Happy Lunar New Year. We wish all colleagues, partners and friends who are celebrating a happy new year filled with joy, prosperity and good fortune. Thank you for being part of our journey and we are looking forward to a year full of exciting opportunities together.** (Messe Frankfurt - social media)
>
> **즐거운 설날입니다. 새해를 맞이하는 모든 동료, 파트너, 친구에게 기쁨과 번영, 행운이 가득한 한 해가 되기를 기원합니다. 우리의 여정에 함께해 주셔서 감사드리며, 흥미진진한 기회로 가득한 한 해가 되기를 기대합니다.** (Messe Frankfurt - 소셜 미디어)

아시아 고객과의 관계를 강화할 목적으로 고안된 메시지이다. 중국, 베트남, 한국 등 아시아 지역에서 문화적으로 중요한 기념일인 (음력) 설을 공인함으로써 문화 의식과 포용성을 보여주며 글로벌 파트너십을 향한 진정성을 강화해 주는 메시지이기도 하다. 유대감과 공감력을 조성하려는 접근 방식으로, 과거의 고객과 파트너에게 여전히 존중받는다는 기분을 안겨 주며 Messe Frankfurt와 계속 협력하고 싶은 의욕을 북돋워 주는 효과도 기대한다.

단순한 안부 인사를 넘어 동료와 파트너, 친구의 지원에 감사하는 마음을 표현하는 메시지이다. 이런 이해관계자들을 여정 journey의 일부로 인정함으로써 Messe Frankfurt는 단순한 전시장을 넘어 상호 성공을 위해 투자하는 신뢰할 수 있는 장기적 파트너로 포지셔닝된다. looking forward to a year full of exciting opportunities together라는 문구로 미래의 협력을 은근히 독려하고, 관계를 따뜻하게 유지하자고 제안하며 지속적인 참여를 부탁한다. 이런 유형의 메시지는 기존 고객을 유지하며 단골을 만들고 고객에게 감사한 존재로 인정받는다는 느낌을 주며 비즈니스 관계를 지속하게 만드는 데 목적이 있는 충성도 단계에서 무척 중요하다. 축제와 관련된 이모티콘을 사용해 축하 분위기를 띄움으로써 딱딱한 기업용이 아니라 사사로운 정감을 느끼게 해 주는 메시지가 된다.

마케팅 퍼널 프랙티스

인지(Awareness)

> Transform your vision into reality/success/excellence.
> 당신의 꿈을 현실/성공/미덕으로 바꿔 보세요.
>
> Where innovation/imagination/inspiration takes shape.
> 혁신/상상력/영감이 구체화되는 곳.
>
> Create extraordinary/memorable/remarkable experiences.
> 특별한/기억에 남는/놀라운 경험의 세계를 만들어 보세요.
>
> Your gateway to possibilities/opportunities/success.
> 가능성/기회/성공으로 가는 관문.
>
> Events that inspire/transform/elevate.
> 영감을 주는/변화를 시도하는/품격을 높여주는 이벤트.

관심(Interest)

> Discover spaces that empower/enable/enhance success.
> 성공을 지원하고/가능하게 하며/가능성을 높여 주는 공간이 여기에 있습니다.

Where ideas/visions/dreams come alive.
아이디어/비전/꿈이 현실로 이루어지는 곳.

Experience excellence/innovation/perfection.
탁월함/혁신/완벽함을 경험해 보세요.

Unlock your event's potential/success/future.
기획한 이벤트의 잠재력/성공/미래를 열어 보세요.

Beyond space/expectations/limitations.
물리적 공간/공간/기대/한계를 넘어.

고려(Consideration)

Flexible solutions for extraordinary/ambitious/visionary events.
특별한/야심찬/이상적인 행사에 걸맞는 유연한 솔루션.

Excellence in every detail/moment/aspect.
모든 세부 사항/순간/측면에서 탁월합니다.

Spaces designed for innovation/success/impact.
혁신/성공/충격을 주기에 걸맞게 설계된 공간.

Where logistics/capabilities/service meet imagination.
실행 계획/수용 능력/서비스가 상상력과 만나는 곳.

Global/International/Worldwide reach, local expertise.
글로벌/국제적/세계적 네트워크, 지역 전문성.

구매 결정(Decision)

Begin your journey to excellence/success/impact.
탁월한 경지/성공/충격적인 영향을 향한 당신의 여정을 여기에서 시작해 보세요.

Choose proven/trusted/reliable expertise.
검증된/신뢰할 수 있는/믿을 만한 전문성을 띤 곳을 선택해 보세요.

Partner with excellence/innovation/distinction.
탁월함/우수함/혁신/차별성을 자랑하는 곳과 협력하세요.

Your vision, our commitment/expertise/dedication.
당신의 비전, 우리의 헌신/전문성/열정

Start creating memories/experiences/success today.
오늘 추억/경험/성공을 만들어 갑니다.

충성도(Loyalty)

Your trusted event partner/destination/solution.
이벤트를 위한 신뢰할 수 있는 파트너/공간/솔루션.

Creating success/excellence/impact together.
함께 성공/탁월함/충격적인 영향을 만들어 갑시다.

Excellence in every event/gathering/moment.
모든 행사/모임/순간에서 탁월함을 추구합니다.

Your partner in innovation/success/achievement.
혁신/성공/성취에서 당신의 파트너가 되겠습니다.

Building memories/experiences/legacies together.
함께 추억/경험/유산을 만들어 갑시다.

테마 파크   Theme Parks

배경

테마 파크 산업의 마케팅 커뮤니케이션은 놀이 시설 attraction 의 단순한 나열에서 벗어나 특별한 경험의 마력을 오롯이 몰입형 스토리텔링으로 진화시켰다. 테마 파크 산업의 카피라이팅 역사에는 광고에서 정서적 공감을 끌어내는 새로운 기준을 제시한 Disneyland의 상징적인 캠페인 The Happiest Place on Earth 지상에서 가장 행복한 곳 부터, 테마 파크를 살아있는 오락거리로 포지셔닝하는 방법을 혁명적으로 바꿔 놓은 Universal Studios의 Ride the Movies 영화 속에서 새로운 세상을 경험해 보세요 시리즈까지 엔터테인먼트 마케팅을 재규정한 획기적인 캠페인이 적잖게 있었다.

테마 파크 카피라이팅은 Six Flags의 More Flags, More Fun 더 많은 깃발, 더 많은 재미 처럼 모든 연령층에게 놀이기구의 짜릿한 전율감을 기대하게 만든 캠페인을 통해 체험 마케팅 experiential marketing 을 개척했다. 테마 파크 산업은 초기 놀이 공원의 홍보에서 흔히 사용하던 특징 중심의 전통적인 광고에 벗어나 Cedar Point의 The Point is Fun 포인트는 재미 캠페인처럼 개별 놀이기구를 두고 공유된 순간을 강조하는 한층 정서적인 스토리텔링 기법으로 진화했다.

오늘날 테마 파크의 카피라이팅에서는 환상과 실재가 적절한 균형을 이루고, 마법 같은 황홀한 약속과 진짜 체험이 결합되어야 한다. 테마 파크 산업은 야생 생물에 초점을 맞춘 SeaWorld의 초기 접근 방식에서 벗어나 Universal의 캠페인 Wizarding World 마법의 세계처럼 픽션과 현실의 경계를 모호하게 처리하는 스토리텔링 중심의 접근 방식으로 진화했다.

기업 개요

Disneyland
설립 - 1955년
웹사이트 - https://disneyland.disney.go.com

Disneyland는 세계 최초의 현대적 테마 파크를 개장하며 가족이 함께 즐기는 오락 산업에 대변혁을 일으켰고, 몰입형 경험과 스토리텔링의 새로운 기준을 제시했다. Disneyland 테마 파크는 지금도 여전히 혁신적인 놀이기구를 선도적으로 개발하며 모든 연령대의 방문객에게 마법 같은 추억거리를 만들어 주겠다는 본연의 약속을 충실히 지키고 있다.

 Disneyland의 마케팅 전략은 정서적인 스토리텔링과 여러 세대의 욕구에 초점을 맞추고, 꿈이 실현되는 곳으로 포지셔닝하는 데 있다. Disneyland의 캠페인에서는 마법 같은 순간과 개인적인 변화가 주로 강조되고, 의미 있는 유대감을 쌓고 기억할 만한 경험을 원하는 가족을 타깃으로 한다. Disneyland는 마케팅에서 향수와 혁신을 결합하며, 처음 방문하는 고객이나 Disneyland 방문을 가족 전통의 필수적인 부분으로 생각하는 오랜 고객 모두에게 어필하는 접근 방법을 시도한다.

Europa Park

설립 - 1975년

웹사이트 - https://www.europapark.de

Europa Park는 독일의 한 지역 놀이 시설로 시작했지만 이제는 유럽에서 두 번째로 인기 있는 테마 파크 리조트로 성장했으며, 문화적 경험과 짜릿한 오락 시설이 독특하게 결합된 즐거움을 제공한다. Europa Park는 유럽 각국을 상징하는 테마 구역과 연중무휴로 운영되는 방식으로 차별화된다.

    Europa Park의 마케팅 전략은 다양한 체험과 계절별 프로그램을 강조하며 엔터테인먼트를 즐기기에 완벽한 목적지로 포지셔닝하는 데 있다. Europa Park의 캠페인에서는 다양한 놀이기구와 숙박 옵션이 주로 언급되며, 장기 체류를 원하는 가족이나 재밋거리를 찾는 방문객을 타깃으로 한다. Europa Park의 마케팅에서는 문화적 진정성과 현대적 엔터테인먼트를 결합하고, 여가를 즐기면서도 교육적 효과를 기대하고 모험심을 중시하는 방문객에게 호소하는 접근 방법을 취한다.

Universal Studios

설립 - 1964년

웹사이트 - https://www.universalstudios.com

Universal Studios는 영화 세트장으로 운영하던 공간이 글로벌 엔터테인먼트 명소로 변신한 테마 파크로, 영화에 기반을 둔 몰입형 놀이 시설이란 개념을 꾸준히 선도해 왔다. Universal Studios는 탈 것 놀이기구 ride technology 의 지속적인 혁신과 스토리텔링을 통해 본연의 위상을 유지하는 동시에 대중 인기를 얻은 영화와 텔레비전에 사용된 도구들에 생명을 불어넣는다.

Universal Studios의 마케팅 전략은 몰입형 경험을 통해 놀이 도구들에 생명을 불어넣는 데 초점을 맞추고 있다. Universal Studios의 캠페인에서는 최신 놀이 시설과 인기 영화와의 관련성이 주로 강조되고, 영화와 모험을 좋아하는 사람들을 타깃으로 한다. Universal Studios는 좋아하는 영화나 이야기 속으로 들어가는 전율감을 강조하며 단순히 관람하는 재미에 그치지 않고 직접 경험해 보려는 방문객들에게 어필하는 마케팅 접근법을 취한다.

마케팅 퍼널

> **Join the celebration.** (Disneyland - billboard)
> **축제를 함께 즐겨요!** (Disneyland - 옥외 광고판)

즉각적으로 주목을 끌고 호기심을 자극하는 슬로건이다. 짧고 솔깃해 정서적 공감과 흥분감을 불러일으키고, 감싸 안으려는 포용성도 느껴진다. join이란 단어가 사용되어 이 슬로건을 듣는 사람에게 특별한 무언가에 개인적으로 초대받은 듯한 느낌을 준다. 한편 celebration은 즐거움과 재미, 더 나아가 축제 분위기를 떠올려 준다. 사전에 어떤 정보가 없어도 관심을 불러일으키는 슬로건이다. 탈것, 캐릭터, 놀이 시설 등에 대해 구체적으로 언급하지 않지만 모두에게 열려 있는 경험을 판매한다고 선언하는 듯하다. 이렇게 포괄적인 메시지를 사용함으로써 Disneyland는 어린 자녀를 둔 가족부터 향수를 느끼는 성인까지 다양한 고객층의 관심을 끌어내려 한다.

> **Your perfect break from the daily grind.** (Europa Park - website)
>
> **일상의 고단함으로부터 완전히 탈출할 수 있어요.** (Europa Park - 웹사이트)

Europa Park의 존재를 이미 알고 있지만 현재 자신의 필요와 욕구에 부합하는지 고민하고 있는 잠재적 방문객에게 강한 설득력을 지닌 메시지이다. the daily grind를 인정함으로써 과로하거나 휴식이 필요한 사람들로부터 공감을 얻고 Europa Park를 적절한 휴식처로 느끼게 해 주는 메시지이기도 하다. your perfect break라는 표현은 Europa Park에서의 경험을 개인화하며, 일반적인 휴가가 아니라 방문객 개개인에게 맞추어진 것으로 생각하게 만든다. 따라서 미묘하게도 잠재 고객들에게 Europa Park에서 탈것과 오락거리, 스트레스가 없는 분위기를 즐기는 자신의 모습을 상상하게 만들기에 충분한 표현이다. 결국 이 메시지에서 잠재 고객은 이런 이미지를 머릿속에 그리며 고려 단계에 더 가까이 다가가게 되고, Europa Park를 방문할 계획을 적극적으로 수립하기 시작한다.

> **Whether you are yearning for a rush of adrenalin or looking for a laid-back experience, the water world has got something in store for everybody, all year round.** (Europa Park - website)
>
> **아드레날린이 솟구치는 짜릿한 경험을 하고 싶나요? 아니면 느긋하고 여유롭게 즐기고 싶나요? 무엇을 기대하든 워터 월드에는 일 년 내내 모두를 만족시킬 만한 무언가가 준비되어 있습니다.** (Europa Park - 웹사이트)

이 단계에서는 구체적인 혜택과 특징이 명확히 언급되고 다양한 유형의 방문객 및 그들이 선호하는 것에 초점이 맞추어진 메시지가 필요하다. 위의 문구는 두 가지 대조되는 체험—짜릿한 전율감을 느끼고 싶은 사람들에게는 a rush of adrenalin, 휴식을 원하는 사람들에게는 a laid-back experience—을 제시함으로써 이 역할을 충실히 해내고 있다. 이런 슬로건을 통해 Europa Park는 잠재 고객에게 워터 월드가 다양한 용도로 사용될 수 있어 역동적인 워터 슬라이드를 원하는 방문객이든 조용하고 차분한 분위기를 선호하는 방문객이든 다양한 취향에 맞춰 유연하게 대응할 수 있다는 것을 강조한다. something in store for everybody라는 문구에서는 포괄성 inclusivity이 더욱 보강되어, 가족과 커플, 동호회 등 누구라도 각자에게 적합한 놀이 시설을 찾을 수 있다는 것이 보장된다. 그리고 all year round라는 문구는 사소하게 보이지만 고려 단계에서는 무척 중요한 사항이다. 이 표현이 언급됨으로써 계절과 관련된 이용 가능성에 대한 잠재적 반대가 제거되고, 방문객에게는 Europa Park를 즐기기 위해 특정 시기를 기다릴 필요가 없다는 정보가 제공된다. 이 표현은 Europa Park의 워터 월드가 언제든 이용 가능한, 믿을 만한 놀이 시설이란 확신을 주며 잠재 고객을 구매 결정 단계로 은근히 이끌어 가므로 그가 방문 계획을 완결할 가능성이 높아진다.

> **Hello and welcome to our Ticket shop! My name is Snorri and I will assist you to plan your individual experience.** (Europa Park - website)
> 어서 오세요! 우리 매표소에 오신 걸 환영합니다! 제 이름은 Snorri입니다. 여러분이 놀이 시설을 이용하는 계획을 짜는 걸 도와드리겠습니다. (Europa Park - 웹사이트)

이 단계에서는 조금이라도 남은 망설임을 떨쳐내고 설레는 마음으로 예약하도록 최대한 매끄럽게 유도하는 것이 목적이다. Europa Park 워터 파크의 마스코트 Snorri를 가상의 친근한 안내원으로 끌어들여 개인의 기호에 맞춘 체험이 가능하다고 말하며 사무적인 느낌이 나지 않도록 Europa Park에 더 호감을 느끼게 해 주는 메시지이다. Hello and welcome이라는 인사말은 환대하는 분위기를 즉각적으로 자아내며, 고객에게 매표소에 들어서는 순간부터 편안함을 느끼게 해 준다. 개인 안내원으로 도입된 Snorri는 재밌기도 하지만 방문객에게 필요하면 언제라도 도움을 받을 수 있다는 안도감을 주는 쌍방향 대화자가 된다. plan your individual experience는 방문객이 자신의 기호에 맞추어 조정하는 맞춤형 customization 체험이 가능하다는 것을 강조하기 때문에 무척 효과적인 문구이며 구매 결정 과정에서 야기되는 마찰을 배제할 수 있다. 쌍방향 대화가 가능한 마스코트를 활용함으로써 Europa Park는 구매 장벽을 낮추고 방문객에게 최종 결정을 내리는 데 도움을 받고 있다는 안도감을 준다.

> **This is how adventurers get rewarded.** (Universal Studios - website)
>
> **모험가는 이렇게 보상을 받습니다.** (Universal Studios - 웹사이트)

브랜드와 유대감을 높이고 재방문을 유도할 목적으로 고안된 문구이다. Universal Studios를 방문하는 고객들의 정체성을 활용하고 있다는 점에서 adventurers라는 단어의 사용이 특히 효과적인 듯하다. Universal Studios의 고객은 전율감을 추구하는 사람, 영화를 사랑하는 사람, 몰입형 체험을 갈구하는 테마 파크의 열정적인 팬이다. 그들을 adventurers라 부름으로써 소속감을 더해주고 Universal

Studios 방문이 단순한 여행을 넘어 흥미진진한 체험의 시간이 될 것이라 강조하는 메시지이다. 결국 Universal Studios라는 브랜드와의 감성적 유대감을 강화하고 방문객에게 특별한 공동체의 소중한 구성원이란 기분을 느끼게 한다.

get rewarded는 과거의 방문객이나 우수 고객에게 로열티 프로그램, 할인, 전용 출입구, 특전 등 특별한 혜택을 받게 될 것이라 제안하는 중요한 인센티브이다. 사회 심리학에서 말하는 상호성 reciprocity 을 직접적으로 활용해 이미 브랜드와 관계를 맺은 고객들에게 현재 충성도를 인정받고 있으니 재방문해 보상을 받으라고 유도하는 메시지이다. Universal Studios를 체험한 고객에게는 보상이 자연스레 뒤따르므로 만족한 방문객에게 다시 방문해 더 많은 모험을 즐겨보라고 유혹하는 메시지이기도 하다.

마케팅 퍼널 프랙티스

인지(Awareness)

> Where memories become magical/unforgettable/timeless.
> 기억들이 마법처럼 황홀해지는 곳/잊지 못할 것이 되는 곳/시간을 초월하는 곳.
>
> Step into a world of wonder/imagination/dreams.
> 불가사의/상상/꿈의 세계로의 초대입니다.
>
> Experience thrills/adventures/stories beyond imagination.
> 상상을 초월하는 전율/모험/이야기를 경험합니다.
>
> Where fantasy/magic comes alive.
> 판타지/마법이 현실이 되는 곳.

Where dreams come alive.
꿈이 현실이 되는 곳.

Adventure awaits every explorer/dreamer/visitor.
모험의 세계가 탐험가/몽상가/방문객을 기다리고 있습니다.

관심(Interest)

Your story begins here/now/today.
당신의 이야기는 여기/지금/오늘부터 시작됩니다.

Create moments/memories/experiences worth sharing.
공유할 가치가 있는 순간/기억/경험을 만들어 갑니다.

Discover worlds/adventures/thrills beyond belief.
상상을 초월하는 세계/모험/전율이 펼쳐집니다.

Let your imagination soar/run wild/take flight.
상상의 나래를 마음껏 펼쳐 보세요/제약 없이 발휘해 보세요/끝없이 드러내 보세요.

Feel the magic/excitement/wonder in every moment.
매 순간마다 마법/흥분/경이로움을 느껴 보세요.

고려(Consideration)

Adventures for every explorer/dreamer/thrill-seeker.
모험의 세계가 탐험가/몽상가/전율을 즐기는 방문객을 기다리고 있습니다.

Memories that last a lifetime/generation/forever.
평생/오랫동안/영원히 기억에 남을 추억거리를 만들어 보세요.

Experiences designed for everyone/family/imagination.
모두/가족/상상을 위해 설계되었습니다.

Where dreams/stories/adventures come true.
꿈/이야기/모험이 현실이 되는 곳.

Your perfect escape/getaway/adventure awaits.
당신을 위한 완벽한 도피/휴가/모험이 기다리고 있습니다.

구매 결정(Decision)

Join millions of happy visitors/families/adventurers.
여기서 행복을 만끽한 수백만 명의 방문객/가족/모험가와 함께해 보세요.

Begin your journey/adventure/story today.
오늘 당신의 여정/모험/이야기를 시작해 보세요.

Make your dreams real/unforgettable/magical.
당신의 꿈을 현실로/잊을 수 없는 순간으로/마법처럼 황홀하게 만들어 보세요.

Start creating memories/magic/moments now.
지금 바로 추억/마법/최고의 순간을 만들어 보세요.

Your adventure/experience/journey starts here.
모험/경험/여정이 바로 여기에서 시작됩니다.

충성도(Loyalty)

Welcome home/back to the magic.
고향에/마법의 세계에 돌아오신 것을 환영합니다.

Your magical/special/extraordinary place.
마법 같은/특별한/굉장한 공간.

Creating memories together/always/forever.
추억을 함께/항상/영원히 만들어 보세요.

Part of your family traditions/stories/memories.
당신의 가족 전통/이야기/추억의 일부가 있는 곳.

Where magic/wonder/dreams never ends.
마법/기적/꿈이 결코 끝나지 않는 곳.

렌터카 Car Rental

배경

렌터카 산업의 마케팅 커뮤니케이션은 예약을 중심에 둔 기능적 메시지 전달에서 벗어나 자유로움과 이동성을 강조하는 스토리텔링 기법으로 진화했다. 렌터카 산업의 카피라이팅 역사에는 Avis를 만년 2위에서 경쟁적 우위로 올라서게 만든 혁명적인 캠페인 We Try Harder 우리는 더 노력합니다 부터, 렌터카 산업에서 고객 서비스의 기대치를 완전히 재정립한 Enterprise의 슬로건 We'll Pick You Up 우리는 모시러 가겠습니다 에 이르기까지 렌터카 산업의 마케팅을 바꿔 놓은 획기적인 캠페인이 적잖게 있었다.

한국 모빌리티 산업의 선두 기업들은 지속 가능한 렌탈 서비스에 접근하는 혁신적인 방법을 실증적으로 보여주고 있다. SK Rent-a-Car가 Good Plan 좋은 계획 이란 슬로건하에 EV100 참여와 SBTi 인증 탄소 추적 시스템을 결합하고 TAGO PAY로 주행 거리만큼 렌탈료를 지불하도록 렌탈료를 탄력적으로 재규정한 사례가 대표적인 예이다.

오늘날 렌터카 산업의 카피라이팅은 편의성과 모험성 사이에 균형을 맞추며, 실질적인 혜택과 정서적 공감을 결합하는 경향을 띤다. 렌터카 산업은 초기 광고에서 차량 대수와 위치에 초점을 맞춘 실용적 마케팅을 넘어 이제는 Hertz의 캠페인 Journey On 계속 여행하십시오 처럼 체험형 접근 방식, 즉 렌터카를 단순한 이동 수단이 아니라 기억에 남는 순간들을 가능하게 하는 도구로 정의하는 방식으로 옮겨갔다.

* EV100: Electric Vehicle 100%, Climate Group의 주도하에 기업들에게 보유 차량을 2030년까지 전기 자동차로 교체하라고 독려하는 운동을 가리킨다.
** SBTi: Science Based Targets initiative, 기업이 과학적 데이터에 기반하여 온실가스 배출량을 측정하고 감축하도록 장려하는 국제적인 기구.

기업 개요

Enterprise Rent-A-Car
설립 - 1957년
웹사이트 - https://www.enterprise.com

Enterprise는 미국 세인트루이스의 한 곳에서 출발해 이제는 북아메리카에서 가장 큰 렌터카 기업으로 성장했으며, 차량 대여소가 인근 지역에 위치하고 우수한 고객 서비스로 유명하다. Enterprise는 경쟁 기업들이 공항에 집중할 때 대체 시장에 초점을 맞추며 렌터카 산업의 대변혁을 주도했다.

    Enterprise의 마케팅 전략은 접근성과 개개인에 맞춘 서비스에 중점을 두고 모빌리티 솔루션에서 믿을 만한 지역 파트너로 포지셔닝하는 데 있다. Enterprise의 캠페인에서는 실제 직원이나 고객의 성공 사례가 자주 인용되며, 출장과 휴가를 위한 여행객 모두를 타깃으로 한다. Enterprise는 마케팅에서 실질적인 혜택과 정서적인 유대감을 결합함으로써 맞춤형 서비스와 편의성을 중시하는 고객에게 어필하는 접근 방식을 취한다.

Hertz

설립 - 1918년

웹사이트 - https://www.hertz.com

Hertz는 렌터카 산업의 개척자로, 포드의 모델 T로 구성된 소규모 기업으로 시작했지만 어느덧 모빌리티 업계의 글로벌 리더로 성장했다. Hertz는 서비스 제공과 디지털 솔루션 부문에서 지속적인 혁신을 통해 최고의 위상을 유지하고 있다.

    Hertz의 마케팅 전략은 최상급 경험과 혁신을 강조하며 안목 있는 여행자가 첫손으로 꼽는 렌터카로 포지셔닝하는 데 있다. Hertz의 캠페인에서는 전통과 현대성이 결합되는 경우가 많고 업무상 출장자와 럭셔리 여행자 모두를 타깃으로 한다. Hertz는 역사적인 명성을 활용하면서도 미래의 모빌리티 트렌드를 수용해 전통과 혁신을 모두 중시하는 고객들에게 어필하는 브랜드이다.

Europcar

설립 - 1949년

웹사이트 - https://www.europcar.com

Europcar는 유럽을 대표하는 모빌리티 서비스 제공업체로, 다양한 종류의 차량에 대해 종합적인 렌탈 솔루션을 제공하는 렌터카 회사이다. Europcar는 글로벌 네트워크에 유럽의 전통을 접목해 지속 가능성과 유연성을 강조하는 서비스를 제공하는 기업이기도 하다.

    Europcar의 마케팅 전략은 지속 가능성과 융통성을 중심에 두고 환경 친화적인 모빌리티 파트너로서 포지셔닝하는 데 있다. Europcar의 캠페인에서는 친환경 차량과 탄력적인 렌탈 솔루션이 강조되고, 환경 의식이 있어 지속 가능한 운송 수단을 찾는 여행자와 출장자를 타깃으로 한다. Europcar는 마케팅에서 환경에 대한 책임과 탁월한 서비스를 강조하고, 지속 가능한 모빌리티 솔루션을 우선시하는 고객들에게 어필하는 방법을 취한다.

마케팅 퍼널

> **Whatever, whenever, wherever. We'll get you there.** (Enterprise Rent-A-Car - billboard)
> 무엇이든, 언제 어디서든 저희가 도와드리겠습니다. (Enterprise Rent-A-Car - 옥외 광고판)

첫인상을 강렬하게 남기며 브랜드 회상 brand recal 을 굳혀 주고, 잠재 고객이 Enterprise에서 신뢰성과 편의성을 떠올리게 해 주는 슬로건이다. 세 번 연속으로 'wh-' 단어가 사용되며 재밌고 기억에 남는 문장을 만들어냈다. whatever는 Enterprise가 어떤 여행의 요구 사항에도 대응할 수 있다는 것을 암시한다. whenever에는 연중무휴로 언제라도 이용할 수 있어 고객이 편리한 시간에 차량을 렌트할 수 있다는 뜻이 함축되어 있다. wherever는 Enterprise의 서비스망이 지리적으로 광범위하다는 안도감을 잠재 고객에게 준다. 뒤따르는 문구 We'll get you there는 Enterprise라는 브랜드의 신뢰성과 서비스 편의성에 대한 약속을 재확인해 주며, 차량 렌트 과정 자체에서 최종 혜택으로 초점을 전환시켜 고객에게 불편하지 않게 목적지에 도착하게 될 것이라 안심시켜 주는 역할도 한다. 전체적으로 Enterprise라는 브랜드에 대한 사전 지식이 없더라도 Enterprise가 제공하는 것을 즉각 알게 해 주는 메시지이다. 요컨대 Enterprise에서는 스트레스를 받지 않고 신뢰할 수 있는 차량 렌탈 서비스를 제공받을 수 있다는 뜻을 담고 있어, 업무상 출장자와 휴가객 및 긴급하게 교통 수단이 필요한 사람 등 광범위한 대상에게 공감을 불러일으키는 문구여서 옥외 광고판에 사용하기에 무척 효과적이다.

* brand recall: 브랜드 회상, 소비자가 특정 상황이나 제품 범주에 대해 생각할 때 브랜드 이름을 기억해 내는 능력. 예컨대 건전지를 말할 때 Duracell을 떠올리는 능력이 브랜드 회상이다.

> **Change scenery, not standards.** (Hertz - website)
> 풍경은 바뀌더라도 기준은 그대로. (Hertz - 웹사이트)

두 가지 핵심 개념, 모험과 신뢰성 사이에 절묘하게 균형을 맞춘 슬로건이다. Change scenery라는 문구에 여행객들의 마음이 흔들린다. 자유와 탐험, 새로운 경험에 대한 정서적 욕구를 자극하며 차량 렌탈을 이러한 기회에 이르는 관문으로 포지셔닝하는 슬로건이기도 하다. 또한 not standards를 붙임으로써 고객들에게 새로운 환경에서도 Hertz가 품질과 서비스, 신뢰성을 일관되게 유지할 것이라 약속한다. 이런 약속은 신뢰와 믿음이 주요 의사결정 요인인 산업에서 매우 중요하다. 여행이 주는 흥겨움과 확실히 보장되는 높은 기준을 언급함으로써 Hertz는 잠재 고객을 효과적으로 묶어둔다. 고객들에게 품질을 타협하지 않고도 새로운 여행지를 즐길 수 있다는 안도감을 주기 때문에 모험과 마음의 평안을 동시에 추구하는 여행객에게 설득력 있는 메시지가 된다.

> **It's time to reclaim your moments and shift from no time to go time.** (Hertz - website)
> 이제 당신만의 시간을 되찾을 시간, 시간표에 없다는 푸념을 떨치고 곧바로 움직여야 할 시간입니다. (Hertz - 웹사이트)

Hertz를 렌터카 옵션으로 적극적으로 검토하는 고객을 위해 고안된 설득력 있는 메시지이다. 이 메시지에서는 빡빡한 시간표와 지연, 대중교통 수단의 불편함 등 핵심적인 불만 사항들이 언급된다. reclaim your moments라는 문구는 시간적 압박으로 인해 경험이 제한된다고 생각하는 여행자들에게 직접적으로 호소한다. 그러고는 Hertz가 자신을 해결책으로 포지셔닝하며 고객에게 각자의 상황에 따라 탐험할 수 있는 자유를 제공한다. 고객은 정해진 시간표에 얽매이지 않고 휴가나 출장 시간을 최대한 활용할 수 있어 대중교통을 기다리지 않고 목적지에서 더 많은 시간을 즐길 수 있다. 슬로건의 둘째 부분 shift from no time to go time에서는 시간의 효율성과 여행의 편리함이 더욱 강조된다. no time 시간표 조정으로 낭비되는 시간 과 go time 즉각적인 행동과 이동 이 대비되며 차량 렌탈의 이점이 명확히 드러난다. shift라는 단어를 사용한 것도 매우 현명한 선택이다. 좌절이 자유로 변하고 직접 운전하는 즐거움이 은근히 함축되어 차량 렌탈과의 연계성이 강조되기 때문이다. 시간 절약, 탄력성, 번거롭지 않은 여행을 강조함으로써 여행의 즐거움을 최대한 만끽하려는 사람들에게는 Hertz가 최상의 선택이라고 강력히 주장하는 슬로건이다.

Looking for a vehicle? You're at the right place.
(Europcar - website)

자동차를 찾고 계신가요? 잘 찾아오셨습니다. (Europcar - 웹사이트)

불확실성을 제거하고 편리함을 재확인하며 즉각적인 행동을 유도하는 데 목적을 둔 메시지이다. Looking for a vehicle?은 방문자의 의도를 직접적으로 묻는 질문으로, 방문자에게 개별적인 대우를 받는다는 느낌을 주는 의미 있는 메시지가 된다. 고객의 필요를 인정하며, Europcar를 즉각적인 솔루션으로 포지셔닝하는 메시지이기도 하다. 뒤따르는 문장 You're at the right place는 의구심을 없애고 Europcar가 최선의 선택인 것을 강조하며 고객을 안심시키는 역할을 한다. 간단명료하면서도 반갑게 맞이하는 어조여서 더욱 효과적이다. 복잡한 생각과 저항을 근원적으로 차단하며 고객이 예약을 끝내도록 은근히 유도한다. 이 단계에서는 고객이 이미 Europcar의 웹사이트를 검색하고 있기 때문에 이 메시지는 고객에게 올바른 렌터카 회사에 온 것이란 확신을 심어 주는 역할을 한다. 따라서 고객이 예약을 결정할 가능성 conversion 이 높아진다. 편의성과 확실성을 강조함으로써 렌탈을 확정지으라고 은근히 자극하는 슬로건이다.

> **We made it simple: Dollars spent equals points earned.** (Enterprise Rent-A-Car - website)
> **간단하게 만들었습니다. 지불한 금액만큼 포인트가 적립됩니다.**
> (Enterprise Rent-A-Car - 웹사이트)

고객의 지속적인 참여를 유지하고 지속적으로 이용한 데 대해 보상을 받는다고 느낄 수 있는 실질적 혜택을 통해 재구매를 유도할 목적으로 고안된 메시지이다. 앞부분 We made it simple은 로열티 프로그램의 핵심적인 문제, 즉 복잡성을 직접적으로 거론한다. 많은 고객이 복잡한 규칙, 포인트 전환, 제한 사항 때문에 보상 프로그램에 참여하기를 주저하는 것이 사실이다. Enterprise는 보상 프로그램이 간단하다는 것을 명확히 공언하며 불편함을 해소한 까닭에 보상을 받는 것이 어렵지 않다는 확신을 고객에게 심어 준다.

이렇게 명확한 선언 덕분에 보상 프로그램이 한층 매력적으로 느껴지고 참여 가능성도 높아진다. 뒷부분 Dollars spent equals points earned에서 말하는 가치 제안 value proposition 도 명쾌하다.

차량을 대여할 때마다 고객에게 직접적인 혜택이 부여되므로 렌터카를 빌리려고 지출한 보람을 더 크게 느끼게 된다는 제안이 강조되는 표현이다. 이처럼 투명하게 업무적으로 접근함으로써 고객이 어떻게 혜택을 받을 수 있는지 이해하기 쉬워지고 Enterprise와의 유대감도 강화된다. Enterprise는 명확하고 쉽게 이해되며 보상이 뒤따르는 메시지를 지속적으로 전달함으로써 고객에게 로열티 프로그램에 참여하도록 유도하며 고객 유지율과 장기적인 가치를 극대화할 수 있게 된다.

마케팅 퍼널 프랙티스

인지(Awareness)

> Mobility made simple/easy/personal.
> 간편해진/쉬워진/개별화된 모빌리티.
>
> Your journey starts here/now/today.
> 당신의 여행이 여기에서/지금/오늘 시작됩니다.
>
> Drive into possibility/adventure/freedom.
> 가능성/모험/자유로 향하는 길을 엽니다.
>
> Discover the freedom/convenience/flexibility of choice.
> 선택의 자유/편의성/유연성을 직접 경험하게 됩니다.
>
> Experience mobility reimagined/redefined/renewed.
> 새롭게 고안된/정의된/태어난 모빌리티를 경험합니다.

관심(Interest)

Every mile tells a story/journey/adventure.
1킬로미터마다 새로운 이야기/여정/모험이 담겨 있습니다.

Unlock destinations/experiences/memories on your terms.
당신의 조건에 맞춰 목적지/경험/추억을 찾아보세요.

Travel freely/confidently/boldly with us.
우리와 함께 자유롭게/자신 있게/대담하게 여행해 보세요.

Your perfect vehicle/mobility solution awaits.
완벽한 차량/모빌리티 솔루션이 기다리고 있습니다.

Drive beyond/further/forward with confidence.
자신 있게 그 너머로/더 멀리/앞으로 나아가세요.

고려(Consideration)

Reliable service/solutions/options wherever you go.
어디로 가든 신뢰할 수 있는 서비스/솔루션/선택지를 제공합니다.

Flexible plans/choices/arrangements for every journey.
어떤 여행에나 적합한 계획/선택/방법을 유연하게 제공합니다.

Quality vehicles/service/support guaranteed.
양질의 차량/서비스/지원을 약속하겠습니다.

Choose convenience/confidence/freedom.
편의성/신뢰성/자유로움을 선택하세요.

Seamless/Easy/Quick booking, instant mobility.
원활한/간편한/신속한 예약, 즉각적인 모빌리티.

구매 결정(Decision)

Start your journey today/now/here.
오늘/지금/여기서 여행을 시작하세요.

Join millions of satisfied drivers/travelers/customers.
수백만의 만족한 운전자/여행자/고객과 함께하세요.

Experience the difference/advantage/quality.
차이/장점/품격을 경험해 보세요.

Book confidently/easily/securely in minutes.
몇 분만 투자해서 자신 있게/쉽게/안전하게 예약하세요.

Begin your adventure/journey/story with us.
모험/여행/이야기를 우리와 함께 시작하세요.

충성도(Loyalty)

Rewards that take you further/higher/beyond.
보상을 받고 더 멀리/더 높이/저 너머로.

Your trusted mobility partner/companion/choice.
여러분이 신뢰할 수 있는 모빌리티 파트너/동반자/선택지.

Miles of benefits/rewards/advantages await.
무수한 혜택/보상/이점이 기다리고 있습니다.

Growing together/stronger/better with every journey.
여행할 때마다 함께 성장합니다/더 강해집니다/더 나아집니다.

Experience the premium/exclusive difference.
프리미엄급/최상급의 차이를 경험해 보세요.

카페　　　　　　Cafés

배경

카페 산업의 마케팅 커뮤니케이션은 제품 품질에 초점을 맞추던 방법에서 벗어나, 카페를 직장과 가정 사이에 반드시 필요한 제3의 공간으로 포지셔닝하는 라이프스타일 중심의 스토리텔링 방식으로 진화했다. 카페 산업의 카피라이팅 역사에는 1990년대 Starbucks의 획기적인 캠페인 The Third Place 제3의 공간 부터, 커피 브랜드가 일상적인 소비자와 연결되는 방식을 혁명적으로 바꿔 놓은 Dunkin' Donuts의 상징적인 캠페인 America Runs on Dunkin' 미국은 던킨으로 달린다 시리즈에 이르기까지 음료 마케팅을 재규정한 기념비적인 캠페인이 적잖게 있었다.

한국의 카페 문화는 글로벌 커피 마케팅에 지대한 영향을 미쳤다. 특히 건강한 삶을 위해 특별히 찾는 곳으로 카페를 포지셔닝하는 카페 테라피 café therapy 라는 메시지를 선도한 Tom N Toms 같은 브랜드들이 대표적인 예이다. Paris Baguette의 캠페인 Moments of Joy 환희의 순간들 는 베이커리 카페 bakery-café 가 커피 너머의 영역까지 확장하여 전략적인 스토리텔링을 통해 포괄적인 라이프스타일을 실질적으로 만들어 갈 수 있다는 것을 보여주었다.

오늘날 카페의 카피라이팅은 장인 정신과 접근성 사이에 균형을 맞추고, 크래프트 커피에 대한 신뢰성과 따뜻하게 반기는 메시지를 결합해야 한다. 카페 산업의 캠페인은 전문성과 장인 정신을 강조한 Coffee Bean & Tea Leaf의 초기 캠페인 The Art of Coffee 커피의 예술 를 넘어, 커피를 마시는 순간을 개인적인 이야깃거리로 만들어낸 Blue Bottle의 캠페인 Every Cup Tells a Story 커피 한 잔마다 사연이 있습니다 처럼 체험형 접근으로 옮겨갔다.

기업 개요

Starbucks
설립 - 1971년
웹사이트 - https://www.starbucks.com

Starbucks는 커피를 단순한 상품에서 체험형 럭셔리 experiential luxury 으로 바꿔 놓으며 카페 문화에 대변혁을 일으켰다. Starbucks는 음료 개발과 매장 디자인에서 지속적인 혁신을 통해 본연의 위상을 유지하며, 가정과 직장 사이에 존재하는 제3의 공간이라는 환경을 만들어 가고 있다.

 Starbucks의 마케팅 전략은 개인화된 경험과 계절별 상품을 통해 정서적 연결 고리를 만들어내는 데 맞추어진다. Starbucks의 마케팅에서는 제품 혁신 및 라이프스타일 통합 lifestyle integration, 일과 삶의 통합 을 결합한 모습이 주된 특징을 이루고, 품질과 편의성을 모두 중시하는 도시 전문직과 학생을 타깃으로 한다. Starbucks는 마케팅에서 스토리텔링과 제품 우수성을 결합해 일상의 의례처럼 갖는 커피 시간을 자신의 즐거움을 위한 사치의 순간으로 생각하는 사람들에게 어필하는 접근법을 취하는 브랜드이다.

Tim Hortons

설립 - 1964년

웹사이트 - https://www.timhortons.com

Tim Hortons는 점포가 하나인 도넛 가게로 시작했지만 이제는 캐나다에서 가장 큰 패스트푸드 체인으로 성장했으며, 커피와 제빵류로 유명하다. Tim Hortons는 국가적 자부심과 일상적인 가격 경쟁력을 결합해 본연의 위상을 유지하며, 특히 캐나다의 정체성을 뚜렷이 드러낸다.

    Tim Hortons의 마케팅 전략은 지역 사회와의 관련성과 의례처럼 행하는 일상의 습관을 강조하며 캐나다 문화의 일부로 포지셔닝하는 데 있다. 따라서 Tim Hortons의 캠페인에서는 지역과 관련된 실제 상황과 이야기가 자주 언급되고, 전통과 신뢰성을 중시하는 고객을 타깃으로 한다. 마케팅에서는 노스탤지어와 혁신을 결합하고, 양질의 커피를 합리적인 가격에 즐기려는 충성 고객과 새로운 세대 모두에게 어필하는 접근법을 취한다.

Coffee Bean & Tea Leaf

설립 - 1963년

웹사이트 - https://www.coffeebean.com

Coffee Bean & Tea Leaf는 프리미엄 커피와 차 소매업을 선도하며 전통적인 전문성과 혁신적인 음료를 강조하는 품질 중심 브랜드로 입지를 굳혔다. Coffee Bean & Tea Leaf는 수작업으로 볶은 커피와 수작업으로 혼합한 차를 전문으로 취급하며, 일관된 품질과 글로벌 확장을 통해 명성을 유지하고 있다.

    Coffee Bean & Tea Leaf의 마케팅 전략은 숙련된 전문성과 진정성에 초점을 맞추며, 장인의 손길이 더해졌지만 접근하기 쉬운 브랜드로 포지셔닝하는 데 있다. Coffee Bean & Tea Leaf의 캠페인에서는 커피와 차에 대한 전문성이 주로 강조되고, 양질의 음료를 높이 평가하는 고객을 타깃으로 한다. Coffee Bean & Tea Leaf는 마케팅에서 전통과 혁신을 모두 강조하며, 음료 선택에서 장인 정신과 다양성을 중시하는 고객들에게 어필하는 접근법을 취한다.

마케팅 퍼널

> **Always fresh, on repeat.** (Tim Horton's - billboard)
> 항상 신선하게, 언제라도. (Tim Horton's - 옥외 광고판)

짧고 리드미컬해 쉽게 기억되는 슬로건이다. always fresh와 on repeat라는 두 부분으로 구성되어 균형감과 반복되는 느낌을 자아내며 잠재 고객의 마음속에 새겨진다. 앞부분에서는 항상 신선한 커피를 제공하겠다는 Tim Hortons의 약속이 강조되고, 뒤에 이어진 on repeat에서는 또 하나의 차원이 추가된다. 요컨대 Tim Hortons가 한 번의 구매로 그치는 곳이 아니라 평범한 일상의 일부라는 뜻이 함축되어 있다. 많은 소비자가 매일 혹은 하루에도 몇 번씩 같은 커피숍을 습관적으로 찾는다는 점에서, 이 메시지는 커피 소비자의 습관과도 일치한다. 편의성을 넌지시 암시하며 고객에게 커피를 마시고 싶을 때는 언제라도 Tim Hortons를 방문하면 신선한 커피를 마실 수 있을 것이란 확신을 전해 주는 문구이다. 신선함, 신뢰성, 일상성을 강조함으로써 Tim Hortons는 잠재 고객에게 강렬한 첫인상을 남긴다. 명쾌하면서도 간결한 문구는 경쟁 광고로 넘쳐나는 도시 환경에서 특히 효과적이다.

> **Sip into something sweet!** (Tim Hortons - website)
> 달콤한 것을 조금씩 홀짝 홀짝! (Tim Hortons - 웹사이트)

재치 있는 말장난, 감각적 자극, 유혹적인 어투를 사용해 잠재 고객의 관심을 끌려고 고안된 슬로건이다. 이 문구는 휴식이나 탐닉과 관련해 흔히 사용되는 익숙한 표현 Slip into something more comfortable 벗기기에 더 쉬운 옷으로 입어 을 조금 비튼 것이다. slip을 sip으로 교체한 것만으로, 널리 알려진 말을 커피와 관련된 말로 변환시켜 따뜻하고 친밀하며 유쾌한 기분을 끌어낸다. 이렇게 변환된 문구는 정서적 유대를 조성하며, Tim Hortons에서 음료를 마시는 행위는 단순히 갈증을 해소하는 차원을 넘어 자신에게 유쾌하고 만족스러운 것을 선물하는 것이란 뜻까지 전달한다. 더구나 이 문구는 Tim Hortons의 웹사이트에 자리를 잡고 적극적인 넛지 nudge 로 기능하며 방문객을 계속 붙잡아 두고, 고려 단계로 넘어가 궁극적으로는 구매하도록 유도한다. 이 단계, 즉 관심 단계에서도 이 문구는 Tim Hortons란 브랜드를 인지하는 데 그치지 않고 그곳을 직접 찾아가 그곳에서 무엇이 제공되는지 알아내고 싶은 호기심을 자극한다.

> **Sip a cup of magic. Holiday beverages are here.**
> (Starbucks - print advert)
> 마법을 한 잔 즐겨 보세요. 연말연시를 위해 특별한 음료를 준비했습니다. (Starbucks - 인쇄물 광고)

계절상 고급스런 차별성과 감각적 경험을 강조하는 메시지이다. Sip a cup of magic이란 문구는 커피를 마시는 단순한 행위를 마법처럼 특별한 경험으로 승화한다. magic이란 단어는 연말연시의 감성적 측면을 자극한다. Starbucks는 음료를 단순한 마실 것 이상의 것으로 규정함으로써 Starbucks 음료를 마시는 행위는 일종의 경험이 되고, 특히 연말연시를 위해 준비한 음료는 즐기고 음미할 가치가 있다는 인상을 강화한다. 슬로건의 뒷부분 Holiday beverages are here는 한정된 기간에만 제공되기 때문에 그 계절별 상품을 구매하도록 유도한다. Starbucks는 손님들이 커피만을 사는 것이 아니라 연말연시라는 경험도 구매한다는 것을 꿰뚫어 보고 있다. 따라서 이 광고를 통해 Starbucks의 연말연시 음료는 그 시기의 특별한 선물이자 감성적 경험, 그리고 잠깐 동안 제공되는 기회로 포지셔닝된다.

> **Spring is in the air, and Starbucks is welcoming the season with the introduction of the new Cinnamon Caramel Cream Nitro Cold Brew.** (Starbucks - website)
>
> **봄이 다가오고 있습니다. Starbucks는 시나몬 캐러멜 크림 니트로 콜드 브루를 신상품으로 출시해 이번 봄을 맞이하려 합니다.** (Starbucks - 웹사이트)

Starbucks는 창의적이고 유혹적인 제품 이름을 전략적으로 활용해 음료가 맛있을 것 같거나 정말 마시고 싶게 만든다. 위의 음료 이름에서 각 요소는 특정 반응을 끌어내기 위해 신중하게 선택된 것이다. 시나몬과 캐러멜은 따뜻함, 달콤함, 편안함을 떠올려 주며 그 음료가 충만하고 만족스러울 것이란 느낌을 준다. cream은 풍성함을 더해주고, nitro는 현대적이고 고급스런 느낌을 전해 준다. 끝으로 cold brew는 커피 애호가들에게 강렬하고 부드러운 고품질 커피를 맛보게 될 것이라는 확신을 준다. 이렇게 다양한 요소를 하나의 이름에 집약함으로써 Starbucks는 이 음료가 다차원적일 것이란 느낌을 자아낸다. 그 결과로, 이 음료는 그저 또 하나의 콜드 브루 커피가 아니라 입안에서 느껴지는 질감이나 향이 몇 겹으로 중첩되도록 세심하게 공들인 음료가 된다. 이처럼 감각적인 면을 크게 살리며 사소한 부분까지 고려한 네이밍 naming 은 고객에게 특별한 것을 선택하고 있다는 느낌을 주기 위한 전략적 포석이다. 요컨대 이 음료는 단순한 캐러멜 콜드 브루가 아니라 한층 더 정제된 프리미엄 음료라는 뜻이다.

> **Get your next drink free. Go on, treat yourself.**
> (Coffee Bean & Tea Leaf - website)
> **다음 한 잔은 무료. 자, 마음껏 즐겨 보세요.** (Coffee Bean & Tea Leaf - 웹사이트)

고객에게 지속적인 이용 대가로 보상을 받는다고 느끼게 해 주며, 고객 유지를 강화하기에 직접적이고 효과적인 문구이다. 무료 음료 제공은 사람들이 가치 있는 무언가를 보상으로 받고 있다고 느낄 때 브랜드에 대한 충성도가 높아진다는 심리학적 원리 '상호성'을 이용한 마케팅 기법이다. 격식을 떨치고 친근한 어조로 쓰인 Go on, treat yourself는 Coffee Bean & Tea Leaf가 고객이 일상에서 누리는 작은 즐거움을 이해하고 소중히 여긴다는 사실을 강조하며 따뜻한 온기를 더해준다. 로열티 리워드 loyalty rewards 를 고객이 추가 비용을 들이지 않고도 특별한 것을 즐길 수 있는 방법으로 규정함으로써 죄책감 없이 즐기는 사치라고 은근히 권유하는 문구이다. 이 문구에서는 보상이 일종의 선물로 포지셔닝됨으로써 순전히 거래의 대가로 얻는 장려책이 정서적 교감 수단이 된다. 거꾸로 보면, 고객이 고마움을 느끼고 Coffee Bean & Tea Leaf를 다시 찾게 유도하는 메시지이기도 하다.

마케팅 퍼널 프랙티스

인지(Awareness)

Coffee that awakens your senses/spirit/day.
당신의 오감/영혼/하루를 깨우는 커피.

Where moments become memories/stories/experiences.
순간이 추억/이야기/경험이 되는 곳.

Crafting perfection/excellence/quality in every cup.
한 컵 한 컵에 완벽함/탁월함/최고의 품질을 담아냅니다.

Your daily ritual/escape/indulgence.
일상의 리추얼/도피/사치.

Experience coffee reimagined/redefined/renewed.
새롭게 창조된/정의된/태어난 커피를 경험합니다.

관심(Interest)

Savor the moment/flavor/artistry.
그 순간/풍미/예도를 음미해 보세요.

Your perfect cup awaits/beckons/calls.
당신을 위한 완벽한 음료가 기다리고 있습니다/손짓하고 있습니다/부르고 있습니다.

Discover extraordinary/exceptional/innovative blends.
특별한/예외적인/혁신적인 블렌드를 직접 경험해 보세요.

Coffee that speaks to your soul/style/taste.
커피에는 당신의 영혼/스타일/취향이 숨쉬고 있습니다.

Create your own tradition/ritual/moment.
여러분만의 전통/리추얼/순간을 만들어 보세요.

고려(Consideration)

Expertly crafted/roasted/brewed for you.
당신을 위해 전문적으로 크래프트/로스팅/블렌드되었습니다.

Quality you can taste/trust/experience.
양질의 커피를 맛볼 수/신뢰할 수/경험할 수 있습니다.

Where passion meets precision/perfection/craft.
열정이 정밀함/완벽함/장인 정신과 만나는 곳.

Every cup tells a story/moment/journey.
한 잔 한 잔에 이야기/순간/여정이 담겨 있습니다.

Taste the difference/excellence/dedication.
차이/탁월함/전념의 성과를 맛보세요.

구매 결정(Decision)

Join our community of coffee lovers/enthusiasts/connoisseurs.
커피 애호가/매니아/감식가로 이루어진 우리 커뮤니티에 가입해 보세요.

Start your day with excellence/perfection/quality.
탁월한/완벽한/최고의 커피로 하루를 시작해 보세요.

Choose exceptional/authentic/premium coffee.
특별한/진정한/프리미엄 커피를 선택하세요.

Experience the art/craft/mastery of coffee.
예술/장인/마스터가 블렌드한 커피를 경험해 보세요.

Begin your coffee journey/adventure/discovery today.
오늘 커피 여정/모험/탐험을 시작해 보세요.

충성도(Loyalty)

Your daily cup of happiness/inspiration/excellence.
오늘 하루, 당신의 행복/영감/탁월함을 채워주는 한 잔.

Exclusive rewards/benefits/experiences for members.
회원을 위한 특별한 보상/혜택/경험.

Growing together/stronger/better with every cup.
한 잔을 마실 때마다 함께 성장합니다/더 강해집니다/
더 나아집니다.

Coffee that understands your rhythm/lifestyle/taste.
당신의 리듬/라이프스타일/취향을 이해하는 커피.

Experience the rewards/benefits/perks of membership.
회원에게 주어지는 보상/혜택/특전을 경험해 보세요.

레스토랑   Restaurants

배경

레스토랑 산업의 마케팅 언어는 메뉴 중심의 홍보에서 벗어나 직접 요리하는 행위와 인간적 유대를 강조하는 스토리텔링으로 진화했다. 레스토랑 산업의 카피라이팅 역사에는 패스트푸드 광고에 인간적인 면을 도입한 McDonald's의 캠페인 You Deserve a Break Today 오늘은 쉬어갈 자격이 있습니다 부터, 디지털 시대 이전에도 유머로 레스토랑 마케팅을 바이러스처럼 많은 사람에게 신속히 확산할 수 있다는 것을 입증해 보인 Wendy's의 캠페인 Where's the Beef? 쇠고기를 먹으려면 Wendy's으로 와보세요! 에 이르기까지 푸드 마케팅을 재규정한 혁신적인 캠페인이 적지 않았다.

한국의 브랜드 레스토랑들은 글로벌 푸드 마케팅의 접근 방식에 큰 영향을 미쳤다. 패스트푸드의 특별 재료를 부각하는 마케팅 방식으로 대변혁을 일으킨 BBQ Chicken의 Olive Chicken 올리브 치킨 캠페인이 대표적인 예이다. 베이커리 체인이 정서적 스토리텔링을 통해 라이프스타일 포지셔닝을 어떻게 구축할 수 있는지를 보여준 Paris Baguette의 캠페인 Life is Sweet 달콤한 삶 도 크게 다르지 않다.

오늘날 레스토랑 산업의 카피라이팅은 식욕 자극과 정서적 공감 사이에 적절한 균형을 맞추며, 음식의 시각적인 이미지와 개인적으로 경험하는 순간을 결합해야 한다. 레스토랑 산업의 캠페인 접근 방식은 초기 스테이크하우스 광고에서 흔히 볼 수 있었던 전통적인 히어로 샷 hero shot, 즉 어떤 제품을 돋보이게 하는 중심 이미지에서 벗어나 Olive Garden의 캠페인 When You're Here, You're Family 여기에 계신 분은 모두 가족입니다 처럼 식사를 단순한 영양 공급이 아니라 추억을 만드는 행위로 포지셔닝하는 메시지, 즉 식사라는 행위에 초점을 맞춘 메시지로 옮겨갔다.

기업 개요

Chipotle
설립 - 1993년
웹사이트 - https://www.chipotle.com

Chipotle는 신선한 재료와 투명한 음식 준비 과정을 강조하는 방식으로 패스트푸드 레스토랑의 마케팅을 혁명적으로 바꿔 놓았다. Chipotle는 Food With Integrity 성심을 다한 음식 준비 라는 약속에 충실함으로써 본연의 위상을 유지하는 동시에 디지털 주문 및 배달 서비스 분야에서도 지속적인 혁신을 이어가고 있다.

    Chipotle의 마케팅 전략은 투명성과 지속 가능성에 초점을 맞추고, 현대적 감각을 지닌 고객이 의식적으로 선택할 만한 레스토랑으로 포지셔닝하는 데 있다. Chipotle의 캠페인에서는 재료 공급원과 음식 품질에 대한 대담하고 솔직한 메시지가 자주 강조되고, 환경에 대한 의식이 높아 편의성과 윤리성을 모두 중시하는 고객을 타깃으로 한다. Chipotle의 마케팅은 교육적 콘텐츠와 사회에 대한 유머러스한 평가를 결합해 음식 선택을 자신의 가치관 표현으로 보는 고객들에게 어필하는 식으로 접근한다.

Maggiano's Little Italy
설립 - 1991년
웹사이트 - https://www.maggianos.com

Maggiano's Little Italy는 전통적인 이탈리아계 미국식 요리를 현대인에 맞게 재해석함으로써 현재의 입지를 확립했다. Maggiano's Little Italy는 큰 접시에 담아 각자 덜어 먹을 수 있도록 차려내는 가족식 서빙 family-style serving 에 현대적인 호스피탈리티를 결합한 레스토랑으로, 일관된 품질과 넉넉한 양으로 본연의 위상을 유지하고 있다.

    Maggiano's의 마케팅 전략은 함께하는 식사와 축하연을 강조하며, 가맹점들을 의미 있는 모임에 적합한 장소로 포지셔닝하는 데 있다. 따라서 Maggiano's의 캠페인에는 가족의 전통과 특별한 행사에 대한 감상적인 스토리텔링이 자주 언급되고, 진정한 이탈리아계 미국 요리뿐만 아니라 기억에 남는 식사를 중시하는 고객을 타깃으로 한다. Maggiano's는 마케팅에서 향수 어린 따뜻한 분위기와 현대적인 편의성을 결합해 전통적인 맛과 현대적인 음식을 모두 추구하는 고객에게 어필하는 접근법을 취한다.

California Pizza Kitchen
설립 - 1985년
웹사이트 - https://www.cpk.com

California Pizza Kitchen은 피자에 글로벌한 맛을 더하는 창의적인 접근 방식으로 혁신적인 캐주얼 다이닝 레스토랑 casual dining restaurant 을 선도한 레스토랑 체인이다. California Pizza Kitchen은 전통에서 벗어나는 토핑과 캘리포니아식 요리를 주된 식사 메뉴에 도입함으로써 피자라는 음식에 대변혁을 이루어냈다.

California Pizza Kitchen의 마케팅 전략은 창의적 요리와 서부 해안의 라이프스타일에 초점을 맞추고 혁신적인 캐주얼 다이닝 레스토랑으로 포지셔닝하는 데 있다. California Pizza Kitchen의 캠페인에서는 혁신적인 메뉴와 소셜 다이닝에 적합한 곳으로 자주 부각되고, 수준이 높지만 접근하기 쉬운 식사를 원하는 도시 전문직과 가족을 타깃으로 한다. California Pizza Kitchen은 마케팅에서 창의성과 접근성을 모두 강조하며, 편안한 분위기에서 다양하고 혁신적인 요리를 즐기려는 고객들에게 어필한다.

* 캐주얼 다이닝 레스토랑(casual dining restaurant): 편안한 분위기에서 적정한 가격으로 다양한 요리를 제공하는 레스토랑.
** 소셜 다이닝(social dining): SNS를 통해 관심사가 비슷한 사람들끼리 만나 인간관계를 맺으며 즐기는 식사.

마케팅 퍼널

> **Have it your way.** (Burger King - billboard)
> **취향에 맞게 주문하세요.** (Burger King - 옥외 광고판)

짧고 매혹적이라 기억하기가 쉬워, 주변을 지나가는 이들이 몇 초만에 메시지를 처리해야 하는 옥외 광고판에 무척 효과적인 슬로건이다. Burger King이 패스트푸드 산업 핵심적인 차별화 요소로 삼는 맞춤형 서비스가 강조된다. 상대적으로 표준화된 메뉴를 제공하는 McDonald's와 달리 Burger King은 고객이 자신의 기호에 맞추어 햄버거를 만들어 갈 수 있는 브랜드로 포지셔닝한다. 이 메시지는 소비자가 자신의 개인적인 취향과 기호에 맞는 선택지를 찾아갈 수 있는 경쟁이 치열한 시장에서 특히 효과적이다. 소비자에게 선택의 통제권을 부여해 고객 만족도를 높이는 탄력적인 메시지가 아닐 수 없다.

> **Show your love with a menu made for sharing this Valentine's Day.** (Maggiano's Little Italy - social media)
> **이번 밸런타인데이를 함께하려고 저희가 준비한 메뉴로 사랑을 전하세요.** (Maggiano's Little Italy - 소셜 미디어)

호기심을 자극하고 감성적 호소력을 띠며, 밸런타인데이에 연인과 함께할 식사를 찾아보라고 고객들을 독려하는 소셜 미디어 메시지이다. 음식과 사랑을 즉각적으로 연결하며 Maggiano's에서 함께하는 식사는 공유할 만한 경험이라 명확히 제안하는 문구이다. 밸런타인데이의 특별함을 이용해 고객에게 계획을 앞당겨 세워 보라고 유혹하는 메시지이기도 하다. menu made for sharing이라는 표현은 제공되는 요리들을 명시적으로 나열하지 않으면서도 Maggiano's만의 독특한 메뉴를 은근히 강조하며 잠재적 고객의 호기심을 자극하고, Maggiano's의 메뉴를 더 자세히 살펴보게 만든다. 전체적으로 가격이나 홍보에 초점을 맞추지 않고 감성과 인간관계에 호소함으로써 상호작용을 유도하는 슬로건이다.

> **Let's skip work tomorrow and go to Chipotle.** (Chipotle - social media)
> **내일 하루 일을 쉬고 Chipotle에 가자.** (Chipotle - 소셜 미디어)

홍보를 위해 할인이나 재료 혹은 품질에 초점을 맞추는 전통적인 메시지와 달리, 이 게시물은 격식에서 벗어나 공감을 불러일으키는 유머를 사용해 Chipotle를 당연히 즐겁게 선택해야 할 것으로 느끼게 만든다. 더 즐거운 것이 있다면 책무도 포기하고 싶은 보편적인 감정을 이용한 게시물이기도 하다. 경쾌하면서도 저항적인 말투여서 메시지가 돋보이고, 그 때문에 잠재 고객들이 메시지대로 행동하며 일탈에 동참할 개연성이 높아진다. Chipotle를 선택해야 하는 이유를 진지하고 설득력 있게 제시하는 대신, 이 게시물은 그 이유를 즉흥적이고 재미있는 아이디어인 양 표현해 더 자연스럽고 솔깃하게 느껴지게 해 준다. 순전히 부리토를 먹고 싶은 욕심에 하루 일을 쉬라는 제안은 과장의 수준을 넘어 기억에서 쉽게 잊히지 않는 인상을 남긴다. 실제로는 누구도 Chipotle에 가려고 아파서 결근하겠다며 직장에 전화하지는 않겠지만, 이 유머러스한 메시지는 일보다 먹는 것을 우선시할 가치가 있다는 견해에 은근히 힘을 실어 준다. 격식을 떨쳐내고 대화체를 사용한 접근 방식은 사람들이 소셜 미디어에서 상호작용하는 방식과 완벽하게 일치한다. 이런 유형의 메시지를 통해 Chipotle는 친근하고 현대적이며 문화적으로 잠재 고객과 맞아떨어지는 듯한 브랜드가 된다.

> **We're hosting a Fettuccine Bolognese party every Tuesday, and you're cordially invited. We're serving this dish ONLY on Tuesdays in limited quantities during October as we celebrate National Pasta Month!** (Maggiano's Little Italy - social media)
> 매주 화요일마다 페투치네 볼로네제 파티를 개최합니다. 여러분을 진심으로 초대합니다. 10월에는 '전국 파스타의 달'을 기념하여 화요일마다 이 요리는 한정 수량으로만 제공됩니다!
> (Maggiano's Little Italy - 소셜 미디어)

이 단계에서 고객이 결정을 내리게 하려면 추가적인 압박이 필요하다. 이 메시지는 페투치네 볼로네제 Fettuccine Bolognese 파티를 언급하며 배타성과 긴급성, 공동체 의식을 이용해 압박을 가하는 넛지로 기능하는 동시에 잠재 고객에게 행동을 취하도록 유도한다. '파타'라는 표현을 사용함으로써 Maggiano's Little Italy는 평범한 식사를 특별한 행사로 변모시켜 식사 시간을 한층 더 신나고 무언가를 축하하는 시간으로 만든다. 전체적으로 초점이 음식 자체에서 벗어나 특별한 무언가의 일부가 되는 경험에 맞추어지고, 외식을 사회적 활동으로 즐기는 고객들에게 어필하는 문구이다. 한정된 수량과 시간 제약이 언급되며 긴급성이 더욱 강화된다. the dish is ONLY available on Tuesdays in October 그 요리가 10월 중 화요일에만 제공된다 라고 명확히 표현하며, Maggiano's는 희소성 원칙 principle of scarcity 까지 활용한다. 이 행사를 National Pasta Month와 연계함으로써 의미를 더하고, 단순히 메뉴 하나를 추가하는 수준을 넘어 특별한 행사로 인식되게 해 주는 메시지이다.

> **Who's joining you for lunch this week? Tag them below!** (California Pizza Kitchen - social media)
> 이번 주 점심에 함께할 분은 누구인가요? 아래에 태그를 붙여 주세요! (California Pizza Kitchen - 소셜 미디어)

브랜드가 커뮤니티와 사회적 상호작용을 활성화함으로써 충성도를 높이는 방법을 보여주는 좋은 예이다. 특정 제품이나 프로그램을 홍보하는 대신, 외식이란 사회적 행위에 초점을 맞춘 게시물이다. 사용자들이 다른 사람을 태그하도록 유도함으로써 California Pizza Kitchen은 자연스러운 대화와 입소문 추천을 독려하며 고객과 California Pizza Kitchen 간의 정서적 유대를 강화한다. 또한 고객들에게 California Pizza Kitchen에서 점심을 계획하도록 은근히 독촉하며, 태그라는 사회적 증거 social proof 를 활용해 고객의 폭을 넓히려 시도하는 메시지이기도 하다. 이처럼 쌍방향적으로 접근하면 충성 고객은 단순히 마케팅의 대상이 아니라 마케팅 자체에 참여하고 있다는 느낌을 받게 된다. 따라서 충성 고객은 게시물의 요구에 따름으로써 California Pizza Kitchen과의 관계를 재확인할 뿐만 아니라 다른 사람들을 식사에 초대하게 된다. 결국 재방문을 촉진하고 장기적인 브랜드 충성도를 강화하는 효과를 기대하는 게시물이다.

마케팅 퍼널 프랙티스

인지(Awareness)

> Savor the moment/flavor/experience.
> 그 순간/그 맛/음식을 맛보는 시간을 음미합니다.
>
> Where memories/stories/celebrations begin.
> 추억/이야기/기념 행사가 시작되는 곳.
>
> Discover authentic/extraordinary/unforgettable dining.
> 진정한/특별한/잊을 수 없는 식사가 준비되어 있습니다.
>
> Taste the difference/tradition/innovation.
> 차이/전통/혁신을 맛보세요.
>
> Creating moments/experiences/connections through food.
> 음식을 통해 기억에 남는 순간/경험/연결 고리를 만들어 갑니다.

관심(Interest)

> Every dish tells a story/journey/tradition.
> 요리 하나하나에 이야기/여정/전통이 담겨 있습니다.

Flavors that inspire/delight/transport.
영감/기쁨/희열을 주는 맛.

Experience cuisine reimagined/elevated/perfected.
재창조된/고급화된/완벽해진 요리를 경험해 보세요.

Where taste/quality/excellence meets tradition.
맛/품질/탁월함이 전통과 만나는 곳.

Fresh ingredients/flavors/ideas daily.
매일 신선한 재료/맛/아이디어로 채워집니다.

고려(Consideration)

Crafted with care/passion/expertise.
정성껏/열정을 다해/전문가의 손으로 공들여 조리되었습니다.

Quality you can taste/trust/share.
맛볼 수 있는/믿을 수 있는/함께 즐길 수 있는 양질의 요리.

Recipes passed down through generations/time/tradition.
수세대 전부터/오래전부터/전통적으로 전해진 조리법.

Made fresh with love/care/pride.
신선한 재료로 사랑/정성/자부심으로 만들었습니다.

From our kitchen to your table/heart/memories.
우리 주방에서 당신의 식탁/마음/추억으로.

구매 결정(Decision)

Join us for dinner/celebration/memories.
저녁 식사/축하 행사/소중한 추억을 저희와 함께 만들어 보세요.

Taste the tradition/excellence/difference today.
오늘 바로 전통적인 맛/탁월한 맛/차별화된 맛을 경험해 보세요.

Your table is waiting/ready/reserved.
당신을 위한 식탁이 기다리고/준비되어/예약되어 있습니다.

Begin your culinary journey/adventure/experience.
요리의 여정/모험/맛보기를 시작해 보세요.

Choose authentic/exceptional/extraordinary flavor.
진정한/예외적인/특별한 맛을 선택해 보세요.

충성도(Loyalty)

Welcome to our family/community/table.
우리 가족/공동체/식탁의 친구가 되신 것을 환영합니다.

Your favorate place/dishes/memories await.
당신이 가장 좋아할 만한 공간/음식/추억이 기다리고 있습니다.

Creating traditions together/daily/always.
함께/매일/언제나 전통을 만들어 가고 있습니다.

Part of your story/journey/celebration.
당신 이야기/여정/축제의 한 부분이 되겠습니다.

Where regulars become family/friends/valued.
단골 손님은 가족/친구/소중한 존재가 되는 곳.

음악 공연장　　Music Venues

배경

음악 공연장 산업의 마케팅 언어는 공연 목록을 단순히 나열하는 수준에서 벗어나 라이브 공연의 기대감을 담아내는 몰입형 스토리텔링으로 진화했다. 음악 공연장 산업의 카피라이팅 역사에는 1960년대에 이미 콘서트 홍보를 예술의 경지로 끌어올린 Fillmore의 사이키델릭한 포스터 시리즈부터 배타적 특별함을 일종의 신화로 바꿔 버린 Studio 54의 수수께끼 같은 캠페인 Wait in Line 줄 서서 기다리세요 에 이르기까지 공연장 마케팅에 대변혁을 일으킨 획기적인 캠페인이 적잖게 있었다.

　오늘날 공연장의 마케팅은 투박하더라도 진실한 모습에 세련된 전문성을 조화롭게 더해야 하고, 젊은이들에게 통하는 방식에 정교한 운영을 결합해야 한다. 공연장 산업의 캠페인은 초기 클럽 홍보에서 볼 수 있었던 전통적인 광고 What's On 지금 공연된 것은? 을 넘어 이제는 Fabric London의 캠페인 Matter of Fact 불변의 가치 처럼 체험형 스토리를 만들어 가며 클럽에 가는 행위를 단순한 오락이 아니라 문화 보존의 일환으로 포지셔닝하는 방식으로 바뀌었다.

　공연장 마케팅은 클래식 공연장을 현대 문화의 용광로로 재해석한 Royal Albert Hall의 Memories in the Making 추억거리 만들기 시리즈와 같은 캠페인들을 통해 크게 바뀌었다. 한편 Brooklyn Steel의 캠페인 Built for Sound 사운드에 최적화된 공간 는 산업화 시대의 유산이 현대 공연장의 진정성을 어떻게 높여줄 수 있는가를 증명해 보이며 과거에 공장으로 사용되던 시설을 음악 혁신의 상징으로 바꿔 놓은 증거이다.

기업 개요

Ronnie Scott's
설립 - 1959년
웹사이트 - https://www.ronniescotts.co.uk

Ronnie Scott's는 런던의 자그마한 재즈 클럽으로 출발해 이제는 국제적인 음악 공연장으로 성장했고, 친근한 분위기와 진실한 기품을 보존함으로써 세계에서 가장 존중받는 재즈 공연장 중 하나로서 본연의 위상을 유지하고 있다.

    Ronnie Scott's의 마케팅 전략은 과거의 유산과 진정성을 강조하며 재즈 전통의 수호자이자 중요한 현대적 공연 공간으로 포지셔닝하는 데 있다. Ronnie Scott's의 캠페인에서는 유머와 음악적 전문성이 결합되는 경우가 자주 눈에 띄고, 진지한 재즈광 jazz aficionado과 호기심 많은 신규 방문객 모두를 타깃으로 한다. Ronnie Scott's는 마케팅에서 역사적 무게감과 친근한 유머를 결합하고, 탁월한 음악성과 진실한 분위기를 모두 중시하는 관객들에게 어필하는 방법으로 접근한다.

DC-10 Ibiza

설립 - 1999년

웹사이트 - https://www.dc10ibiza.com

DC-10은 버려진 비행기 격납고에서부터 세계에서 가장 영향력 있는 전자 음악 공연장으로 탈바꿈했으며, 가공되지 않은 원초적인 언더그라운드 분위기와 타협하지 않는 음악 프로그램으로 유명하다.

DC-10의 마케팅 전략은 신비로움과 진정성에 중점을 두고, 상업적 이익에 물들지 않고 순전히 댄스 음악에 몸을 맡길 수 있는 공간으로 포지셔닝하는 데 있다. DC-10의 캠페인에서는 클럽 문화의 감성적이며 공동체적인 측면이 주로 강조되고, 스타일보다 내용을 중시하는 열성적인 전자 음악 팬들을 타깃으로 한다. 또한 DC-10은 짧지만 강렬한 메시지를 사용해, 진정한 음악 애호가들의 성지로서 명성을 강화하는 데 초점을 맞춘다.

Blue Note Jazz New York

설립 - 1981년

웹사이트 - https://www.bluenotejazz.com

Blue Note Jazz Club은 뉴욕 재즈계의 중심으로 입지를 굳혔고, 전설적인 공연자와 신예 공연자 모두에게 친밀한 공간을 제공하면서도 탁월한 음악성을 추구하는 공연장이란 명성을 유지해 왔다.

Blue Note의 마케팅 전략은 명성과 접근성을 적절히 조절하고 재즈 애호가와 신규 방문객 모두를 환영하는 최상의 재즈 명소로 포지셔닝하는 데 있다. Blue Note의 캠페인에서는 역사를 존중하는 모습에 현대성을 더한 이미지가 자주 눈에 띄고, 전통과 혁신을 모두 중시하는 음악 애호가들을 타깃으로 한다. Blue Note는 마케팅에서 세계 최고 수준의 재즈를 친밀한 분위기에서 감상할 수 있는 유일무이한 경험을 강조하는 식으로 접근한다.

마케팅 퍼널

> **I love this place, it's just like home, filthy and full of strangers.** (Ronnie Scott's - billboard)
> **난 여기가 정말 좋아. 너저분한데다 낯선 사람들로 가득한 게, 마치 고향 같거든.** (Ronnie Scott's - 옥외 광고판)

옥외 광고판에 쓰인 이 문구는 소개와 초대라는 역할을 동시에 수행하며 Ronnie Scott's라는 클럽에서 기대할 수 있는 경험의 분위기를 직접적으로 전해 준다. 위의 메시지는 Ronnie Scott's를 창업한 설립자의 말을 인용한 것으로 개인적인 감성에 역사적인 의미까지 띤다. 유머와 자기비하, 예절을 내던진 듯한 구어적 표현으로, 재즈 클럽들에서 일반적으로 연상되는 세련되고 지적인 브랜드와 차별화된다. 이 메시지의 효과는 예상치 못한 솔직함과 공감력에 있다. Ronnie Scott's를 filthy and full of strangers라 표현함으로써 전통적인 기대가 뒤집어지며 Ronnie Scott's는 더 진실되고 원초적인 느낌을 물씬 풍기는 재즈 클럽이 된다. Ronnie Scott's를 고급스럽거나 배타적인 공간이 아니라 투박한 매력을 지닌 곳이라 소개한다. 따라서 지나가는 사람들에게 Ronnie Scott's가 진정으로 음악을 사랑하며 형식보다 분위기를 높이 평가하는 애호가들을 위한 장소라 홍보하는 광고판이 된다. 또한 유머러스한 어법 때문에도 기억에 남고, Ronnie Scott's를 모르는 사람도 호기심에 그곳이 어떤 곳인지 찾아보거나 다른 사람에게 언급하게 만들 것이 분명하다.

> **Forget the phone! It's time to dance!** (DC-10 Ibiza - website)
>
> **핸드폰은 던져 버려! 이제는 춤출 시간!** (DC-10 Ibiza - 웹사이트)

휴대폰 화면에서 진정한 경험을 하기란 불가능하므로 우리에게 디지털 기기의 방해로부터 해방되라고 독려하며, 클럽을 진정한 경험이 댄스 플로어에서 일어나는 공간으로 포지셔닝하는 문구이다. 온라인에 항상 접속된 상태의 삶에서 탈출하는 수단으로 그 순간에 몰입하는 경험을 추구하려는 문화적 정서가 반영된 문구이기도 하다. 직설적이고 명령하는 듯한 말투여서 잠재 고객에게 적극적으로 참여하도록 독려하고, DC-10의 활력 넘치는 분위기가 읽혀지는 듯하다. 특히 It's time to Dance!는 즉각적으로 행동하도록 촉구하는 콜 투 액션으로 기능하며, 잠재적 방문자들이 DC-10을 방문하겠다는 결정을 내리도록 은근히 압력을 가한다. 전체적으로는 DC-10을 피상적이고 표면적인 지위 추구보다 순수하고 제약을 받지 않는 밤문화를 우선시하는 클럽으로 차별화하는 데 도움을 주는 메시지라 할 수 있다.

> **Select the genres that interest you the most, and we'll find some upcoming shows that we think you'll love.** (Ronnie Scott's - website)
>
> **가장 관심 있는 장르를 선택하시면, 곧 공개될 프로그램 중에서 여러분이 좋아할 만한 것을 우리가 찾아드립니다.** (Ronnie Scott's - 웹사이트)

고객 여정을 개인화하고 단계의 전환 가능성을 높이는 훌륭한 예이다. 이 클럽은 이벤트 목록을 수동적으로 제시하는 대신 사용자를 프로그램 선정 과정에 적극적으로 참여시켜 그에게 선택권에 있다고 느끼게 해 주는 동시에 예약하도록 은밀히 유도한다. 이런 쌍방향적 접근 방식은 결정 피로 decision fatigue 를 줄여 주기 때문에 이 단계에서 매우 효과적이다. 선택할 수 있는 라이브 음악이 넘치도록 많으면 고객은 무언가를 선택해야 할 때 위압감을 느낄 수 있다. 따라서 Ronnie Scott's는 그 과정을 단순화하여 고객에게 개인적으로 추천할 권한을 부여함으로써 잠재적 고객이 더 쉽게 결정을 내릴 수 있도록 돕는다. we think you'll love라는 표현에는 개인적인 취향이 고려된다는 뜻이 함축되어 Ronnie Scott's가 고객의 취향을 이해한다는 느낌을 준다. 이 작은 맞춤형 서비스는 잠재 고객의 참여를 독려할 뿐만 아니라 신뢰까지 구축한다. 따라서 이 부분은 누군가 티켓을 구매할 것인지, 그곳을 더 자세히 살펴볼 것인지를 결정할 때 중요한 요소가 된다. 쌍방향적 선택을 통해 이 메시지는 잠재 고객을 고려 단계에서 예약으로 성공적으로 끌어간다.

* 고객 여정(customer journey): 소비자가 브랜드를 알게 되는 순간부터 구매하게 될 때까지의 경험.

!! Low ticket warning !! (Electric Ballroom - social media)
티켓이 별로 남지 않았습니다!! (Electric Ballroom - 소셜 미디어)

티켓 매진을 앞두고 있다는 뜻이 함축된 문구로, 긴박감을 불러일으킨다. '기회를 놓칠지 모른다는 두려움' Fear of Missing Out, FOMO 이라는 심리학적 원리를 활용한 문구로, 망설이는 구매자들에게 즉시 행동하도록 재촉한다. 게다가 앞에 느낌표(!!)를 사용해 주의를 끈다. 이런 문장 부호의 사용은 긴급 뉴스가 참여도와 정서적 반응을 높일 목적으로 사용하는 경보 표시를 흉내낸 것이다. 메시지는 짧고 강렬하며 명확하다. 불필요한 내용이 전혀 없다. 즉각적인 행동을 유도하려는 명확하고 강렬한 경보가 전부이다. 소셜 미디어 사용자는 대체로 빠르게 스크롤하기 때문에 이런 형식이 즉시 눈길을 사로잡기에 적합하다. 어떤 이벤트에 대한 수요가 많아 티켓이 빠른 속도로 판매되고 있다고 믿게 되면 소비자는 지체해서 기회를 놓칠 위험을 감수하기보다는 신속히 결정을 내릴 가능성이 높다.

> **Get ahead of the crowd.** (Blue Note Jazz New York - website)
> 남들보다 먼저! (Blue Note Jazz New York - 웹사이트)

단순하게 Sign up for updates 최신 안내를 신청하십시오 라고 말하는 것보다 구독 행위를 의무가 아니라 기회로 느끼게 해 주는 문구이다. 이런 유형의 메시지는 고객으로 하여금 자신이 소중히 여겨진다고 느끼게 해 주고, 독점적인 혜택을 제공할 목적으로 고안되어 지속적인 충성심을 키워 준다. 이 카피의 주된 강점 중 하나는 특혜와 우선적 접근권을 은근히 강조하는 데 있다. Get ahead of the crowd라는 표현에는 이메일 알림을 신청하면 다른 사람보다 먼저 특별한 정보를 받을 수 있다는 뜻이 담겨 있다. 이런 표현은 특별한 대우를 받고 내부자 집단의 일원이 되고 싶은 욕구를 활용한 것으로, 브랜드와 함께하는 장기적 참여도를 높이는 효과를 기대할 수 있다. 다른 사람보다 먼저 무언가에 접근할 수 있다고 느낄 때 그 고객은 계속 인연을 유지하며 차후의 행사에도 다시 참여할 가능성이 높아진다.

마케팅 퍼널 프랙티스

인지(Awareness)

Experience music in its purest/rawest/truest form.
음악을 가장 순수한/가장 원초적인/가장 진실한 형태로 음미해 보세요.

Where legends play/perform/create history.
전설들이 역사를 연주하는/공연하는/만들어 가는 곳.

Music that moves/touches/transforms you.
당신에게 감동을 주는/당신의 마음을 움직이는/당신을 변화시키는 음악.

Your night of discovery/revelation/wonder.
새로운 발견/깨달음/경이로 가득한 밤.

The sound of authenticity/tradition/excellence.
진실한/전통의/탁월한 소리.

관심(Interest)

Feel the music pulse/flow/surge through you.
당신 안에서 고동치는/흐르는/휘감아 오르는 음악을 느껴 보세요.

Where every night is legendary/unforgettable/extraordinary.
매일 밤이 전설/잊지 못할 순간/특별한 시간이 되는 곳.

Join the movement/revolution/experience.
감동/혁명/감상의 시간을 함께해 보세요.

Discover your new sanctuary/destination/escape.
새로운 피난처/목적지/도피처를 이곳에서 찾아보세요.

고려(Consideration)

> Music that defines/shapes/captures moments.
> 순간들을 정의하는/형성하는/포착하는 음악.

고려(Consideration)

> Intimate settings, extraordinary/legendary/unforgettable performances.
> 친숙하고 아늑한 분위기, 특별한/전설적인/잊을 수 없는 공연.
>
> Where music finds its home/voice/soul.
> 음악이 본연의 고향/목소리/영혼과 함께하는 곳.
>
> Experience matters/counts/resonates here.
> 이곳은 직접 체험해 봐야 마땅합니다/의미가 있습니다/가치를 느낄 수 있습니다.
>
> Every night tells a story/journey/legend.
> 매일 밤마다 이야기/여정/전설이 만들어지고 있습니다.
>
> Where sound meets spirit/passion/magic.
> 소리가 영혼/열정/마법을 만나는 곳.

구매 결정(Decision)

> Join us for a night of pure/real/authentic music.
> 순수한/진정한/진실한 음악의 밤을 우리와 함께해 보세요.
>
> Your spot in history/legend/culture awaits.
> 역사/전설/문화에서 당신이 함께할 순간이 기다리고 있습니다.
>
> Be part of the story/legacy/movement.
> 이야기/유산/음률의 일부가 되어 보세요.

> Tonight's memory/moment/magic is calling.
> 오늘 밤에 만들어질 추억/순간/마법이 당신을 부르고 있습니다.
>
> Your musical journey/adventure/discovery begins here.
> 음악을 향한 당신의 여정/모험/발견이 여기에서 시작됩니다.

충성도(Loyalty)

> Where regulars become family/legends/insiders.
> 단골 손님이 가족/전설/내부자가 되는 곳.
>
> Your musical home/sanctuary/haven.
> 당신을 위한 음악의 안식처/성소/피난처.
>
> Part of our legacy/story/tradition.
> 우리가 함께하는 유산/이야기/전통의 일부.
>
> Creating memories/moments/magic together.
> 추억/순간/마법을 함께 만들어 가는 곳.
>
> Your venue for life/fun/eternity.
> 삶/즐거움/영원을 위한 당신의 공간.

MEDIA

스트리밍 플랫폼	Streaming Platforms
소셜 미디어와 네트워킹	Social Media & Networking
인공지능과 기계학습	AI & Machine Learning
가상현실과 증강현실	VR & AR
사이버 보안과 가상 사설망	Cyber Security & VPN
검색 엔진 최적화와 온라인 마케팅	SEO & Online Marketing

웹 서비스 Web Services

배경

웹 서비스 산업의 마케팅 커뮤니케이션은 기능과 기술 중심의 홍보에서 벗어나 디지털 역량 강화를 강조하는 사용자 중심의 스토리텔링으로 진화했다. 웹 서비스 분야의 카피라이팅 역사에는 인터넷 접속의 대중화를 이루어낸 Netscape의 혁명적인 캠페인 The Web is For Everyone 모두를 위한 웹 부터, 디지털 프라이버시 옹호 digital privacy advocacy 를 재규정한 Mozilla Firefox의 운동 Take Back the Web 웹을 돌려받자 에 이르기까지 테크놀로지 마케팅을 바꿔 놓은 획기적인 캠페인이 적잖게 있었다.

  초기 검색 엔진들이 혁신적인 마케팅 접근 방식을 선도했다. 대표적인 예로는 테크놀로지 기업의 포지셔닝에 대해 새로운 기준을 제시하며 미니멀리즘에 기반한 홈페이지 디자인과 Don't Be Evil 사악해지지 말자 이라는 모토를 내세운 Google이 있다. Yahoo!도 Do You Yahoo!? 야후를 사용하시나요? 와 같은 캠페인을 통해 브랜드 이름을 동사로 바꾸며 현대 테크놀로지 마케팅 언어의 길을 열었고, 디지털 홍보를 혁명적으로 바꿔 놓았다.

  오늘날 웹 서비스의 카피라이팅은 기술적 역량과 인간의 접근성을 조화롭게 조율하며, 강력한 기능과 사용자 친화적 메시지를 결합해야 한다. 이제 웹 서비스 산업은 초기 브라우저 전쟁에서 보았던 기술 중심의 전통적인 마케팅 방식을 떨쳐내고 DuckDuckGo의 캠페인 Privacy, simplified 개인정보보호, 더 이상 어렵지 않습니다 처럼 프라이버시를 프리미엄 기능이 아니라 기본적 권리로 포지셔닝하는 목적 지향적 커뮤니케이션으로 옮겨갔다.

기업 개요

Firefox
설립 - 2002년
웹사이트 - https://www.firefox.com

Firefox는 인터넷을 누구나 접근할 수 있는 개방된 공공 자원으로 유지하겠다는 Mozilla 재단의 사명감에서 탄생했다. 이 브라우저는 상업용 브라우저의 주요 대안으로 입지를 굳혔고, 사용자 프라이버시와 웹 표준을 옹호해 왔다.

    Firefox의 마케팅 전략은 디지털 자유와 사용자 컨트롤을 강조하며, 인터넷 프라이버시와 오픈 소스의 수호자로서 포지셔닝하는 데 있다. Firefox의 캠페인에서는 데이터 보호와 사용자 권리에 대한 대담한 선언이 자주 등장하고, 과학기술에 정통하지만 인터넷에서도 개인정보 보호와 맞춤화를 중시해야 한다고 생각하는 사용자를 타깃으로 한다. Firefox는 마케팅에서 프라이버시 옹호와 기술적 우수성을 결합하여, 디지털 기기를 사용할 때 보안과 성능을 모두 추구하는 사용자에게 어필하는 접근법을 취한다.

DuckDuckGo
설립 - 2008년
웹사이트 - https://duckduckgo.com

DuckDuckGo는 개인정보 보호에 초점을 맞춘 검색 엔진으로 출발해 이제는 검색 기능과 탐색 기능 및 추적 방지 서비스뿐만 아니라 개인정보 보호에 필요한 종합적인 도구를 제공하는 기업으로 변신했다. DuckDuckGo는 사용자 개인정보 보호에 대한 변함없는 헌신과 투명한 운영 원칙을 통해 본연의 위상을 유지하고 있다.

DuckDuckGo의 마케팅 전략은 개인정보 보호를 단순화하는 동시에 사용자에게 디지털 추적 digital tracking 에 대해 교육하는 데 중점을 두고 있다. DuckDuckGo는 간결한 메시지를 교육적 콘텐츠와 결합해 전달하는 방식으로 접근하고, 온라인에서 프라이버시에 대해 우려하는 사용자를 타깃으로 한다. DuckDuckGo의 캠페인에서는 프라이버스를 우선시하는 자신들의 방식과 다른 주요 테크놀로지 기업들의 데이터 수집 관행을 비교하는 경우가 많고 디지털 도구에서 단순성과 보안을 모두 중시하는 사용자에게 어필한다.

Squarespace
설립 - 2003년
웹사이트 - https://www.squarespace.com

Squarespace는 직관적인 플랫폼과 우아한 템플릿을 통해 전문적인 웹 디자인을 누구나 쉽게 이용할 수 있게 함으로써 웹사이트 제작에 대변혁을 일으켰다. Squarespace는 단순한 웹사이트 구축 회사로 출발해 이제는 종합적인 디지털 프레즌스 플랫폼 digital presence platform 으로 성장했다.

Squarespace의 마케팅 전략은 창의적 역량 강화와 탁월한 미적 감각에 초점을 맞추고, 디지털 성공 사례를 만들어 가는 조력자로 포지셔닝하는 데 있다. Squarespace의 캠페인에서는 이상적인 스토리텔링과 실질적인 입증 사례가 자주 언급되고, 온라인에서 세련된 모습을 보이려는 기업가와 크리에이터를 타깃으로 한다. Squarespace는 마케팅에서 디자인 리더십과 사용자 역량 강화를 강조하며 디지털 플랫폼의 미적인 아름다움과 기능성을 모두 중시하는 사람들에게 어필하는 접근법을 시도한다.

마케팅 퍼널

> **Big Browser is watching. Browse freely with Firefox.** (Firefox - billboard)
> 빅 브라우저가 지켜보고 있습니다. Firefox로 자유롭게 서핑을!
> (Firefox - 옥외 광고판)

이 광고판 슬로건은 조지 오웰의 디스토피아 소설 『1984』를 살짝 비튼 것이다. 특히 소설에서 시민들을 끊임없이 지켜보는 억압적인 감시자 빅 브라더 big Brother 라는 개념을 이용한 것이다. 빅 브라더를 '빅 브라우저'로 대체함으로써 Firefox는 온라인에서의 개인정보 보호, 데이터 추적, 기업 감시에 대한 광범위한 우려를 즉각적으로 불러일으킨다. 이 단계의 주된 목적은 강렬한 첫인상을 남기고 브랜드의 차별화를 확립하는 것이다. 이런 점에서 이 슬로건은 사용자에 대한 데이터를 수집해 수익화하는 주요 경쟁사(예: 구글 크롬, 마이크로소프트 엣지)와 Firefox를 극명하게 대비시킴으로써 그 역할을 훌륭히 해내고 있다. 개인정보 보호에 대해 우려하는 잠재 고객들에게 공감을 불러일으킬 만한 고전을 언급함으로써 Firefox는 효과적으로 호기심을 자극하며 잠재적 사용자에게 Firefox에 대해 더 자세히 조사해 보도록 독려한다.

> **Free. Fast. Private. Get our browser on all your devices.** (DuckDuckGo - website)
> **무료입니다. 빠릅니다. 개인정보가 보호됩니다. 모든 기기에서 우리 브라우저를 사용하세요.** (DuckDuckGo - 웹사이트)

이 마케팅 메시지는 이미 DuckDuckGo의 존재를 알고 있으며 DuckDuckGo가 자신의 기준에 부합하는지 조사하고 있는 사용자를 대상으로 설계된 것이다. 짧지만 강렬하게 들리는 세 단어—free, fast, private—를 사용해 명료하면서 강한 인상을 남기도록 구성되어 있다. 각 단어는 인터넷 사용자의 공통된 우려를 직접적으로 해결해 주는 열쇠이다. free는 진입 장벽을 없애고, fast는 프라이버시를 중시하는 브라우저는 그렇지 않는 주류 브라우저보다 느릴지 모른다는 일반적인 오해를 불식한다. 끝으로 private는 DuckDuckGo의 핵심 가치 제안을 강조하며 Google Chrome과 같은 주요 경쟁사와 차별화되는 근거가 된다. Get our browser on all your devices라는 콜 투 액션은 포용성을 강조하며 DuckDuckGo로 매끄럽고 간편하게 전환할 수 있다고 사용자를 안심시킨다. 이렇게 기기 간의 호환성을 강조함으로써 이 메시지는 결정 과정에서의 저항을 차단하며 사용자에게 기술적 한계에 대해 걱정하지 말고 DuckDuckGo라는 브라우저를 사용해 보라고 독려한다.

> **Make Firefox your own.** (Firefox - website)
> **Firefox를 당신만의 것으로.** (Firefox - 웹사이트)

이 단계에서 사용자는 여러 브라우저를 비교하며 기능과 이점, 유용성을 검토한 뒤 결정을 내리게 된다. Google Chrome처럼 상대적으로 경직되고 데이터에 기반한 브라우저가 비교할 때 Firefox의 차별적 특징인 맞춤화와 사용자 컨트롤을 강조한다는 점에서 이 슬로건은 효과가 있다. 개인화personalization 와 주인 의식ownership 이란 심리학적 원리를 활용해 Firefox가 널리 적용되는 범용 브라우저가 아니라 사용자의 기호에 맞춰 조정되는 도구라는 것을 부각하는 문구이다. 실제로 Firefox의 마케팅에서는 맞춤형 확장 프로그램, 테마, 개인정보 설정, 조정 가능성 등과 같은 기능들이 강조된다. 결국 Firefox는 사용자에게 적응하라고 강요하는 브라우저가 아니라 사용자에게 적응하는 브라우저로 포지셔닝함으로써 맞춤형 브라우저를 찾는 고객에게 솔깃한 메시지가 된다.

A website makes it real. Get started. (Squarespace - website)

웹사이트가 현실로 만듭니다. 시작해 보세요. (Squarespace - 웹사이트)

잠재 고객에게 행동을 취해 웹사이트 구축에 나서도록 밀어붙일 의도에서 고안된 메시지이다. 이 단계에서 사용자들은 이미 여러 옵션을 고려한 뒤여서 그중 하나를 결정할 최종적인 근거를 모색하게 된다. 이 슬로건은 웹사이트의 중요성과 영향을 강조하며 마지막 넛지를 가하는 동시에 웹사이트를 만드는 과정이 쉽고 즉각 실행할 수 있는 것처럼 느끼게 해 준다. 앞부분 A website makes it real은 온라인 프레즌스online presence 의 정서적이고 심리적인 의미를 활용한 문구로, 웹사이트가 머릿속의 아이디어를 정당화하고 실현하는 전환점이 된다는 것을 강조한다. 뒷부분 Get started는 전체 과정에서 다음 단계로 이어지는 연결 고리로, 행동을 촉구하는 강력한 콜 투 액션으로 기능한다. 기술적 세부 사항을 나열해 잠재 고객을 힘들게 만들지 않고, Squarespace를 통하면 번거롭지 않게 웹사이트 구축 과정을 빠르게 시작할 수 있다는 것을 명확히 전달하는 메시지이다.

* 온라인 프레즌스(online presence): 온라인상의 존재감이나 영향력.

> **The IBM Partner Plus program is designed to help businesses like yours access leading technology to help you grow—whether you're a startup or an established company.** (IBM - website)
> **IBM의 파트너 플러스 프로그램은 귀사와 같은 기업이 선도적인 기술에 활용해 성장하는 것을 지원할 목적으로 설계되었습니다. 스타트업이든 기존 기업이든 상관없습니다.** (IBM - 웹사이트)

IBM이 파트너와 고객과의 장기적인 관계를 강화하려고 세심하게 제작한 마케팅 메시지이다. 이 단계에서는 고객 유지, 참여도 향상, IBM 생태계 내에 잔류하는 이점의 강조에 초점이 맞추어진다. 메시지의 첫 부분에서는 개별적으로 맞추어지는 특권이 곧바로 읽힌다. 기업을 직접 대상으로 삼고 해당 프로그램을 맞춤형 지원 시스템으로 포지셔닝한다. access leading technology to help you grow라고 언급함으로써 지속적인 지원이 부각되고, IBM이 일회성 해결책에 그치지 않고 장기적인 전략적 파트너라는 것을 확인해 준다. 성장은 어떤 기업에게나 핵심적인 동기 부여 요소이다. 따라서 IBM은 최첨단 과학기술에 대한 접근성을 강조함으로써 파트너들이 IBM과 관계를 유지할 때 경쟁력을 견지하며 시대를 앞서갈 수 있을 것이라 보장한다. 끝으로 whether you're a startup or an established company라는 문구는 파트너 플러스 프로그램이 포용적이고 얼마든지 확장될 수 있으므로 성장을 향한 여정의 모든 단계에서 IBM이 도움을 줄 수 있을 것이란 확신을 잠재 고객에게 심어 준다. 전체적으로 IBM이 신뢰할 수 있는 장기적인 테크놀로지 파트너라는 입지를 공고히 해 주는 메시지이다.

마케팅 퍼널 프랙티스

인지(Awareness)

Innovation that protects/secures/empowers you.
당신을 보호하는/안전하게 지키는/역량을 키워 주는 혁신.

Your digital freedom/privacy/security starts here.
당신의 디지털 자유/개인정보 보호/보안은 여기에서 시작됩니다.

Transform your online presence/experience/journey.
당신의 온라인 프레즌스/경험/여정이 변화합니다.

Where creativity/innovation/success lives online.
창의성/혁신/성공이 온라인에서 살아 숨쉬는 곳입니다.

Build your digital future/legacy/story.
당신의 디지털 미래/유산/이야기를 만들어 갑니다.

관심(Interest)

Your data, your choice/control/rules.
당신의 자료, 당신이 선택/컨트롤/좌우해야 합니다.

Create without limits/boundaries/constraints.
어떤 한계도/경계도/제약없이 만들어 가세요.

> Browse with confidence/freedom/security.
> 확신을 갖고/자유롭게/안전하게 검색합니다.
>
> Design that speaks/works/delivers for you.
> 당신을 대신해 말하는/일하는/수행하는 설계.
>
> Experience the web on your terms/schedule/timeline.
> 당신의 방식/일정표/시간표로 웹을 경험해 보세요.

고려(Consideration)

> Seamless/Simple/Intuitive tools for digital success.
> 디지털 성공에 필요한 매끄러운/간단한/직관적인 도구.
>
> Solutions that scale/grow/evolve with you.
> 당신과 함께 발전하는/성장하는/진화하는 솔루션.
>
> Privacy that never/always/continuously protects.
> 개인정보는 끊임없이/언제나/지속적으로 보호되어야 합니다.
>
> Technology that respects/values/prioritizes you.
> 당신을 존중하는/소중히 생각하는/우선시하는 테크놀로지.
>
> Features that make sense/work/deliver for everyone.
> 누구에게나 쉽게 이해되는/유의미한/쓸모 있는 기능.

구매 결정(Decision)

> Join millions of empowered/protected/successful users.
> 이미 권한을 위임받은/보호받는/성공적인 수백만 사용자와 함께해 보세요.

Start your digital journey/transformation/success today.
디지털 여정/변화/성공을 오늘 당장 시작해 보세요.

Choose smarter/safer/better technology.
더 스마트한/더 안전한/더 나은 테크놀로지를 선택하세요.

Begin your web presence/story/future now.
웹에서 프레즌스/이야기/미래를 지금 바로 시작하세요.

Launch your vision/dream/brand online.
비전/꿈/브랜드를 온라인에서 펼쳐 보세요.

충성도(Loyalty)

Your trusted digital partner/ally/guardian.
당신의 믿음직한 디지털 파트너/동맹/보호자.

Growing stronger/safer/better together.
함께 더 강하게/더 안전하게/더 낫게 성장합니다.

Security that evolves/adapts/improves with you.
당신과 함께 진화하는/적응하는/향상되는 보안.

Excellence in every click/interaction/moment.
클릭을 할 때마다/쌍방향으로 소통할 때마다/매 순간마다 최상의 서비스가 제공됩니다.

Experience the difference/innovation/protection daily.
매일 차이/혁신/보호 장치를 경험해 보세요.

소셜 미디어와 네트워킹

Social Media & Networking

배경

소셜 미디어와 네트워킹 산업의 마케팅 커뮤니케이션은 플랫폼의 기능적인 설명에서 벗어나, 휴먼 커넥션 human connection 과 커뮤니티 구축을 강조하는 스토리텔링으로 진화했다. 소셜 미디어와 네트워킹 분야의 카피라이팅 역사에는 관심사가 공유될 때의 힘을 강조한 Facebook의 캠페인 More Together 더 많은 이들이 함께 부터, 프로페셔널 네트워킹 professional networking 을 집단 성장의 여정으로 재해석한 LinkedIn의 획기적인 시리즈 In It Together 여기에서 함께하시죠 까지 디지털 마케팅을 재정의한 변혁적인 캠페인이 적잖게 있었다.

한국의 소셜 미디어 및 네트워킹 산업은 미묘하게 다른 문화적 특성과 독특한 사용자 행동에 의해 형성된 활기차고 역동적인 생태계이다. KakaoTalk와 Naver Cafe 같은 지역 플랫폼들이 Instagram 같은 글로벌 거대 기업과 경쟁하며 시장을 지배하고 있다. 매달 평균 4,500만 명 이상의 활성 사용자 active user 가 활동하는 KakaoTalk은 메시지를 주고받는 단순한 애플리케이션을 넘어 소셜 네트워킹과 금융 서비스, 웹툰과 같은 창의적 콘텐츠를 통합한 플랫폼으로 기능하며 도시인을 타깃으로 한 디지털 마케팅 캠페인에 필수적인 도구가 되었다.

오늘날 소셜 미디어의 카피라이팅은 과학기술적 역량과 정서적 공감 사이에 균형을 유지하며, 기능을 강조하면서도 커뮤니티의 영향력을 접목해야 한다. 소셜 미디어 산업의 캠페인 방식은 실시간 업데이트 기능을 강조하던 Twitter의 초기 캠페인 What's Happening? 무슨 일이 일어나고 있나요? 을 넘어, 소셜 공유 social sharing 를 창의적 표현의 한 형태로 포지셔닝한 Instagram의 Stories Are Everywhere 이야깃거리는 어디에나 있습니다 와 같은 목적 지향적 스토리텔링으로 옮겨갔다.

* 프로페셔널 네트워킹(professional networking): 비즈니스 기회와 경력 발전을 위한 상호작용과 관계 형성에 초점을 맞춘 소셜 네트워크 서비스의 한 종류.

기업 개요

Medium
설립 - 2012년
웹사이트 - https://www.medium.com

Medium은 블로그를 세련된 출판 플랫폼으로 바꿔 놓으며, 사고 리더십과 스토리텔링을 대중화시켰다. Medium은 개인적인 이야기부터 전문적인 통찰까지 잘 정돈된 양질의 콘텐츠를 통해 본연의 위상을 유지하고 있다.

    Medium의 마케팅 전략은 지적인 담론과 진정성 있는 스토리텔링을 강조하는 데 있다. Medium은 문학성과 디지털 접근성을 결합하는 방식으로 접근하고, 전통적인 소셜 미디어를 넘어 깊이를 추구하는 작가와 독자를 타깃으로 한다. 따라서 Medium의 캠페인에서는 의미 있는 대화를 촉진하는 역할이 강조되는 경우가 많고, Medium은 다양한 관점에서 다양한 아이디어가 전개되고 펼쳐지는 공간으로 포지셔닝된다.

* 사고 리더십(thought leadership): 가치 있고 통찰력 있으며 독창적인 아이디어를 공유하여 자신이나 조직을 특정 분야의 권위자가 되게 하는 힘.

WhatsApp

설립 - 2009년

웹사이트 - https://www.whatsapp.com

WhatsApp은 전통적인 SMS를 넘어 서로 다른 플랫폼 간에도 원활하게 커뮤니케이션할 수 있는 솔루션을 제공함으로써 휴대폰을 이용한 메시지 송수신에 대변혁을 일으켰다. WhatsApp은 처음부터 끝까지 모든 단계의 암호화와 지속적인 기능 혁신을 통해 지배적 위치를 유지하면서도 핵심적인 단순성을 그대로 지키고 있다.

WhatsApp의 마케팅 전략은 개인정보 보호와 보편적인 연결성을 중심에 두고 있다. WhatsApp의 캠페인에서는 보안과 국경 없는 커뮤니케이션이 강조되며, 친밀감과 글로벌 연결성을 모두 중시하는 사용자를 타깃으로 한다. WhatsApp의 마케팅은 거리에 구애받지 않고 가족과 커뮤니티를 철저한 보안하에 연결해 준다는 정서적인 스토리텔링으로 접근한다.

Quora

설립 - 2009년

웹사이트 - https://www.quora.com

Quora는 질의-응답 형식을 일상적인 의문과 전문가의 통찰을 연결하며 지식을 공유하는 생태계로 발전시켰다. Quora는 고품격의 토론장을 조성해 전문적이고 교육적인 콘텐츠로 확장함으로써 고유의 고유한 위상을 유지하고 있다.

Quora의 마케팅 전략은 지적인 호기심과 전문 지식의 공유에 초점을 맞추는 데 있다. Quora의 캠페인에서는 이 플랫폼에서 구할 수 있는 다양한 지식이 흔히 소개되고, 질문하는 사람과 답변하는 사람 모두를 타깃으로 한다. Quora는 공유된 지혜와 집단 지성의 가치를 강조하며, 다양한 주제에 대해 더 깊이 알고 싶어하는 사용자에게 어필한다.

마케팅 퍼널

> **Human stories & ideas.** (Medium - website)
> **인간의 이야기와 아이디어.** (Medium - 웹사이트)

Medium의 핵심 목적을 즉시 전달하기 위해 고안된 간결하면서도 효과적 마케팅 메시지이다. 이 단계의 목표는 Medium을 새로운 고객층에게 소개하고, Medium만의 고유한 특징을 정립하는 데 있다. 이 메시지는 human stories에 초점을 맞춤으로써 Medium 플랫폼에 게시된 콘텐츠의 개인적이고 마음에서 우러나 공감을 불러일으키는 특성을 강조하며, 그 콘텐츠를 뉴스 사이트나 순수한 학술 자료와 차별화한다. 또 ideas를 덧붙임으로써 그 범위를 확장해 다양한 주제에 대한 통찰력 있고 생각을 자극하는 콘텐츠를 찾는 사람들에게 어필한다. 문구가 짧고 간결해 다양한 해석과 강렬한 인상을 남기기 때문에 즉시 눈길을 끄는 데 이상적인 메시지라 할 수 있다.

> **Everyone has a story to tell.** (Medium - website)
> **누구에게나 하고 싶은 이야기가 있습니다.** (Medium - 웹사이트)

Medium에 독자나 작가로 참여할까 고려 중인 잠재적 사용자에게 직접적으로 호소하는 메시지이다. Everyone has a story라 말함으로써 참여 장벽을 없애고 누구나 기여할 수 있다는 주장이 강조된다. 이런 슬로건을 통해 Medium은 누구든 따뜻하게 환영받고 접근하기 쉬운 플랫폼으로 느껴지며, 사용자는 이미 Medium의 커뮤니티 일원이 된 듯한 용기를 얻게 된다. 또한 다양한 목소리와 독특한 관점이 Medium에서는 얼마든지 수용된다는 뜻을 전달하며, 다양한 의견을 듣고 싶어하는 독자에게 어필하는 문구이기도 하다. 이 메시지가 효과적인 이유는 호기심을 자극하기 때문이다. Medium을 수동적으로 둘러보던 사용자라도 자신의 이야기를 쓰거나 더 다양한 글을 찾아보고 싶은 의욕이 일어날 수 있다. 사용자에게 다음 단계로 넘어가 Medium에 적극적으로 참여하라고 독려하는 메시지이다.

> **Authentic conversations, the way you like them.**
> (Rakuten Viber - website)
>
> **진정한 대화, 당신이 원하는 방식대로.** (Rakuten Viber - 웹사이트)

Rakuten Viber가 사용자 중심의 맞춤형 플랫폼이라는 것을 강조하는 메시지이다. 이 단계에서 잠재적 사용자는 여러 메시지 앱을 비교하며 개인적 기호와 커뮤니케이션 스타일에 맞는 기능을 찾게 된다. Rakuten Viber가 진정성 있는 맞춤형 쌍방향 소통을 우선시하는 플랫폼으로 포지셔닝하며, WhatsApp, Telegram, Signal과 같은 경쟁사와 차별화하는 전략이 읽히는 문구이다. authentic이란 단어는 사실적이고 여과되지 않은 안정된 대화에 대해 증가하는 욕구를 자극한다. the way you like them은 탄력성과 개인화를 강조하며, 사용자가 소통 방식을 스스로 통제할 수 있다는 것을 암시한다. 전체적으로는 Viber는 제약을 가하지 않고 사용자 개개인의 필요에 맞추어 조정된다는 점을 부각하며, 메시저 앱의 교체 여부를 망설이는 잠재적 사용자에게 확신을 심어 주는 효과를 기대할 수 있는 메시지이다.

> **With private messaging and calling, you can be yourself, speak freely and feel close to the most important people in your life no matter where they are.** (WhatsApp - website)
> 비공개 메시지와 통화를 통해, 어디에 있든 여러분의 삶에서 가장 중요한 사람들과 자유롭게 이야기하고 가까이 있다고 느끼며 진정한 당신 자신을 표현할 수 있습니다. (WhatsApp - 웹사이트)

WhatsApp을 다운로드해 사용하려는 마음의 준비는 되었지만 마지막 독려가 필요한 잠재적 사용자에게 최종적으로 확신을 주는 메시지이다. WhatsApp이 iMessage, Telegram, Signal 등과 같은 경쟁사보다 우위에 있는 핵심적인 장점을 강조함으로써 사용자의 의혹을 해소하고, WhatsApp으로의 구매 결정이 당연하고 논리적인 것으로 느끼게 해 주는 메시지이기도 하다. 이 메시지에서는 세 가지 핵심 장점—개인정보 보호와 표현의 자유, 정서적 유대—이 강조된다. private messaging and calling이라는 표현은 사용자에게 WhatsApp이 보안과 기밀성을 우선시한다는 확신을 준다. you can be yourself, speak freely라는 표현은 WhatsApp이 진실하게 커뮤니케이션할 수 있는 안전한 공간을 제공한다는 주장을 뒷받침한다. 끝으로 feel close to the most important people in your life no matter where they are라는 표현에서는 WhatsApp이 거리를 극복하고 의미 있는 관계를 유지하는 데 기여한다는 역할이 강조된다. 전체적으로 이 메시지는 기능적 이점(개인정보 보호와 통화)과 정서적 이점(가까움과 유대감) 모두에 초점을 맞추며, WhatsApp이 원활하고 안전한 커뮤니케이션에 있어 최상의 선택인 이유를 강화한다.

> **Great writers help you understand why the world works the way it does, why people behave the way they do, and what we can all do to make the world better.** (Quora - website)
> 위대한 작가들의 도움을 받아, 세상이 왜 그렇게 작동하는지, 사람들이 왜 그렇게 행동하는지, 그리고 우리가 세상을 더 나은 곳으로 만들기 위해 무엇을 할 수 있는지 알고 싶지 않으신가요.
> (Quora - 웹사이트)

헌신적인 사용자의 장기적 참여를 강화할 목적으로 고안된 메시지이다. 이 단계의 목표는 기존 사용자들과 Quora의 관계를 심화하고 지속적인 참여를 독려함으로써 그들을 회원으로 계속 유지하는 데 있다. 지적 호기심과 사고 리더십 thought leadership 을 자극하며, Quora를 단순한 질의-응답 사이트를 넘어서는 플랫폼으로 포지셔닝하는 메시지이다. great writers란 표현을 부각함으로써 Quora는 해당 커뮤니티의 가치를 높이고, 충성스런 사용자들에게 계속 읽고 기여하도록 독려한다. 또한 세상을 이해하고 더 나은 곳으로 만들어야 한다는 사명을 언급함으로써 평생 학습과 자기계발, 사회에 미치는 영향에 대한 사용자의 내적인 동기를 자극한다. 전체적으로 이 메시지는 Quora의 콘텐츠가 갖는 지속적인 가치만이 아니라 다양한 관점을 포용하는 데 필요한 역할을 강조함으로써 Quora라는 플랫폼에 대한 충성도를 높여준다. 또한 사용자가 지속적으로 참여하도록, 다시 말해 기존 사용자가 재방문해 상호작용하고 기여하도록 유도하는 메시지이기도 하다.

마케팅 퍼널 프랙티스

인지(Awareness)

Connect through stories/ideas/moments.
이야기/아이디어/순간을 통해 서로 연결됩니다.

Share your voice/perspective/truth.
당신의 목소리/관점/진실을 함께 나눕니다.

Where thoughts/conversations/communities thrive.
다양한 생각/대화/커뮤니티가 번창하는 곳.

Express yourself freely/authentically/naturally.
자유롭게/진정성 있게/자연스럽게 자신을 표현합니다.

Join the conversation/movement/community.
대화/운동/커뮤니티와 함께해 보세요.

관심(Interest)

Your ideas deserve attention/recognition/space.
당신의 의견은 주목받아야/인정받아야/공간을 할애받아야 마땅합니다.

Build connections/relationships/networks that matter.
중요한 연결/관계/네트워크를 구축해 보세요.

Discover perspectives/insights/knowledge worth sharing.
공유할 가치가 있는 관점/통찰/지식이 여기에 있습니다.

Create impact/change/meaning through sharing.
공유를 통해 영향력을 발휘해/변화를 일으켜/의미를 만들어 보세요.

> Experience engagement/connection/community differently.
> 참여/연결/커뮤니티를 새로운 방식으로 경험해 보세요.

고려(Consideration)

> Safe spaces for authentic/meaningful/real dialogue.
> 진정성 있는/의미 있는/사실적인 대화가 보장되는 안전한 공간.

> A platform that grows/evolves/adapts with you.
> 당신과 함께 성장하는/진화하는/당신에게 맞추어지는 플랫폼.

> Where privacy/security/trust meets connection.
> 프라이버시/보안/신뢰가 연결 고리와 만나는 곳.

> Features designed for seamless/natural/effortless sharing.
> 매끄럽게/자연스럽게/용이하게 공유할 수 있도록 설계된 기능.

> Tools that make sharing simple/intuitive/powerful.
> 간단하게/직관적으로/강력하게 공유할 수 있게 해 주는 도구.

구매 결정(Decision)

> Join millions of creators/thinkers/innovators worldwide.
> 전 세계 수많은 창작자/사상가/혁신가와 함께해 보세요.

> Start your journey/story/adventure today.
> 당신의 여정/이야기/모험을 오늘 바로 시작해 보세요.

> Choose authentic/meaningful/purposeful connection.
> 진정성 있는/의미 있는/목적 의식이 분명한 연결을 선택해 보세요.

> Begin sharing your perspective/voice/ideas.
> 당신의 관점/목소리/의견을 공유해 보세요.

Become part of something bigger/meaningful/impactful.
더 큰/의미 있는/영향력 있는 무언가의 일부가 되세요.

충성도(Loyalty)

Your trusted platform for growth/connection/expression.
성장/연결/표현을 위해 믿을 수 있는 플랫폼.

Creating impact/change/meaning together.
함께 영향력/변화/의미를 만들어 갑시다.

Building stronger communities/networks/connections.
더 강한 커뮤니티/네트워크/연결 고리를 구축해 보세요.

Your ideas matter/inspire/transform.
당신의 의견이 중요합니다/영감을 줍니다/변화를 끌어냅니다.

Experience the platform difference/innovation/evolution.
플랫폼의 차이/혁신/진화를 경험해 보세요.

인공지능과 AI &
기계학습 Machine Learning

배경

인공지능 artificial intelligence, AI 산업의 마케팅 커뮤니케이션은 기술 용어 중심의 메시지 전달에서 벗어나 현실 세계에 미치는 영향에 초점을 맞추고 쉽게 이해되는 스토리텔링으로 진화했다. 인공지능 분야의 카피라이팅 역사에는 체스 경기를 통해 AI에 인간미를 더한 IBM Watson의 캠페인 Outthink 생각을 뛰어넘는 생각 부터, AI를 인류의 가장 위대한 과학적 도전으로 포지셔닝했던 DeepMind의 캠페인 Solving Intelligence 지능이라는 수수께끼를 풀어드립니다 까지, 복잡한 과학기술을 기업과 소비자에게 마케팅하는 방식을 바꿔 놓은 획기적인 캠페인이 적잖게 있었다.

한국의 AI 기업들은 글로벌 기술 마케팅에 변화를 주는 데 주된 역할을 해내며, 첨단 역량을 활용해 혁신적인 캠페인을 창출해 왔다. 예컨대 Samsung Electronics는 You & AI. As One. 당신과 AI. 하나로. 같은 캠페인에서 보듯이 AI를 글로벌 마케팅 전략에 편입시키며, 인공지능을 기반으로 한 제품들이 일상 생활에서 공통된 문제를 해결함으로써 우리 삶을 어떻게 단순화하는지를 보여주었다. 마찬가지로 Kakao Brain은 자체 개발한 모델 KoGPT를 통해 생성형 인공지능 분야의 중요한 진전을 이루어냈다.

오늘날 AI의 카피라이팅은 전문성에 대한 신뢰와 접근성 사이에 균형을 맞추고, 수준 높은 역량과 실질적인 적용 가능성을 결합해야 한다. AI 산업은 Deep Blue가 체스 경기에서 승리한 사례를 홍보하던 초기 마케팅 방법을 넘어 이제는 책임 있는 혁신을 강조하면서도 과학기술적 리더십을 유지하려는 OpenAI의 캠페인 AI for the Next Era 다음 세대를 위한 인공지능 처럼 한층 함축적인 접근 방법으로 발전했다.

기업 개요

NVIDIA
설립 - 1993년
웹사이트 - https://www.nvidia.com

NVIDIA는 그래픽 처리장치를 만들던 기업으로 시작했지만 이제는 AI 컴퓨팅 분야의 글로벌 리더로 올라서서, 자율주행 차량부터 의료 분야까지 다양한 산업에서 혁신을 주도하고 있다. NVIDIA는 AI 하드웨어와 소프트웨어 플랫폼에서 지속적인 기술 혁신을 통해 본연의 지위를 유지하며, 기업용 AI 솔루션 분야에서 존재감을 확대해 나가고 있다.

    NVIDIA의 마케팅 전략은 과학기술적 리더십과 생태계 개발을 강조하며, AI 혁신의 기반으로 포지셔닝하는 데 있다. 따라서 NVIDIA의 캠페인에서는 획기적인 AI 응용 사례와 연구 성과가 자주 언급되고, 전문 분야의 종사자와 기업의 의사결정자를 타깃으로 한다. NVIDIA는 마케팅에서 깊은 기술적 전문성과 실질적인 비즈니스 성과를 결합하며, 검증된 AI 인프라와 개발 도구를 찾는 조직에게 어필하는 접근 방법을 취한다.

* AI 인프라(AI infrastructure): 인공지능(AI)과 기계학습의 작업을 지원하기 위해 특별히 설계된 하드웨어 및 소프트웨어 시스템을 가리킨다.

Databricks
설립 - 2013년

웹사이트 - https://www.databricks.com

Databricks는 학술 연구 프로젝트로 시작했지만 이제는 통합 분석 플랫폼 unified analytics platform 을 선도하는 기업으로 성장해, 데이터 웨어하우징 data warehousing 과 AI 역량을 연결하는 데이터 레이크하우스 date lakehouse 분야를 개척해 왔다. Databricks는 AI를 대규모로 사용하려는 조직에 필수적인 플랫폼으로 자리매김했다.

  Databricks의 마케팅 전략은 복잡한 데이터와 AI를 이용한 작업 흐름을 쉽게 설명하는 데 중점을 두고, 데이터에 기반한 변화를 이루어내는 조력자로 포지셔닝하는 데 있다. Databricks의 캠페인에서는 실질적인 구현과 측정 가능한 결과가 흔히 강조되고, 데이터 과학자와 비즈니스 리더 모두를 타깃으로 한다. Databricks는 마케팅에서 전문적 기술의 깊이와 비즈니스 가치를 결합해, AI를 통한 데이터 분석에서 통찰을 끌어내려는 조직들에게 어필하는 식으로 접근한다.

* 데이터 웨어하우스(data warehouse): 다양한 출처에서 받아들인 데이터를 통합하고 저장하여 분석해 의사결정에 도움을 주는 시스템을 구축하는 작업.

** 데이터 레이크하우스(date lakehouse): 데이터 레이크와 데이터 웨어하우스의 장점을 조합해 구축된 데이터 플랫폼. 데이터 레이크는 다양한 종류의 데이터를 저장할 수 있는 저장소이다.

*** 데이터 과학자(data scientist): 문헌정보학, 컴퓨터학, 경영학, 통계학 등 여러 학문 분야가 관련된 학제간 연구에 종사하며, 데이터를 통해 지식이나 통찰을 이끌어내는 전문가를 말한다.

SAS
설립 - 1976년

웹사이트 - https://www.sas.com

SAS는 통계 분석용 소프트웨어를 제공하는 기업으로 출발해 이제는 종합적인 AI 및 분석 플랫폼으로 성장했고, 고급 분석과 기계 학습 분야에서 지속적인 혁신을 통해 본연의 위상을 유지해 왔다. SAS는 데이터 과학 분야에서 쌓은 유산과 현대적인 AI 역량을 조화롭게 결합하고 있다.

SAS의 마케팅 전략은 엔터프라이즈급 신뢰성과 혁신에 초점을 맞추어 AI 전환 AI transformation 에서 신뢰할 수 있는 파트너로 포지셔닝하는 데 있다. 따라서 SAS의 캠페인에서는 실질적인 적용 사례와 고객의 성공 사례가 주로 부각되며, 기업 리더와 분석 전문가를 타깃으로 한다. SAS는 마케팅에서 검증된 결과와 해당 산업 전문성을 강조하며, 복잡한 분석 과제에 대해 확실한 솔루션을 찾는 조직에게 어필하는 접근 방식을 취한다.

* 엔터프라이즈급(enterprise-grade): '기업의 복잡한 요구 사항에 부응할 수 있는'이란 뜻.

마케팅 퍼널

> **Can you afford to scale your data?** (Databricks - billboard)
>
> **데이터를 확장할 여유가 있으십니까?** (Databricks - 옥외 광고판)

주목을 끌고 호기심을 자극할 목적으로 고안된 슬로건이다. 의문문을 사용한 것이 즉각 관련자의 관심을 끌며 머릿속으로 응답하게 만들기 때문에 특히 효과적이다. 대형 데이터를 운영하며 다루는 기업과 IT 전문가에게 비용 효율성은 주요 관심사인데 이 메시지는 그들이 이미 직면하고 있을 수 있는 문제를 직접적으로 거론한다. afford to scale이란 표현은 재무적 비용과 과학기술적 확장성을 동시에 슬그머니 건드리며, Databricks가 비용 효율적이고 확장 가능한 데이터 관리를 위한 솔루션을 제공할 수 있을 것이라는 의견을 제시한다. 솔루션을 직접적으로 설명하지 않고 궁금증을 불러일으킴으로써, 이 광고판은 잠재 고객에게 Databricks에 대해 더 알아보도록 유도한다. 전체적으로 잠재 고객의 공감을 얻는 동시에 Databricks가 어떻게 도움을 줄 수 있는지 궁금증을 자극하며 인식 수준을 높이는 데 효과적인 메시지이다.

> **Explore the latest breakthroughs made possible with NVIDIA AI.** (NVIDIA - website)
> **NVIDIA AI를 통해 최근에 가능해진 것들을 탐색해 보세요.**
> (NVIDIA - 웹사이트)

이미 NVIDIA를 알고 있지만 AI 분야에서 NVIDIA의 적합성과 역량에 대해 신중히 고려 중인 대상을 포섭할 목적으로 고안된 문구이다. explore라는 명령형은 궁금증을 유발해 직접적으로 참여해 새로운 것을 찾아보라고 제안하는 형태이기 때문에 전략적 선택이라 할 수 있다. 또한 NVIDIA가 최근 이루어낸 성과에 잠재 고객이 적극적으로 참여하도록 유도하는 효과, 즉 단순히 사실을 나열하지 않고 잠재 고객에게 NVIDIA의 AI 개발과 적극적으로 상호작용하도록 독려하는 슬로건이기도 하다. 또한 latest breakthroughs라는 표현은 혁신을 머릿속에 떠올려 주며, NVIDIA를 AI에 기반한 혁신의 선두주자로 포지셔닝하는 데 도움을 준다. 이 메시지는 그런 성취를 made possible with NVIDIA AI로 규정함으로써 AI 혁신을 주도하는 NVIDIA의 핵심적 역할을 재확인해 준다.

> **Start building with world-class models.** (NVIDIA - website)
>
> 세계 최고 수준의 모델로 시작하세요. (NVIDIA - 웹사이트)

AI를 기반으로 한 여러 솔루션과 도구를 적극적으로 평가하는 잠재 고객을 대상으로 한 메시지이다. start building이란 표현은 명확하면서도 직접적인 콜 투 액션으로 작동하며, AI 모델로 적극적으로 작업하려는 개발자와 연구자, 기업에 어필한다. 게다가 NVIDIA가 도구를 제공하므로 사용자는 시작하기만 하면 된다는 뜻이 함축되어, 언제라도 그 과정을 시작할 수 있다는 느낌이 전달되면서 망설임을 제거해 주는 효과도 기대할 수 있다. 한편 후반부 with world-class models에서는 NVIDIA가 AI 분야에서 차지하는 신뢰성과 전문성이 강조된다. 품질과 성능을 강조함으로써 NVIDIA는 잠재적 사용자에게 요구사항을 충족시킬 수 있는, 믿을 만한 솔루션을 선택하고 있다는 확신을 준다. 전체적으로 이 메시지는 잠재 고객을 구매 결정 단계로 은밀히 끌어간다는 점에서 효과적이고, 기존 사용자에게는 연구 단계에서 실행 단계로 넘어가라고 유도한다.

> **Performance. Performance. Performance. 30x faster | 86% lower costs. See how SAS crushes the competition.** (SAS - website)
>
> 성능. 성능. 성능. 속도는 30배 더 빠르고, 비용은 86퍼센트 절감됩니다. 어떻게 SAS가 경쟁사를 압도하는지 확인해 보세요. (SAS - 웹사이트)

망설임을 해소하고 잠재 고객이 구매 결정을 내리도록 독려할 목적으로 고안된 문구이다. Performance. Performance. Performance

의 반복은 대담하지만 리듬감 있는 구조로 깊은 인상을 남기며 머릿속에 기억으로 각인되고, 성능 performance 이 경쟁사와 차별되는 핵심 요소라는 것을 명확히 전달해 준다. 30x faster | 86% lower costs라 제시된 구체적 수치에서는 속도와 비용 효율성이 직접적으로 언급된다. SAS는 이런 우위를 수치로 나타냄으로써 의혹을 해소하고 합리적이며 데이터에 기반한 선택이란 확신을 더한다. 마지막 문구 See how SAS crushes the competition은 경쟁사에게 직접적인 도전장을 던지며 잠재 고객에게는 최종 구매 결정을 내리도록 촉구하는 역할을 한다. SAS가 우월하고 지배적인 위치에 있다는 것을 강조함으로써 경쟁사 대신 SAS를 선택하는 결정에 대한 확신을 더해주는 문구이기도 하다.

> **Databricks offers you opportunities to access discounts and other benefits when you commit to certain levels of usage. The larger your usage commitments, the greater your benefits, including options to flexibly use commitments across multiple clouds.** (Databricks - website)
> **Databricks는 일정 수준의 사용을 약정하는 고객에게 할인 등 여러 혜택의 기회를 제공합니다. 약정 사용량이 클수록 혜택도 커지며, 약정 사용량을 여러 클라우드에서 탄력적으로 사용할 수 있는 옵션도 포함됩니다.** (Databricks - 웹사이트)

기존 고객을 유지하고 참여도를 높이며 Databricks의 생태계에 대한 충성도를 고취할 목적으로 고안된 메시지이다. 단계층별 보상 시스템을 강조함으로써 기업 고객에게 효과적으로 어필하는 메시지로, 다른 솔루션을 찾으려 애쓰지 말고 Databricks와 장기 계약을 맺고 사용량을 늘려 인센티브를 누려 보라고 독려한다. options to flexibly use commitments across multiple clouds라는 표현은 여러 클라우드 환경에서 운영하는 기업에게 특히 솔깃하게 들린다. 비용 절감, 확장성, 유연한 사용을 강조함으로써 이 메시지는 고객을 유지하고 충성도를 높인다. Databricks를 전략적 파트너로 포지셔닝하며, 지속적인 사용이 기업에게 더 큰 이점으로 이어지는 이유를 부각하는 메시지이기도 하다.

마케팅 퍼널 프랙티스

인지(Awareness)

> Transform your data into insights/intelligence/discoveries.
> 보유한 데이터로 혜안적 지혜/정확한 정보/새로운 것을 발견합니다.
>
> Experience AI that delivers/performs/scales.
> 원하는 결과를 제공하는/성능을 수행하는/확장을 제공하는 AI를 경험합니다.
>
> Innovation that empowers/advances/elevates business.
> 비즈니스에 힘을 실어 주는/수준을 높여 주는/품격을 높여 주는 혁신.
>
> AI solutions for the future/enterprise/world.
> 미래/기업/세계를 위한 AI 솔루션.
>
> Unlock the power of intelligence/data/innovation.
> 인텔리전스/데이터/혁신의 힘을 활용합니다.

관심(Interest)

Your data deserves intelligence/insights/analysis.
당신이 보유한 데이터에는 정보/통찰/분석이 더해져야 마땅합니다.

Discover how AI transforms/enhances/revolutionizes business.
어떻게 AI가 기업을 혁신하는지/기업의 가치를 높이는지/기업에 대변혁을 주는지 알아보세요.

Solutions that think/learn/adapt with you.
당신에 맞추어 생각하는/학습하는/조정되는 솔루션.

AI that works/delivers/performs at scale.
대규모로 작동하는/제공하는/기능하는 AI.

Experience intelligence reimagined/redefined/renewed.
재해석된/재규정된/재탄생한 인공지능을 경험해 보세요.

고려(Consideration)

Enterprise-grade AI solutions/platforms/tools.
엔터프라이즈급 AI 솔루션/플랫폼/도구.

Technology that scales/grows/evolves with you.
사용자와 함께 확장되는/성장하는/진화하는 테크놀로지.

Built for performance/reliability/innovation.
성능/신뢰성/혁신을 위해 설계되었습니다.

AI meets simplicity/efficiency/power.
AI에 단순함/효율성/성능을 더했습니다.

Solutions that transform/enhance/accelerate business.
비즈니스에 변화를 주고/가치를 높여 주고/속도를 더해주는 솔루션.

구매 결정(Decision)

Join innovative enterprises/organizations/leaders worldwide.
세계 전역의 혁신적인 기업/조직/리더들과 함께하세요.

Choose proven technology/solutions/platforms.
검증된 테크놀로지/솔루션/플랫폼을 선택하세요.

Transform your operations/future/potential today.
당신의 운영 방식/미래/잠재력에 변화를 줄 때는 바로 오늘입니다.

Begin your AI journey/transformation/evolution.
AI의 여정/변화/진화를 지금 시작해 보세요.

Experience the future/power/potential of AI.
AI의 미래/힘/잠재력을 직접 경험해 보세요.

충성도(Loyalty)

Your AI partner/platform/enabler.
당신을 위한 AI 파트너/플랫폼/전문가.

Premium support for enterprise/strategic/valued clients.
기업 고객/전략적 고객/소중한 고객에게 제공되는 프리미엄 지원.

Growing smarter/stronger/faster together.
함께 더 스마트하게/더 강하게/더 빨리 성장합니다.

Excellence in every model/solution/innovation.
어떤 모델/솔루션/혁신에서나 탁월합니다.

Experience the difference/advantage/excellence of partnership.
파트너십의 차이/이점/탁월함을 직접 누려 보세요.

가상현실과 증강현실
VR & AR

배경

가상현실 virtual reality, VR 과 증강현실 augmented reality, AR 산업의 마케팅 커뮤니케이션은 전문 용어로 쓰인 메시지 전달에서 벗어나, 혼합현실 mixed reality 의 변혁적 잠재력을 담아내는 몰입형 스토리텔링으로 진화했다. VR/AR 분야의 카피라이팅 역사에는 VR을 단순한 하드웨어가 아니라 새로운 세계로 들어가는 관문으로 포지셔닝했던 Oculus의 혁명적 캠페인 Step Into Rift 리프트의 세계에 들어가 보십시오 부터, 실제 세계에 적용해 혼합현실을 구체화했던 Microsoft HoloLens의 Welcome to the Future 미래에 오신 것을 환영합니다 시리즈에 이르기까지, 이머징 테크놀로지 emerging technologies 의 마케팅 방법을 재규정한 혁신적인 캠페인이 적잖게 있었다.

한국의 거대 테크 기업들은 최첨단 과학기술과 사용자 중심의 스토리텔링을 결합한 혁신적인 캠페인을 통해 VR/AR 마케팅을 재규정했다. 예컨대 Samsung은 NASA와 협력해 개발한 A Moon for All Mankind 인류 모두를 위한 달 같은 캠페인들을 통해 VR의 잠재력을 선보였다. 마찬가지로 SK Telecom은 자체의 5G 역량을 활용해 가상체험의 질을 높였다. 특히 SK Telecom이 운영하는 증강현실 플랫폼 Jump AR을 이용하면 사용자는 e스포츠 경기장 등 특정 장소로 가상으로 이동할 수 있고, 360도 입체 영상과 쌍방향 기능을 즐길 수 있다.

오늘날 VR/AR의 카피라이팅에서는 과학기술의 혁신과 인간적인 유대 사이에 균형을 맞추며, 최첨단 역량과 공감할 수 있는 경험을 결합해야 한다. VR/AR 산업의 마케팅 접근법은 테크놀로지를 무엇보다 부각하던 Google Glass의 초기 마케팅에서 벗어나 Meta Quest의 캠페인 First Steps 첫걸음 처럼 기술적인 사양보다 새로운 발견과 경이로움을 강조하는 체험 중심적 메시지로 옮겨갔다.

기업 개요

Meta Quest
설립 - 2012 (처음에는 Oculus)
웹사이트 - https://www.meta.com/quest

처음에 Oculus라는 이름으로 출발한 Meta Quest는 접근성이 좋은 고품질 헤드셋을 통해 소비자용 가상현실 시장에 대변혁을 일으켰다. Meta Quest는 VR 분야의 선구자적 위치를 유지하면서도 혼합현실 MR 분야로 확장해 게임과 사회적 연결 social connection 및 전문 분야 적용에 종합적인 솔루션을 제공하는 기업이다.

    Meta Quest의 마케팅 전략은 접근성과 사회적 연결을 강조하며, VR을 인간 관계의 필수적인 플랫폼으로 포지셔닝하는 데 있다. Meta Quest의 캠페인에서는 몰입형 테크놀로지를 통해 바뀐 일상의 순간들이 흔히 강조되며, 게임 애호가를 비롯해 새로운 연결 방식을 찾는 광범위한 잠재 고객을 타깃으로 한다. Meta Quest의 마케팅은 감성적인 스토리텔링과 테크놀로지의 혁신을 결합하고, 경험 공유를 향한 관문으로 가상현실을 생각하는 사용자들에게 어필하는 방식으로 접근한다.

HTC Vive

설립 - 2015년

웹사이트 - https://www.vive.com

HTC Vive는 Valve Corporation과의 파트너십을 통해 프리미엄급 VR 하드웨어 제조업체로 시장에 진입하며 몰입형 경험의 새로운 기준을 제시했다. HTC Vive는 전문가용 가상현실 솔루션을 제공하는 데 집중하면서 소비자 시장에서 강력한 존재감을 유지하고 있다.

HTC Vive의 마케팅 전략은 탁월한 기술력과 다목적성에 중심을 두고, 진지한 VR 애호가와 기업 사용자의 유일한 선택지로 포지셔닝하는 데 있다. HTC Vive의 캠페인에서는 정밀 추적 기능과 내구성이 흔히 강조되고, 하드코어 게이머 hardcore gamer 와 신뢰할 수 있는 VR 솔루션을 찾는 전문가 사용자를 타깃으로 한다. HTC Vive는 성능과 혁신을 강조하며, 우월한 기술력과 내구성을 중시하는 고객에게 어필하는 접근법을 사용하고 있다.

* 하드코어 게이머(hardcore gamer): (부정적으로 말하자면) 게임 중독자.

Magic Leap

설립 - 2010년

웹사이트 - https://www.magicleap.com

Magic Leap는 미스터리한 스타트업으로 시작했지만 어느덧 증강현실 분야를 선도하는 혁신 기업으로 성장해 이제는 기업 솔루션과 전문 분야 적용에 집중하고 있다. Magic Leap는 디지털 콘텐츠를 물리적 세계와 매끄럽게 결합하는 혼합현실 기기 개발에 특화된 기업이다.

Magic Leap의 마케팅 전략은 실질적인 적용 사례와 기업 솔루션에 초점을 맞추고, 비즈니스와 산업을 혁신하는 도구로 AR을 포지셔닝하는 데 있다. Magic Leap의 캠페인에서는 실제 세계에서의 활용 사례와 전문 분야 적용 사례가 자주 언급되며, 혁신적인 솔루션을 구하려는 기업과 조직을 타깃으로 한다. Magic Leap의 마케팅은 실질적인 혜택과 투자 수익률 Return on investment, ROI 을 강조하며, 이머징 테크놀로지로부터 얻는 구체적인 결과를 중시하는 의사결정자들에게 어필하는 접근법을 취한다.

마케팅 퍼널

> **This is real.** (HTC Vive - video)
> 이것은 리얼. (HTC Vive - 영상)

즉시 눈길을 끌고 궁금증을 불러일으키는 슬로건이다. 짧고 대담하지만 모호해서 더 눈에 띄고, 이 영상을 본 사람들에게 HTC Vive의 VR을 직접 체험해 real이 무엇을 뜻하는지 알아보도록 유혹한다. VR, 즉 디지털적인 것과 현실 reality 을 대조함으로써 흥미로운 역설이 빚어진다. 여기에서 HTC Vive의 테크놀로지는 현실과 구분하기 어려울 정도로 몰입감이 뛰어나다는 것이 강조된다. 메시지는 테크 애호가와 일반 소비자 모두를 직접적으로 겨냥해 그들의 호기심을 자극하고, HTC Vive의 제품에 대해 더 알고 싶게 만든다. 짧지만 강렬한 단어를 선택하고 정서와 감각에 기댄 유혹적인 문구로, HTC Vive는 가상현실을 진짜처럼 실감나게 제공하는 차세대 기술로 그들의 제품을 포지셔닝한다. 하이퍼 리얼리스틱한 가상현실 hyper-realistic VR 이란 개념을 잠재적 고객의 마음에 성공적으로 심어 주는 문구이기도 하다.

> **From vision to reality.** (Magic Leap - website)
> 환상에서 현실로. (Magic Leap - 웹사이트)

이 문구의 목표는 호기심을 더 깊은 탐구로 이어가며 Magic Leap가 추상적 관념을 구체적인 현실로 바꿔갈 수 있다는 것을 보여주는 것이다. from... to...라는 문구는 마케팅에서 변화와 진보, 성취를 강조하기 위해 흔히 사용되는 강력한 언어 구조이다. 한 상태에서 다른 상태로 이동하는 여정을 표현하고, 어떤 브랜드나 제품 또는 서비스가 이런 진화를 가능하게 해 준다는 생각을 재확인할 때 사용된다. from vision이란 문구는 창의성, 혁신, 상상과 관련되며 몰입형 경험의 구축을 꿈꾸는 개발자와 기업, 테크 애호가에게 어필한다. 한편 to reality는 Magic Leap의 AR 플랫폼이 머릿속의 상상을 실질적이고 기능적으로 구체화할 수 있을 정도로 성능이 뛰어나다는 것을 암시한다. 이를 강조함으로써 잠재 사용자들에게 Magic Leap의 제품을 더 깊이 살펴보라고 독려하는 메시지이다.

> **More comfort. More freedom. More included.** (HTC Vive - website)
> 더 편안하게, 더 자유롭게, 더 많은 혜택을. (HTC Vive - 웹사이트)

HTC Vive의 VR 제품이 가진 주된 장점을 강조할 목적으로 고안된 슬로건이다. 이 단계에서 잠재 고객은 다양한 VR 헤드셋을 적극적으로 비교하며 자신의 필요에 가장 잘 맞는 제품이 무엇인지 저울질한다. 이 슬로건의 목표는 HTC Vive의 혜택을 강조하고 고객의 구매 결정에 영향을 미칠 수 있는 잠재적 우려를 해소하는 것이다. more라는 단어를 반복함으로써 리드미컬하면서도 설득력 있는 문장 구조를 이루고, HTC Vive를 경쟁사와 차별화하는 향상된 기능들이 강조된다. More comfort는 더 오랫동안 더 즐겁게 착용할 수 있도록 헤드셋이 설계되었다는 확신을 잠재적 구매자에게 심어 주고, More freedom은 쉽게 이동하고 움직일 수 있다는 가능성을 강조한다. 끝으로 More included에서는 경쟁사와 비교해 사용자가 더 많은 주된 기능과 부가 기능 및 일관적으로 제공되는 콘텐츠에 접근할 수 있다는 것이 암시된다. 전체적으로 HTC Vive의 실질적이고 경험으로 검증된 장점을 강조함으로써 잠재적 구매자가 구매 결정을 내리도록 유도하는 데 효과적인 메시지이다.

> **Dive into the wonder of mixed reality with the new Quest 3S starting at ₩439,000.** (Meta - website)
> ₩439,000부터 시작하는 신제품, Quest 3S로 혼합현실의 경이로움에 빠져 보세요. (Meta - 웹사이트)

흥분할 만한 것을 부각하고 망설임을 해소하며 콜 투 액션을 명확히 제공하는 것이 이 메시지의 목적이다. Dive into the wonder of mixed reality라는 표현은 몰입감과 흥분감을 자아내며 구매자의 정서적인 면에 호소한다. 특히 dive into라는 문구는 새로운 세계로 이동하는 느낌을 불러일으켜 MR의 변혁적이고 매력적인 특성을 더 높여 준다. wonder라는 단어도 호기심과 경외감을 자극해 이 효과를 강화한다. 후반부의 starting at ₩439,000은 가격을 투명하게 공개함으로서 구매 결정 단계에 매우 중요한 역할을 한다. 시작 가격을 언급함으로써 Meta의 불확실성을 줄이고 구매에 더 쉽게 접근하게 해 준다. 이런 가격 앵커링 price anchoring 은 기대치를 설정하는 데 도움을 주며, 잠재적 구매자에게 다음 단계로 나아가도록 독려한다. 즉 클릭하며 여러 구매 옵션을 살펴보도록 유도한다. 정서적으로 매력적인 유인 요소와 행동을 유도하는 기준 가격을 결합함으로써 고객이 Meta 제품으로 바꿔 사용하도록 유혹하는 효과가 있다.

> **What is VR therapy and how can it benefit patients?** (HTC Vive - website)
> VR 치료란 무엇이고, 환자에게 어떤 도움을 줄 수 있을까요?
> (HTC Vive - 웹사이트)

기존 고객과의 장기적인 관계를 지속하고 강화하려는 목적의, 잘 만든 메시지이다. 이 단계의 목표는 사용자에게 VR 기기를 새롭고 의미 있게 사용하는 방법을 보여줌으로써 브랜드의 가치를 강화하는 동시에 사용자가 해당 브랜드를 계속 사용하도록 유도하는 것이다. VR 치료를 사례로 제시하며 HTC Vive는 자사의 VR 기기가 게임과 엔터테인먼트 너머로 확장된다는 것을 실증적으로 보여준다. 이 메시지에서는 HTC Vive의 제품이 현실 세계에도 적용되어 건강관리와 웰빙에 상당한 역할을 할 수 있다는 것이 부각된다. 이런 일종의 교육적 콘텐츠는 기존 고객들에게 제대로 구매했다는 확신을 심어 주며, VR이 다양한 용도로 지속적으로 발전하는 도구라는 것을 알게 해 준다. 또한 VR 시스템을 사용하는 방법을 확장함으로써 고객에게 지속적인 참여와 사용을 독려하기도 한다. 새롭게 발견된 가능성, 새로운 응용 사례, 산업 동향을 이처럼 주기적으로 제공하면 고객의 참여를 유지하는 데 도움이 된다. 전체적으로 VR 커뮤니티 내에서 장기적인 충성도와 지지를 독려하는 메시지이다.

마케팅 퍼널 프랙티스

인지(Awareness)

> Enter a world of infinite/limitless/boundless possibilities.
> 무한한/한계가 없는/경계가 없는 가능성의 세계로 이어집니다.

> Reality reimagined/redefined/transformed.
> 현실이 재해석됩니다/재정의됩니다/다른 모습으로 변합니다.
>
> Where virtual/digital/immersive meets reality.
> 가상 세계/디지털 세계/몰입된 세계가 현실과 만나는 곳.
>
> Experience the future/tomorrow today.
> 미래/내일을 오늘 경험할 수 있습니다.
>
> Beyond ordinary/conventional/traditional reality.
> 평범한/관습적인/전통적인 현실을 넘어.

관심(Interest)

> Your world, enhanced/amplified/enriched.
> 당신의 세계, 품격이 높아집니다/확장됩니다/풍요로워집니다.
>
> Discover immersive/interactive/engaging experiences.
> 몰입형의/쌍방향의/매력적인 세계를 발견합니다.
>
> Transform your space/environment/world instantly.
> 당신의 공간/환경/세계를 즉시 바꿔 보세요.
>
> Reality without limits/boundaries/constraints.
> 한계/경계/제약 없는 세계가 리얼리티로 펼쳐집니다.
>
> See the extraordinary/impossible/unimaginable.
> 특별한/불가능한/상상할 수 없는 세계를 만나 보세요.

고려(Consideration)

> Professional performance/quality/precision guaranteed.
> 전문가 수준의 성능/품질/정밀도를 보장합니다.

Seamless/Natural/Intuitive interaction with virtual worlds.
가상 세계와의 매끄러운/자연스런/직관적인 상호작용.

Solutions that adapt/evolve/respond to you.
사용자에게 맞추어지는/적응하는/응답하는 솔루션.

Enterprise-ready/Business-focused/Professional-grade technology.
엔터프라이즈급/기업 활동에 초점을 맞춘/전문가급 테크놀로지.

Experience exceptional/unmatched/superior immersion.
예외적인/타의 추종을 불허하는/탁월한 몰입감을 경험해 보세요.

구매 결정(Decision)

Join the revolution/transformation/future of reality.
현실을 뒤바꾸는 혁명/변혁/미래를 함께하세요.

Step into innovation/excellence/advancement.
혁신/탁월함/진전의 세계를 함께 시작해 보세요.

Choose pioneering/groundbreaking/revolutionary technology.
선구적인/획기적인/혁명적인 테크놀로지를 선택하세요.

Begin your journey/adventure/exploration today.
지금 당신의 여정/모험/탐험을 시작하세요.

Experience reality enhanced/transformed/reimagined.
질적으로 향상된/변형된/재창조된 현실을 경험해 보세요.

충성도(Loyalty)

Your gateway to infinite/endless/limitless possibilities.
당신에게 무한한/끝없는/한계가 없는 가능성을 열어 주는 관문입니다.

Exclusive updates/features/experiences for members.
회원에게만 허용되는 업데이트/기능/경험.

Growing stronger/better/further together.
함께 더 강하게/더 나은 방향으로/더 멀리 성장합니다.

Innovation that evolves/advances/progresses with you.
당신과 함께 진화하는/발전하는/진보하는 혁신.

Your trusted/reliable/dedicated reality partner.
당신이 현실 세계에서 신뢰할 수 있는/기댈 수 있는/헌신적인 파트너.

사이버 보안과 가상 사설망

Cyber Security & VPN

배경

사이버 보안cybersecurity 과 가상 사설망virtual private network, VPN 산업의 마케팅 커뮤니케이션은 공포를 조장하던 보안 메시지 전달에서 벗어나 권한 부여에 초점을 맞춘 스토리텔링으로 진화했다. 사이버 보안과 VPN 분야의 카피라이팅 역사에는 사이버 보안을 위협 예방에서 디지털 구현digital enablemen 으로 재포지셔닝한 Norton의 상징적인 캠페인 Boldly Go 담대하게 가리라 부터, 온라인 활동의 보호에 인간미를 더한 McAfee의 획기적인 슬로건 Safe is Beautiful 안전한 것이 아름답습니다 까지, 보안 마케팅을 재편한 변혁적 캠페인이 적잖게 있었다.

한국의 사이버 보안 기업들은 글로벌 보안 마케팅에 중대한 영향을 미쳤다. 예컨대 AhnLab의 비전 More Security, More Freedom 안전해서 더욱 자유로운 세상 은 효율성이나 유용성을 저해하지 않으면서 기업과 개인을 보호할 수 있는 역량을 부각한다.

오늘날 사이버 보안과 VPN의 카피라이팅은 기술의 신뢰성과 사용자 권한 부여 사이에 균형을 맞추고, 강력한 보호 메시지와 자유로운 디지털 세계를 결합한 스토리텔링이어야 한다. 사이버 보안과 VPN 산업은 초기 안티바이러스 캠페인에서 보았던 위협에 기반한 전통적인 마케팅을 넘어, ExpressVPN의 슬로건 Digital Liberation 디지털 해방 처럼 온라인 보안을 단순한 방어 도구가 아니라 디지털 세계의 탐험을 가능하게 해 주는 촉진자로 포지셔닝하며 라이프스타일에 통합하는 접근 방식으로 옮겨갔다.

기업 개요

NordVPN
설립 - 2012년
웹사이트 - https://www.nordvpn.com

NordVPN은 개인정보를 보호하는 도구로 출발했지만 이제는 종합적인 디지털 보안 플랫폼으로 변모해 VPN 제공업체로서 선도적인 위치에 올라섰다. NordVPN은 보안 기술과 사용자 경험 디자인 user experience design 분야에서 지속적인 혁신을 통해 시장 내 본연의 위상을 유지하고 있다.

    NordVPN의 마케팅 전략은 디지털 자유와 원활한 보안에 중점을 두고, NordVPN의 서비스를 현대 인터넷 사용자에게 필수적인 도구로 포지셔닝하는 데 있다. NordVPN의 캠페인에서는 개인정보 보호의 필요성과 라이프스타일의 향상을 결합한 경우가 자주 언급되고, 보안에 민감한 사용자만이 아니라 디지털 노마드까지 타깃으로 한다. NordVPN의 마케팅은 탁월한 기술력과 사용자 권한 부여를 결합하고, 개인정보 보호와 제한 없는 인터넷 접근을 모두 중시하는 고객에게 어필하며 접근한다.

Check Point Software Technologies
설립 - 1993년
웹사이트 - https://www.checkpoint.com

Check Point는 방화벽 분야의 선구자로 시작했지만 이제는 사이버 보안 분야의 글로벌 리더로 성장해 네트워크와 클라우드, 모바일 환경 전반에 걸친 포괄적인 보호 솔루션을 제공하고 있다. 특히 위협 예방 및 보안 설계 분야에서 지속적인 혁신을 통해 본연의 위상을 유지하고 있다.

    Check Point의 마케팅 전략은 선제적 보안 proactive security 과 테크니컬 리더십을 강조하며, 조직의 사이버 보안 분야에서 전략적 파트너로 포지셔닝하는 데 있다. Check Point의 캠페인에서는 기술 전문성과 비즈니스 지원 기능이 결합되는 경우가 많고, 기업의 의사 결정자와 보안 전문가를 타깃으로 한다. Check Point의 마케팅은 기술 깊이 technical depth 와 전략적 비전 사이에 균형을 맞추고, 강력한 보안과 비즈니스 성장을 동시에 추구하는 조직에 어필하는 접근법을 취한다.

* 테크니컬 리더십(technical leadership): 관리 능력과 기술적 전문성을 결합한 지식과 역량을 뜻한다.

CyberArk Software
설립 - 1999년
웹사이트 - https://www.cyberark.com

CyberArk는 권한 접근 관리 privileged access management 전문 기업으로 출발해 이제는 종합적인 신원 보안 플랫폼으로 성장했다. CyberArk는 신원에 기반한 고급 보안 솔루션을 통해 조직의 가장 중요한 자산을 보호하는 데 집중하는 기업이다.

CyberArk의 마케팅 전략은 신원 중심의 보안과 조직의 회복 탄력성에 초점을 맞추는 데 있다. CyberArk는 현대 사이버 보안에서 신원 보호라는 중요한 역할을 강조하며, 내부 위협과 권한 접근에 대해 우려하는 기업을 타깃으로 한다. CyberArk의 캠페인에서는 보안 위협의 진화와 신원 보호의 중요성이 흔히 강조되고, 복잡한 환경에서 정교한 솔루션을 구하는 조직에게 어필한다.

* 권한 접근 관리(privileged access management, PAM): 신원 보안 솔루션으로, 중요한 리소스에 대한 무단 액세스를 모니터링, 검색 및 방지하여 사이버 위협으로부터 조직을 보호하는 데 도움을 준다.

기업 개요

> **The internet with no interruptions.** (NordVPN - online advert)
>
> **어떤 끊김도 허용하지 않는 인터넷.** (NordVPN - 온라인 광고)

제품의 핵심적인 장점, 즉 끊김이 없는 안전한 검색 능력을 소개할 목적으로 고안된 문구이다. 인터넷을 사용할 때 흔히 겪는 짜증스런 문제들, 예컨대 인터넷 속도 저하, 버퍼링, 지역 제한, 보안 관련 장애 등을 직설적으로 거론하고 있다는 점에서 효과적인 슬로건이다. no interruptions를 약속함으로써 NordVPN은 더 빠르고 아무런 제약 없이, 더 안전하게 인터넷에 접근하기를 원하는 사용자에게 원활한 해결책으로 포지셔닝된다. 광범위하고 보편성을 띠는 메시지로, 개인정보 보호에 민감한 사용자와 일반적인 인터넷 사용자 모두에게 의미 있는 정보가 된다. 문구가 간단해 기억에 남고 쉽게 받아들여진다. 이런 형식의 문구는 주의 지속 시간이 짧은 온라인 광고에서 필수적이다. 기술적인 세부 사항은 언급하지 않고 제품이 지닌 핵심적인 장점을 즉각적으로 전달하는 슬로건이다.

> **A good offense is the best defense. That's prevention. That's security in action.** (Check Point Software Technologies - website)
>
> **좋은 공격이 최고의 방어입니다. 최고의 방어는 예방입니다. 또 보안의 실천입니다.** (Check Point Software Technologies - 웹사이트)

사이버 보안의 위험을 이미 인지하고 해결책을 모색 중인 잠재 고객의 관심을 끌기 위한 목적으로 설계된 문구이다. A good offense is the best defense라는 표현은 '최고의 공격이 최고의 방어'라는 잘 알려진 전략적 원칙을 사이버 보안에 영리하게 적용한 예로, 쉽게 기억되고 공감을 불러일으키며 Check Point의 접근법을 대응적인 것보다 선제적인 것에 두고 있다. 또한 사이버 위협을 예방하는 것이 단순히 공격에 대응하는 것보다 더 효과적이라고 이해하는 기업과 IT 전문가에게 어필하는 문구이기도 하다. 뒤에 이어지는 That's prevention과 That's security in action에서는 침해가 발생하기 전에 조직을 적극 보호하는 솔루션을 제공한다는 Check Point의 가치 제안이 재확인된다. 소극적 방어에서 적극적인 예방으로의 전환은 Check Point를 경쟁사와 차별화시키는 주된 요건이다.

> **Sit back, relax, and browse in confidence.** (NordVPN - website)
>
> **편안히 앉아 휴식을 취하며 안심하고 인터넷을 검색하세요.** (NordVPN - 웹사이트)

이 서비스를 사용할 때 얻는 핵심적 혜택을 강조하는 메시지이다. 이 단계에서 잠재 고객은 여러 VPN 옵션을 적극적으로 평가한다. 따라서 이 메시지의 목표는 우려를 줄이고 사용의 편의성을 부각하여 서비스에 대한 신뢰를 구축하는 데 있다. sit back, relax라는 표현은 즉각적으로 편의성을 전달하고 안전감을 주며 잠재적 사용자를 안심시키기에 충분하다. VPN을 사용하는 데 복잡하고 어렵다는 인식을 해소해 주는 문구이기도 하다. 이런 문구는 VPN 설치를 주저하거나 성능 저하에 대해 우려하는 고객에게 특히 중요하다. 후반부의 browse in confidence는 온라인 개인정보 보호, 데이터 보호, 사이버 보안 위협에 대한 사용자의 우려를 직접적으로 언급함으로써 추적이나 해킹 또는 검열을 두려워하지 않고 인터넷을 안심하고 이용할 수 있게 해 주는, 신뢰할 수 있는 솔루션으로 NordVPN을 포지셔닝해 준다.

> **Identify next steps in your Identity Security journey.** (CyberArk Software - website)
> **신원 보안을 위한 여정에서 다음 단계를 확인해 보십시오.**
> (CyberArk Software - 웹사이트)

잠재 고객이 행동을 취하도록 자극할 목적으로 설계된 메시지이다. 이 메시지의 목표는 불확실성을 해소하고 고객이 구매 결정을 내리도록 유도하는 데 있다. Identify next steps라는 문구는 부드럽지만 행동을 촉구하는 콜 투 액션으로 기능하며, CyberArk를 이용하면 전문가적 수준의 안내를 받게 될 것이라 제안한다. 이 표현이 효과적인 이유는 보안 결정이 복잡해 전략적인 계획 수립이 대체로 필요하다는 것을 인정하기 때문이다. 한편 your Identity Security journey라는 표현에서는 사이버 보안이 현재도 진행 중인 과정이므로 기업에게 선제적 조치를 취하도록 독려한다. 전체적으로 다음 단계와 장기적인 보안 접근 방식에 초점을 맞춤으로써 고객에게 지원을 받으면 안심해도 좋다는 느낌과 확신을 주는 메시지이다.

> **Partnering with Check Point is a strategic decision that can propel organizations to new heights.** (Check Point Software Technologies - website)
> Check Point의 파트너가 되는 전략적 결정을 내리면 더 높은 수준으로 올라갈 수 있습니다. (Check Point Software Technologies - 웹사이트)

기존 고객 및 파트너와 장기적인 관계를 강화하려는 목적으로 설계된 메시지이다. 고객 유지와 신뢰 강화만이 아니라 Check Point의 보안 솔루션에 대한 지속적인 투자를 독려하는 데 초점을 맞춘 것이다. Partnering with Check Point라는 표현을 사용함으로써 업무적 서비스보다 협력적인 관계가 강조되고, Check Point는 전략적이고 장기적인 동반자로 포지셔닝된다. propel organizations to new heights라는 표현에서는 성장과 혁신, 강화된 보안 역량이 암시된다. 사이버 보안이라는 제한된 범위보다 진보와 성공에 초점을 맞추고 있어, 고객에게 더 큰 비전의 일부라는 느낌을 주어 브랜드 충성도를 강화하기도 한다. 궁극적으로 고객이 더 고가의 제품을 구매하거나 확장을 시도하도록 유도하며, 파트너 관계를 유지하는 것이 장기적으로 이익이라는 확신을 주는 데 효과적인 메시지이다.

마케팅 퍼널 프랙티스

인지(Awareness)

> Security without compromise/limits/boundaries.
> 타협/한계/경계를 넘어선 보안.

Protect your digital world/life/freedom.
당신의 디지털 세계/삶/자유를 보호합니다.

Privacy made simple/seamless/effortless.
간단하게/원활하게/어렵지 않게 개인정보를 보호할 수 있습니다.

Experience internet freedom/liberation/independence.
인터넷에서 자유/해방감/독립을 만끽합니다.

Secure your online presence/identity/world.
온라인에 당신의 존재/신원/세계를 안전하게 지킵니다.

관심(Interest)

Your data deserves protection/security/privacy.
당신의 데이터는 보호받아야/보안되어야/개인정보로 보호받아야 마땅합니다.

Browse with confidence/freedom/peace.
안심하고/자유롭게/평온하게 인터넷을 검색하세요.

Unlock digital possibilities/horizons/frontiers.
디지털 가능성/지평/경계를 열어 보세요.

Security that empowers/enables/protects.
권한을 부여하는/무엇이든 가능하게 해 주는/보호막을 제공하는 보안.

Experience the internet unrestricted/unlimited/unbound.
아무런 제약 없이/무제한으로/자유롭게 인터넷을 만끽해 보세요.

고려(Consideration)

Enterprise-grade security for everyone/anywhere/anytime.
누구에게나/어디에서나/언제라도 제공되는 엔터프라이즈급 보안.

Protection that adapts/evolves/grows with you.
당신에게 맞추어 조정되는/진화하는/성장하는 보호 기능.

Trusted by millions of users/professionals/organizations.
이미 수백만 명의 사용자/전문가/조직으로부터 신뢰를 받고 있습니다.

Security that never sleeps/stops/compromises.
결코 잠들지 않는/멈추지 않는/타협하지 않는 보안.

Protect what matters most/now/always.
가장/지금/언제나 중요한 것을 보호하세요.

구매 결정(Decision)

Join the secure future/internet/world.
안전한 미래/인터넷/세계와 함께하세요.

Choose freedom/protection/privacy today.
오늘이라도 자유/보호/개인정보 보호를 선택하세요.

Start your security journey/transformation/evolution today.
오늘이라도 보안을 위한 여정/변화/진화를 시작하세요.

Embrace digital freedom/confidence/security.
디지털 자유/자신감/보안을 마음껏 누려 보세요.

Begin your protected journey/experience/adventure.
보호를 받으며 당신의 여정/경험/모험을 시작하세요.

충성도(Loyalty)

Your digital guardian/protector/shield.
당신의 디지털 수호자/보호자/방패.

Exclusive features for members/subscribers/users.
회원/구독자/사용자에게만 독점적으로 제공되는 기능.

Growing safer/stronger/more secure together.
더 안전하게/더 강하게/더 안전하게 함께 성장합시다.

Security that evolves/advances/improves with you.
당신과 함께 진화하는/진전하는/개선되는 보안.

Experience the difference/protection/security.
차이/보호막/보안을 경험해 보세요.

검색 엔진 최적화와　　SEO &
온라인 마케팅　　　　　Online Marketing

배경

검색 엔진 최적화 search engine optimization, SEO 와 디지털 마케팅 산업의 카피라이팅은 전문 용어로 가득한 콘텐츠 전달에서 벗어나 더 유혹적이고 가치 중심의 스토리텔링으로 진화했다. 이 분야의 메시지 역사에서는 기업이 온라인상 고객 확보 customer acquisition 를 위해 접근하는 방법을 재규정한 HubSpot의 혁명적인 캠페인 운동 Inbound Marketing 인바운드 마케팅 부터, 복잡한 SEO 개념에 스토리텔링을 통해 인간미를 더하며 큰 영향을 미친 Moz의 Whiteboard Friday 화이트보드 금요일, 금요일 강의 시리즈에 이르기까지 디지털 마케팅 커뮤니케이션을 바꿔 놓은 획기적인 캠페인이 적잖게 있었다.

한국의 디지털 마케팅 리더들은 글로벌 산업의 여러 표준에서 혁신을 주도해 왔다. Naver는 디스플레이 광고 Display Ads 와 브랜드 검색 Brand Search 같은 전략을 통해 검색 중심의 환경에서 잠재 고객에게 효과적으로 접근하는 방법을 보여주었다. Kakao는 카카오톡 플러스 채널 KakaoTalk Plus Channel 과 통합 광고를 통해 마케팅에서 메시지 플랫폼의 위력을 입증해 보여주었다. 뿐만 아니라 Coupang은 전자 상거래 e-commerce 에서 급속히 성장하는 존재감을 드러냄과 동시에 디지털 광고 지출에 집중하며 역동적인 한국 시장에서 온라인 소매와 시너지 마케팅 synergy marketing 의 진화하는 특성을 확연히 보여주었다.

오늘날 SEO와 디지털 마케팅의 카피라이팅은 데이터에 기반한 신뢰성과 인간적인 유대 간의 균형을 유지하고, 냉철한 분석과 감성적 공감을 결합해야 한다. 이 분야는 Webtrends가 초기에 보여준 Measure What Matters 중요한 것을 측정하세요 라는 접근 방식에서 벗어나 SEMrush의 Empower Your Marketing 당신의 마케팅에 효능을 더하세요 처럼 디지털 도구를 비즈니스 변혁의 촉진제로 포지셔닝하는, 한층 정교하게 짜인 스토리텔링 방식으로 옮겨갔다.

기업 개요

SEO Brand
설립 - 2009년
웹사이트 - https://www.seobrand.com

SEO Brand는 데이터 기반의 디지털 마케팅 분야를 선도하는 기업으로 입지를 굳혔고, SEO와 콘텐츠 마케팅에서 종합적인 솔루션을 제공하고 있다. 소규모 전문 대행사로 출발했지만 이제는 여러 산업 분야의 고객에게 디지털 마케팅에서 포괄적인 편의를 제공하는 유능한 기업으로 성장했다.

    SEO Brand의 마케팅 전략은 측정 가능한 결과와 경쟁 우위를 강조하며, 디지털 시장 지배를 위한 파트너로 포지셔닝하는 데 있다. SEO Brand의 캠페인에서는 데이터에 기반한 접근 방식을 강조한 대담하고 단호한 메시지가 자주 등장하고, 시장 점유율의 확대를 추구하는 기업을 타깃으로 한다. SEO Brand의 마케팅은 공격적인 포지셔닝과 전문적인 분석 능력을 결합하며, 디지털 마케딩을 전략적 전쟁터로 고객들에게 어필하는 방식으로 접근한다.

* 콘텐츠 마케팅(content marketing): 가치 있고 관련성 있는 콘텐츠를 제작하고 배포하여 잠재 고객을 유치하는 전략.

Siege Media
설립 - 2012년
웹사이트 - https://www.siegemedia.com

Siege Media는 콘텐츠 중심의 SEO를 전문으로 취급하며, 유기적 트래픽을 생성하고 브랜드 권위를 구축하는 확고한 디지털 자산을 만들어 가고 있다. Siege Media는 창의성과 기술력의 최적화를 결합한 혁신적 콘텐츠 마케팅 기법을 개척한 선도적 기업이기도 하다.

 Siege Media의 마케팅 전략은 협업 파트너십과 측정 가능한 창의성에 중점을 두고 있다. Siege Media의 접근 방식에서는 관계 구축과 실질적인 결과가 강조되고, 장기적인 콘텐츠 마케팅 성공을 추구하는 기업을 타깃으로 한다. 따라서 Siege Media의 캠페인에서는 창의적인 스토리텔링과 데이터에 기반한 전략이 결합된 콘텐츠가 자주 등장하고, 디지털 마케팅에서 혁신과 입증된 성과를 모두 중시하는 기업들에게 어필한다.

* 오가닉 트래픽(organic traffic): 웹사이트에서 유료 광고가 아니라 검색 엔진의 결과를 통해 자연스레 방문하는 트래픽을 가리킨다.

OpenX Technologies
설립 - 2008년
웹사이트 - https://www.openx.com

OpenX Technologies는 투명성과 기술 혁신에 매진한 성과로 프로그래매틱 광고 programmatic advertising 를 완전히 바꿔 놓았다. OpenX Technologies는 테크놀로지를 이용한 광고 솔루션을 지속적으로 개발하는 동시에 광고 윤리를 준수하며 본연의 위상을 유지하고 있다.

OpenX Technologies의 마케팅 전략은 산업 혁신과 지속 가능한 광고 관행에 초점을 맞추고 있다. OpenX의 캠페인에서는 책임과 혁신이 강조되며, 윤리적이고 효율적인 광고 솔루션을 추구하는 기업을 타깃으로 한다. OpenX는 마케팅에서 전문적인 기술 역량과 환경 책임을 결합하고, 광고를 위한 테크놀로지 선택에서 성과만이 아니라 지속 가능성까지 중시하는 기업에게 어필하는 접근법을 취한다.

* 프로그래매틱 광고(programmatic advertising): program과 automatic의 합성어. 자동화된 프로그램으로 디지털 광고를 거래하는 방식.

마케팅 퍼널

> **We leverage data to crush your competition.** (SEO Brand - website)
>
> **우리는 데이터를 활용해 경쟁사를 압도합니다.** (SEO 브랜드 - 웹사이트)

공격적이고 경쟁적인 표현을 사용해 즉각 눈길을 끄는 슬로건이다. 기업들이 시장 점유율을 높이려고 끊임없이 싸우고 치열하게 경쟁하는 SEO 산업에서 crush라는 동사를 사용함으로써 경쟁사보다 유리한 위치에 올라서려는 기업들의 공감을 얻기에 충분한, 대담한 선언이 된다. crush라는 단어는 지배력과 강점, 단호한 행동을 떠올려 주기 때문에 특히 효과적이다. outperform이나 improve처럼 상대적으로 부드러운 뜻을 내포한 동사와 달리, crush는 SEO를 시장 점유율 전쟁터로 보며 마케팅 대행업체가 결정적으로 승리하도록 도움을 주기를 바라는 기업들에게 어필한다. 경쟁 우위를 차지하려는 야심찬 브랜드들의 마음가짐을 자극하는 동사인 것은 분명하다. 게다가 we leverage data라는 표현은 신뢰성을 강화하고, 잠재 고객에게 SEO Brand의 접근 방식이 데이터 중심의 전략에 기반하고 있다는 확신을 준다. 대담하고 경쟁적인 언어 표현과 전문적인 분석 역량을 결합함으로써 경쟁이 치열한 SEO 시장에서 SEO Brand를 확실히 눈에 띄게 해 주는 메시지이다.

> **Let's create something amazing together. But first, let's get introduced.** (Siege Media - website)
> **뭔가 멋진 걸 함께 만들어 봅시다. 하지만 먼저 서로 소개부터 해 볼까요.** (Siege Media - 웹사이트)

참여를 유도하고 호기심을 자극하며 친근한 분위기를 조성해 첫 번째 상호작용을 유도하는 메시지이다. Let's create something amazing together라는 표현은 Siege Media를 협업 파트너로 즉시 포지셔닝한다. 포괄적이고 영감을 주는 이 표현은 마케팅 솔루션을 구하는 기업들에게 어필한다. amazing을 강조한 것도 품질의 결과를 암시한다. 후반부 But first, let's get introduced라는 표현은 첫 번째 상호작용을 편안하게 해낼 수 있게 만든다. Siege Media는 즉각적인 판매를 위해 밀어붙이지 않고, 잠재 고객을 대화에 초대한다. 그 때문에 첫 단계가 고압적인 구입 권유보다 자연스런 소개 과정처럼 느껴진다. 이런 접근법은 신뢰와 친근한 관계를 구축하는 데 특히 효과적이다.

You deserve a better ad selling and buying experience. Demand addressability, transparency, and sustainability. Demand more. (OpenX Technologies - website)

당신은 광고의 판매와 구매에서 더 나은 결과를 누려야 합니다. 주소 지정 가능성, 투명성, 지속 가능성을 요구하세요. 더 많은 것을 요구하세요. (OpenX Technologies - 웹사이트)

* 주소 지정 가능성(addressability): 다양한 채널로 특정 고객층에 정확히 맞추어진 메시지를 보내는 기능.

잠재 고객에게 OpenX가 프로그래매틱 광고 산업에서 우월한 대안을 제공한다는 것을 설득하는 메시지이다. 첫 문장 You deserve a better ad selling and buying experience는 광고주와 매체사(퍼블리셔)에게 현재 플랫폼에 불만스럽고 부족한 부분이 있지 않느냐고 묻는 표현이다. 고객이 마땅히 누려야 할 것에 대해 문제를 제기함으로써 OpenX는 고객에게 기준 이하의 솔루션에 만족하지 않아야 한다고 역설한다. 뒤에 이어지는 문장 Demand addressability, transparency, and sustainability에서는 OpenX를 경쟁사와 구분짓는 산업계의 주요 관심사가 부각된다. 이 세 가지 기능은 현재 애드 테크 ad tech 의 도전 과제와 그대로 일치한다. 즉, 쿠키 없는 세계(주소 지정 가능성), 윤리적이고 효율적인 거래(투명성), 환경적으로 책임 있는 애드 테크(지속 가능성)를 말한다. 고객들에게 이런 기능을 요구하도록 촉구함으로써 OpenX는 세 가지 모두를 제공하는 플랫폼으로 포지셔닝된다. 마지막 Demand more는 OpenX에게 더 높은 기준을 기대해도 좋을 것이란 메시지를 재확인하는 강력한 마무리 선언이 된다. 요컨대 잠재 고객에게 더 나은 솔루션을 구하도록 독려하며, OpenX가 그 답이라는 것을 암시한다. 이 메시지는 잠재 고객들에게 다음 단계로 들어가 OpenX가 제공하는 서비스를 더 자세히 살펴보라고 촉구한다는 점에서 매우 효과적이다.

* 애드 테크(ad tech, advertising technology): 광고 활동에 활용하는 정보 통신 기술이나 프로그램.

> **Have a project in mind? We are just a click away and can't wait to hear from you.** (SEO Brand - website)
> **프로젝트를 계획하고 계신가요? 클릭 한 번이면 충분합니다. 우리는 언제든 여러분과 함께할 준비가 돼 있습니다.** (SEO Brand - 웹사이트)

망설임을 없애고 즉각적인 행동을 유도하는 방향으로 잘 짜인 마케팅 메시지이다. 이 단계에서 잠재 고객은 이제 구매 결정을 내리기 직전에 있다. 이 메시지의 목표는 저항을 줄이고 긴급감을 조성하며 다음 단계를 어렵지 않게 느끼도록 하는 것이다. 메시지를 시작하며 던지는 질문 Have a project in mind?는 직설적이고 관심을 끌어당기며, 방문자에게 SEO의 서비스가 자신에게 필요하다는 것을 마음속으로 인정하도록 유도한다. 이런 기법은 사용자에게 이미 적절한 곳을 찾아왔으며, 마지막 단계를 밟기만 하면 된다는 확신을 심어 준다. We are just a click away라는 표현으로 둘 사이에 염려되던 장벽이 사라지고, SEO Brand와 함께하는 결정이 신속하고 쉽게 느껴지게 된다. 마지막 can't wait to hear from you라는 표현은 개인적이고 따뜻한 말투로 쓰여 SEO Brand가 접근하기 쉽고 열정적으로 도움을 주려는 기업이란 이미지를 전해 준다. 이렇게 따뜻하고 훈훈한 말투는 사용자에게 소중한 존재로 대접받는다는 느낌을 주며 행동을 취하도록 독려함으로써 망설임을 줄이는 데 도움이 된다. 전체적으로 이 메시지는 불확실성을 해소하고 다음 단계를 단순화하며 고객의 전환을 유도한다.

> **And with that, the 2024-25 fantasy football season comes to a close.** (Siege Media - social media)
> 이것으로 2024-25 시즌 판타지 풋볼 시즌은 끝! (Siege Media - 소셜 미디어)

 Siege Media의 소셜 미디어에 게시된 이 문구는 고객, 파트너, 팔로워와의 지속적인 관계를 강화할 목적으로 고안된 마케팅 메시지의 좋은 예다. 판타지 풋볼은 인기 있는 온라인 게임으로, 참가자들이 실제 NFL 선수들로 구성된 가상의 팀을 만들고, 그 선수들이 실제 경기에 보인 실적에 따라 포인트를 획득하게 된다. 이 게임에는 다양한 산업 분야의 전문가들이 폭넓게 참가하기 때문에 고객 및 동료와의 관계를 강화하려는 기업들에게 유용한 참여 도구가 된다. 따라서 많은 기업이 동료애를 키우고 지속적인 상호작용을 독려할 목적으로 판타지 풋볼 리그를 재미있고 비공식적인 통로로 활용할 수 있다. 판타지 풋볼은 고객에게 대화를 편하게 지속적으로 유지할 수 있는 기회를 제공하며, 해당 브랜드와 계속 함께하도록 유도하는 역할도 한다. 판타지 풋볼과 같은 공유 경험에 참가하는 기업은 고객과 더 깊은 유대감을 형성하기 때문에 기업과 고객의 관계가 계속 유지될 가능성이 높아진다. 이 게시글은 제품이나 서비스를 홍보하는 것이 아니다. 기존 고객과 팔로워에게 Siege Media를 계속 의미 있고 가장 먼저 생각나는 브랜드로 남아 있게 할 목적으로 고안된 것이다. 판타지 풋볼과 같은 공유 관심사를 통해 고객과 관계를 유지함으로써 Siege Media는 브랜드 충성도와 장기적인 관계를 강화한다. 이렇게 할 때 재방문과 재구매, 추천, 지속적인 협력의 기회가 증가한다.

*NFL(National Football League): 미국의 프로 미식축구 협회.

마케팅 퍼널 프랙티스

인지(Awareness)

Transform your digital presence/visibility/impact.
디지털 세계에서 당신의 위상/존재감/영향이 달라집니다.

Unlock the power of data/analytics/insights
데이터/분석/인사이트의 위력이 펼쳐집니다.

Master your digital landscape/territory/domain.
디지털 환경/영역/도메인을 완벽히 통제합니다.

Elevate your online performance/reach/authority.
온라인에서의 성과/범위/권위가 한 단계 더 높아집니다.

Dominate search results/rankings/visibility.
검색 결과/순위/가시성에서 우위를 확보합니다.

관심(Interest)

Your success, our expertise/commitment/mission.
당신의 성공이 곧 우리의 전문 분야/책무/사명입니다.

Discover untapped opportunities/potential/markets.
아직 개발되지 않는 기회/잠재력/시장을 찾아 보세요.

Scale your digital growth/presence/influence.
디지털 세계에서 성장/존재감/영향을 확대해 보세요.

Maximize your online impact/reach/engagement.
온라인에서 영향력/범위/참여를 극대화합니다.

Build lasting digital authority/dominance/success.
디지털 세계에서 지속적인 권위/우위/성공을 만들어 갑니다.

고려(Consideration)

Proven strategies, exceptional results/outcomes/performance.
검증된 전략입니다. 예외적인 결과/결실/성과가 증명하고 있습니다.

Data-driven solutions/approaches/methodologies.
데이터에 기반한 솔루션/접근 방식/방법론.

Tailored for your digital success/growth/transformation.
디지털 세계에서 당신의 성공/성장/변화를 위해 맞춤형으로 설계되었습니다.

Transparent reporting, measurable impact/results/progress.
영향/결과/진보를 측정함으로써 투명한 보고가 가능합니다.

Strategic insights/solutions/partnerships for growth.
성장을 위한 전략적 통찰/솔루션/파트너십.

구매 결정(Decision)

Join industry leaders/innovators/pioneers.
업계 리더들/혁신가들/선구자들과 함께하세요.

Start your digital transformation/journey/success today.
디지털 세계에서 당신의 전환/여정/성공을 지금 시작하세요.

Choose proven expertise/results/performance.
검증된 전문성/결과/성과를 선택하세요.

Experience the digital advantage/difference/edge.
디지털에서 이점/차이/우위를 경험해 보세요.

Begin your path to online dominance/success/growth.
온라인에서 지배적 위치/성공/성장으로의 여정을 시작해 보세요.

충성도(Loyalty)

Your trusted digital partner/advisor/guide.
여러분에게 신뢰받는 디지털 파트너/자문가/안내자가 되겠습니다.

Growing stronger/faster/better together.
함께 더 강하게/더 빠르게/더 나은 방향으로 성장하겠습니다.

Excellence in every digital initiative/campaign/strategy.
모든 디지털 계획/캠페인/전략에서 탁월합니다.

Leading your digital success/future/transformation.
디지털 세계에서 여러분의 성공/여정/변화를 선도하겠습니다.

Dedicated to your continued growth/success/advancement.
여러분의 지속적인 성장/성공/발전을 위해 최선을 다하겠습니다.

UTILITIES & TRANSPORT

에너지와 공익 사업	Energy & Utilities
재생 에너지	Renewable Energy
조선	Shipbuilding
철도망	Rail Networks
전기 자동차	Electric Vehicles
럭셔리 자동차	Luxury Vehicles
자동차 판매 대리점	Car Dealerships

에너지와 공익 사업

Energy & Utilities

배경

에너지와 유틸리티 산업의 마케팅 커뮤니케이션은 신뢰에 초점을 맞춘 메시지 전달에서 환경 관리를 강조하는 목적 지향적 스토리텔링으로 진화했다. 이 분야의 카피라이팅 역사에는 석유 제품에 인격을 부여하며 에너지 마케팅의 대변혁을 주도한 ExxonMobil의 캠페인 Put a Tiger in Your Tank 탱크에 호랑이를 넣으세요 나 공익 사업이 소비자와 감성적으로 연결되는 방식을 재규정한 British Gas의 캠페인 Don't You Just Love Being in Control 당신이 모든 것을 통제한다면 좋지 않을까요? 처럼 획기적인 캠페인이 적지 않았다.

Pacific Gas & Electric은 1970년대에 이미 Energy-Wise 캠페인을 통해 지속 가능성이란 메시지를 선구적으로 도입했고, Southern California Edison의 The Power Behind Peace of Mind 마음을 편안하게 해 주는 힘 시리즈는 신뢰 구축을 위한 커뮤니케이션의 새로운 기준을 세웠다. 이런 초기 노력으로 유틸리티 산업의 마케팅은 신뢰할 만한 기술력을 홍보하는 메시지 전달 방식에서 삶과 지역 사회에 활력을 불어넣는 감성적 스토리텔링으로 전환되었다.

오늘날 에너지와 유틸리티 산업의 카피라이팅은 탁월한 운영 능력과 환경에 대한 책임 사이에 균형을 유지하며, 신뢰에 초점을 맞춘 전통적인 메시지 전달과 지속 가능성에 대한 책임을 조화롭게 조절해야 한다. 에너지와 유틸리티 산업의 마케팅은 Shell의 직설적인 캠페인 You Can Be Sure of Shell Shell은 믿을 수 있습니다 과 같은 접근법에서 벗어나 BP의 Beyond Petroleum 석유를 넘어 처럼 미묘한 뜻을 함축하며 에너지 기업들을 환경 관리의 파트너로 포지셔닝하는 방식으로 진화했다.

* 유틸리티 산업(utilities industry): 자본주의 시장의 효율성보다는 사회적 공익을 우선시하는 사업을 하는 산업을 뜻한다. 전기와 가스, 수도 등이 대표적인 예이다.

기업 개요

Thames Water
설립 - 1989년
웹사이트 - https://www.thameswater.co.uk

Thames Water는 영국이 수도 산업을 민영화할 때 설립되어 이제는 런던 최대의 상수 및 하수 처리 서비스 제공업체로 성장했다. Thames Water는 필수 기반 시설을 유지하는 동시에 그레이터 런던 Greater London 과 템스 밸리 Thames Valley 지역에서 지속 가능한 수자원 관리를 선도하고 있다.

    Thames Water의 마케팅 전략은 지역 사회에 대한 서비스와 환경 관리를 강조하며, 중요한 자원의 수호자로 포지셔닝하는 데 있다. Thames Water의 캠페인에서는 지역 사회에 영향을 미친 이야기나 지속 가능성과 관련한 추진 계획이 자주 언급되며, 책임감 있는 자원 관리를 중시하는 거주민과 기업 고객을 타깃으로 한다. Thames Water의 마케팅은 탁월한 운영 능력과 환경 의식이 결합되고, 신뢰성과 지속 가능성을 모두 중요시하는 소비자에게 어필하는 방식으로 접근한다.

ExxonMobil

설립 - 1999년

웹사이트 - https://www.exxonmobil.com

두 거대 기업의 합병으로 탄생한 ExxonMobil은 기술 혁신과 광범위한 운영 능력을 결합해 글로벌 에너지 리더로 확고한 위치에 올라섰다. ExxonMobil은 에너지 솔루션 분야에서 지속적인 혁신을 통해 본연의 위치를 유지하며, 변화하는 환경적 기대에도 부응하고 있다.

    ExxonMobil의 마케팅 전략은 산업적 역량과 환경에 대한 책임 사이에 균형을 유지하며, 지속 가능한 에너지 솔루션 분야의 선구자로서 포지셔닝하는 데 있다. ExxonMobil의 캠페인에서는 기술 혁신과 과학적 연구가 흔히 강조되고, 에너지 안보와 환경 진보를 모두 중요시하는 이해관계자들을 타깃으로 한다. ExxonMobil의 마케팅은 미래 지향적인 메시지와 탁월한 운영 능력을 결합하고, 환경에 가해지는 영향을 줄이는 신뢰할 수 있는 에너지 솔루션을 찾는 고객들에게 어필하는 방식으로 접근한다.

Chevron

설립 - 1879년

웹사이트 - https://www.chevron.com

Chevron은 한 지역의 석유 회사로 출발했지만 이제는 글로벌 에너지 기업으로 성장해 종합적인 에너지 솔루션을 제공하면서 기술 혁신을 위해 끊임없이 노력한다. Chevron은 전통적인 에너지에 대한 전문성을 유지하면서도 재생 에너지에 관련된 테크놀로지에 대한 투자도 게을리하지 않는 기업이다.

Chevron의 마케팅 전략은 인간의 창의성과 환경에 대한 책임을 강조하며, 현재의 에너지 수요와 미래의 지속 가능성을 잇는 가교로서 포지셔닝하는 데 있다. Chevron의 캠페인에서는 과학기술의 진보와 환경 관리가 자주 언급되고, 책임감 있는 에너지 솔루션을 구하는 소비자와 기업을 타깃으로 한다. Chevron은 혁신을 낙관하는 메시지와 실질적인 에너지 공급을 결합하고, 신뢰성과 환경 의식을 모두 중요시하는 사람들에게 어필하는 방식으로 접근한다.

마케팅 퍼널

> **Delivering life's essential service.** (Thames Water - website)
>
> **우리 삶에 반드시 필요한 서비스를 제공합니다.** (Thames Water - 웹사이트)

네 단어만으로 중요성, 믿음직한 신뢰성, 목적 의식을 전해 주는 슬로건이다. 이런 유형의 메시지 전달은 정체성을 명확히 확립하고 기본적인 혜택을 전달하며 오랫동안 지속되는 인상을 남기기 위한 것이다. 이 문구의 주된 강점 중 하나는 광범위하면서도 강렬한 인상을 남기는 포지셔닝이다. 물 공급이나 하수 처리와 같은 특정 서비스에 초점을 맞추지 않고 Thames Water라는 회사를 일상 생활에 반드시 필요한 것을 제공하는 기업으로 포지셔닝한다. life's essential service라는 표현을 사용함으로써 Thames Water가 단순한 유틸리티 공급업체를 넘어 유틸리티의 필요성을 강조하는 동시에 물은 인간의 삶에서 기본적으로 필요한 것이란 개념을 강화한다.

> **The need for energy is universal. That's why ExxonMobil scientists and engineers are pioneering new research and pursuing new technologies to reduce emissions while creating more efficient fuels. We're committed to responsibly meeting the world's energy needs.**
> (ExxonMobil - website)
>
> 에너지는 보편적으로 필요한 것입니다. 이런 이유에서 ExxonMobil의 과학자들과 엔지니어들은 배출량을 줄이고 효율적인 연료를 개발하기 위해 새로운 연구를 선도하고 새로운 과학기술을 추구하고 있습니다. 세계의 에너지 수요를 책임감 있게 충족하기 위해 최선을 다하겠다고 약속드립니다.
> (ExxonMobil - 웹사이트)

이 단계에서 효과적인 메시지는 교육적이며 참여를 유도하여 회사를 해당 산업의 리더로 포지셔닝해야 한다. 이 카피는 글로벌 적합성, 혁신과 책임을 조화롭게 결합하며 이 기준을 맞추고 있다. 첫 문장 The need for energy is universal은 잠재 고객과 공통된 기반을 마련하기에 좋은 표현이다. 뒤에 이어지는 문장은 일반적인 필요성에서 업계의 리더십으로 초점을 옮기며, 에너지 관련 과학기술의 발전에서 ExxonMobil의 역할을 강조한다. pioneering new research와 pursuing new technologies 같은 표현은 ExxonMobil을 단순한 연료 공급업체가 아니라 혁신을 주도하는 기업으로 포지셔닝한다. to reduce emissions while creating more efficient fuels라는 표현은 에너지 분야에서 가장 큰 우려 사항 중 하나, 즉 지속 가능성을 직격한다. 따라서 환경 문제에 민감하고 화석 연료 기업에 대해 의구심을 가진 소비자들에게 관심을 유발하고 신뢰를 구축하는 데 도움이 되는 표현이다. 마지막의 We're committed to responsibly meeting the world's energy needs라는 문구는 신뢰 구축과 기업의 책임을 재확인한다. 특히 responsibly는 환경에 대한 우려와 윤리적 의무에 대한 인식과 연결되기 때문에 중요하게 쓰인 단어이다. 전체적으로 잠재 고객과 이해관계자를 계속 묶어두며 ExxonMobil에 대해 더 많이 알아보고 에너지 분야의 신뢰할 수 있는 공급업체로 고려하도록 유도하는 카피라이팅이다.

> **We believe that humanity can solve any challenge. That our greatest resource is our people. And that responsibility, trust and integrity will help us drive a prosperous future.** (Chevron - website)
> 우리는 인류가 어떤 난제라도 해결할 수 있다고 믿습니다. 우리에게 가장 중요한 자원은 사람이며, 책무와 신뢰, 정직이 우리를 번영하는 미래로 이끌어 줄 것이라는 것도 믿습니다.
> (Chevron - 웹사이트)

이 단계에서 잠재 고객, 투자자, 이해관계자는 Chevron이란 브랜드와 그 산업에 대해 인지하고 있지만, Chevron이 자신의 가치관과 기대에 부응하는지를 평가하게 된다. 이 단계에서 효과적인 메시지는 신뢰를 구축하고 경쟁사들과 구분지으며 정서적인 유대를 구축할 수 있어야 한다. 첫 문장 We believe that humanity can solve any challenge는 대담하고 낙관적인 선언으로, 자신감과 가능성을 즉각적으로 드러낸다. 다음에 나온 문장 That our greatest resource is our people에서는 초점이 내부로 이동하며 자연 자원보다 인적 자원이 강조된다. 석유와 가스 및 환경 문제와 흔히 관련되는 산업에서, 이 문장은 Chevron이란 브랜드에 인간미를 더해준다. 마지막 문장은 기업 윤리와 책임을 강조한다는 점에서 특히 효과적이다. Chevron이 무엇(에너지 생산)을 하는지가 아니라 어떻게 (운영)하는지에 초점을 맞추고 있다는 점에서, 또 혁신과 신뢰와 윤리적 리더십을 언급하고 있다는 점에서 더 설득력 있게 다가오는 메시지이다. 여기에서 Chevron이 구체적인 사례나 Learn how we're leading the way in clean energy innovation 우리가 청정 에너지 혁신에서 어떻게 선도적인 역할을 하고 있는지 알아보십시오 이라는 콜 투 액션을 추가하면 더 깊은 인상을 남길 수 있을 것이다. 이런 콜 투 액션은 관심 있는 고객에게 Chevron의 진취적인 계획에 대해 더 깊이 알아보라고 촉구하는 역할을 하기 때문이다.

> **Affordable, reliable and ever-cleaner energy for today and tomorrow. That's what we're working towards, every day.** (Chevron - website)
> **오늘과 내일을 위한 적정한 가격에 믿을 만하며 점점 더 깨끗해지는 에너지. 매일 우리가 이루어내려 노력하는 목표입니다.** (Chevron - 웹사이트)

이 메시지가 특히 강력하게 느껴지는 이유는 표현이 간결하면서도 혜택에 초점을 두고 있기 때문이다. 고객에게 안도감을 주며 행동을 취해야 할 이유를 명확하고 설득력 있게 제시하는 메시지이기도 하다. affordable, reliable, and ever-cleaner energy라는 표현은 에너지 분야에서 고객이 구매 결정을 내릴 때 고려하는 핵심적 요소들을 직접적으로 거론하고 있다. affordable은 비용에 민감한 소비자 및 기업에 어필하고, reliable은 잠재 고객에게 Chevron의 서비스를 신뢰할 수 있다는 확신을 주며, ever-cleaner energy는 지속 가능성에 전념을 다할 것이란 약속을 가리킨다. 이 세 가지 주된 우려 사항을 전면에 내세움으로써 불확실성을 줄여 Chevron은 더 매력적인 선택지가 된다. 이에 덧붙인 for today and tomorrow 덕분에 장기적인 가치관까지 재확인된다. 뒤따르는 문장 That's what we're working towards, every day에서는 헌신과 지속적인 개선이란 요소가 더해진다. 따라서 Chevron이 에너지 솔루션을 개선하기 위해 적극적으로 노력하고 있다는 것을 소비자에게 알려주며, Chevron을 선택하는 결정을 안심하고 내리라고 유도하는 문구이다. 전체적으로 신뢰를 강화하고 핵심적인 이점을 부각하며 고객들에게 장기적 가치에 대해 재확인시키는 목적으로 잘 설계된 메시지이다.

> **How do we help meet society's needs and reward shareholders? Darren Woods, our chairman and CEO, shared how in our Corporate Plan update today.** (ExxonMobil - social media)
> 어떻게 해야 우리가 사회의 요구를 충족하고 주주에게 보상할 수 있을까요? ExxonMobil의 회장이자 최고경영자, 대런 우즈가 오늘 업데이트된 사업 계획에서 그 방법을 공유했습니다.
> (ExxonMobil - 소셜 미디어)

이 메시지의 핵심 중 하나는 공유된 목적에 초점을 맞춘다는 데 있다. CEO의 말을 그대로 인용함으로써 ExxonMobil의 책임 의식과 신뢰감을 강화한다. How do we help meet society's needs and reward shareholders?라는 질문으로 잠재 고객에게 ExxonMobil의 더 큰 사명을 숙고해 보도록 유도하며, 수익성과 사회적 책임은 양립할 수 있다는 것을 시사한다. 이런 유형의 메시지는 해당 브랜드의 장기적 비전에 공감하는 충성스런 이해관계자들로부터 공감을 얻기에 충분하다. ExxonMobil은 이익의 공유라는 목표를 설정함으로써 이미 ExxonMobil을 응원하는 사람들과 유대를 강화한다.

마케팅 퍼널 프랙티스

인지(Awareness)

Powering tomorrow's possibilities/future/innovations.
내일의 가능성/미래/혁신에 힘을 싣습니다.

Energy that transforms/advances/empowers communities.
지역 사회를 변화로 이끄는/미래로 끌어가는/지역 사회에 동력을 주는 에너지.

Resources for generations/tomorrow/sustainability.
후세/내일/지속가능성을 위한 자원.

Delivering essential solutions/services/resources.
필수적인 솔루션/서비스/자원을 제공합니다.

Your partner in sustainable/reliable/responsible energy.
지속 가능한/신뢰할 수 있는/책임감 있는 에너지에서 당신의 동반자가 됩니다.

관심(Interest)

Discover smarter energy/power/resource solutions.
더 스마트한 에너지/전력/자원 솔루션을 제공합니다.

Innovation that drives/shapes/powers progress.
혁신이 있어야 진보가 추진됩니다/형성됩니다/힘을 받습니다.

Experience energy reimagined/redefined/renewed.
새롭게 해석된/규정된/탄생한 에너지를 경험해 보세요.

Solutions that protect/preserve/sustain our future.
우리 미래를 보호하는/지켜 주는/지탱해 주는 솔루션.

Where reliability meets sustainability/responsibility/innovation.
신뢰에 지속 가능성/책임감/혁신이 더해지는 곳.

고려(Consideration)

Trusted by communities/generations/businesses worldwide.
세계 전역에서 많은 지역 사회/세대를 초월한 사람들/기업들로부터 신뢰를 받고 있습니다.

Solutions engineered for tomorrow/sustainability/efficiency.
내일/지속 가능성/효율성을 위해 설계된 솔루션.

Powering life's essential/critical/important moments.
삶에서 필수적인/중대한/중요한 순간에 힘을 더해주겠습니다.

Resources that work/deliver/perform for you.
당신에게 적합한/도움이 되는/효과적인 자원.

Energy that thinks/works/adapts ahead.
미래를 앞서 생각하는/나가는/적응하는 에너지.

구매 결정(Decision)

Choose sustainable/responsible/smarter energy.
지속 가능한/책임감 있는/더 스마트한 에너지를 선택하세요.

Partner with excellence/innovation/progress.
탁월한/혁신적인/진보적인 파트너와 함께하세요.

Start your energy transformation/journey/future today.
오늘 에너지 변환/여정/미래를 시작해 보세요.

Experience the difference/innovation/excellence.
차이/혁신/탁월함을 경험해 보세요.

Begin your sustainable/efficient/smart energy future.
에너지에서 지속 가능한/효율적인/스마트한 미래를 시작해 보세요.

충성도(Loyalty)

Your trusted energy partner/advisor/provider.
당신의 믿을 수 있는 에너지 파트너/조언자/공급자가 되겠습니다.

Powering your success/future/growth together.
당신의 성공/미래/성장에 함께 힘을 실어드리겠습니다.

Building a sustainable/brighter/better future together.
지속 가능한/더 밝은/더 나은 미래를 함께 만들어 가겠습니다.

Excellence in every moment/connection/service.
어떤 순간/관계/서비스에서나 탁월함을 경험할 수 있습니다.

Your resource for tomorrow/progress.
당신의 내일/진보를 위한 자원입니다.

재생 에너지   Renewable Energy

배경

재생 에너지 분야의 마케팅 언어는 전문 용어와 효율성 지표로 채워지던 시대를 넘어 희망과 환경 관리를 고취하는 스토리텔링으로 전환하며 급격히 진화했다. 이런 변화를 가장 강력하게 보여준 사례는 가정용 에너지 저장 장치를 실용적인 개념에서 이상적인 라이프 스타일의 선택으로 바꿔 놓은 Tesla의 Powerwall에 대한 혁명적인 캠페인이다. 이 중대한 분기점을 기점으로 재생 에너지 마케팅은 순수한 기능성 전달에서 감성적인 공감을 불러일으키는 스토리텔링으로 바뀌었다.

2010년대 내내 획기적인 캠페인들이 속속 등장하며 지속 가능성과 소비자의 연결 관계를 재정립했다. EDF Energy의 Pretty Curious 캠페인은 재생 에너지의 혁신을 STEM(science, technology, engineering, mathematics) 교육과 연계하여 새로운 지평을 열었고, Ørsted의 Love Your Home 여러분의 집, 지구를 사랑하세요 시리즈는 기후 행동 climate action 을 주변 환경에 대한 개인적인 노력으로 재설정했다. 이런 캠페인들로 인해 재생 에너지 장치는 단순한 기반 시설을 넘어 개인의 권한 강화를 상징하는 것으로 격상되었다.

한국의 에너지 대기업들은 재생 에너지 분야의 메시지 전달 방식에 혁명을 일으켰다. 예컨대 SK Innovation의 캠페인 Green Balance 녹색 균형 는 기술 발전이 환경에 대한 스토리텔링과 어떻게 조화를 이룰 수 있는지 보여주었고, Hanwha Q CELLS의 캠페인 Harvest the Sun 태양을 수확하다 은 고대의 지혜와 미래의 과학기술을 연계하는 새로운 기준을 세웠다.

오늘날 재생 에너지 산업의 카피라이팅은 절박함과 낙관주의 사이에서 신중하게 균형을 유지하고, 기후 의식과 과학기술적 가능성을 조화롭게 융합해야 한다. 이 산업 분야의 초기 캠페인은 Shell의 선구적인 캠페인 Make the Future 미래 만들기 시리즈에서 보았듯이 혁신을 위한 노력을 다짐하면서도 전(全)지구적 과제를 인정하는 암울한 분위기를 풍겼지만, 이제는 그런 식의 메시지 전달에서 탈피했다. 이런 변화는 사회와 에너지의 관계가 달라진 현상이 반영된 결과이다. 실제로 많은 기업이 지속 가능한 솔루션을 화석 연료의 단순한 대체재가 아니라 긍정적인 변화를 위한 촉매로 점차 포지셔닝하고 있다.

* 기후 행동(climate action): 기후변화로 인한 문제를 해결하기 위해 개인, 산업, 정부 및 지역 사회가 취하는 모든 노력을 뜻하며, 기후 변화 행동이라고도 한다.

기업 개요

SmartEnergy
설립 - 2012년
웹사이트 - https://www.smartenergy.com

SmartEnergy는 지역 에너지 공급업체로 시작했지만 이제는 청정 에너지를 전국에 공급하는 기폭제로 변모하며, 재생 에너지의 접근성을 대중화한 선구자가 되었다. SmartEnergy의 혁신적인 접근 방식은 경쟁력 있는 가격과 투명한 지속 가능성 지표를 결합해 친환경

그린 에너지 green energy 의 접근성과 신뢰성을 모두 높이는 데 있다. SmartEnergy의 마케팅 전략은 재생 에너지 도입을 쉽게 풀이해 주는 데 중점을 둔다. 따라서 SmartEnergy의 캠페인은 일상생활에서 실천할 수 있는 환경주의를 적극적으로 옹호하고, 탄소 발자국을 줄일 실질적 방법을 구하는 소비자들을 타깃으로 한다. SmartEnergy의 메시지에서는 환경에 미치는 영향에 양보하지 않으면서도 적정하게 책정된 가격이 강조되며, 비용을 의식하는 소비자들만이 아니라 지속 가능성을 중시하는 사람들에게도 어필한다. SmartEnergy의 마케팅은 교육적 콘텐츠와 명확한 가치 제안을 결합함으로써 재생 에너지의 선택이 성취 가능하고 상당한 영향까지 미친다는 확산을 잠재 고객에 심어 주는 접근법을 사용한다.

Enel Green Power

설립 - 2008년

웹사이트 - https://www.enelgreenpower.com

Enel Green Power는 이탈리아에 뿌리를 두고 있지만 이제는 재생 에너지 분야의 글로벌 기업으로 성장해 대규모 재생 에너지 개발을 선도하고 있다. Enel Green Power는 태양광, 풍력, 지열과 관련한 테크놀로지 전반의 혁신적인 프로젝트 개발을 통해 경쟁사들과 차별화하며 지속적인 기술 발전과 지역 사회 참여를 통해 재생 에너지 산업 리더로서의 위상을 유지하고 있다.

Enel Green Power의 마케팅 전략은 에너지 전환의 가시적인 성과를 보여주는 데 중점을 둔다. Enel Green Power의 캠페인에서는 재생 에너지 프로젝트가 현실 세계에 미친 영향이 자주 소개되고, 기관 투자자와 환경 의식이 높은 소비자 모두를 타깃으로 한다. Enel Green Power는 국제적인 차원에서 지속 가능성의 속도를 높이는 데 자사의 역할을 강조하며 스토리텔링을 사용해 개인의 에너지 선택이 전체적으로 환경에 어떤 결과로 이어지는지를 설명한다. Enel Green Power의 마케팅은 전문화된 기술력과 쉽게 이해되는 메시지를 결합하고, 기후 문제에 대한 구체적 해결책을 구하는 고객들에게 어필한다.

Circlia Nordic
설립 - 2015년
웹사이트 - https://www.circlianordic.com

Circlia Nordic은 스칸디나비아에서 재생 에너지 분야의 혁신적인 기업으로 입지를 굳히고, 청정 전력 발전으로 순환 경제 원리 circular economy principles 를 선도해 왔다. Circlia Nordic은 자원 효율성을 극대화하는 동시에 환경 영향을 최소화하는 통합 재생 에너지 솔루션을 전문적으로 개발하는 기업이다.

    Circlia Nordic의 마케팅 전략은 지속 가능성과 혁신의 상호 관련성을 강조하는 데 있다. 따라서 Circlia Nordic의 캠페인에서는 기술 발전과 환경 보존의 공생 관계가 빈번하게 부각되고, 미래 지향적인 기업과 지역 사회를 타깃으로 한다. Circlia Nordic의 마케팅은 북유럽의 디자인 원리와 환경에 대한 책임 의식을 결합하고, 미적 세련미와 생태 의식을 모두 중시하는 사람들에게 어필한다.

마케팅 퍼널

> **Earth, water, wind & sun. That's what we're made from.** (SmartEnergy - website)
> 흙, 물, 바람, 그리고 햇살. 우리는 바로 이런 것에서 생겨났습니다. (SmartEnergy - 웹사이트)

이 메시지의 목표는 SmartEnergy라는 브랜드를 소개하며 강렬한 첫인상을 남기고, 잠재 고객과 정서적, 개념적 유대감을 형성하는 데 있다. 이 메시지는 자연, 지속 가능성, 재생 에너지를 떠올려 준다는 점에서 그 목표를 훌륭히 수행하게 된다. 따라서 이 슬로건을 통해 SmartEnergy는 환경을 생각하는 에너지 공급업체로 포지셔닝된다. 이 슬로건의 가장 두드러진 특징 중 하나는 숨겨지지 않는 단순함이다. 첫머리에 내세운 네 단어의 짧은 목록은 시적이라 쉽게 기억된다. earth, water, wind, and sun이라 나열함으로써 SmartEnergy를 전통적인 화석 연료가 아니라 자연에서 얻은 재생 에너지와 즉각적으로 연결해 준다. SmartEnergy를 전통적인 에너지 기업과 차별화하는 데 도움을 주고, 청정 에너지 솔루션을 중시하며 환경을 의식하는 소비자에게 어필하는 카피이기도 하다. That's what we're made from이라는 문구는 메시지에 인간적이고 철학적인 의미를 더한다. 기업과 자연, 지속 가능성 사이의 깊은 연관성을 암시하며 SmartEnergy가 이러한 자연에 기반하고 있다는 생각을 강화시킨다. 전체적으로 리드미컬한 구조를 띠어 기억하기 쉽고 깊은 인상을 남기는 슬로건이다.

> **We're making the energy transition process happen. For real.** (Enel Green Power - website)
> **우리는 에너지 전환 과정을 이루어내고 있습니다. 정말로!** (Enel Green Powe - 웹사이트)

대담하면서도 행동 지향적인 어조는 이 문구의 강점 중 하나이다. Enel Green Power를 재생 에너지 운동에 적극적인 기업으로 포지셔닝하고 있다. 잠재 고객에게 Enel Green Power는 청정 에너지에 대해 언급하는 데 그치지 않고 실질적인 변화를 끌어가고 있다는 확신을 주는 메시지이기도 하다. For real이 덧붙어 메시지 전체가 대화체로 변하고 진정성을 띠며 더 공감을 불러일으키고 더 매력적으로 느껴진다. 게다가 Enel Green Power가 본연의 소명을 다한다는 각오를 재확인해 준다는 점에서 강조의 의도까지 더해진다. 현대 마케팅에서 이런 유형의 어법이 특히 효과적인 이유는 기업에서 사용되는 전문 용어를 과감하게 버림으로써 진정성과 신뢰감을 조성하는 데 있다.

> **We have a solution for everyone.** (Enel Green Power - website)
> **우리에게는 누구에게나 적합한 솔루션이 있습니다.** (Enel Green Power - 웹사이트)

이 단계에서 잠재 고객은 여러 옵션을 두고 적극적으로 평가하며 Enel Green Power가 자신의 에너지 요구에 적합한지를 판단하게 된다. 따라서 이 단계의 메시지는 안도감을 주고 포괄성을 강조하며 해당 브랜드를 최고의 선택으로 포지셔닝하는 데 중점을 두어야 한다. 이 문구의 강점 중 하나는 광범위한 대상을 향한 호소와 포괄성이다. 누구에게나 적합한 솔루션이 있다는 선언은 Enel Green Power의 재생 에너지 서비스가 특정 유형의 고객에게만 국한되지 않는다는 주장과 같다. 주택용 태양광 솔루션을 찾는 주택 소유자, 지속 가능한 에너지 대안을 모색하는 기업, 대규모 재생 에너지 프로젝트를 계획하는 정부 기관 등 누구에게나 이 문구는 Enel Green Power가 각자의 요구에 맞추어 줄 수 있다는 확신을 준다. 잠재 고객이 유연성과 호환성 등을 기준으로 여러 공급업체를 비교하는 고려 단계에서 이 문구는 특히 효과적이다.

> **Feel free to contact us.** (Circlia Nordic - website)
> **언제든지 편하게 문의해 주세요.** (Circlia Nordic - 웹사이트)

이 단계에서 전달되는 메시지가 효과를 발휘하려면 명확한 방향을 제시하고 즉각적인 행동을 유도해야 한다. 이 문구의 장점 중 하나는 우호적이면서도 개방적인 어투이다. Feel free라는 문구는 잠재 고객에게 부담스럽지 않고 쉽게 접근할 수 있다는 느낌을 주며, 결정을 내리기 전의 망설임을 해소하는 데 도움을 줄 수 있다. 이런 형태의 문구가 중요한 이유는 구매 결정 단계에서 적잖은 고객이 마지막 순간까지 의문을 품거나 우려하기 때문이다. 따라서 이렇게 소통 채널을 열어두고 어떤 질문이라도 환영한다면 그런 고객을 안심시키는 데 큰 역할을 할 수 있을 것이다.

> **Get more green energy for less. When you choose SmartEnergy as your electric supplier, you'll receive 100% renewable energy (and the bragging rights to go along with it).** (SmartEnergy - website)
>
> **더 적은 비용으로 더 많은 그린 에너지를 누려 보세요. SmartEnergy를 전기 공급업체로 선택하시면 100퍼센트 재생 에너지를 제공받으실 수 있습니다. 그에 더해 자랑할 수 있는 권리는 덤입니다.** (SmartEnergy - 웹사이트)

이 메시지의 핵심 요소 중 하나는 지속적인 가치를 부각하고 충성도에 대한 보상 방법에 있다. 첫 문장 Get more green energy for less에서는 SmartEnergy를 선택하는 것이 경제적으로나 윤리적으로 똑똑한 결정이라는 견해가 강조된다. 다음 문장 When you choose SmartEnergy as your electric supplier, you'll receive 100% renewable energy에서는 SmartEnergy의 핵심 약속이 재차 강조된다. 마지막의 and the bragging rights to go along with it에서는 정서적이고 사회적인 인센티브가 기발하게 더해진다. SmartEnergy로의 전환을 자랑스러워할 만한 것으로 포지셔닝하며 입소문 마케팅과 홍보를 은근히 유도한다. 자신의 구매 결정에 만족하는 고객은 해당 서비스를 친구와 가족에게도 추천할 가능성이 높다.

마케팅 퍼널 프랙티스

인지(Awareness)

Power your world with clean/renewable/sustainable energy.
청정한/재생 가능한/지속 가능한 에너지로 여러분의 세상에 동력을 줍니다.

Join the renewable/sustainable/green revolution.
재생 가능한/지속 가능한/녹색 혁명과 함께합니다.

Harness the power of nature/sunshine/the wind.
자연/햇빛/바람의 힘을 동력원으로 활용합니다.

Energy that protects/preserves/sustains our planet.
우리 지구를 보호하는/보존하는/지탱하는 에너지.

Welcome to the future of clean/sustainable/renewable power.
청정한/지속 가능한/재생 가능한 에너지의 미래에 오신 것을 환영합니다.

관심(Interest)

Your path to carbon-free/sustainable/cleaner living.
탄소 배출이 없는/지속 가능한/더 청정한 삶을 향한 길.

Transform your impact on earth/tomorrow/future generations.
당신이 지구/내일/미래 세대에 미치는 영향에 변화를 줍니다.

Discover affordable/accessible/practical sustainability.
감당할 수 있는/접근 가능한/실용적인 지속 가능성을 찾아보세요.

Power that works/performs/delivers for you and the planet.
당신과 지구에 적합한/효과적인/도움이 되는 에너지.

Experience energy that makes a difference/change/impact.
차이/변화/영향을 만들어내는 에너지를 경험해 보세요.

고려(Consideration)

Seamless/Simple/Easy transition to clean energy.
청정 에너지로의 원활한/간단한/평이한 전환.

Transparent/Clear/Honest pricing, sustainable results.
투명한/명확한/정직한 가격 정책, 지속 가능한 결과.

Solutions that fit/match/adapt to your lifestyle.
당신의 라이프스타일에 맞는/어울리는/맞추어진 솔루션.

Personalized/Customized/Tailored renewable solutions.
개개인에/원하는 대로/특정한 목적에 맞추어진 재생 에너지 솔루션.

Energy that grows/evolves/advances with you.
당신과 함께 성장하는/진화하는/발전하는 에너지.

구매 결정(Decision)

Join the clean/green/sustainable energy movement.
청정/그린/지속 가능한 에너지 운동에 함께해 보세요.

Start your renewable/sustainable/environmental journey.
재생 가능한/지속 가능한/환경을 위한 여정을 시작하세요.

Transform/Revolutionize/Enhance your energy future.
에너지 미래를 변화/대변혁/개선하세요.

Choose cleaner/smarter/better power today.
더 청정한/더 스마트한/더 나은 전력을 지금 선택하세요.

Begin your sustainable/renewable/green legacy.
지속 가능한/재생 가능한/녹색 유산을 남겨보세요.

충성도(Loyalty)

Your sustainable/renewable/clean energy partner.
당신의 지속 가능한/재생 가능한/청정 에너지 파트너가 되겠습니다.

Exclusive/Special/Premium benefits for green energy pioneers.
그린 에너지 선구자들을 위해 엄선된/특별한/프리미엄 혜택.

Growing sustainably/responsibly/mindfully together.
지속 가능하게/책임감 있게/주의를 다하며 함께 성장합니다.

Rewards/Savings/Benefits that power positive change.
긍정적인 변화를 이끌어내는 보상/절약/혜택.

Experience the renewable/sustainable difference.
재생 가능한/지속 가능한 에너지의 차이를 경험해 보세요.

조선　　　　Shipbuilding

배경

조선 산업의 마케팅은 기술력을 나열하는 메시지 전달 방식을 넘어, 해양 산업의 야망과 혁신을 담아낸 스토리텔링 방식으로 진화하는 흐름을 보여주고 있다. 1940년대를 풍미하며 조선 산업에 인간미를 더해준 Newport News Shipbuilding의 변혁적인 캠페인 Always Good Ships 시간이 흘러도 변치 않는 최고의 선박 부터, 크루즈 선박을 일반인에게 마케팅하는 방법에 대변혁을 일으킨 Carnival의 획기적인 캠페인 Fun Ships 즐거운 배 시리즈에 이르기까지 해양 산업의 마케팅을 바꿔 놓은 선구적인 캠페인이 적잖게 있었다.

    초기에는 유럽 조선소들이 마케팅 혁신을 주도했다. 네덜란드에 본사를 둔 Damen의 캠페인 Designed for Stock 규격화된 설계 은 상선 마케팅의 새로운 기준을 세웠고, 독일의 Meyer Werft는 선박 건조를 대중의 상상력을 사로잡는 예술로 격상시킨 Ships That Dreams Are Made Of 꿈이 이루어지는 배 라는 캠페인으로 크루즈 선박의 마케팅을 재정의했다.

    한국 조선소들도 글로벌 마케팅 방식을 혁신하는 데 큰 몫을 했다. Hyundai Heavy Industries의 캠페인 Moving Forward Together 함께 앞으로 는 함께 협력하는 혁신을 강조하며 해양 산업의 마케팅에 혁명을 일으켰다. 한편 Samsung Heavy Industries의 Beyond the Ocean 대양을 넘어 시리즈는 탁월한 기술력이 감성적인 스토리텔링을 통해 어떻게 전달될 수 있는지를 보여주었다.

오늘날 조선 산업의 마케팅은 조선 산업의 정밀성과 야심찬 메시지를 동시에 전달하며, 공학적 우수성과 환경에 대한 책임 사이에서 균형을 맞춰야 한다. 조선 산업 분야의 마케팅은 선박의 사양을 홍보하던 초기 사례처럼 기술력을 자랑하던 전통적인 방식을 탈피하고, 조선 산업을 해양 혁신의 원동력으로 포지셔닝하며 조선 공학의 신뢰성을 유지하려는 Fincantieri의 캠페인 The Sea Ahead 다가오는 미래의 바다 처럼 한층 세련된 접근 방식으로 진화했다.

기업 개요

Damen Shipyards Group
설립 - 1927년
웹사이트 - https://www.damen.com

Damen은 네덜란드에서 가족 기업인 조선소로 출범해 이제는 상업, 국방, 요트 부문에서 표준화된 선박뿐만 아니라 맞춤형 선박까지 제작하는 글로벌 해양 솔루션 제공업체로 성장했다. 혁신적인 표준화와 모듈식 건조 방식으로 Damen은 조선의 효율성에 대변혁을 일으킨 한편, 맞춤형 제작에서도 여전히 탄력성을 견고히 유지하고 있다.

Damen의 마케팅 전략은 융통성과 검증된 솔루션을 강조하며 표준화 조선 분야의 혁신 기업으로 포지셔닝하는 데 있다. Damen의 캠페인에서는 신속한 인도 역량과 글로벌 지원 네트워크가 흔히 부각되며, 신속하고 인도되면서도 신뢰할 수 있고 선박을 원하는 해운 운영자를 타깃으로 한다. Damen의 마케팅은 실질적인 편익과 검증된 혁신력을 결합하고, 효율성과 맞춤형 건조 능력을 모두 중시하는 고객에게 어필하는 방식으로 접근한다.

Lürssen

설립 - 1875년

웹사이트 - https://www.lurssen.com

Lürssen은 독일의 소규모 조선 회사로 시작했지만 최첨단 해양 엔지니어링 분야의 글로벌 리더로 변모해 이제는 호화 요트와 군함 건조 분야의 선구자로 군림하고 있다. Lürssen은 맞춤형 슈퍼요트와 특수 해군함 건조 분야에서 끊임없는 혁신을 통해 본연의 위상을 굳건히 유지하고 있다.

    Lürssen의 마케팅 전략은 탁월한 맞춤 제작 역량과 축적된 기술력에 중점을 두고, 최고의 맞춤형 선박 건조 회사로 포지셔닝하는 데 있다. Lürssen의 캠페인에서는 장인 정신과 혁신이 주로 강조되고, 최고의 해양 솔루션을 추구하는 초고액 자산가와 해군을 고객으로 겨냥한다. Lürssen의 마케팅은 전통과 최첨단 과학기술력을 결합해 자신의 선박에 전통과 혁신을 모두 심고 싶어하는 고객들에게 어필한다.

Fincantieri

설립 - 1959년

웹사이트 - https://www.fincantieri.com

Fincantieri는 이탈리아의 국영 조선 회사로 출발해 이제는 크루즈선과 군함, 해양 구조물을 전문적으로 건조하는 세계 최대 규모의 조선 그룹 중 하나로 성장했다. Fincantieri는 기술 혁신과 해양 분야 전반의 다각화를 통해 그 위상을 유지하고 있다.

    Fincantieri의 마케팅 전략은 기술 역량의 리더십과 지속 가능한 혁신에 초점을 맞추고, 친환경 조선의 선구자로 포지셔닝하는 데 있다. Fincantieri의 캠페인에서는 해양 과학기술의 발전에서 Fincantieri의 역할이 자주 강조되고, 정교한 선박 솔루션을 구하는 기업 및 군부를 타깃으로 한다. Fincantieri의 마케팅은 혁신과 환경에 대한 책임을 모두 강조하며, 성과와 더불어 지속 가능성을 중시하는 해운 운영자들에게 어필하는 방식으로 접근한다.

마케팅 퍼널

> **Oceans of possibilities.** (Damen - website)
> **가능성의 바다.** (Damen - 웹사이트)

자세한 제품 소개나 기술적인 세부 사항에 초점을 맞추기보다는 쉽게 기억되고 포괄적이며 감성을 자극하도록 고안된 슬로건이다. 이 문구의 가장 큰 장점 중 하나는 단순함과 강렬함이다. Oceans라는 단어는 Damen이란 브랜드를 해양 산업과 즉각적으로 연결시켜 소비자들에게 Damen을 조선, 해양 엔지니어링, 또는 해양 관련 솔루션과 즉시 결부짓게 만든다. Oceans는 문자 그대로의 뜻에서는 해양과 관련되지만, 은유적으로는 풍요와 잠재력, 기회를 상징한다. 이런 이중적인 해석이 적용되면 Damen은 조선 회사를 넘어 해양 산업의 미래를 위한 무한한 가능성을 만들어내는 기업이 된다. 결론적으로, 뜨거운 열망으로 가득하고 쉽게 기억되며 감성적으로도 매력적인 슬로건이다.

> **Designing a product is designing a relationship.**
> (Lürssen - website)
>
> **어떤 제품을 설계한다는 것은 관계를 설계하는 것과 같습니다.**
> (Lürssen - 웹사이트)

요트 건조에서 더 개인적이고 더 심원한 소유의 경험으로 초점이 전환된 마케팅 메시지이다. 요트 설계를 단순한 거래가 아니라 관계로 설정함으로써 Lürssen은 조선 회사의 존재를 넘어 명품, 장인 정신, 장기적인 서비스를 제공하는 파트너로 포지셔닝된다. 이 메시지는 자기만의 경험, 특권층에게만 허용된 배타성, 지속적인 지원을 원하는 고액 자산 고객에게 특히 효과적이다. 잠재 고객에게는 Lürssen이 고객의 열망을 이해하고 각 선박을 고객의 고유한 바람에 맞추어 제작하는 데 혼신을 다하는 브랜드로 인식하도록 유도하는 메시지이기도 하다. Lürssen의 서비스를 일종의 관계 설정으로 소개함으로써 장기적인 관계를 중시하는 고객에게 유혹적인 이야깃거리가 된다.

> **Small ships—Tall ships—All ships** (Damen - website)
> **소형 선박—대형 선박—모든 선박** (Damen - 웹사이트)

소형 선박, 대형 상선, 또는 그 어떤 형태의 솔루션을 원하더라도 모든 고객의 요구 사항을 수용할 수 있다는 Damen의 역량을 효과적으로 드러내는 메시지이다. All ships라는 표현으로 포괄성을 강조함으로써 Damen은 고객의 어떤 요구에도 맞춤형 솔루션을 제공한다는 확신을 준다. 전체적으로 의미 전달에 그치지 않고 리듬감이 있어 쉽게 기억되고 흥미까지 불러일으키는 메시지이다. 각 문구가 똑같이 ships로 끝나며 반복되면서 구조적이고 시적인 흐름을 자아낸다. 대조적인 small과 tall을 먼저 사용한 뒤 모든 것을 포괄하는 all로 끝맺어, 만족스런 운율과 균형이 이루어진다. 이런 운율 구조는 상대적으로 더 편안하게 읽히고 쉽게 기억되기 때문에 잠재 고객에게 기억될 가능성도 커진다. 또한 장난스럽지만 자신감에 넘치는 어조여서 권위와 확신까지 느껴지는 슬로건이다.

> **We can meet and exceed your expectations.**
> (Fincantieri - website)
> **기대를 채우는 데 그치지 않고 그 너머까지 채워드리겠습니다.**
> (Fincantieri - 웹사이트)

잠재 고객에게 Fincantieri를 선택하는 것이 올바른 결정이란 확신을 심어 줄 목적으로 고안된 문구이다.

Fincantieri는 기대를 충족하는 데 그치지 않고 기대를 뛰어넘을 수 있다고 강조함으로써 자꾸 되살아나는 의심을 해소하고 자신감과 전문성을 재확인하는 동시에 고객 만족을 위해 최선을 다하겠다고 다짐하는 메시지이다. 선택된 단어들이 야심만만하고, 실현 가능성과 열망 사이를 조화롭게 오가며 더욱더 확신을 심어 준다. meet라는 단어를 사용함으로써 고객에게는 요구 사항이 충족될 것이란 확신을 주고, exceed라는 단어에서는 해당 산업계의 기준을 넘어서는 부가 가치와 혁신이 전제된다. 이런 유형의 표현은 특별히 뛰어난 결과를 약속하기 때문에 효과적이다.

> **Enjoy the yachting life—and leave the rest to us.**
> (Lürssen - website)
> **요트로 항해하는 삶을 즐기세요. 나머지는 우리가 맡겠습니다.**
> (Lürssen - 웹사이트)

요트 소유주들에게 Lürssen을 선택하면 유지 보수와 관리, 운전 과정에서 발생하는 문제 등에 대해 걱정할 필요가 없다는 안도감을 주려고 고안된 메시지이다. 매끄럽고 부드럽게 발음되기 때문에 Lürssen이 홍보하는 내용 자체를 반영하는 듯하다. Enjoy the yachting life라는 표현은 편안한 휴식과 신분을 떠올려 주는 반면 leave the rest to us는 비할 데 없는 최고의 서비스와 전문성을 약속한다. 이런 구조적 배치 덕분에 불안감을 덜어주고 권한을 위임하는 메시지가 된다. 요트를 소유할 때 따르는 부담감을 덜어줌으로써 Lürssen은 장기적인 브랜드 충성도를 높이고 고객에게 배려를 받는다는 느낌을 전해 준다. 그 결과로 고객이 Lürssen과의 관계를 지속할 가능성이 높아진다.

마케팅 퍼널 프랙티스

인지(Awareness)

> Engineering the future of maritime/ocean/naval excellence.
> 해양/대양/해군의 미래를 설계합니다.
>
> Where innovation/technology/craftsmanship meets the sea.
> 혁신/과학기술/장인 정신이 바다와 만나는 곳.
>
> Building tomorrow's/future/advanced vessels today.
> 오늘 내일의/미래의/선진화된 선박을 건조합니다.
>
> Masters of maritime/marine/naval innovation.
> 해양/해운/해군 혁신의 거장들.
>
> Navigating/Charting/Pioneering the future of shipbuilding.
> 조선의 미래를 끌어갑니다/계획합니다/개척합니다.

관심(Interest)

Your vision, our expertise/craftsmanship/innovation.
당신의 비전이 우리의 전문성/장인 정신/혁신과 만난다면.

Discover advanced/superior/unmatched maritime solutions.
선진화된/우월한/비길 데 없는 해양 솔루션을 만납니다.

Transform/Elevate/Enhance your maritime operations.
귀사의 선박 운영에 변화를 줍니다/효율성을 높입니다/가치를 높입니다.

Experience excellence/innovation/precision in shipbuilding.
선박 건조에 탁월함/혁신/정밀함이 더해진 결과를 경험합니다.

Where precision/quality/innovation sets sail.
정밀함/최고의 품질/혁신이 출범하는 곳.

고려(Consideration)

Proven/Trusted/Reliable maritime solutions worldwide.
세계적으로 입증된/신뢰할 수 있는/믿을 수 있는 해양 솔루션.

Engineering/Crafting/Building excellence into every vessel.
모든 선박에 탁월한 엔지니어링/기술력/건조 능력이 더해집니다.

Solutions that deliver/perform/excel at sea.
바다에서 기대에 부응하는/성능을 발휘하는/탁월한 솔루션.

Innovation/Technology/Engineering that moves maritime forward.
해양 산업을 발전시키는 혁신/과학기술/엔지니어링.

Sustainable/Advanced/Superior shipbuilding solutions.
선박 건조에서 지속 가능한/선진화된/우월한 솔루션.

구매 결정(Decision)

Join the evolution/revolution/transformation of maritime excellence.
탁월한 해양 문화를 위한 진화/혁명/변화를 함께하세요.

Choose proven/trusted/superior maritime innovation.
검증된/신뢰받고/우월한 해양 혁신을 선택하세요.

Launch/Begin/Start your maritime journey with us.
우리와 함께 바다에서의 여정을 출발하세요/시작하세요/개막하세요.

Partner/Collaborate/Advance with maritime leaders.
해양을 선도하는 리더들과 동반자가 되세요/협력하세요/함께 전진하세요.

Experience the difference/advantage/excellence at sea.
바다에서 보여주는 차이/이점/탁월함을 경험해 보세요.

충성도(Loyalty)

Your trusted partner/ally/companion at sea.
바다에서 당신의 믿음직한 파트너/동맹/동반자가 되겠습니다.

Excellence/Innovation/Leadership in every voyage.
어떤 항해에서나 탁월함/혁신/리더십을 보이겠습니다.

Building/Growing/Advancing maritime success together.
바다에서의 성공을 함께 만들어 갑니다/키워 갑니다/앞당깁니다.

Your maritime future/legacy/journey starts here.
해운에서 귀사의 미래/유산/여정은 여기에서 시작됩니다.

Committed/Dedicated/Devoted to your maritime success.
귀사의 해양 성공을 위해 혼신/전념/최선을 다하겠습니다.

철도망 Rail Networks

배경

철도 산업의 마케팅 언어는 기능적인 시간표 전달에서 철도 여행의 로맨스를 담은 스토리텔링으로 진화했다. 이 분야의 카피라이팅 유산에는 1970년대에 통근자의 애환을 재정의한 British Rail의 Let the Train Take the Strain 기차에 맡기고 마음 편히 가십시오 부터 철도 여행을 미국적 모험으로 변모시킨 Amtrak 모두 타십시오 의 기념비적인 All Aboard 시리즈까지 혁신적인 캠페인이 적지 않다.

철도 마케팅은 철도 여행을 영화의 한 장면처럼 묘사한 SNCF의 캠페인 The World Outside Your Window 창밖의 세계 를 통해 새로운 차원으로 발전했다. 한편 Deutsche Bahn의 캠페인 No Need to Fly 비행기를 탈 필요가 없습니다 는 철도를 항공 여행의 경쟁자로 포지셔닝하며 대변혁을 일으켰다. 이런 캠페인들은 철도 여행을 단순한 교통 수단에서 경험에 바탕을 둔 여행으로 격상시켰다.

현대 철도의 카피라이팅은 지속 가능성과 세련미를 조화롭게 결합하는 경향을 띤다. 프리미엄급 철도라는 위상을 유지하면서도 환경 문제를 언급하는 Eurostar의 캠페인 Tread Lightly 가볍게 걷기 가 대표적인 예이다. 철도 회사들의 캠페인 메시지가 환경에 대한 책임과 체험형 여행을 모두 강조하는 현상에서 철도 여행에 대한 인식이 크게 달라졌다는 것이 읽힌다.

기업 개요

National Rail UK
설립 - 1993년
웹사이트 - https://www.nationalrail.co.uk

National Rail은 영국 철도망 조정 기관으로, 영국 전역의 여객 수송을 감독한다. National Rail은 예약 시스템과 여객 정보 서비스의 지속적인 현대화를 통해 본연의 역할을 유지하면서 영국 철도 여행의 전통을 보존하고 있다.

National Rail의 마케팅 전략은 연결성과 편의성을 강조하며 국내 여행을 위한 현명한 선택으로 철도를 포지셔닝하는 데 있다. National Rail의 캠페인에서는 여행과 재회에 대한 스토리텔링이 자주 등장하고, 통근자와 휴가 여행객 모두를 타깃으로 한다. National Rail의 마케팅은 실질적인 여행 수단과 영감을 주는 콘텐츠를 결합하고, 믿음직하고 지속 가능한 교통 수단을 찾는 여행객에게 어필하는 접근 방식을 취한다.

VIA Rail Canada
설립 - 1977년
웹사이트 - https://www.viarail.ca

VIA Rail Canada는 단순한 국영 기업 crown corporation 에서 이제는 캐나다의 다채로운 자연과 지역 사회를 연결하는 여객 철도 서비스를 제공하는, 사랑받는 국영 기업으로 변모했다. VIA Rail은 경치가 아름다운 장거리 노선과 효율적인 객차 서비스를 결합해 본연의 위상을 유지하고 있다.

VIA Rail의 마케팅 전략은 여행 경험과 지속 가능한 여행에 초점을 맞추고, 기차 여행을 하나의 모험이자 환경을 고려한 선택으로 포지셔닝하는 데 있다. VIA Rail의 캠페인에서는 캐나다의 아름다운 자연과 기차 여행의 사회적 측면이 자주 등장하고, 아름다운 경치를 감상하며 여행을 즐기려는 관광객과 생산적인 이동 시간을 중시하는 비즈니스 출장자 모두를 타깃으로 한다. VIA Rail의 마케팅은 지속 가능성에 편안함과 편의성을 결합하며, 환경을 고려하는 여행객과 더 편안한 여행을 추구하는 여행객 모두에게 어필한다.

Swiss Federal Railways (SBB)
설립 - 1902년
웹사이트 - https://www.sbb.ch

Swiss Federal Railways는 스위스의 국영 철도 회사로, 운행 시간을 정확히 지키고 포괄적인 철도망을 갖춘 것으로 유명하다. 통합 대중교통의 글로벌 표준을 제시하면서 최고 수준의 서비스 품질과 기술 혁신을 유지하는 철도 회사이기도 하다.

SBB의 마케팅 전략은 신뢰성과 통합 모빌리티 integrated mobility에 중점을 두고, 스위스 대중교통 체계의 중추로 포지셔닝하는 데 있다. SBB의 캠페인에서는 운행 시간을 엄수하는 정시성 punctuality 과 원활한 연결성이 강조되고, 내국인 통근자와 해외 관광객 모두를 타깃으로 한다. SBB의 마케팅은 품질을 중요하게 생각하는 스위스의 전통적인 가치관과 혁신적인 모빌리티 솔루션을 결합하고, 효율성과 환경 책임을 중시하는 여행객들에게 어필하는 방식으로 한다.

마케팅 퍼널

> **Nothing beats exploring. Nothing beats seeing it live. Nothing beats surprises. Nothing beats being there.** (National Rail UK - TV advert)
> 탐험하는 것만큼 좋은 건 없습니다. 직접 보는 것만큼 좋은 건 없습니다. 뜻밖의 것을 발견하는 것만큼 좋은 건 없습니다. 현장에 있는 것만큼 좋은 건 없습니다. (National Rail UK - 텔레비전 광고)

Nothing beats라는 문구를 리드미컬하게 반복 사용해 강렬하고 기억에 각인되는 인상을 남기는 광고이다. 이 표현이 반복되면서 관련된 순간들의 독특함이 더욱 두드러진다. 카피라이터는 이런 구조를 반복함으로써 비할 데 없는 경험을 강조한다. 마케팅 관점에서는 모험을 향한 보편적인 열망과 실제 경험의 진정성을 적극적으로 활용한 카피이다. 잠재 고객이 National Rail을 잊지 못할 경험으로 향하는 관문으로 생각하도록 은근히 유도하는 광고이다. 따라서 철도라는 상품의 장점을 부각하는 데 그치지 않고 잠재 고객과 정서적 유대감을 형성하며 개인적인 여정의 일부로 철도와 관계를 맺도록 독려하는 메시지가 된다. 또한 간명하면서도 박력 있는 어법을 사용하고 있어, 메시지를 잠재 고객의 뇌리에 심어 줄 목적으로 설계된 고전적인 카피라이팅 기법이다.

> **Our new business class menu... deliciously elevated.** (VIA Rail Canada - website)
> 비즈니스 클래스를 위한 새로운 메뉴를 마련했습니다. 맛과 품격이 향상되었습니다. (VIA Rail Canada - 웹사이트)

관심을 끌어당기고 새로운 아이디어나 제안을 기억에 남는 방식으로 소개하는 것이 이 메시지의 목적이다. Our new business class menu라고 언급함으로써 혁신과 참신함을 곧장 떠올려 주며, 잠재 고객에게 VIA Rail Canada가 제공하는 서비스에 어떤 새로운 변화가 있었는지 주목해 보라고 촉구하고 있다. 또한 elevated라는 단어는 비즈니스 클래스 여행과 관련해 더 높아진 수준의 프리미엄급 서비스를 은근히 암시하고, 업그레이드된 여행을 경험하게 될 것이란 약속을 재확인해 준다. 이렇게 좋은 것을 떠올려 주는 언어 표현은 강렬한 감각적 유혹을 빚어내며 양질의 고급스런 서비스를 열망하는 고객에 부응한다.

> **Official ticket shop for Swiss rail passes. Book all Swiss Travel System rail passes online and travel through Switzerland by train, bus or boat. We are a company of the Swiss Federal Railways (SBB) and operate the official ticket shop.** (swissrailways.com / Swiss Railways SBB - website)
>
> **스위스 철도 패스를 구입할 수 있는 공식 티켓 판매처입니다. 스위스 트래블 시스템의 모든 철도 패스를 온라인으로 예약하고 기차나 버스, 선박으로 스위스를 여행하세요. 우리는 Swiss Federal Railways (SBB)의 자회사로 공식적인 티켓 판매처를 운영하고 있습니다.** (swissrailways.com / Swiss Railways SBB - 웹사이트)

Official ticket shop for Swiss rail passes라는 문구는 즉각적으로 신뢰를 얻기에 충분하다. 방문자에게 해당 사이트의 적법성을 알리며 스위스 철도 여행 티켓을 안심하고 구매할 수 있는 확실한 곳으로 포시셔닝하는 대담한 선언이다. 따라서 이 카피는 안심하고 구매할 수 있는 곳을 찾는 잠재 고객의 필요에 완벽하게 부응한다. 게다가 고객이 기대할 수 있는 모든 것을 포괄적으로 설명함으로써 믿음이 더욱 공고해진다. Book all Swiss Travel System rail passes online and travel through Switzerland by train, bus or boat라는 표현은 고객에게 해당 서비스가 기차라는 하나의 교통 수단에 국한되지 않는다며, 매끄럽게 이어지는 통합된 여행 수단을 제공한다. 잠재 고객은 여러 선택지를 능동적으로 평가하며 정보에 기반해 안전한 결정을 내린다는 확신을 얻고 싶어하기 때문에 이처럼 명확하고 자세하게 설명하는 것이 중요하다. 더욱이 마지막 문장은 메시지 전체의 신빙성과 신뢰를 더해준다. 명성이 자자한 Swiss Federal Railways와의 관련성을 직접적으로 언급함으로써 고객에게 철도 티켓을 예약하기에 적합한 곳에 있다는 확신을 심어 주는 문장이 된다. 이처럼 권위를 빌린 강력한 어법은 고객의 우려를 해소하고 예약 결정에 더욱 가까이 다가가도록 유도하는 데 특히 효과적이다.

> **Book faster. Manage your trips. Earn points.** (VIA Rail Canada - website)
>
> **더 신속하게 예약하시고, 여정을 관리하세요. 물론 포인트도 적립하고요.** (VIA Rail Canada - 웹사이트)

혜택을 간결하게 제시함으로써 고객의 적극적인 구매 의지에 직접적으로 호소하며, 이것저것 그만 따지고 결정하라고 최종적으로 밀어붙이는 문구이다. 따라서 행동 지향적인 명확한 표현들로 이루어지며, 구매 결정 과정을 속도와 관리, 보상이라는 세 가지 매력적인 인센티브로 나눈다. 이 세 가지 요소는 VIA Rail Canada를 이용하면 예약이 신속하고 간편하게 진행될 뿐만 아니라 로열티 프로그램을 통해 추가적인 보상까지 얻을 수 있다는 점을 강조함으로써 일반적인 소비자의 우려를 깔끔하게 해소한다. Book faster라는 표현이 강조되어 효율성과 편의성을 추구하는 고객에게 어필한다. Manage your trips라는 표현은 잠재 고객에게 여행 일정을 완벽하게 관리할 수 있을 것이라는 확신을 준다. 끝으로 Earn points에서는 추가적인 인센티브 역할을 하는 보상이 제시된다. 이런 요소들이 어우러져 잠재 고객을 고려 단계에서 구매 결정 단계로 이끄는 결정적이고 효과적인 콜 투 액션이 된다.

> **Whether you travel every week or a few times a year, your trips with VIA Rail can always be rewarded.** (VIA Rail Canada - website)
> **매주 여행하든 일 년에 몇 번 여행하든, VIA Rail을 이용한 여행은 언제나 보상받을 수 있습니다.** (VIA Rail Canada - 웹사이트)

고객과 VIA Rail Canada 간의 지속적인 관계를 보강하는 카피이다. 여행 빈도와 상관없이 VIA Rail Canada를 이용해 여행할 때마다 보상으로 이어질 것이라는 확신을 고객에게 심어 주는 메시지이다. 본연의 가치관을 계속 유지하겠다는 다짐과 고객에게 감사하는 마음을 홍보하는 메시지이기도 하다. 이 포괄적인 메시지는 기차를 이용하면 언제나 이익이 된다는 느낌을 주어 충성도를 높이고, 기차를 자주 이용하는 고객이나 가끔 이용하는 고객이나 모두 VIA Rail Canada와 관계를 유지하도록 유도하는 데 도움이 된다. 이런 접근 방식은 재구매를 유도하고, 고객으로 하여금 자신이 소중하게 여겨지고 이해받는다는 보람을 느끼게 해 준다. 그 결과 고객의 더 강력한 지지와 장기적인 브랜드 충성으로 이어질 수 있다.

마케팅 퍼널 프랙티스

인지(Awareness)

> Travel that transforms/inspires/connects.
> 변화/영감/연결으로 이어지는 여행.
>
> Your journey beyond the ordinary/expected/conventional.
> 평범함/기대/관례를 뛰어넘는 여행.
>
> Discover destinations by rail/train.
> 철도/기차로 목적지까지!
>
> Experience travel reimagined/renewed/redefined.
> 새롭게 상상된/꾸며진/정의된 여행을 경험합니다.
>
> Where every journey tells a story/adventure/tale.
> 어떤 여정에나 이야기/모험/사건이 있는 곳.

관심(Interest)

> Your window to discovery/adventure/exploration.
> 발견/모험/탐험으로 향하는 당신의 창이 됩니다.
>
> Connect with moments/places/experiences that matter.
> 중요한 순간/장소/경험과 이어집니다.
>
> Travel smarter/greener/better by rail.
> 철도로 더 스마트하게/더 친환경적으로/더 낫게 여행을 즐기세요.
>
> Choose the path less traveled/rushed/ordinary.
> 덜 알려진/덜 붐비는/덜 평범한 여정을 선택합니다.
>
> See the world at track/ground level.
> 철로에서/지표의 눈높이로 세상을 구경해 보세요.

고려(Consideration)

Reliable connections, exceptional/outstanding/premium service.
신뢰할 수 있는 연결, 탁월한/뛰어난/프리미엄 서비스.

Journey in comfort/style/luxury across destinations.
여행지에서 여행지로 편안하게/멋지게/고급스럽게 여행하세요.

Seamless travel through cities/regions/countries.
도시에서 도시로/지역에서 지역으로/이 나라에서 저 나라로 거침없이 여행하세요.

Experience the difference/advantage/excellence of rail.
철도의 차이/장점/탁월함을 경험하세요.

Your journey, your pace/schedule/timeline.
당신의 여정, 당신의 페이스/일정/시간표.

구매 결정(Decision)

Join millions of satisfied/happy/content passengers.
이미 만족한/행복한/흡족한 수백만 승객과 함께하세요.

Start your rail adventure/journey/experience today.
오늘 기차로 여행/모험/경험을 시작해 보세요.

Book your escape/getaway/trip now.
지금 바로 일상에서 벗어나는 탈출/휴가/여행을 예약하세요.

Choose sustainable/responsible/conscious travel.
지속 가능한/분별 있는/의식 있는 여행을 선택하세요.

Begin your journey to tomorrow/adventure/discovery.
내일/모험/발견으로 향하는 여정을 시작하세요.

충성도(Loyalty)

Your preferred way to travel/explore/connect.
여행/탐험/연결을 위한 최고의 선택.

Exclusive benefits/rewards/perks for frequent travelers.
자주 여행하는 분들을 위한 특별한 혜택/보상/특전.

Growing stronger/better/greener together.
함께 더 강하게/더 낫게/더 푸르게 성장합니다.

Your trusted travel companion/partner/choice.
당신의 믿음직한 여행 동반자/파트너/선택지.

Experience the difference/quality/excellence every time you take the train.
기차를 이용할 때마다 그 차이/품질/탁월함을 경험해 보세요.

전기 자동차   Electric Vehicles

배경

전기 자동차 electric vehicle, EV 산업의 마케팅 커뮤니케이션은 과학기술에 초점을 맞춘 메시지 전달 방식에서, 지속 가능한 혁신을 찬양하는 스토리텔링으로 진화했다. 이 분야의 카피라이팅 역사에는 팬이 제작한 독특한 콘텐츠를 사용한 Tesla의 바이럴 캠페인 Release the Next Generation 다음 세대를 선보이다 부터, 전기 자동차를 틈새 제품에서 주류 가족용 차량으로 재포지셔닝한 Nissan Leaf의 Leading, Environmentally friendly, Affordable, Family car 선도적이고 친환경적이며 합리적인 가격의 가족용 자동차 까지 전기 자동차에 대한 인식을 재정립한 획기적인 캠페인이 적지 않았다.

한국 자동차 제조회사들도 세계적으로 전기 자동차 마케팅에 대변혁을 일으켰다. 예컨대 Hyundai의 Progress for Humanity 인류를 위한 진보 는 사람들의 이야기를 통해 과학기술의 발전상을 전달하는 새로운 기준을 제시했고, Kia의 Movement that Inspires 영감을 주는 모빌리티 는 기술 부문의 신뢰성을 유지하는 동시에 소비자의 정서적 공감을 불러일으키는 메시지 전달법을 재정립하였다.

오늘날 전기 자동차의 카피라이팅은 환경 의식과 성능 사이를 예술적으로 넘나들며, 적격한 지속 가능성과 운전하는 즐거움을 조화롭게 엮어내고 있다. 전기 자동차 산업의 캠페인은 Tesla가 Zero to 60 in 2.8 seconds, Zero emissions 2.8초 만에 시속 60마일, 배기가스는 제로 라는 캠페인에서 보여주었듯이 초기에는 사용자를 중심에 둔 메시지 전달에 주력했지만, 이제는 Polestar의 Design for Impact 깊은 인상을 남기기 위한 디자인 시리즈처럼 전기 자동차를 단순히 책임감 있는 선택이 아니라 욕망의 대상으로 포지셔닝하는 한층 더 포괄적인 접근 방식으로 진화했다.

기업 개요

Tesla
설립 - 2003년
웹사이트 - https://www.tesla.com

Tesla는 전기 자동차를 친환경적인 대안에서 누구나 탐내는 신분의 상징으로 탈바꿈시키며 자동차 산업에 대변혁을 일으켰다. 과학 기술은 물론, 소비자에게 직접 판매하는 방식 direct-to-consumer, D2C 의 지속적인 혁신을 통해 전기 자동차의 선구자이자 문화 현상으로서 본연의 위상을 유지하고 있다.

    Tesla의 마케팅 전략은 기존의 자동차 광고에서 벗어나 바이럴 마케팅과 카리스마 넘치는 리더십에 의존하고 있다. Tesla의 접근 방식은 커뮤니티 구축과 기술적 우위를 강조하며, 얼리어답터 early adopter 와 기술 애호가 tech enthusiast 를 타깃으로 한다. Tesla의 마케팅은 소셜 미디어 참여와 제품 시연을 적극적으로 활용하며, 전통적인 럭셔리보다 혁신과 배타적인 경험을 중시하는 소비자들에게 어필한다.

Lucid Motors

설립 - 2007년

웹사이트 - https://www.lucidmotors.com

Lucid Motors는 전기 자동차 배터리 기술을 배경으로 출발하여 럭셔리 전기 자동차의 관습에 도전장을 내밀었다. Lucid Motors는 탁월한 주행 거리와 세련된 디자인으로 차별화 전략을 구사하며, 뛰어난 기술력과 럭셔리가 함께하는 자동차로 포지셔닝하고 있다.

    Lucid Motors의 마케팅 전략은 획기적인 과학기술력과 세련된 미학을 강조하는 데 있다. Lucid Motors의 캠페인에서는 탁월한 공학 기술과 럭셔리한 라이프스타일이 결합되고, 성능과 고급스러움을 모두 추구하는 부유한 소비자를 타깃으로 한다. Lucid Motors는 메시지 전달에서 구조적 이미지와 공간 효율성을 강조하고, 디자인을 의식하며 형태와 기능을 모두 중시하는 구매자에게 어필한다.

Polestar

설립 - 2017년

웹사이트 - https://www.polestar.com

Polestar는 Volvo의 한 개발 부서에서 독립한 전기 자동차 퍼포먼스 브랜드이다. Polestar는 미니멀리스트 디자인과 지속 가능한 럭셔리에 계속 초점을 맞추고, 프리미엄급 전기 자동차에 대해 차별화된 비전을 제시한다.

    Polestar의 마케팅은 스칸디나비아 디자인 원칙과 환경에 대한 책임에 중점을 둔다. Polestar의 캠페인에서는 깔끔한 미학적 디자인과 간결한 메시지 전달이 주된 특징을 이루고, 환경을 의식하는 럭셔리 소비자를 타깃으로 한다. Polestar는 대외적으로 주장되는 지속 가능성과 성능 지표에서 투명성을 강조하며, 진정성과 진보적인 과학기술을 중시하는 소비자에게 어필한다.

* 퍼포먼스 브랜드(performance brand): 역동적인 시장에서 특정 부문의 기술 성능을 입증할 목적으로 설계된 제품을 제작하고 판매하는 데 주력하는 브랜드.

마케팅 퍼널

> **Excellence evolves.** (BMW - website)
> **탁월함은 진화한다.** (BMW - 웹사이트)

우수한 품질과 혁신을 동시에 떠올려 주는 강력한 함축적인 어법이 사용된 문구이다. BMW가 이미 잘 알려진 브랜드라는 점을 고려하면, excellence이란 단어는 BMW의 확고한 브랜드 캐시 brand cache, 즉 BMW가 오랫동안 쌓아 온 혁신, 우수함, 성능에 대한 명성을 활용한 것이다. 이런 익숙한 연상은 잠재 고객이 BMW에 기대하는 높은 기준을 재확인해 준다. 한편 evolves라는 단어는 변화와 전진이라는 의미를 부여하며, BMW가 전기 자동차로의 전환을 통해 변화를 적극적으로 수용하고 있다는 것을 보여준다. 전체적으로 BMW를 이 새로운 시장의 선두 주자로 포지셔닝하는 슬로건이다.

> **Compromise nothing.** (Lucid Motors - website)
> **어떤 경우에도 타협하지 않습니다.** (Lucid Motors - 웹사이트)

간단명료하면서도 대담한 표현이다. 지속 가능성을 이유로 품질이나 성능을 희생하는 것으로 보이는 듯한 경쟁사들과 Lucid Motors

를 차별화하는 슬로건이다. Lucid Motors가 타협하지 않는 제품을 제공한다는 뜻을 함축해, 최고만을 기대하는 소비자들의 공감을 얻기에 충분하다. 이런 접근 방식은 궁금증을 자극하고 잠재적 구매자들에게 Lucid Motors라는 회사에 대해 더 깊이 있게 살펴보도록 유도한다. 전체적으로 소비자의 관심을 불러일으키고 Lucid Motors의 기술력과 디자인 혁신에 대해 더 자세히 알아보도록 유도하는 슬로건이다.

> **The perfect balance of having it all.** (Lucid Motors - website)
> **모든 것을 갖춘 완벽한 균형.** (Lucid Motors - 웹사이트)

우리에게 널리 알려진 여러 문구를 재밌게 비튼 기발한 슬로건이다. The perfect balance of는 대체로 상충되는 속성들을 적정한 비율로 결합하는 것을 의미할 때 사용되는 일반적인 표현이다. 이렇게 균형을 맞추는 것으로 of 뒤에 사용되는 예로는 성능과 럭셔리, 혁신과 전통 등이 있다. 이 카피는 you can't have it all 모든 것을 다 가질 수는 없다 이라는 또 하나의 흔한 속담을 변용한 것이기도 하다. 이 속담은 어떤 경우에나 타협이 필요하다는 것을 암시하며, 누구도 원하는 것을 동시에 모두 얻는 것은 불가능하다는 것을 뜻한다. 하지만 이 슬로건은 이 모든 것을 뒤집으며, Lucid Motors는 타협을 위해 전통적인 관습에 얽매이지 않으므로 구매자도 럭셔리, 성능, 지속 가능성 중 하나를 선택할 필요 없이 모든 것을 한 묶음으로 완벽하게 얻을 수 있다고 알려준다. 유쾌하면서도 자신감 넘치며, 모든 것을 아우르는 경험을 제공하려는 Lucid Motors의 야심을 고스란히 드러내고 있다. 잠재 고객에게는 원하는 모든 요소가 전문가의 손에 의해 최종 제품에 조립되었을 것이란 확신을 주는 메시지이기도 하다.

> **Help me choose. Discover which Tesla models meet your needs by answering questions about your budget, driving habits and lifestyle.** (Tesla - website)
>
> **선택하는 걸 도와주세요. 예산, 운전 습관, 라이프스타일에 대한 질문에 답해서 어떤 테슬라 모델이 맞는지 알아보세요.** (Tesla - 웹사이트)

목표를 특정한 뒤 사용자의 구체적 요구 사항을 직접적으로 해결하는 쌍방향 도구로 기능하는 문구이다. 사용자에게 개인화된 질문에 답하도록 유도함으로써 결정 과정의 피로감을 줄이고, 최종 선택에 이르는 과정을 안내받으며 맞춤화된 느낌을 준다. 이런 접근 방식은 맞춤형을 원하는 소비자의 욕구에 부응해 실행 가능한 다음 단계를 명확히 제시하는 효과적인 카피라이팅의 좋은 예라고 할 수 있다. 잠재 고객에게 지원과 이해를 받는다는 느낌을 전달하며, 자신이 내리는 결정이 정보에 근거하고 자신의 고유한 상황에 부합한다는 확신을 준다. 대화하는 형식을 띠지만 권위를 풍기는 어법이어서, Tesla의 다채로운 모델이 타협하지 않고도 다양한 라이프스타일을 수용할 수 있다는 확신을 심어 준다. 궁극적으로 이런 전략은 브랜드에 대한 신뢰를 강화하고, 고려 단계와 구매 단계 사이의 간극을 메우는 데 도움이 된다.

> **What if charging your EV could save or even make you money?** (Polestar - social media)
>
> **전기 자동차를 충전해서 돈을 절약할 수 있다면, 심지어 돈을 벌 수 있다면 어떻겠습니까?** (Polestar - 소셜 미디어)

지속적인 가치와 혁신을 강력하게 떠올려 주는 메시지이다. 초기 구매를 넘어 Polestar와의 관계를 지속하면 보상으로 이어진다는 생각을 보강해 주고, 기회가 계속된다는 느낌을 심어줌으로써 충성 심리를 자극하는 메시지이기도 하다. Polestar는 전기 자동차 충전이라는 일상적인 활동을 재정적 이익을 얻는 잠재적 원천으로 규정함으로써, 판매 후에도 고객의 이익을 위해 최선을 다한다는 책무를 재확인해 준다. 이 메시지는 Polestar가 전기 자동차를 판매하는 것으로 그치지 않고, 전기 자동차를 소유한 자체의 가치를 높여 주는 역할도 한다. 따라서 충성도가 높은 고객은 자신을 미래 지향적인 생태계, 즉 지속 가능한 삶을 지원하고 재정적 이점을 실질적으로 제공하는 생태계의 일원으로 인식하는 자부심까지 느끼게 된다. 이런 식으로 Polestar는 Polestar를 좋아하는 사람들로 이루어진 커뮤니티를 육성하고, 그들은 Polestar에 대해 더 깊은 유대감과 책무를 느끼게 된다.

마케팅 퍼널 프랙티스

인지(Awareness)

> Power meets purpose/future/innovation.
> 목적/미래/혁신에 성능을 더했습니다.
>
> Drive the change/revolution/future.
> 변화/혁명/미래를 끌어 가세요.
>
> Experience electric performance/luxury/mobility.
> 전기 자동차의 성능/럭셔리함/이동성을 경험해 보세요.

Where technology meets tomorrow/sustainability/design.
미래/지속 가능성/디자인에 테크놀로지를 더했습니다.

Redefine your journey/expectations/drive.
당신의 여정/기대 수준/자동차 여행이 달라집니다.

관심(Interest)

Range that takes you everywhere/beyond/forward.
어디든/저 너머/저 앞으로 데려갈 수 있는 주행 거리.

Performance without compromise/limits/boundaries.
타협/한계/경계를 뛰어넘은 성능.

Design that speaks to tomorrow/innovation/possibility.
미래/혁신/가능성을 이야기하는 디자인.

Power that inspires/transforms/evolves.
영감을 주는/변화를 주도하는/진화하는 출력.

Technology that empowers/elevates/advances.
출력을 높이는/품격을 높여 주는/발전을 거듭하는 테크놀로지.

고려(Consideration)

Engineered for excellence/perfection/tomorrow.
탁월함/완벽함/내일을 위해 설계되었습니다.

Sustainable without compromise/sacrifice/limits.
타협하지 않고/희생을 강요하지 않고/한계를 두지 않고 지속 가능성을 추구합니다.

Innovation that delivers/transforms/advances.
도움이 되는/변화를 끌어가는/발전을 유도하는 혁신.

Performance meets responsibility/sustainability/efficiency.
책임/지속 가능성/효율성에 성능을 더했습니다.

Design that inspires/endures/evolves.
영감을 주는/오래 지속되는/진화하는 디자인.

구매 결정(Decision)

Join the electric revolution/future/movement.
전기 자동차의 혁명/미래/변화와 함께하세요.

Choose sustainable/responsible/innovative mobility.
지속 가능한/책임감 있는/혁신적인 모빌리티를 선택하세요.

Experience the future/difference/evolution today.
미래/차이/진화를 지금 경험해 보세요.

Drive change/progress/innovation.
변화/진보/혁신을 앞장서서 이끌어 가세요.

Begin your electric journey/adventure/transformation.
전기 자동차로의 여정/모험/변화를 시작해 보세요.

충성도(Loyalty)

Your sustainable companion/partner/future.
당신의 지속 가능한 동반자/파트너/미래.

Exclusive benefits for visionary/progressive/conscious drivers.
미래를 내다보는/진보적인/의식 있는 운전자를 위한 특별한 혜택.

Growing cleaner/smarter/better together.
더 청정한/더 스마트한/더 나은 방향으로 함께 성장합니다.

Innovation that evolves with you/time/progress.
당신/시간/진보와 함께 진화하는 혁신.

Experience the future/the difference/automotive evolution every day.
미래/차이/자동차의 진화를 매일 경험해 보세요.

럭셔리 자동차　　Luxury Vehicles

배경

럭셔리 자동차 분야의 마케팅 진화는 자동차가 단순한 운송 수단에서 개인적 성취를 표현하는 방식으로 변화하는 과정과 맥을 같이 한다. 럭셔리 자동차 산업의 카피라이팅 유산에는 데이비드 오길비 David Ogilvy 가 1958년에 제작한 Rolls-Royce의 획기적인 카피 At 60 miles an hour, the loudest noise comes from the electric clock 시속 60마일로 달리는 자동차 안에서 가장 큰 소음은 전자 시계 소리 부터 성능에 초점을 맞춘 럭셔리 자동차라는 메시지를 담은 BMW의 1973년 혁명적인 캠페인 The Ultimate Driving Machine 궁극의 드라이빙 머신 까지, 신기원을 이룬 캠페인이 적지 않았다.

　　수십 년 동안 자동차 카피라이팅은 열망을 표현한 기술을 조금씩 다듬어 왔고, Mercedes-Benz의 상징적인 캠페인 Engineered Like No Other Car in the World 세계의 다른 어떤 차에도 없는 설계 가 대표적인 예이다. 1950년대와 1960년대를 풍미한 Jaguar의 메시지 Grace, Space, Pace 우아함, 넓은 공간, 속도 는 기술적 우수성과 감성적 호소력을 조화롭게 결합한 것으로 럭셔리 자동차 마케팅의 표본이 되었다. 한편 Lexus가 1989년 론칭하며 내세운 캠페인 The Relentless Pursuit of Perfection 완벽을 향한 끊임없는 추구 은 프리미엄급 포지셔닝의 새로운 기준을 정립했다.

Hyundai의 럭셔리 자동차 브랜드 Genesis는 Young Luxury 젊은 럭셔리 라는 접근 방식을 통해 현대 럭셔리 자동차 마케팅에 대혁신을 일으키며 전통적인 럭셔리 자동차의 관습에 도전하며 프리미엄급의 위상을 유지하고 있다.

현대 럭셔리 자동차의 카피라이팅은 갈수록 성능과 더불어 지속 가능성을 높이 강조하고 있으며, 이런 현상은 Porsche의 Taycan 캠페인 Soul, Electrified 전기화된 열정 에서 잘 드러난다. 이런 변화는 럭셔리 자동차에 대한 인식이 광범위하게 변했다는 것을 반영하며, 실제로 이제는 많은 브랜드가 전통적인 메시지 전달 방식과 미래 지향적인 혁신 사이에 균형을 맞추려 한다.

기업 개요

Mercedes-Benz
설립 - 1926년
웹사이트 - https://www.mercedes-benz.com

Mercedes-Benz는 세계에서 가장 오래된 자동차 제조업체로 기술 혁신과 럭셔리 마케팅을 선도하고 있다. Mercedes-Benz는 탁월한 엔지니어링 역량을 통해, 또 과거의 유산과 혁신을 모두 강조하는 세련된 브랜드 커뮤니케이션을 통해 본연의 위상을 유지하고 있다.

Mercedes-Benz의 마케팅 전략은 어떤 경우에도 양보하지 않고 최고 수준을 지향하는 자세와 미래 지향적인 럭셔리 자동차에 초점을 맞춘다. Mercedes-Benz의 캠페인에는 우월한 기술력과 정서적 공감이 결합되는 경우가 많고, 혁신과 전통 모두 중시하는 안목 있는 소비자를 타깃으로 한다. Mercedes-Benz는 권위와 열망을 결합하는 접근 방식을 통해 탁월한 럭셔리 자동차를 개인적인 성취의 연장선으로 생각하는 사람들에게 어필한다.

Aston Martin
설립 - 1913년
웹사이트 - https://www.astonmartin.com

Aston Martin은 영국의 작은 제조업체로 출발해, 이제는 수작업으로 빚어낸 우아함에 뛰어난 성능이 더해진 글로벌 럭셔리 브랜드로 성장했다. Aston Martin은 한정 생산을 통해 고급스러운 특별함을 유지하는 동시에 새로운 세대의 럭셔리 자동차 소비자들에게 어필한다.

    Aston Martin의 마케팅 전략은 맞춤형 장인 정신과 영국 특유의 개성을 강조하는 데 있다. Aston Martin의 캠페인에서는 과거의 유산에 현대적인 디자인을 연결하는 감성적 스토리텔링이 자주 사용되고, 뛰어난 성능과 고급스러운 특별함을 모두 중시하는 세련된 애호가들을 타깃으로 한다. Aston Martin의 접근 방식은 시대를 초월하는 우아함과 현대적인 혁신을 조화롭게 결합하고, 남다른 자동차를 운전하는 경험을 추구하는 수집가와 애호가에게 어필한다.

Range Rover
설립 - 1970년
웹사이트 - https://www.landrover.com/range-rover

Range Rover는 SUV 부문에서 럭셔리 시장을 선도하며 실용적인 자동차를 사회적 신분의 상징으로 탈바꿈시켰다. Range Rover는 성능과 럭셔리에서 끊임없는 혁신을 통해 SUV 부문의 리더라는 본연의 위치를 유지하며, 프리미엄 SUV로서 갖추어야 할 디자인과 성능의 기준을 제시하고 있다.

Range Rover의 마케팅 전략은 탁월한 성능과 세련된 럭셔리를 결합한 결과물이라는 데 초점을 맞춘다. Range Rover의 캠페인에서는 다양한 용도와 세련미가 자주 강조되고, 명성과 실용성을 동시에 추구하는 부유층 소비자를 타깃으로 한다. Range Rover의 접근 방식은 어떤 환경에서나 진정한 럭셔리 자동차라는 것을 강조하며, 편안함을 포기하지 않으면서도 모험을 추구하는 사람들에게 어필한다.

*SUV(sport utility vehicle): 스포츠 유틸리티 자동차.

마케팅 퍼널

> **The best or nothing.** (Mercedes-Benz - print advert)
> 최고가 아니면 아무것도 아니다. (Mercedes-Benz - 인쇄물 광고)

즉각적으로 시선을 사로잡고, 우월한 품질과 성능의 기준으로 Mercedes-Benz를 포지셔닝하기 위해 고안된 슬로건이다. 단순히 제품을 소개하는 데 그치지 않고 럭셔리를 완벽함과 관련짓는 소비자들에게 공감을 불러일으키는, 야심찬 아이덴티티를 구축한다. '모 아니면 도'라는 간결한 표현으로 잠재 고객에게 기억에 남는 인상을 남기며, Mercedes-Benz는 평범함에 안주하지 않는다는 각오를 보여주는 슬로건이다. 잠재 고객에게 최고만이 허용된 기준에 함께하라고 촉구하는 도전으로도 해석된다.

> **Lead by example. Designed and built in the UK.**
> (Range Rover - website)
>
> **모범을 보이며 앞장서겠습니다. 영국에서 설계되고 제작되었습니다.** (Range Rover - 웹사이트)

혁신과 전통이 결합된 메시지이다. Lead by example이라는 선언으로 Range Rover는 트렌드를 따르는 데 그치지 않고 트렌드를 만들어 가는 브랜드로 포지셔닝된다. Range Rover가 디자인과 최첨단 기술에서도 선두권에 있다는 것을 암시하는 표현이기도 하다. 뒷문장 Designed and built in the UK는 진정성과 장인 정신을 강조하며, 영국 엔지니어링의 긍정적인 면을 활용한다. 즉, 영국이란 지리적 위치를 강조함으로써 품질과 섬세한 디자인의 유산이라는 것을 부각한다. 이 표현은 독특하지만 유산을 중심에 둔 가치 제안을 명확히 제기함으로써 Range Rover를 경쟁자들과 구분짓기도 한다. 이런 요소들이 어우러져, 혁신과 유서 깊은 전통을 결합한 브랜드에 대해 더 자세히 알고 싶어하는 소비자들에게 공감을 불러일으키며, Range Rover가 제공하는 것을 더 깊이 조사해 보도록 유도한다.

> **The best knows no alternative.** (Mercedes-Benz - print advert)
>
> **최고는 대안이 없습니다.** (Mercedes-Benz - 인쇄물 광고)

타협 없는 탁월함을 추구하는 사람들에게는 Mercedes-Benz가 유일한 선택지일 뿐, 사실상 경쟁자가 없다는 것을 암시하는 슬로건이다. 잠재 고객에게 정점에 올라선 Mercedes-Benz의 품질을 경험한 뒤에는 다른 어떤 선택지도 고려할 수 없게 된다는 확신을 주기도 한다.

이 기발한 문구는 신뢰감을 심어 주는 동시에 Mercedes-Benz를 럭셔리 자동차의 최고의 선택지로 포지셔닝한다. 어떤 대안도 본질적으로 열등하다고 암시함으로써 소비자의 평가 과정을 줄여 주는 효과도 있다. 따라서 고려하는 동안의 인지 부하 cognitive load 를 효과적으로 줄이고, Mercedes-Benz를 선택하는 결정이 당연하면서도 정당하다고 느끼게 해 주는 슬로건이기도 하다.

* 인지 부하(cognitive load): 정보를 처리하고 과제를 완료하는 데 필요한 정신적 노동량.

> **For the drivers who want to experience the impossible. A sensuous connection between driver and vehicle.** (Aston Martin - website)
> **불가능을 경험하고 싶은 운전자들을 위한 자동차. 운전자와 자동차를 오감으로 연결합니다.** (Aston Martin - 웹사이트)

구매를 결정짓는 방향으로 유도할 목적으로 고안된 메시지이다. 이미 여러 럭셔리 자동차를 고려한 뒤 최종 결정만을 남겨둔 고객을 타깃으로 하고 있다. experience the impossible이라는 문구에서는 이 자동차가 도달할 수 없는 수준의 예외적인 성능과 혁신을 제공한다는 것이 암시된다. 또한 a sensuous connection between driver and vehicle에서는 Aston Martin이 빚어내는 감성적이고 촉각적인 유대감이 강조된다. 전체적으로 탁월한 성능과 자동차와의 깊은 개인적 상호작용을 모두 부각함으로써 잠재적 구매자에게 Aston Martin을 선택하는 것이 합리적이고 정서적으로도 만족스러운 결정이 될 것이라는 확신을 안겨 주는 슬로건이다.

> **Owning an Aston Martin is a truly special experience and one we hope you will savour for a lifetime. Taking care of our owners by ensuring the very best range of services, expert guidance and customer relations is at the very heart of our business.** (Aston Martin - website)
> **Aston Martin을 소유하는 경험은 특별하며, 그 특별함을 당신이 평생 누리시길 바랍니다. 최고 수준의 서비스, 전문가의 안내, 고객 관계 관리를 보증함으로써 고객 여러분을 모시는 것을 사업의 핵심으로 삼고 있습니다.** (Aston Martin - 웹사이트)

Aston Martin을 소유하면 구입으로만 끝나는 것이 아니라 평생 지속되는 경험이 된다는 것을 강조하는 메시지이다. 첫 문장에서는 소유의 기쁨이 지속적이면서도 특별할 것이란 점이 암시된다. 따라서 Aston Martin을 럭셔리 자동차의 제조회사일 뿐만 아니라 특별한 라이프스타일의 제공자로서 첫 판매 이후에도 오랫동안 고객에게 지속적으로 보상하는 브랜드로 포지셔닝하는 문구가 된다. 뒤에 이어지는 taking care of our owners by ensuring the very best range of services, expert guidance and customer relations에서는 구매 이후 지원의 중요성이 강조된다. Aston Martin의 소유주들에게 Aston Martin은 고객과의 관계를 계속 진행하며 맞춤형 서비스를 제공하겠다는 약속을 지킬 것이란 확신을 심어 주는 문장이다. 이 메시지는 전문가의 안내와 헌신적인 고객 관리에 초점을 맞춤으로써 브랜드 충성도를 높이고, 고객에게 소중한 대우와 지원을 받는다는 느낌을 받게 해 주는 역할을 한다. 이러한 접근 방식은 장기적인 관계를 공고히 하고 재구매를 촉진하며 소유주에게 브랜드의 열정적인 지지자가 되도록 유도한다.

마케팅 퍼널 프랙티스

인지(Awareness)

Engineering meets elegance/artistry/excellence.
엔지니어링에 우아함/예술성/탁월함을 더했습니다.

Beyond luxury/perfection/imagination.
럭셔리/완벽함/상상을 넘어.

Mastery in motion/design/performance.
모빌리티/디자인/성능의 정점.

Where vision/innovation/craftsmanship takes form.
비전/혁신/장인 정신이 잉태되는 곳.

Luxury redefined/reimagined/unleashed.
럭셔리를 다시 정의하다/새롭게 상상하다/해방시키다.

관심(Interest)

Experience power/precision/perfection.
출력/정밀함/완벽함을 경험해 보세요.

Crafted for connoisseurs/visionaries/pioneers.
전문가/몽상가/선구자를 위해 제작되었습니다.

Performance that inspires/transforms/elevates.
영감을 주는/변화를 주는/품격을 높이는 성능.

Design that moves/speaks/endures.
움직이는/말하는/지속되는 디자인.

Innovation that drives/shapes/defines tomorrow.
내일을 이끄는/내일을 만드는/내일을 규정하는 혁신.

고려(Consideration)

> Legacy meets innovation/future/excellence.
> 유산에 혁신/미래/탁월함을 더했습니다.
>
> Engineered for distinction/brilliance/supremacy.
> 다른 식으로/눈부시게/최고를 지향하며 설계되고 제작되었습니다.
>
> Mastery in every detail/moment/journey
> 모든 부분에서/어떤 순간에나/어떤 여정에서는 완벽합니다.
>
> Excellence without compromise/limits/boundaries.
> 타협/한계/경계를 용납하지 않은 탁월함.
>
> Crafted to inspire/endure/excel.
> 영감을 주려고/내구성을 고려해/탁월하도록 제작되었습니다.

구매 결정(Decision)

> Join the pursuit/legacy/future of excellence.
> 탁월함을 추구하는 데/유산으로 남기는 데/미래로 만들어 가는 데 함께해 보세요.
>
> Choose timeless/unrivaled/extraordinary luxury.
> 시대를 초월하는/비교할 것 없는/특별한 명품을 선택하세요.
>
> Experience automotive/engineering/driving perfection.
> 완벽한 자동차/엔지니어링/드라이빙을 경험해 보세요.
>
> Elevate your journey/presence/expectations.
> 당신의 여정/존재감/기대치를 한껏 더 높여 보세요.
>
> Begin your legacy/story/tradition today.
> 당신의 유산/이야기/전통을 오늘 시작해 보세요.

충성도(Loyalty)

Your journey/legacy/passion continues.
당신의 여정/유산/열정은 계속됩니다.

Excellence in every drive/detail/moment.
운전할 때마다/모든 부분에서/어느 순간에나 탁월함을 경험해 보세요.

Crafting memories/excellence/distinction together.
추억/탁월함/특별함을 함께 만들어 갑시다.

Part of your story/journey/tradition.
당신이 만들어 가는 이야기/여정/전통의 일부가 되겠습니다.

Experience luxury/perfection/excellence every day.
럭셔리/완벽함/탁월함을 매일 경험해 보세요.

자동차 판매 대리점   Car Dealerships

배경

자동차 판매점의 마케팅은 지역 신문에 취급 목록을 소개하던 방식에서 벗어나, 자동차 구매를 삶의 중요한 순간으로 정교하게 꾸미는 스토리텔링 방식으로 바뀌었다. 이 산업계의 카피라이팅 진화에는 판매점의 개성에 초점을 맞춘 마케팅을 개척한 Cal Worthington의 상징적인 광고 Go See Cal Cal에 가 보세요 부터 전통적인 강압적 판매 전술에 도전한 CarMax의 혁명적인 캠페인 The Way It Should Be 당연히 이렇게 해야지요 에 이르기까지 자동차 소매업을 재규정한 획기적인 캠페인이 적지 않았다.

AutoNation의 캠페인 Drive Pink 드라이브 핑크 는 자동차 판매점의 마케팅을 단순한 거래 차원을 넘어 지역 사회에 미치는 영향에 초점을 맞추며 자동차 소매업의 스토리텔링에서 새로운 지평을 열었다. 이 분야의 메시지 전달 방식은 초기의 Year-End Clearance 연말 재고 정리 캠페인에서 보듯이 가격에 초점을 맞춘 광고가 많았지만, 이제는 Hendrick Automotive Group의 Dream Delivered 꿈을 전달합니다 시리즈처럼 경험을 중심에 둔 스토리텔링으로 진화했다.

오늘날 자동차 판매점의 카피라이팅은 디지털 편의성과 개인적인 인맥 사이에 균형을 맞추며, 온라인 도구와 인간의 전문성을 결합하고 있다. 자동차 판매점의 마케팅도 '기간 한정 특가'라는 전통적인 메시지 전달 방식에서 벗어나, 자동차 판매점을 자동차와 관련한 라이프스타일의 파트너, 즉 고객이 자동차를 소유하기 시작한 때부터 처분할 때까지 전 과정을 안내하는 파트너로 포지셔닝하는 이야기 만들기 방식으로 옮겨갔다.

기업 개요

Hendrick Automotive Group

설립 - 1976년
웹사이트 - https://www.hendrickcars.com

Hendrick Automotive Group은 하나의 자동차 판매 대리점으로 시작해 이제는 미국 가장 큰 비상장 자동차 소매업체 중 하나가 되었다. Hendrick Automotive Group은 다수의 지역에서 여러 브랜드를 취급하며 탁월한 고객 서비스와 지역 사회 참여를 통해 좋은 평판을 유지하고 있다.

    Hendrick Automotive Group의 마케팅 전략은 신뢰와 장기적인 관계를 강조하며, 자사를 단순한 자동차 판매점이 아니라 지역 사회의 파트너로 포지셔닝하는 데 있다. Hendrick Automotive Group의 캠페인에서는 공인 정비사, 투명한 가격 책정, 평생 고객 지원이 부각되고, 신뢰와 탁월한 서비스를 중시하는 고객을 타깃으로 한다. Hendrick Automotive Group은 마케팅에서 만족한 고객의 성공 사례와 지역 사회를 위한 활동을 자주 다루며, 신뢰할 수 있는 자동차 파트너를 찾는 고객에게 어필한다.

Asbury Automotive Group

설립 - 1995년

웹사이트 - https://www.asburyauto.com

Asbury Automotive Group은 지역 판매 대리점으로 출발해 이제는 전국에 자동차 판매망을 갖추고 신차와 중고차 및 종합적인 서비스 솔루션을 제공하는 상장 기업으로 진화했다. Asbury Automotive Group은 디지털 소매 플랫폼을 선구적으로 도입해 개인별 맞춤형 고객 서비스를 제공하고 있다.

    Asbury Automotive Group의 마케팅 전략은 기술 혁신과 고객 역량 강화 customer empowerment 에 중점을 두고 있다. Asbury Automotive Group의 접근 방식에서는 디지털 편의성과 개개인의 전문성을 결합하고, 효율성과 투명성을 중시하는 현대 소비자를 타깃으로 한다. Asbury Automotive Group의 캠페인에는 신차와 중고차 모두를 취급하는 온라인 디지털 플랫폼 Clicklane이 자주 소개되고, 번거롭지 않은 구매 과정이 강조되며, 디지털 기기를 다루는 데 능숙해 간소한 절차로 자동차를 소매로 구입하려는 구매자에게 어필한다.

Arnold Clark

설립 - 1954년

웹사이트 - https://www.arnoldclark.com

Arnold Clark는 스코틀랜드 글래스고의 한 자동차 전시장으로 출발해 이제는 유럽에서 가장 큰 규모의 비상장 자동차 판매 그룹으로 성장했다. Arnold Clark는 가족 기업으로서의 가치를 유지하면서도 지속적인 혁신을 통해 자동차 소매 부문에서 본연의 위상을 유지하고 있다.

Arnold Clark의 마케팅 전략은 가치와 투명성에 중점을 두고, 자동차 구매 과정의 신뢰할 수 있는 조언자로 포지셔닝하는 데 있다. Arnold Clark의 캠페인에서는 경쟁력 있는 가격 정책과 판매 이후의 포괄적 지원이 자주 부각되고, 직거래를 중시하는 실리적인 구매자들을 타깃으로 한다. Arnold Clark의 마케팅은 고객 교육과 정직한 조언을 강조하고, 충분한 정보에 기초해 자동차 구매를 결정하려는 잠재 고객들에게 어필하는 방식을 취한다.

마케팅 퍼널

> **Hendrick has it.** (Hendrick Cars - website)
> **Hendrick에는 있습니다.** (Hendrick Cars - 웹사이트)

Hendrick Cars라는 브랜드를 확실하고 기억에 남게 소개하는 슬로건이다. 이 메시지에는 Hendrick Cars는 누구에게나 적합한 자동차를 제공할 수 있다는 뜻이 함축되어 있다. 카피라이팅의 관점에서 보면, 이 문구는 간결함이 강점이다. 간결하고 자신감 넘치는 어법은 즉각적으로 시선을 사로잡으며, Hendrick Cars는 고객이 찾는 자동차가 있는 최종 목적지라고 넌지시 말한다. 이렇게 제약을 두지 않은 표현을 사용함으로써 호기심을 자극하고 더 깊이 조사하게 만든다. 결국 잠재 고객에게 궁금증을 불러일으키며 다양하게 준비된 자동차들 속에서 마음에 드는 것을 찾아보라고 유도하는 슬로건이기도 하다.

> **Your car, our commitment. Asbury is here to partner with you for every mile ahead.** (Asbury Automotive - website)
>
> 여러분의 자동차는 우리가 책임지겠습니다. Asbury는 앞으로 전개될 자동차의 여정에서 항상 여러분과 함께하겠습니다. (Asbury Automotive - 웹사이트)

고객을 지원하는 장기적인 관계를 강조하며 고객의 참여를 심화하려는 카피이다. Your car, our commitment라는 표현은 메시지 자체를 개인화하며 Asbury Automotive는 차량의 성능과 신뢰성을 보장하는 데 책임을 다하겠다고 선언한다. 이렇게 고객을 중심에 둔 표현 방식은 신뢰를 구축하고, Asbury가 판매에만 그치지 않고 자동차를 소유하고 운행하는 즐거움을 누리게 해 주겠다는 다짐으로도 해석된다. 또한 Asbury is here to partner with you for every mile ahead라는 표현에서는 협력적이고 지속적인 관계라는 개념이 강화된다. Asbury가 고객과 자동차의 여정 전체에 함께할 것이라는 약속을 은근히 전달한다. 이런 미래 지향적인 약속은 신뢰성과 지속적인 지원을 원하는 고객의 바람을 자극하며 Asbury라는 브랜드를 더욱 매력적으로 만든다.

> **A vehicle for every lifestyle.** (Hendrick Cars - website)
>
> 어떤 라이프스타일에나 맞는 자동차. (Hendrick Cars - 웹사이트)

웹사이트에서 자동차 카테고리 메뉴의 상단에 배치된 이 메시지는 잠재 고객이 여러 선택지를 탐색할 때 적절하게 유도할 목적으로 고안된 것이다. 이런 전략적 배치 덕분에 사용자는 자신의 라이프스타일에 가장 적합한 차량을 신속하게 찾을 수 있다. Hendrick Cars

가 고객의 다양한 요구와 열망에 맞추어 다양한 모델을 제공한다는 개념을 재확인해 주고, Hendrick Cars를 자동차 시장에서 종합적인 차량 제공업체로 포지셔닝하는 문구이다. 또한 적합한 자동차를 찾으려는 구매자들의 공통된 우려를 직접적으로 해소해 주기도 한다. 게다가 제공되는 선택지를 명확히 분류함으로써 구매 결정이 조금이나마 단순화된다. 전반적으로 이 메시지는 Hendrick Cars에 대한 일반적인 관심과 정보에 기반한 확실한 구매 결정 사이의 간극을 메우는 데 도움이 된다.

> **Ownership within reach. Clicklane is the easiest way to truly complete your transaction from the comfort of your own home. No gimmicks here!**
> (Asbury Automotive - website)
>
> **손가락만 가볍게 움직이면 자동차의 주인이 될 수 있습니다. Clicklane은 집에서 편하게 앉아 거래를 완벽하게 끝낼 수 있는 가장 쉬운 방법입니다. 꼼수는 없습니다!** (Asbury Automotive - 웹사이트)

장래의 고객에게 구매 과정의 마지막 단계는 쉽게 접근할 수 있고 간단하다는 확신을 주는 문구이다. 편의성이 강조되어 거래를 간단하고 안전하게 완료할 수 있다는 것을 명확히 전달한다. within reach의 문자적 의미는 물리적으로 잡거나 만질 수 있을 만큼 가까이 있는 것을 가리킨다. 비유적으로는 목표, 소망, 포부처럼 무언가를 성취하거나 달성할 수 있다는 의미를 내포한다. 이 카피에서는 within reach라는 표현을 사용함으로써 잠재 고객에게 소유 가능성이 예상보다 가까이 있다는 확신을 준다. No gimmicks here!라는 표현은 신뢰감을 더해주며, 사라지지 않고 계속되는 의심을 해소하는 데 도움을 준다. Asbury Automotive는 이렇게 집에서 번거롭지 않게 거래를 끝낼 수 있다는 사실을 부각함으로써 구매를 확정하는 데 흔히 발생하는 마찰을 효과적으로 줄여 준다.

> **Queries? Concerns? Feedback? Our customer service advisors are here to help.** (Arnold Clark - website)
>
> 문의가 있으신가요? 걱정스러운 점이 있으신가요? 피드백을 받고 싶으신가요? 저희 고객 서비스 상담원이 도와드리겠습니다. (Arnold Clark - 웹사이트)

이 메시지는 장기적인 관계를 구축하는 데 중요한 역할을 한다. Queries? Concerns? Feedback?라는 질문으로 자동차를 구입한 고객이 운전하는 과정에서 품게 되는 의문이나 우려를 예측하고 언제든 도움을 주겠다고 확언하는 메시지이다. Arnold Clark와의 관계가 판매 시점에 끝나지 않고 세심한 맞춤형 서비스로 계속되는 것을 강조하는 메시지이기도 하다. Our customer service advisors are here to help라는 대화로의 직접적인 초대에서는 투명성과 접근성이 확인된다. 따라서 신뢰가 구축될 뿐만 아니라 고객은 자신이 소중하게 대우받고 자신의 요구가 경청된다는 자부심까지 느끼게 된다. 경쟁이 치열한 시장에서 이런 지속적인 소통은 고객 충성도를 높이고 기존 고객을 재구매 고객으로 만드는 열쇠이다.

마케팅 퍼널 프랙티스

인지(Awareness)

> Find your perfect match in minutes/moments/seconds.
> 몇 분/잠깐의 시간/몇 초만 투자하면 당신에게 완벽하게 맞아떨어지는 자동차를 찾을 수 있습니다.
>
> Discover confidence/assurance/trust in every drive.
> 운전할 때마다 자신 있게/확신을 갖고/믿음을 갖으세요.
>
> Your journey to the right car begins/starts/opens here.
> 당신에게 맞는 자동차를 찾는 여정은 여기에서 시작됩니다/출발합니다/열립니다.
>
> Quality/Excellence/Perfection meets convenience.
> 품질/탁월함/완벽함에 편리함을 더합니다.
>
> Drive home happiness/satisfaction/confidence today.
> 오늘도 운전해서 행복/만족/신뢰를 집에 가져가세요.

관심(Interest)

> Your dream car is just a click/call/visit away.
> 한 번만 클릭/전화/방문하면 당신이 꿈꾸던 자동차가 있습니다.
>
> Explore/Experience/Discover our exclusive selection.
> 저희가 엄선한 자동차들을 살펴보세요/경험해 보세요/둘러 보세요.
>
> Making car buying simple/effortless/seamless.
> 간단하게/힘들이지 않고/원활하게 자동차를 구매할 수 있습니다.

Your satisfaction/happiness/success drives us.
당신의 만족/행복/성공이 우리의 원동력입니다.

Unlock/Release/Discover your driving potential.
운전 능력을 마음껏 발휘해 보세요/펼쳐 보세요/드러내 보세요.

고려(Consideration)

Transparent/Clear/Honest pricing, no surprises.
투명한/정정당당한/정직한 가격 정책, 놀라울 게 없습니다.

Certified/Verified/Guaranteed quality in every vehicle.
품질이 인증된/검증된/보증된 자동차만 전시됩니다.

Expert advice for informed/confident/smart choices.
정보에 기반한/확실한/스마트한 선택을 위한 전문가의 조언.

Personalized/Customized/Tailored solutions for every driver.
운전자 하나하나를 위한 개인별/주문형/맞춤형 솔루션.

Your trusted/reliable/dependable automotive partner.
당신의 믿을 만한/신뢰할 만한/의지할 만한 자동차 파트너.

구매 결정(Decision)

Join our family of satisfied/happy/delighted drivers.
우리와 함께 만족한/행복한/즐거운 운전자 가족이 되지 않겠습니까.

Start your journey to better/smarter/confident driving.
더 나은/더 스마트한/더 자신 있는 운전을 향한 여정을 시작해 보세요.

Choose/Select/Embrace excellence in automotive retail.
자동차 소매에서 최고를 선택하세요/고르세요/느껴보세요.

Experience the difference/advantage/excellence today.
차이/장점/탁월함을 오늘 경험해 보세요.

Begin your story/adventure/journey with us.
우리와 함께 당신의 이야기/모험/여정을 시작하세요.

충성도(Loyalty)

Your lifelong/trusted/dedicated automotive partner.
당신이 평생을 함께하는/신뢰하는/헌신하는 자동차 파트너가 되겠습니다.

Exclusive/Premium/Special benefits for valued customers.
소중한 고객에게 제공되는 독점적인/프리미엄/특별한 혜택.

Growing stronger/better/closer with every mile.
주행할수록 더 강해지겠습니다/더 나아지겠습니다/더 가까워지겠습니다.

Service/Support/Care that goes the extra mile.
서비스/지원/배려에 전력을 다하겠습니다.

Experience our commitment/dedication/devotion to excellence.
탁월함을 향한 우리의 노력/일심전력/헌신을 경험해 보세요.

ENTERTAINMENT & MEDIA

OTT 스트리밍 서비스	OTT Streaming Services
게임 산업	Gaming
영화와 텔레비전 제작	Film & Television Production
음악 산업과 스트리밍	Music Industry & Streaming
서적과 출판	Books & Publishing
뉴스 채널과 신문	News Channels & Newspapers
대학 및 대학교	Colleges & Universities
사립학교와 기숙학교	Private & Boarding Schools
이러닝 플랫폼	E-Learning Platforms
교과서와 교육 출판	Educational Textbooks & Publishing

OTT 스트리밍 서비스
OTT Streaming Services

배경

스트리밍 산업 streaming industry 의 마케팅은 단순히 플랫폼을 홍보하던 방식에서 변화를 일으키는 콘텐츠의 힘을 강조하는 정교한 스토리텔링으로 꾸준히 진화했다. 스트리밍 산업의 카피라이팅 역사는 스트리밍을 전통적인 텔레비전보다 우월한 것으로 포지셔닝한 Netflix의 혁명적인 캠페인 TV Got Better TV가 더 나아졌습니다 부터, 영화적인 재미를 작은 화면에 되돌려놓은 HBO Max의 Where Movies Live 영화가 사는 곳 시리즈에 이르기까지 엔터테인먼트 마케팅을 재규정한 혁신적인 캠페인이 적지 않았다.

오늘날 스트리밍 산업의 카피라이팅은 전달하려는 메시지의 양과 질을 정교하게 조정하며, 독점적으로 확보한 시청률이 높은 콘텐츠들로 방대한 목록을 꾸미는 데 있다. 스트리밍 산업은 Netflix의 초기 캠페인 Watch Instantly 지금 바로 시청하십시오 를 넘어 Apple TV+의 캠페인 Stories to Believe In 믿고 볼 만한 이야기들 처럼 편의성을 넘어 예술적 의미를 갖춘 것으로 스트리밍의 품격을 끌어올리며 한층 더 세련된 접근 방식을 보여주고 있다.

플랫폼이 양적으로 크게 증가함에 따라, 성공한 스트리밍의 카피라이팅은 스트리밍 산업의 초기 특징이었던 접근성을 유지하면서도 각 브랜드의 고유한 목소리를 점점 강조하는 경향을 보인다. 이런 진화는 엔터테인먼트를 소비하는 방식의 광범위한 변화를 반영하는 것으로, 많은 스트리밍 서비스가 대중을 상대로 한 매력을 유지하는 동시에 럭셔리 브랜드의 마케팅을 차용하고 있다.

기업 개요

Disney+
설립 - 2019년
웹사이트 - https://www.disneyplus.com

Disney+는 거의 한 세기 동안 축적된 엔터테인먼트 유산을 디지털 우선의 플랫폼으로 탈바꿈시키며 스트리밍 산업계에 혁명을 일으켰다. Disney+는 디즈니 명작 Disney classic 부터 마블 블록버스터까지 사랑받는 작품들로 이루어진 독보적인 포트폴리오를 활용하는 동시에, 오리지널 콘텐츠를 새롭게 제작하며 영역을 확대하고 있다.

    Disney+의 마케팅 전략은 노스탤지어와 혁신을 조화롭게 결합하며, 소중한 추억을 간직하는 동시에 미래의 명작을 제작하는 기업으로 포지셔닝하는 데 있다. Disney+의 캠페인에서는 친숙한 캐릭터들이 새로운 이야기를 만들어내는 경우가 자주 등장하고, 다양한 세대의 고객을 타깃으로 한다. Disney+는 마케팅에서 정서적 유대감과 콘텐츠 독점성을 모두 강조하며, 전통과 최첨단 엔터테인먼트를 모두 중시하는 잠재 고객에서 어필하는 방식으로 접근하는 플랫폼이다.

Max
설립 - 2023년 (전신은 HBO Max)
웹사이트 - www.hbomax.com

Max는 HBO Max로부터 유산으로 받은 프리미엄급 TV 프로그램으로 출발해 이제는 HBO의 명망 있는 프로그램과 Warner Bros.의 방대한 엔터테인먼트 콘텐츠, Discovery의 다큐멘터리 콘텐츠를 결합하여 더욱더 광범위한 스트리밍 플랫폼으로 성장했다. Max는 다양한 유형의 콘텐츠로 범위를 확대하면서도 품질에 대한 명성을 유지하고 있다.

    Max의 마케팅 전략은 정교한 스토리텔링과 장르의 다양성에 중점을 두고, 모든 것에 관심을 두는 안목 있는 시청자를 위해 프리미엄 서비스를 제공하는 플랫폼으로 포지셔닝하는 데 있다. Max의 캠페인에서는 할리우드의 뛰어난 콘텐츠와 대본이 없는 진실성의 수렴이란 사실이 주로 부각되고, 고급스런 드라마만이 아니라 강렬한 다큐멘터리도 좋아하는 시청자를 타깃으로 한다. Max는 마케팅에서 프로그램 선별의 전문성과 다양성을 강조하고, 스트리밍을 선택할 때 질과 양을 모두 중시하는 잠재 고객에게 어필하는 방식으로 접근한다.

* 참고: 2025년 7월 9일, Max는 HBO Max라는 이름으로 되돌아갔다.

Amazon Prime Video
설립 - 2006년 (초기 명칭은 Amazon Unbox)
웹사이트 - https://www.primevideo.com

Amazon Prime Video는 VOD 서비스로 시작했지만 이제는 세계적인 엔터테인먼트 강자로 발돋움하여, 상을 받은 오리지널 콘텐츠부터 스포츠 생중계까지 모든 범주의 프로그램을 제공하고 있다. Amazon Prime Video는 Amazon Prime 회원과 통합해 가치를 높이는 동시에 스트리밍 서비스를 제공하는 독립된 플랫폼으로서의 위상을 유지하고 있다.

Amazon Prime Video의 마케팅 전략은 편의성과 종합적인 엔터테인먼트를 강조하며, Prime 생태계의 핵심 요소로 포지셔닝하는 동시에 독립된 스트리밍 서비스로서의 입지를 굳히는 데 있다. Amazon Prime Video의 캠페인에서는 폭넓은 분야의 콘텐츠가 자주 소개되는 동시에 독점 제작물도 부각되며, Prime 회원과 독립형 스트리밍 구독자 모두를 타깃으로 한다. Amazon Prime Video는 마케팅에서 혜택 등을 정확히 제시하는 메시지 전달과 콘텐츠의 우수성을 결합하고, 편의성과 품질을 모두 중시하는 실리적인 시청자에게 어필하는 방식으로 접근한다.

마케팅 퍼널

> **Netflix is a joke.** (Netflix - billboard)
> **Netflix는 농담입니다.** (Netflix - 옥외 광고판)

대담하고 유머러스한 마케팅 메시지로, 처음에는 불쾌하게 생각될 수 있어 즉시 눈길을 사로잡는 슬로건이다. 다시 말해, 처음에는 비난처럼 보여 놀라움과 호기심을 유발해 광고판을 다시 보게 만드는 문구이다. 이런 예상 밖의 접근 방식은 광고가 넘쳐나는 공간에서 이 슬로건을 돋보이게 만들며 브랜드 리콜을 확실하게 보장해 준다. 하지만 농담이 무엇인지 곧 명확해진다. Netflix를 조롱하는 문구가 아니라 Netflix가 스탠드업 코미디와 코미디 특집에 투자를 확대할 것이란 계획을 홍보하는 문구이다. 모욕으로 해석될 수 있는 것을 자기 인식적인 기발한 슬로건으로 뒤집으며 Netflix는 유머를 너그럽게 받아들이고, 그 결과로 그 메시지는 사람들의 머릿속에 깊이 각인된다. 이런 유형의 유쾌하고 파멸적인 광고는 대화를 유도하고 입소문을 통해 널리 공유되기 때문에 인지 단계에서 무척 효과적이다. 구체적으로 이런 슬로건을 통해 Netflix는 곧 공개할 콘텐츠를 알리기 위해서는 웃음거리가 되는 것을 두려워하지 않는 엔터테인먼트 브랜드로 더 강력히 포지셔닝된다.

* 브랜드 리콜(brand recall): 소비자가 특정한 자극이나 상황에 직면했을 때 해당 브랜드의 이름이나 관련된 정보를 떠올리는 능력으로, 브랜드 회상이라고도 한다.

> **All your favorites and more.** (Disney+ - billboard)
> **당신이 좋아하는 콘텐츠는 물론, 그 이상.** (Disney+ - 빌보드)

Disney에 대한 기존의 정서적 유대감과 새로운 콘텐츠에 대한 호기심에 모두 호소하며, 잠재적 구독자의 마음을 사로잡을 목적으로 고안된 메시지이다. All your favorites라는 문구는 잠재 고객이 Disney의 콘텐츠에 대해 마음속에 간직한 향수와 친숙함을 활용해, 성장 과정을 함께하며 좋아하던 이야기와 캐릭터를 떠올려 준다. 여기에 and more라는 표현을 덧붙여 기존 명작들을 넘어 더욱 풍성한 콘텐츠를 제공한다고 약속하며 관심을 불러일으킨다. 즉, 새롭고 흥미로운 콘텐츠가 준비되어 있다는 것을 암시하는 것이다. 전체적으로 Disney+의 강력한 브랜드 아이덴티티 brand identity 를 강화하고, 더 나아가 잠재적 시청자로 하여금 더 자세히 조사해 보도록 유도하는 두 가지 약속이다.

> **So much to see. So much to feel. What's your mood?** (Amazon Prime Video - TV advert)
> **볼 것이 넘칩니다. 가슴을 울리는 것도 많습니다. 여러분은 어떠신가요?** (Amazon Prime Video - TV 광고)

잠재 고객의 감각적 욕구만이 아니라 정서적 욕구에도 호소하며 선택지로 주어진 콘텐츠들을 적극적으로 검토하도록 유도하는 광고이다. so much가 반복되어 Amazon Prime Video가 제공하는 콘텐츠가 다양하고 광범위하다는 것이 강조된다. 시각 to see 과 정서 to feel 를 모두 부각함으로써 Amazon Prime Video를 종합적인 엔터테인먼트 플랫폼으로 포지셔닝하는 메시지가 된다. 게다가 What's your mood?라는 질문은 쌍방향 대화를 이끌어내는 듯하고, 잠재 고객에게 현재 기분을 되짚어보며 Amazon Prime Video가 어떻게 해야 그의 욕구를 충족시킬 수 있을지 생각해 보도록 유도한다. 이렇게 개인화된 접근 방식을 통해 Amazon Prime Video가 맞춤형 콘텐츠를 제공한다는 주장이 보강된다. 결과적으로, 잠재 고객에게 Amazon Prime Video라는 플랫폼을 더 깊이 살펴보도록 동기를 효과적으로 부여하는 슬로건이다.

> **Make this Christmas wonderful.** (Disney+ - TV advert)
> **이번 크리스마스를 더욱 특별하게 만들어 보세요.** (Disney+ - TV 광고)

시기에 맞추어 정서적 공감을 불러일으키는 콜 투 액션으로 작동하는 광고이다. 크리스마스라는 축제 분위기를 이용해 Disney+에 가입하면 크리스마스를 마법처럼 특별하고 기억에 남는 경험으로 만들 수 있을 것이라 유혹하고 있다. 가족 모두가 즐겁게 시청할 수 있는 소중한 오락물을 제공하겠다는 Disney+의 약속을 재확인하고 긴박감을 조성하며, 잠재적 구독자들에게 당장 마지막 단계에 들어가 Disney+에 가입함으로써 크리스마스 전통을 즐겁게 누려 보라 독려하는 광고이다.

> **I have cried during every episode so far. #ThePitt**
> (Max - social media)
>
> 지금까지 한 편 한 편을 볼 때마다 매번 울었다. #더피트 (Max - 소셜 미디어)

「더 피트」The Pitt는 TV 시리즈로 방영된 의학 드라마로, 이 메시지는 소셜 미디어 게시물에서 인용한 것이다. 솔직한 고백에 가까운 이 메시지는 팬들에게 비슷한 경험을 공유하도록 유도하며 강력한 공동체 의식을 형성한다. 진실한 정서적 공감을 유도함으로써 시청자와 「더 피트」 간의 유대감을 더욱 강화하려는 메시지이기도 하다. 해시태그 #ThePitt를 사용함으로써 이 게시물은 대화와 사용자 제작 콘텐츠 user-generated content를 장려하고 토론과 집단 향수를 공유할 공간을 조성한다. 이처럼 공감을 불러일으키고 진심 어린 감정 표현은 수동적인 시청자를 적극적인 참여자로 변화시켜 시간이 지남에 따라 해당 프로그램에 대한 충성도와 지지를 강화한다.

마케팅 퍼널 프랙티스

인지(Awareness)

> Stream what matters/inspires/moves you.
> 당신에게 중요한 것/영감을 주는 것/감동을 주는 것을 스트리밍할 수 있습니다.
>
> Entertainment without limits/boundaries/restrictions.
> 한계/경계/제약 없는 엔터테인먼트.

Where stories come alive/together/home.
이야기들이 활기를 띠는 곳/하나로 합쳐지는 곳/제자리로 돌아오는 곳.

Discover your next obsession/favorite/adventure.
다음으로 푹 빠지고 싶은 것/좋아하는 것/모험거리를 만나보실 수 있습니다.

Streaming reimagined/reinvented/redefined.
스트리밍을 새롭게 해석/창조/정의했습니다.

관심(Interest)

Your stories, your way/choice/schedule.
여러분의 기호/선택/일정에 맞는 콘텐츠들이 얼마든지 있습니다.

Unlock endless possibilities/entertainment/worlds.
무한한 가능성/엔터테인먼트/세상을 열어 보세요.

Watch smarter/better/differently.
더 스마트하게/더 멋지게/다른 식으로 시청하세요.

Content that speaks/matters/resonates.
당신의 가슴에 말하는/당신의 삶에 의미를 부여하는/당신의 공감을 불러일으킬 콘텐츠.

Experience entertainment transformed/elevated/evolved.
달라진/양질의/진화한 엔터테인먼트를 즐겨 보세요.

고려(Consideration)

Quality that stands out/delivers/matters.
눈에 띄는/기대에 부응하는/당신의 삶에 의미를 부여하는 양질의 콘텐츠.

Exclusive/Original/Premium content you won't find elsewhere.
다른 곳에서는 찾아볼 수 없는 독점/오리지널/프리미엄 콘텐츠가 제공됩니다.

Entertainment that fits your lifestyle/schedule/preferences.
당신의 라이프스타일/일정/기호에 맞는 엔터테인먼트.

Stories worth sharing/discussing/experiencing.
공유할/토론할/시청할 가치가 있는 콘텐츠.

Content that moves/inspires/defines culture.
문화를 움직이는/문화에 영감을 주는/문화를 규정하는 콘텐츠.

구매 결정(Decision)

Join millions of satisfied/engaged/passionate viewers.
이미 만족한/참여한/열정적인 수백만 명의 시청자와 함께하세요.

Start your streaming journey/adventure/experience today.
지금 스트리밍 여정/모험/경험을 시작해 보세요.

Choose better/smarter/premium entertainment.
더 나은/더 스마트한/프리미엄 엔터테인먼트를 선택해 보세요.

Begin your story/adventure/journey now.
지금 당신의 이야기/모험/여정을 시작해 보세요.

Transform your viewing experience/habits/routine.
콘텐츠를 시청하는 채널/습관/일상을 바꿔 보세요.

충성도(Loyalty)

Your entertainment companion/destination/hub.
당신이 즐기는 엔터테인먼트의 동반자/최종 플랫폼/허브입니다.

Exclusive/Premium/Special benefits for members.
회원에게만 제공되는 독점/프리미엄/특별 혜택.

Growing better/stronger/bigger together.
더 나은 방향으로/더 강하게/더 크게 함께 성장하겠습니다.

Content that evolves with your tastes/interests/preferences.
당신의 취향/관심/기호에 따라 진화하는 콘텐츠.

Rewards that recognize/celebrate/honor your dedication.
당신의 헌신을 인정하는/감사하는/기리는 보상.

게임 산업   Gaming

배경

게임 산업의 마케팅 커뮤니케이션은 게임의 특징에 초점을 맞춘 박스 아트 box art 를 벗어나, 플레이어를 혁신적인 디지털 세계로 초대하는 몰입형 스토리텔링으로 진화했다. 게임 산업의 카피라이팅 역사에는 능력치를 부여하는 경험으로 게임을 포지셔닝한 Nintendo의 혁명적인 캠페인 Now You're Playing with Power 이제 궁극의 파워로 게임을 해보세요 부터 게임 플랫폼이 더 넓은 고객층과 연결되는 방식을 새롭게 정의한 Xbox의 파격적인 캠페인 Jump In 게임에 뛰어들어라 에 이르기까지 엔터테인먼트 마케팅을 재정의한 획기적인 캠페인이 적잖게 있었다.

게임 산업계의 문화적 현상을 고스란히 보여주는 상징적인 슬로건들이 있다. 예컨대 1990년대 초 Sega의 도발적인 캠페인 Genesis Does What Nintendon't 제네시스는 닌텐도가 못하는 것을 한다 는 경쟁적인 포지셔닝을 마케팅 전략으로 내세운 반면, PlayStation의 Live in Your World, Play in Ours 당신 세계에서 살고, 우리 세계에서는 놀아라 시리즈는 현실과 디지털 세계의 경계를 모호하게 허물어뜨리는 야심찬 게임의 새로운 패러다임을 제시했다.

한국의 대형 게임 회사들은 글로벌 마케팅의 접근 방식에 대변혁을 일으켰다. NCSOFT의 캠페인 Beyond Games 게임을 넘어 는 테크놀로지와 관련한 스토리텔링이 게임 방식을 초월해 정서적 유대를 어떻게 강화할 수 있는지를 보여주었다.

오늘날 게임 산업의 카피라이팅은 기술력과 감성적 몰입 사이에 적절한 균형을 유지하고, 서사적 이야기를 만들어 가면서도 기술적 사양에 대한 설명을 간과해서는 안 된다. 게임 산업의 마케팅은 초창기 Atari의 Have You Played Atari Today? 오늘도 아타리를 하셨나요? 라는 접근 방식을 넘어, 쌍방향 엔터테인먼트를 단순한 오락거리가 아니라 문화적 초석으로 포지셔닝한 Activision의 Games that Define a Generation 한 세대를 정의하는 게임들 처럼 한층 정교하게 메시지를 전달하는 방식으로 진화했다.

* 박스 아트(box art): 컴퓨터나 콘솔 게임의 패키지 겉면을 장식하는 이미지.

기업 개요

PlayStation
설립 - 1994년
웹사이트 - https://www.playstation.com

PlayStation은 게임용 하드웨어를 제작하는 모험적인 벤처 사업으로 시작했지만 이제는 인터랙티브 엔터테인먼트 interactive entertainment를 재규정한 문화적 현상으로 변신했다. 현재 PlayStation은 하드웨어 개발과 독자적인 콘텐츠 제작 모두에서 끊임없는 혁신을 통해 본연의 위상을 유지하며, 게임을 통해서도 프리미엄급 엔터테인먼트를 즐길 수 있다는 것을 보여주고 있다.

PlayStation의 마케팅 전략은 정서적 공감과 경계를 허무는 창의성을 중심에 두고, 몰입감 넘치는 게임을 즐길 수 있는 최고의 플랫폼으로 포지셔닝하는 데 있다. PlayStation의 캠페인에서는 영화적 작품성과 기술 혁신이 주로 결합되며, 하드코어 게이머와 광적인 엔터테인먼트 팬 모두를 타깃으로 한다. PlayStation의 마케팅에서는 야심찬 메시지 전달과 탁월한 기술력을 결합하고, 게임을 예술의 한 형태이자 사회적 연결점으로 생각하는 플레이어들에게 어필하는 방식으로 접근한다. PlayStation의 상징적인 메시징 프레임워크 messaging framework For the Players는 커뮤니티를 강조하는 동시에 프리미엄급 플랫폼으로서의 위상을 지켜 준다.

* 인터랙티브 엔터테인먼트(interactive entertainment): 사용자에게 수동적으로 보거나 듣는 데 그치지 않고 적극적인 참여를 요구하는 모든 형태의 엔터테인먼트를 가리킨다.

** 메시징 프레임워크(messaging framework): 해당 브랜드의 판매 포인트를 체계적으로 표현한 문구.

Nintendo

설립 - 1889년
웹사이트 - https://www.nintendo.com

Nintendo는 화투를 만들던 회사로 시작했지만 게임 산업계에서 가장 오래된 혁신 기업으로 진화했고, 그 이후에도 게임 산업의 관습에 끊임없이 도전하며 누구에게나 매력적인 재밋거리를 만들어내고 있다. Nintendo는 가족 친화적인 콘텐츠 제작과 기술적 사양보다 참신한 게임의 재미를 우선시하는 하드웨어를 통해 독보적인 위상을 굳건히 지키고 있다.

Nintendo의 마케팅 전략은 경이로움과 접근성에 중점을 두고, 게임을 연령이나 연륜에 관계없이 누구나 재밌게 즐길 수 있는 엔터테인먼트로 포지셔닝하는 데 있다. Nintendo의 캠페인에서는 공유된 경험과 상상의 세계가 자주 언급되며, 긍정적이고 혁신적인 엔터테인먼트를 추구하는 가족과 플레이어를 타깃으로 한다. Nintendo

는 시대를 초월하는 캐릭터와 직관적인 게임 방식을 강조하고, 게임에서 창의성과 유대감을 중시하는 사람들에게 어필하는 방식으로 접근한다. Nintendo는 마케팅에서 기술적 역량보다는 게임의 정서적 이점을 일관되게 강조하며, 테크놀로지가 주도하는 산업에서도 Nintendo만의 고유한 목소리를 지켜 가고 있다.

Electronic Arts
설립 - 1982년
웹사이트 - https://www.ea.com

Electronic Arts는 소규모 소프트웨어 퍼블리셔 software publishe 로 시작했지만 이제는 세계 최대 규모의 게임 퍼블리셔로 성장하여, 블록버스터 게임을 개발해 다수의 플랫폼을 통해 배포하고 있다. Electronic Arts(EA)는 전략적 게임 프랜차이즈 개발과 라이브 서비스 혁신을 통해 게임의 수명을 연장하며 선두 자리를 지키고 있다.

EA의 마케팅 전략은 진실성과 경쟁력 있는 표현을 강조하며, EA에서 출시한 게임들이 현실 세계를 가장 사실적이고 흥미진진하게 구현한 것으로 포지셔닝하는 데 있다. EA는 마케팅에서 게임 프랜차이스의 친숙함에 기술 혁신을 결합하며, 전통과 최첨단 기능을 모두 중시하는 플레이어에게 어필하는 방식으로 접근한다. 특히 스포츠와 관련된 게임의 마케팅에서는 매년 기능이 업그레이드되고 진실에 가까운 게임을 실감나게 즐길 수 있다는 사실이 강조되며 시뮬레이션 게임 분야에서 EA의 권위가 더욱 강화된다.

* 소프트웨어 퍼블리셔(software publisher): 개발자가 만든 소프트웨어를 사용자에게 배포하고 판매하는 역할을 하는 기업. 개발과 배포 사이의 중간 단계에서 다양한 업무를 수행하며, 때로는 개발과 배포 역할을 모두 담당하기도 한다.

마케팅 퍼널

> **Play has no limits.** (Playstation - TV advert)
> 플레이에는 한계가 없습니다. (Playstation - TV 광고)

PlayStation을 이용해 게임을 무한히 즐길 수 있다며 즉각적으로 관심을 끄는 슬로건이다. 무한한 세계와 경험을 탐험해 보라는 유혹이 함축된 표현으로, 숙련된 게이머만이 아니라 초보자에게도 무한한 가능성의 세계를 상상해 보도록 독려한다. 포괄적인 의미를 지니면서도 광범위하고 생동감 넘치는 메시지여서 호기심을 자극하며, Playstation을 게임으로 향하는 관문으로 포지셔닝하기에 충분하다. 게다가 간결하면서도 대담한 선언이어서 기억에 남는 브랜드 아이덴티티를 구축하는 데도 한몫한다. Playstation을 가진 플레이어는 전통적인 경계에 구속되지 않는다는 뜻도 내포한 슬로건이다.

> **Everyone is here!** (Super Smash Bros. - TV advert)
> 모두가 여기 있습니다! (Super Smash Bros. - TV 광고)

상징적인 영웅부터 팬이 좋아하는 캐릭터까지 다양한 게임 프랜차이즈의 캐릭터들이 이 게임에 등장한다는 것을 암시하며, 많은 게임 커뮤니티의 관심을 사로잡으려는 슬로건이다. 게이머들이 좋아하는 캐릭터들이 팀을 이루어 서로 싸우는 꿈의 대결 dream match-up 이란 판타지를 활용해 강렬한 호기심과 관심을 불러일으킨다. 여러 게임 프랜차이즈가 수렴하는 포괄성이 강조되며 잠재적 플레이어들에게 강력한 공동체 의식을 심어 주고, Super Smash Bros.의 고유한 매력이 보강되는 메시지이기도 하다.

> **Gotta catch 'em all!** (Pokémon - billboard)
> 몽땅 잡고 말겠어. (Pokémon - 옥외 광고판)

잠재적 플레이어들에게 Pokémon 세계에 깊이 빠져들도록 역동적으로 이끄는 역할의 문구이다. 그 뜻을 더 넓게 해석하면 Pokémon을 수집하는 행위는 게임 방식일 뿐만 아니라 개개인의 적극적인 탐색으로도 규정된다. 이 상징적인 표현은 오랜 팬에게 향수를 불러일으키고 몰입도 높은 경험을 약속하며 새로운 플레이어를 유인한다. 이 슬로건은 잠재 고객에게 세계적으로 구축된 플레이어 커뮤니티에 참여하도록 유도하는 콜 투 액션에 해당한다.

> **It's in the game.** (EA Sports - website)
> 그것도 게임에 있어! (EA Sports - 웹사이트)

이 상징적인 슬로건은 잠재 고객에게 현실 세계에 존재하는 스포츠에서 좋아하는 모든 팀, 모든 선수, 그리고 모든 대표적인 동작이 게임 방식에 치밀하게 반영되어 있다는 확신을 준다. 어떤 스포츠 게임에서나 모든 요소가 충실하게 재현되었다는 것을 강조함으로써 팬들이 해당 스포츠의 짜릿함을 진정으로 반영한 제품을 구매하고 있다고 확신하는 데 도움을 주기에 충분한다. 게다가 이 문구는 EA Sports를 선택하는 것이 몰입해 즐길 수 있는 포괄적인 게임을 선택하는 것이라 인증하며 최종적인 넛지로 기능한다. 사실성과 완벽한 재현을 중시하는 의사결정자에게 It's in the game이란 약속은 세밀한 부분도 꼼꼼히 점검했고, 각 스포츠의 미묘한 특징 또한 충실히 반영했다는 것으로 받아들여진다.

> **Who are you befriending first in @hellokitty Island Adventure?** (Nintendo - social media)
> @헬로키티 아일랜드 어드벤처에서 누구와 가장 먼저 친구가 되시겠어요? (Nintendo - 소셜 미디어)

기존 팬들의 참여를 강화할 목적으로 고안된 메시지이다. 직접적으로 질문함으로써 충성도 높은 팔로워들에게 각자의 의견과 기호를 공유하도록 유도한다. 이런 질문을 통해 새로운 모험에 대한 공동체 의식과 참여 의식이 함양된다. 이런 대화형 콜 투 액션은 팬들에게 전체 이야기의 일부가 되어 Nintendo와의 정서적 유대감이 더 깊어진 듯한 느낌을 준다. 궁극적으로 대화를 활성화하고 사용자 제작 콘텐츠를 독려하며, 팬들이 커뮤니티에 적극적으로 기여하도록 유도함으로써 브랜드 충성도를 높이려는 메시지이다.

마케팅 퍼널 프랙티스

인지(Awareness)

> Gaming without limits/boundaries/constraints.
> 한계/경계/제약이 없는 게임.
>
> Unleash your imagination/potential/power.
> 상상력/잠재력/역량을 마음껏 발휘합니다.
>
> Discover worlds beyond/outside/transcending reality.
> 현실 너머/바깥쪽의/초월하는 세상을 만날 수 있습니다.
>
> Where legends begin/emerge/arise.
> 전설이 시작되는/잉태되는/떠오르는 곳.

Experience gaming reimagined/reinvented/reborn.
새롭게 상상된/재창조된/재탄생한 게임을 만날 수 있습니다.

관심(Interest)

Your adventure awaits/beckons/unfolds.
여러분이 시작할 모험이 기다리고 있습니다/손짓하고 있습니다/펼쳐집니다.

Feel the rush/thrill/excitement of victory.
승리의 감동/전율감/짜릿함을 느껴 보세요.

Forge your legacy/destiny/path.
여러분의 유산/운명/길을 만들어 보세요.

Gaming that moves/inspires/transforms you.
감동/영감/변화를 주는 게임.

Dive into immersive/captivating/enthralling worlds.
몰입도 높은/매혹적인/마음을 사로잡는 세계로 빠져 보세요.

고려(Consideration)

Precision engineered/crafted/designed for players.
플레이어를 위해 정밀하게 설계/제작/고안되었습니다.

Games that challenge/test/expand your limits.
한계에 도전하는/시험하는/확대하는 게임.

Community that welcomes/embraces/celebrates you.
두 팔 벌려 여러분을 환영하는/받아들이는/존중하는 커뮤니티.

Innovation that enhances/elevates/revolutionizes gameplay.
혁신이 있을 때 게임 방식이 향상됩니다/새롭게 태어납니다/크게 달라집니다.

Experience games that grow/evolve/adapt with you.
당신과 함께 성장하는/진화하는/적응하는 게임을 즐겨 보세요.

구매 결정(Decision)

Join millions of gamers/players/adventurers/champions worldwide.
세계 전역 수백만 명의 게이머/플레이어/모험가/챔피언과 함께하세요.

Begin your journey/saga/legend today.
지금 여정/대모험/전설을 시작해 보세요.

Choose extraordinary/unprecedented/unrivaled gaming.
특별한/미증유의/비할 데 없는 게임을 선택하세요.

Transform your entertainment/leisure/gaming experience.
지금 즐기는 엔터테인먼트/여가/게임에 변화를 주어 보세요.

Unlock the full experience/potential/adventure.
경험/잠재력/모험심을 마음껏 펼쳐 보세요.

충성도(Loyalty)

Your gaming companion/destination/sanctuary.
당신의 게이밍 동반자/최종 목적지/안식처.

Exclusive rewards/content/experiences for gamers.
게이머만을 위한 특별한 보상/콘텐츠/경험.

Growing stronger/together/as one.
더 강하게/함께/하나가 되어 성장합니다.

Adventure that never ends/fades/diminishes.
결코 끝나지 않는/시들해지지 않는/사그라들지 않는 모험.

Part of your story/world/identity.
여러분의 이야기/세계/아이덴티티의 일부입니다.

영화와 텔레비전 제작
Film & Television Production

배경

영화와 텔레비전 산업의 마케팅 언어는 단순한 영화 포스터와 TV 방영 프로그램 목록에서 벗어나 관객이 극장에 들어가거나 TV를 켜기도 전에 몰입감 넘치는 세계를 만들어내도록 정교하게 짜인 스토리텔링 중심의 캠페인으로 완전히 진화했다. 이 분야의 카피라이팅 유산에는 혁명적인 캠페인이 적지 않았다. 리들리 스콧 Ridley Scott 감독이 Apple을 위해 광고와 영화의 스토리텔링 경계를 모호하게 허물어 버리며 제작한 획기적인 광고 1984와, 텔레비전의 문화적 위상을 영원히 높여 놓은 HBO의 혁신적인 캠페인 It's Not TV. It's HBO TV가 아닙니다. HBO입니다 가 대표적인 예이다.

1990년대와 2000년대 동안에는 카피라이팅에서 혁신적 변화가 있었다. Warner Bros.의 영화「다크 나이트」The Dark Knight 의 캠페인 Why So Serious?가 대표적인 예로, Why So Serious? 왜 그렇게 심각해? 는 그 영화를 홍보할 목적으로 참여형 스토리텔링으로 제작된 대체 현실 게임 alternate reality game 의 제목이기도 했다. 한편 BBC의 Perfect Day 완벽한 하루 캠페인은 방송 진행자들이 자신을 포지셔닝하던 방식을 재정립하며, 프로그램 홍보를 넘어 BBC 방송국의 가치관을 독립적으로 구현하는 문화적 순간을 만들어냈다.

한국의 엔터테인먼트 기업들도 글로벌 마케팅 방식에 대변혁을 일으켰다. 영화「기생충」의 봉준호 감독을 홍보한 '봉하이브'

BongHive 라는 풀뿌리 소셜 미디어 캠페인은 진정한 팬 참여가 어떻게 국제적인 성공을 가져올 수 있는지를 보여주었고, Netflix는 미니멀한 비주얼 마케팅을 통해 「오징어 게임」을 현지화함으로써 언어 장벽을 극복하고 세계적인 히트 작품으로 만들어냈다.

오늘날 영화와 TV 산업의 카피라이팅은 명성과 접근성을 조화롭게 조절하며, 예술적 가치와 오락적 가치를 모두 약속하는 메시지를 만들어야 한다. 영화와 텔레비전 산업의 마케팅 방식은 Universal의 고전적인 From the studio that brought you... Universal 스튜디오에서 이제 ...라는 새로운 작품을 출시합니다 와 같은 전통적인 슬로건에서 벗어나, 시각적 표현 위주의 치밀하게 짜인 미스터리 방식으로 영화를 문화 행사로 바꿔 놓은 A24의 수수께끼 같은 캠페인처럼 관객 중심의 접근 방식으로 옮겨갔다.

기업 개요

Film4
설립 - 1982년
웹사이트 - https://www.film4.com

Film4는 혁신적인 영화를 제작하겠다는 Channel 4의 책임감에서 탄생해 이제는 영국에서 가장 영향력 있는 영화 제작 및 배급 회사 중 하나가 되었다. 독립 영화를 전문으로 취급하며 출범한 Film4였지만, 이제는 기성 영화 제작자들과 협력하면서도 신진 영화인을 육성하는 유력한 영화 제작사로 성장했다.

Film4의 마케팅 전략은 예술의 진실성과 문화의 발견 과정을 포용하며, 영화 유산의 수호자이자 새로운 목소리를 발굴하는 인큐

베이터로서 포지셔닝하는 데 있다. Film4의 캠페인에서는 지적인 매력과 감성적인 공감이 결합되는 경우가 많고, 사고를 유도하는 스토리텔링을 중시하는 안목 있는 시청자들을 타깃으로 한다. Film4는 마케팅에서 작품 선택의 전문성과 경계를 허무는 혁신을 결합하며, 평론가들의 찬사를 받은 고전은 물론이고 아직 발굴되지 않은 보석도 어떻게든 시청해 보려는 잠재 고객에게 어필하는 방식을 취한다.

BBC Studios
설립 - 2017년 (전신은 BBC Worldwide)
웹사이트 - https://www.bbcstudios.com

BBC Studios는 BBC의 제작 부서에 불과했지만, 이제는 BBC의 공익 가치를 유지하면서 개별적으로 콘텐츠를 창작하고 제작해 세계 전역에 배포하는 거대 기업으로 변신했다. BBC Studios는 영국 방송의 전통과 상업적 혁신을 결합하고, 엔터테인먼트와 다큐멘터리, 드라마, 코미디 등 다양한 장르에서 새로운 콘텐츠를 개발하고 있다.

BBC Studios의 마케팅 전략은 양질의 스토리텔링과 문화적 파급력에 중점을 두고, 재밌으면서도 의미 있는 콘텐츠를 제공하는 기업으로 포지셔닝하는 데 있다. BBC Studios의 캠페인에서는 제공하는 프로그램에 내재한 대화를 시작하게 하는 힘이 흔히 강조되고, 프로그램을 시청하는 즐거움을 넘어 공감을 불러일으키는 콘텐츠를 구하는 시청자들을 타깃으로 한다. BBC Studios의 마케팅은 영국의 탁월한 제작 능력과 보편적인 주제를 결합해 재미와 진지함이 균형을 이루는 지적인 스토리텔링을 중시하는 전 세계 시청자에게 어필한다.

Fremantle

설립 - 2001년

웹사이트 - https://www.fremantle.com

Fremantle은 텔레비전 프로그램의 포맷 television format 을 개발하는 회사로 시작해 이제는 엔터테인먼트와 드라마, 영화, 다큐멘터리 등 다양한 장르의 프로그램을 제작, 배급하는 종합적인 글로벌 콘텐츠 스튜디오로 성장했다. Fremantle은 콘텐츠 개발에서 끊임없는 혁신을 통해 본래의 위상을 유지하는 동시에 제작 기반을 세계적으로 확대하고 있다.

    Fremantle의 마케팅 전략은 창작의 자유와 국제적 무대가 흔히 강조되고, 다양한 스토리텔링을 창작해낼 수 있는 인재를 육성하는 허브로 포지셔닝하는 데 있다. Fremantle의 캠페인에서는 전반적인 역량과 장르의 다양성이 주로 부각되고, 다수의 프로그램 포맷에서 입증된 성공 사례를 눈여겨보는 업계 파트너들을 타깃으로 한다. Fremantle은 마케팅에서 탁월한 창의력과 상업적 감각을 결합하며, 예술적 표현과 전문적인 글로벌 배급력을 모두 중시하는 콘텐츠 제작자와 배급사에게 어필하는 방식으로 접근한다.

마케팅 퍼널

> **Great films you know, great films you don't.** (Film4 - website)
>
> **널리 알려진 위대한 영화는 물론, 누구도 모르는 위대한 영화도 준비되어 있습니다.** (Film4 - 웹사이트)

즉시 주목을 끌고 궁금증을 자극할 목적으로 고안된 메시지이다. 표현이 병렬 구조여서 리드미컬하게 읽히고 쉽게 기억된다. 앞부분은 Film4가 널리 알려지고 호평받은 영화를 제공한다는 확신을 잠재 고객에게 심어 주며 믿음과 신뢰를 구축한다. 뒷부분에서는 Film4가 덜 알려졌지만 역시 인상적인 영화도 소개한다고 말하며 호기심을 자극한다. 이 같은 새로운 발견의 약속은 영화광만이 아니라 일반적인 고객에게도 어필하기에 충분하다. 이 슬로건은 익숙한 것과 알려지지 않은 것의 적절한 균형을 약속하며, Film4를 신뢰할 수 있는 채널로 효과적으로 포지셔닝한다. 처음으로 관심을 불러일으키며 잠재적 고객에게 Film4를 더 자세히 살펴보도록 유도하는 슬로건이기도 하다.

> **Our stories start conversations.** (BBC Studios - website)
> **우리 이야기로 대화가 트입니다.** (BBC Studios - 웹사이트)

BBC Studios의 콘텐츠를 깊이 생각하게 만들고 문화적으로 의미 있다고 포지셔닝하는 메시지이다. 이 메시지에서는 BBC Studios가 제공하는 프로그램의 스토리텔링이 질적으로 우수하다는 것이 부각되며, 토론과 대화 등을 유발하며 감상을 공유하게 만드는 힘을 지녔다는 것이 강조된다. our stories라는 표현을 사용함으로써 설득력 있는 이야기의 제작자로서 BBC Studios의 권위가 강화된다. 한편 start conversations라는 문구는 미디어 소비의 사회적 속성에 어필하며 잠재 고객에게 BBC Studios의 프로그램을 시청한 뒤 다른 사람들과 토론하며 감상을 공유하라고 독려하는 역할을 한다. 전체적으로 재미있을 뿐만 아니라 느낌을 공유할 수 있고 문화적으로 의미 있는 콘텐츠를 원하는 현대 시청자들의 욕망을 자극하는 슬로건이다.

We're a world leader in creating, producing and distributing across entertainment, drama, film and documentary content. (Fremantle - website)
우리는 엔터테인먼트, 드라마, 영화와 다큐멘터리 콘텐츠를 구상해 제작하고 배급하는 분야에서 세계적인 선두 기업입니다.
(Fremantle - 웹사이트)

신뢰를 구축하고 잠재적 파트너와 고객, 네트워크에 대해 경쟁사보다 Fremantle을 선택해야 하는 이유를 더욱 확실히 각인할 목적으로 고안된 메시지이다. 또한 Fremantle을 해당 산업의 선두 주자로 포지셔닝하기도 한다. world leader라는 문구에서 Fremantle은 세계적 영향력과 전문성을 지닌 기업으로 즉각 규정되고, 잠재 고객과 협력사는 최고 수준의 콘텐츠 제작사와 협력하고 있다는 확신을 얻게 된다. creating, producing, and distributing이라는 표현에서는 제작 과정을 처음부터 끝까지 책임지는 자사의 역량이 부각되고 Fremantle이 양질의 미디어 콘텐츠를 포괄적으로 제공하는 올인원 파트너라는 것이 강조된다. 또한 끝부분에 붙인 entertainment, drama, film, and documentary에서는 Fremantle이 하나의 장르에 국한되지 않고 다양한 장르를 아우르는 서비스를 제공하는 제작사라는 것이 강조된다. 이렇게 활동 범위를 확대함으로써 다수의 프로그램 포맷에서 검증된 성공 사례를 눈여겨보는 잠재적 파트너들에게 어필한다.

* 올인원 파트너(all-in-one partner): 콘텐츠의 구상부터 제작과 배포까지 책임지는 협력 기업을 가리킨다.

> **We aspire to be the place that creatives want to call home. To achieve that, we commit to a culture of creativity, curiosity and connectivity, and we believe in a working environment that encourages openness, diversity and freedom of expression across genres, continents and cultures.** (Fremantle - website)
> 우리는 창의적인 사람들이 집이라 부르는 곳이 되고 싶습니다. 이런 바람을 현실화하기 위해 우리는 창의성, 호기심, 연결성을 중시하는 문화를 책임지고, 장르와 대륙, 문화를 아우르는 개방성과 다양성 및 표현의 자유를 독려하는 작업 환경이 필요하다는 것을 믿습니다. (Fremantle - 웹사이트)

Fremantle이 올바른 선택이라는 것을 잠재적 파트너, 직원, 콘텐츠 제작자에게 설득하고 확신을 주기 위한 목적으로 전략적으로 고안된 메시지이다. the place that creatives want to call home이라는 표현에서 Fremantle은 재능 있는 인재들에게 꿈을 펼칠 수 있도록 영감을 주는 환경의 기업으로 포지셔닝된다. 이런 감성적인 접근은 신뢰와 소속감을 확고히 하는 데 도움이 된다. creativity, curiosity, and connectivity를 강조함으로써 이 메시지는 엔터테인먼트 산업의 전문가들에게 매우 매력적인 핵심 가치를 부각한다. openness, diversity, and freedom of expression을 보장하겠다는 약속은 의사결정권자들에게 Fremantle이 진보적이고 포용적인 창작 공간을 지원한다는 확신을 더 깊이 심어 준다. 경쟁이 치열한 산업에서 Fremantle을 매력적인 파트너로 생각하게 만들어 주는 메시지이다.

> **You won't want to miss a single moment.** (BBC Studios - social media)
>
> **단 한 순간도 놓치고 싶지 않을 거예요.** (BBC 스튜디오 - 소셜 미디어)

런던을 배경으로 한 영국의 장수 드라마 「이스트엔더스」 EastEnders 에 대한 소셜 미디어 게시물에서 발췌한 카피이다. 이 게시물은 모든 에피소드가 꼭 봐야 할 사건들로 가득하다는 여론을 재확인하며 시청자들에게 계속 진행되는 스토리 전개를 놓치지 말라고 촉구한다. You won't want to miss라는 문구는 긴박감과 기대감을 불러일으키며 FOMO fear of missing out, 기회를 놓치고 싶지 않은 마음 를 은밀히 이용하는 표현이다. 또한 이 표현은 새로운 에피소드가 방영될 때마다 시청자들을 계속 되돌아오게 유도하는 강력한 심리적 동기 부여 요인이다. 따라서 모든 에피소드를 본방송으로 시청하거나, 본방송을 놓치더라도 신속하게 따라잡는 필요성을 강조함으로써 시청자 유지율 viewer retention 을 굳히고 팬들을 프로그램에 대한 대화에 적극적으로 참여하도록 유도하는 문구가 된다. 자극적이면서도 긴장감을 조성하는 어법을 사용함으로써 BBC Studios는 브랜드 충성도를 높이고 팬들에게는 최근 에피소드의 극적인 순간들에 대해 다른 사람들과 이야기를 나누도록 유도해 입소문 홍보를 계속하는 동시에 시청률을 지속적으로 유지하려 한다.

마케팅 퍼널 프랙티스

인지(Awareness)

> Stories that transport/captivate/transform you.
> 당신을 황홀경에 빠뜨릴/마음을 사로잡을/완전히 바꿔 놓을 이야기들.

Where imagination meets reality/possibility/artistry.
상상이 현실/가능성/예술성과 만나는 곳.

Discover worlds beyond/behind/beneath the screen.
화면 너머/뒤/아래의 세계를 만나 보세요.

Entertainment that defines/shapes/captures culture.
엔터테인먼트가 문화를 정의합니다/만들어 갑니다/표현합니다.

Where every frame tells a story/truth/vision.
프레임 하나하나에 이야기/진실/비전이 담겨 있습니다.

관심(Interest)

Your emotions deserve exceptional/powerful/moving storytelling.
당신의 감성은 탁월한/강력한/감동적인 스토리텔링으로 변환될 자격이 있습니다.

Experience narratives that challenge/provoke/inspire.
도전적인/도발적인/영감을 주는 이야기를 즐겨 보세요.

Dive into stories worth sharing/discussing/remembering.
공유할/토론할/기억할 만한 가치가 있는 이야기에 푹 빠져 보세요.

Content that resonates beyond/after/through the credits.
엔딩 크레딧이 사라진 뒤/이후/끝난 뒤에도 마음속에 남는 콘텐츠.

Discover characters that reflect/reveal/illuminate humanity.
인간다움을 반영하는/보여 주는/쉽게 풀어 주는 캐릭터를 만나 보세요.

고려(Consideration)

Stories crafted with passion/precision/purpose by visionaries.
공상가들이 열정적으로/정교하게/의도적으로 지어낸 이야기들.

Stories built on truth/authenticity/integrity.
진실/사실/정직이 바탕에 깔린 이야기들.

Production values that elevate/enhance/honor every scene.
제작 과정의 모든 장면에 가치를 더했습니다/드높였습니다/존중했습니다.

Content worthy of your time/attention/conversation.
당신의 시간/관심/대화를 투자할 가치가 있는 콘텐츠입니다.

Narratives that stand the test of time/scrutiny/comparison.
시간/분석/비교의 검증을 견뎌낸 이야기들입니다.

구매 결정(Decision)

Join audiences worldwide/everywhere/globally in conversation.
세계 방방곡곡/어디에서나/전 세계적으로 진행되는 대화와 함께해 보세요.

Choose storytelling that matters/resonates/endures.
당신의 삶에 중요한/마음에 공명하는/오랫동안 지속되는 스토리텔링을 선택해 보세요.

Experience entertainment reimagined/redefined/revitalized.
새롭게 상상된/정의된/활력이 더해진 엔터테인먼트를 경험해 보세요.

Begin your journey into exceptional/unforgettable/transformative cinema.
탁월한/잊을 수 없는/당신을 바꿔 놓을 영화로의 여정을 시작해 보세요.

Embrace stories that will stay with you/move you/change you.
기억에 남을/심금을 울릴/여러분을 바꿔 놓을 이야기들과 함께해 보세요.

충성도(Loyalty)

Your viewing companion for life/decades/generations.
영상에서 평생/수십 년/수세대 동안 당신과 함께할 동반자입니다.

Exclusive/Behind-the-scenes/Insider content for dedicated viewers.
열성적인 시청자에게만 제공되는 배타적인/막후/비공개 콘텐츠입니다.

Growing our library/community/legacy together.
영상 목록/커뮤니티/유산을 함께 키워갑시다.

Stories that evolve with your tastes/perspectives/understanding.
당신의 취향/관점/이해력에 따라 진화하는 이야기입니다.

Experience the difference/excellence/craft in every production.
모든 제작물에서 차이/탁월함/장인 정신을 경험해 보세요.

음악 산업과 스트리밍   Music Industry & Streaming

배경

음악 산업의 마케팅 내러티브 marketing narrative 는 앨범 중심의 홍보에서 벗어나 청취자와 소리 사이를 감성적으로 깊이 이어주는 경험에 관련한 스토리텔링으로 변모했다. 음악 산업의 카피라이팅 진화 과정에는 음악을 평생의 동반자로 포지셔닝한 Sony Music의 획기적인 캠페인 My First Sony 나의 첫 번째 Sony 부터, 우리가 음악에 몰입하는 개인적인 기쁨을 시각화하는 방식을 크게 바꿔 놓은 Apple의 상징적인 iPod 실루엣 광고에 이르기까지 음악이 잠재 고객의 마음에 어떻게 공명하는지를 재정의한 혁명적인 캠페인이 적지 않았다.

    Columbia Records는 1960년대에 음악을 문화적 반항의 상징으로 승화한 캠페인 The Man Can't Bust Our Music 저들이 우리 음악을 막을 순 없다 을 통해 감성 마케팅을 개척한 반면, MTV의 획기적인 캠페인 I Want My MTV 나의 MTV를 원한다 시리즈가 음악을 소비하는 방식에 대해 만들어낸 시각적 어휘는 이후 수십 년 동안 마케팅에 영향을 미쳤다. 이런 캠페인을 바탕에 둔 음악 홍보는 단순한 상품 인지도를 넘어 문화적 운동을 구축하는 단계로 올라섰다.

한국 음악 산업의 강자들은 테크놀로지와 팬덤 형성 fandom cultivation 을 결합한 혁신적인 접근 방식을 통해 글로벌 홍보 전략에 대변혁을 일으켰다. HYBE(전신은 Big Hit Entertainment)는 위버스 Weverse 라는 자체 개발 플랫폼을 통해 유니버스 Universe 의 개념을 선도하며 콘텐츠, 상업성, 커뮤니티가 융합되는 생태계를 구축했고, 수동적인 청취자를 능동적인 참여자로 변화시켰다. SM Entertainment의 Culture Technology(CT) 전략 역시 문화적 경계를 넘어 공감을 불러일으키는 강렬한 내러티브 아크 narrative arc 를 통해, 체계적인 인재 육성이 어떻게 전달될 수 있는지 보여주었다.

음악 산업은 환경이 끊임없이 변화함에 따라 성공적인 마케팅을 위해서는 알고리즘에 기반한 개인화와 인간적인 유대감이 조화롭게 결합되면서도 음악 매체를 역사적으로 규정해 온 진정성이 보존되고 있다. 이런 변화에서 음악을 소비하는 방식이 크게 달라졌다는 것이 읽힌다. 이제는 많은 플랫폼이 커뮤니티 구축과 신곡에 대한 스토리텔링을 결합하며, 청취자를 단순한 소비자에서 문화의 공동 창작자로 바꿔 가고 있다.

* 마케팅 내러티브(marketing narrative): 스토리텔링을 활용해 브랜드와 잠재 고객을 감성적으로 연결하는 전략적 접근 방식을 가리킨다.
** 내러티브 아크(narrative arc): 기승전결로 전개되는 이야기라 생각하면 된다. 스토리 아크라고도 한다.

기업 개요

Virgin Records
설립 - 1972년
웹사이트 - https://www.virginrecords.com

Virgin Records는 리처드 브랜슨 Richard Branson 이 지하에 차린 통신 판매 회사로 시작했지만 이제는 글로벌 음악계의 혁명 세력으로 성장한 뒤 여전히 아방가르드 아티스트들을 지원하며 음악 산업계의 관습에 도전하고 있다. Virgin Records는 논란이 많은 아티스트와 실험적인 장르를 적극적으로 수용하며 전통적인 음악 마케팅에 혁명적 변화를 일으켰고, EMI와 이후 Universal Music Group에 인수되며 음악계의 주류 기업으로 진화한 뒤에도 권위에 도전적인 고유의 정신을 유지하는 음반 회사이다.

Virgin Records의 마케팅 전략은 반항적 에너지와 음악적 혁신을 조화롭게 결합하고, 관습적인 분류에 저항하며 경계를 허무는 아티스트들의 고향으로 포지셔닝하는 데 있다. 따라서 Virgin Records의 캠페인에는 도발적인 시각적 요소와 반문화적 메시지가 결합되는 경우가 많고, 음악의 선구자이자 문화의 얼리 어댑터를 자처하는 사람들을 타깃으로 한다. Virgin Records는 디지털 혁신을 수용하는 동시에 고유의 반항적인 유산을 활용하며, 예술과 문화를 향한 진보적 태도와 음악적 진정성 모두 중시하는 고객에게 어필한다.

Warner Music Group
설립 - 1958년
웹사이트 - https://www.wmg.com

Warner Music Group은 영화사 Warner Bros.의 한 부서로 시작했지만, 이제는 독립해 Atlantic, Elektra, Warner Records를 비롯해 전설적인 음반 회사들을 거느린 세계적인 음악 복합기업으로 성장했다. Warner Music Group은 역사적인 유산의 고유한 정체성을 보존하면서도 전략적 인수 및 디지털 변환을 통해 기술 혁신과 글로벌 확장을 포용하는 공동 비전을 구축하는 데 조심스레 균형을 추구하는 기업이다.

Warner Music Group의 마케팅 전략은 아티스트 발굴과 문화적 중요성에 중점을 두며, 음악적 유산의 수호자이자 신진 아티스트를 위한 인큐베이터로서 포지셔닝하는 데 있다. Warner Music

Group의 캠페인에서는 과거의 유산과 현대적 의미가 절묘하게 뒤섞이는 경우가 많으며, 세대와 장르의 경계를 넘어 다양한 계층을 타깃으로 한다. Warner Music Group은 아티스트와 음반 생태계가 서로 협력하며 힘을 보태야 한다는 것을 강조하고, 음악을 심원한 개인적 표현인 동시에 강력한 문화적 자산으로 여기는 창작자와 음악 애호가에게 어필한다.

Spotify

설립 - 2006년
웹사이트 - https://www.spotify.com

Spotify는 스웨덴의 스타트업으로 시작해 이제는 세계적인 스트리밍 플랫폼으로 성장했고, 음악 산업을 소유에서 접근 개념으로 바꿔 놓으며 음악 소비 방식에 대변혁을 일으켰다. Spotify는 구독 스트리밍 모델을 개척한 뒤에도 팟캐스트, 오디오북, 개인별 맞춤형 콘텐츠 제공 등으로 꾸준히 영역을 확장하며, 새로운 음악의 발견과 참여를 우선시하는 사용자 중심의 운영 방식과 기술 혁신을 통해 해당 산업계의 선두 자리를 유지하고 있다.

 Spotify의 마케팅 전략은 알고리즘에 기반한 개인화와 인간에 의한 선별 human curation 을 조화롭게 조절하며, 새로운 음악 발견에 반드시 필요한 일상의 동반자로 포지셔닝하는 데 있다. Spotify의 캠페인에서는 데이터에 기반한 통찰과 감성적인 스토리텔링이 결합되는 경우가 많으며, 음악 감상에서 편의성과 연결성을 모두 중시하는 고객을 주된 타깃으로 한다. Spotify는 고객의 청취 습관을 고유한 기법으로 파악해 고객에게 놀라움과 즐거움을 만끽하도록 해 주고, 익숙함에서 오는 편안함과 오디오 여정에서 새로운 음악의 발견으로 얻는 짜릿함을 모두 즐기려는 고객에게 어필한다.

마케팅 퍼널

> **Calling all music lovers.** (Virgin Records - website)
> 모든 음악 애호가를 초대합니다. (Virgin Records - 웹사이트)

직접적이고 주의를 끄는 포괄적인 슬로건이다. Calling all이란 표현은 발표나 구호를 흉내낸 것처럼 들린다. music lovers라는 문구는 음악에 대한 열정을 지녔다고 자처하는 누구에게나 즉각적으로 어필한다. 이 슬로건의 장점 중 하나는 폭넓은 호소력이다. Virgin Records는 특정 장르나 아티스트, 음악 형식에 국한되지 않는다. 따라서 이 슬로건에 공감할 가능성이 높은 폭넓은 잠재 고객에게 다가갈 수 있다. 다시 말해 Virgin Records가 그물을 넓게 던져 최대한 많은 잠재 고객을 끌어들일 수 있게 해 주는 슬로건이다.

> **Each talent makes our collective bolder & brighter and our collective elevates & empowers each talent.** (Warner Music Group - website)
> 한 명 한 명의 인재 덕분에 우리 공동체가 더 대담하고 더 밝아지고, 우리 공동체는 그 인재들이 마음껏 능력을 펼치도록 힘을 실어 드립니다. (Warner Music Group - 웹사이트)

문장 구조와 단어 선택이 브랜드 가치를 인정하며 호기심을 불러일으키도록 고안된 슬로건이다. 첫째로 이 슬로건에서는 음악 산업에서 무척 중요한 협력과 동반 성장이 강조된다. Warner Music Group은 아티스트와 전문가의 개별적인 기여를 인정한다. 게다가 이 슬로건의 상호적인 면에서는 지원과 기회라는 개념이 재확인되고, Warner Music Group이 재능 있는 인재를 육성한다는 뜻이 함축되어 있다. 따라서 예술과 전문성을 고양하는 분위기를 조성하는 음반 회사나 고용주를 찾는 신진 아티스트와 전문가의 관심을 불러일으키기에 충분한 슬로건이다. bolder와 brighter, elevates와 empowers 같은 단어가 선택된 이유는 성공을 향한 열망을 이용하려는 것일 수 있다.

> **In 2021, it was normal to consume lots of Butter, guilt-free. Butter: 648,684,868+ streams in 2021.**
> (Spotify - billboard)
>
> **2021년에 Butter가 많이 소비된 건 당연했고, 죄책감을 느낄 필요도 없습니다. 2021년 Butter의 스트리밍 횟수: 648,684,868+.** (Spotify - 옥외 광고판)

Spotify의 마케팅 카피로, 언어 유희와 대중문화, 사회적 증거를 영리하게 이용해 잠재적 사용자의 관심을 끌고 붙들어두는 재밌는 메시지이다. 이 단계에서 고객은 이미 Spotify의 존재를 알고 있기 때문에 이 메시지의 목적은 관련성과 가치를 보강하며 스트리밍을 거부할 수 없는 유혹으로 느끼게 하는 데 있다. BTS의 히트곡 Butter를 언급함으로써 Spotify는 엄청난 규모의 열정적인 팬층을 이용하는 동시에 Butter가 지닌 이중 의미—노래와 음식—를 활용한다. consume lots of Butter, guilt-free라는 표현은 유쾌한 반전을 끌어내며, 음악을 스트리밍하는 행위를 편안하게 느끼게 해 준다. 비유하자면, 마음의 위안을 주는 좋아하는 음식을 걱정없이 즐기는 것과 다를 바 없다. 결국 Spotify의 스트리밍 서비스가 대중문화를 좋아하는 사람들에게는 접근하기 쉽고 재미있으며 필수적인 것으로 느껴지게 만드는 표현이다. 메시지의 후반부는 648,684,868+라는 스트리밍 횟수를 강조하며 사회적 증거로 기능하고, Spotify의 시장 지배력과 문화적 영향력을 재확인한다. Butter라는 노래의 엄청난 인기를 보여줌으로써 Spotify는 모두가 이미 자사의 플랫폼에서 스트리밍하고 있다는 것을 은근히 과시하며 FOMO 기회를 놓칠지 모른다는 두려움를 유발해 잠재적 사용자들이 하루라도 빨리 가입하도록 독촉한다.

> **Sign up to start listening.** (Spotify - website)
> **가입하시고 곧바로 청취를 시작하세요.** (Spotify - 웹사이트)

이쯤에서 잠재 고객은 행동을 취하기 직전이다. 이 단계의 목표는 마찰을 해소하고 다음 단계로의 전환을 최대한 쉽고 흥미롭게 만드는 것이다. 이 문구는 직접적이고 행동 지향적인 콜 투 액션이다. 앞 단계들에서 소개된 슬로건들은 참여와 감성적 호소에 초점을 맞추고 있지만, 이 단계의 문구는 명확하고 간결하며 실질적이다. Sign up이라는 명령법을 사용함으로써 다음 단계로 무엇을 해야 하는지에 대해 조금의 모호함도 남기지 않는다. 게다가 to start listening에서는 즉각적인 충족이 강조된다. 그 결과, 잠재적인 의심이나 망설임이 해소되고 의사결정 과정이 매끄럽게 이루어지는 것 같아 고객이 행동을 완료할 가능성이 높아진다.

> **Just in time for the weekend, here's the latest roundup of Essential Releases, as chosen by our editors.** (Bandcamp - social media)
> **주말을 맞아 우리 에디터들이 엄선한 것으로 최근에 발매된 필수 음반을 소개하면 다음과 같습니다.** (Bandcamp - 소셜 미디어)

기존 사용자가 플랫폼에 계속 연결하도록 재방문을 유도하고, 신곡을 신속하게 소개하는 믿을 만한 플랫폼으로서의 역할을 강화함으로써 기존 고객과 지속적인 관계를 유지하려는 메시지이다. Just in time for the weekend라는 문구는 시의적절하다는 느낌을 주고, 습관 형성에도 도움을 준다. Essential Releases란 표현에는 특별히 선별된 것이란 의미가 함축되어 콘텐츠의 가치를 높여 준다. 또한 as chosen by our editors는 권위와 전문성을 드러낸다. Bandcamp는 모든 신곡을 단순 나열하는 것이 아니라 엄선한 음반을 소개한다. 따라서 Bandcamp가 엄선된 고품격의 신곡을 제공하는 플랫폼이란 뜻이 된다. 이렇게 전문성을 앞세운 접근 방식은 브랜드 신뢰도를 높이고 기존 사용자들을 되돌아오도록 유도한다.

마케팅 퍼널 프랙티스

인지(Awareness)

> Discover/Explore/Uncover sounds that move you.
> 마음을 울릴 만한 새로운 사운드를 발견합니다/탐험합니다/발굴합니다.
>
> Elevate/Transform/Redefine your listening experience.
> 귀를 즐겁게 해 주는 음악 감상, 수준을 높여 보세요/방법을 바꿔 보세요/새롭게 정의해 보세요.
>
> Unleash/Release/Embrace the soundtrack of your life.
> 당신의 삶에 어울리는 사운드트랙을 펼쳐봅니다/흘려보냅니다/받아들입니다.
>
> Connect/Engage/Resonate with musical moments that matter.
> 중요한 음악적 순간들과 교감합니다/함께합니다/공명합니다.

Welcome/Enter/Join a world of unlimited melodies.
무한한 멜로디의 세계에 오신 것을 환영합니다/세계로 들어섭니다/함께합니다.

관심(Interest)

Your/Our/Their playlist, your/our/their rules.
당신/우리/그들의 플레이리스트는 곧 당신/우리/그들의 규칙입니다.

Amplify/Enhance/Enrich your everyday with exceptional audio.
특별한 음악으로 당신의 일상을 더 충만하게/품격 있게/풍요롭게 만들어 보세요.

Curate/Craft/Design soundscapes for every mood.
어느 분위기에나 어울리는 사운드스케이프를 큐레이션합니다/정교하게 만듭니다/설계합니다.

Dive/Immerse/Plunge into genres that speak to your soul.
당신의 영혼에 속삭이는 장르로 파고듭니다/깊이 몰입합니다/푹 빠져듭니다.

Explore/Discover/Uncover artists who define generations.
자신의 세대를 규정한 아티스트들을 업그레이드하세요/높여보세요/전환하세요.

고려(Consideration)

Seamless/Effortless/Frictionless streaming for discerning/passionate/devoted listeners.
안목 있는/열정적인/헌신적인 청취자를 위한 매끄러운/자연스런/끊김이 없는 스트리밍.

Premium/Exclusive/Unrivaled sound quality meets intuitive/responsive/elegant design.
프리미엄급/최고의/비할 데 없는 음질에 직관적인/공명하는/우아한 디자인을 더했습니다.

Personalized/Tailored/Customized recommendations that evolve/grow/develop with you.
당신와 함께 진화하는/성장하는/발전하는 개인형/맞춤형/주문형 추천.

Transparent/Direct/Clear support for the creators/artists/musicians you love.
당신이 사랑하는 크리에이터/아티스트/뮤지션을 투명하게/직접적으로/명확하게 지원할 수 있습니다.

Expansive/Comprehensive/Diverse library, zero/minimal/reduced interruptions.
광범위한/포괄적인/다양한 음반 목록, 차단은 전혀 없습니다/최소화되었습니다/크게 줄였습니다.

구매 결정(Decision)

Begin/Start/Commence your musical journey/adventure/exploration today.
오늘 음악 여행/모험/탐험을 시작하세요/출발하세요/개시하세요.

Join/Enter/Access a community of passionate/dedicated/engaged music lovers.
열정적인/헌신적인/격정적인 음악 애호가들의 커뮤니티에 가입하세요/합류하세요/입장하세요.

Choose/Select/Embrace a platform that values/prioritizes/ celebrates your unique taste.
당신만의 특별한 취향을 소중히 여기는/우선시하는/존중하는 플랫폼을 선택하세요/채택하세요/받아들이세요.

Upgrade/Elevate/Transform to premium/superior/enhanced listening now.
지금 프리미엄급/우월한/향상된 청취 환경으로 업그레이드하세요/ 높여보세요/전환하세요.

Subscribe/Connect/Sign up for unlimited/boundless/ unrestricted musical freedom.
제한/한계/제약이 없는 음악의 자유를 위해 구독하세요/ 연결하세요/가입하세요.

충성도(Loyalty)

Your/Our/The dedicated music companion/partner/ally for every moment.
매 순간을 함께하는 당신의/우리의/유일한 헌신적인 음악 동반자/ 파트너/동맹.

Exclusive/Special/Premium content for our valued/loyal/ devoted listeners.
소중한/충성스런/헌신적인 청취자들을 위한 배타적인/특별한/ 프리미엄 콘텐츠.

Discover/Uncover/Explore new favorites weekly/daily/ monthly with personalized curation.
맞춤형 선별을 통해 통해 매주/매일/매월 제공되는 새로운 음악을 발견해 보세요/알아보세요/탐험해 보세요.

Evolving/Growing/Expanding with your musical journey/taste/palette.
당신의 음악 여정/취향/팔레트와 함께 진화합니다/성장합니다/확장합니다.

Share/Celebrate/Spread the music that defines/shapes/inspires you.
당신을 규정하는/만들어 가는/고무하는 음악을 공유해 보세요/축하해 보세요/널리 퍼뜨려 보세요.

서적과 출판　　Books & Publishing

배경

출판 산업의 마케팅 언어는 책에 대한 직접적인 설명에서 벗어나 독자의 상상력에 불을 붙이는 몰입형 스토리텔링으로 변화했다. 출판 산업의 카피라이팅 진화 과정에는 문학의 대중화를 주도한 Penguin Books의 1935년 혁명적인 캠페인 Good books for the price of a packet of cigarette 담배 한 갑 값으로 좋은 책 부터, 출판을 문화적 담론으로 승화시킨 Vintage Books에서 출간한 Fifty Shades of Grey 그레이의 50가지 그림자 의 바이럴 현상까지 문학이 독자와 만나는 방식을 바꿔 놓은 획기적인 캠페인이 적잖게 있었다.

한국의 출판사와 서점은 세계적인 도서 마케팅의 접근 방식에 지대한 영향을 미쳤다. 문학동네 Munhakdongne 같은 출판사는 혁신적인 홍보 전략을 선도했다. 특히 문학동네 Munhakdongne 의 캠페인 One Book, One City 한 도시, 한 책 는 도시 전체에서 특정 도서를 읽는 행사를 열며 커뮤니티별로 토론을 활성화하여 독자가 문학에 참여하는 방법에 변화를 주었다.

오늘날 출판 산업의 카피라이팅은 문학의 세련미와 상업적 접근성을 조화롭게 조절하고, 예술적 가치와 시장을 설득할 호소력을 적절히 결합해야 한다. 출판 산업의 마케팅은 전통적으로 책 표지에 쓰이던 From the author of... ...의 저자로부터 라는 고전적인 홍보 방식을 넘어 Penguin Random House의 캠페인 Books for Every

Story 모든 이야기를 위한 책 처럼 독서를 중심에 두고 책을 읽는 행위를 독자 개개인에 맞춰진 개인적인 여정으로 포지셔닝하는 스토리텔링 방식으로 옮겨갔다.

기업 개요

Penguin Random House
설립 - 2013년 (합병)
웹사이트 - https://www.penguinrandomhouse.com

Penguin Random House는 두 대형 출판사의 역사적인 합병을 통해 세계 최대 규모의 대중 도서 출판사가 되었고, 비견할 데 없는 많은 자회사와 작가를 보유하고 있다. 디지털 출판과 전통적인 출판 모두에서 지속적인 혁신을 통해 Penguin Random House는 빠르게 변화하는 독자의 기대에 부응하는 동시에 문학의 초석으로서 본래의 위상을 굳건히 유지하고 있다.

 Penguin Random House의 마케팅 전략은 문화적 관련성과 상업적 호소력을 조화롭게 조절하며, 자사의 도서를 현대의 담론에 빠질 수 없는 요소로 포지셔닝하는 데 있다. Penguin Random House의 캠페인에서는 문학의 세련미와 상업적 메시지가 조합되는 경우가 많으며, 열렬한 애서가부터 일반 독자까지 다양한 독자층을 타깃으로 한다. Penguin Random House는 마케팅에서 엄선된 추천 도서와 유행하는 주제를 결합하고, 지적 풍요와 문화적 유대를 모두 중시하는 독자들에게 어필한다.

HarperCollins Publishers

설립 - 1817년

웹사이트 - https://www.harpercollins.com

HarperCollins는 19세기에 설립된 이후 세계적인 출판사로 성장했고, 이제는 역사적 유산과 디지털 혁신 사이에 균형을 이루고 있다. HarperCollins는 다수의 전문화된 자회사를 통해 편집 방향에서 고유한 목소리를 유지하는 동시에, 점점 디지털화되는 환경에서 책을 독자에게 전달하는 방식의 개혁을 끊임없이 시도하고 있다.

HarperCollins의 마케팅 전략은 작가 개발과 커뮤니티 구축을 강조하며, 작가와 독자를 연결하는 가교로 포지셔닝하는 데 있다. HarperCollins의 캠페인에서는 작가의 여정과 숨겨진 이야기가 자주 언급되고, 문학적 숙련미를 중시하는 열렬한 독자를 타깃으로 한다. HarperCollins는 마케팅에서 전통적인 홍보 전술과 혁신적인 디지털 참여를 결합하며, 작가와 동료 애서가, 진정한 유대 관계를 원하는 독자에게 어필하는 방식으로 접근한다.

Hachette Book Group

설립 - 2006년 (미국 지역 운영 본부)

웹사이트 - https://www.hachettebookgroup.com

Hachette Book Group은 프랑스에 뿌리를 두고 있지만 이제는 세계적인 도서 출판사로 성장해 다양한 도서를 출간하는 최고의 출판사로 자리하고 있다. Hachette Book Group은 도서를 단순히 돈벌이 상품이 아니라 의미 있는 문화적 산물로 포지셔닝하는 혁신적인 마케팅 전략과 신중한 도서 기획을 통해 차별화를 시도한다.

Hachette Book Group의 마케팅 전략은 타깃 독자층의 개발과 데이터에 기반한 추천 도서에 중점을 둔다. 따라서 Hachette Book Group의 캠페인에서는 독자에게 그 다음 읽을 책으로 어울린다며 신중하게 개인화된 메시지가 자주 언급되고, 특정 틈새 독자층을 정확하게 타깃으로 한다. Hachette Book Group은 독자층을 정교하게 세분화하는 동시에 독자와의 커뮤니케이션에서는 따뜻한 대화체를 유지하며 새로운 책을 발견하는 과정과 커뮤니티를 중시하는 독자에게 어필한다.

마케팅 퍼널

> **Become someone else.** (Mint Vinetu bookstore - print advert)
> **다른 사람이 되어 보세요.** (Mint Vinetu bookstore - 인쇄물 광고)

짧고 호기심을 자극하며, 독서의 변화력과 직접적으로 관련된 문구이다. 이 광고에 수반된 이미지는 사람들이 얼굴 앞에 책을 쥐고 있고, 사람들의 실제 얼굴이 책표지의 얼굴로 대체된 모습이다. 따라서 책을 통해 우리가 다른 사람의 삶에 들어가 그의 눈을 통해 세상을 보며 새로운 관점을 경험할 수 있다는 이론을 재확인해 주는 광고라 할 수 있다. 책을 읽을 때마다 새로운 정체성을 받아들인다는 이론에 근거한 셈이다. 책이 독자를 어떻게 다른 세계로 인도하는지를 영리하고 기발하게 시각적으로 표현한 광고로, 우리가 책을 읽는 주된 동기라 할 수 있는 현실 도피, 모험, 공감에 대한 갈망을 반영한 것이다.

> **Carly Heath's writing jumps off the page to create an immersive world with lovable, queer characters who will steal your heart.** (Soho Press - website)
> 칼리 히스의 글은 생동감 있어 사랑스럽고 묘한 등장인물들이 우리 마음을 훔치며 몰입감 넘치는 세계를 만들어냅니다. (Soho Press - 웹사이트)

이쯤에서 잠재 독자가 더 깊이 몰입하도록 유도하려면 더 설득력 있는 세부 묘사가 필요하다. 이 단계의 목표는 책에 대한 감성적 소구와 흥미를 유발하여 독자가 그 책에 대해 더 자세히 알고 싶거나 책을 구매하고 싶어지도록 만드는 것이다. jumps off the page라는 문구는 문체가 매력적이고 역동적이라는 것을 생생하게 묘사해 준다. 책의 세계를 immersive라 묘사함으로써 독자가 책에 빠져드는 듯한 느낌을 받게 될 것이라는 생각을 재확인해 주기도 한다. 메시지의 뒷부분은 잠재 독자의 감정에 직접적으로 호소하며, 공감할 수 있는 등장인물들로 매끄럽게 전개되는 글이라는 것을 부각한다. steal your heart라는 표현은 독자와 등장인물 간의 깊은 유대가 형성될 것이라 약속한다. 전체적으로 독자에게 서평, 발췌글, 구매 옵션을 살펴보도록 유도하는 메시지이다.

> **Books to read if you love The White Lotus. Discover whodunnit books filled with exotic locales, titillating characters, and murder!** (Penguin Random House - website)
> 「화이트 로투스」를 사랑한다면 꼭 읽어야 할 책들이 있습니다. 이국적인 배경, 흥미를 자극하는 등장인물들, 그리고 살인 사건으로 가득한 추리 소설들을 만나 보세요! (Penguin Random House - 웹사이트)

이 단계의 목표는 고객의 기존 기호를 기반으로 관련 서적을 추천함으로써 고객이 정보에 기반한 결정을 내릴 수 있도록 돕는 것이다. 인기 있는 TV 드라마 「화이트 로투스」The White Lotus 를 언급함으로써 시청자의 친숙함을 이용해 구매 동기를 유발하려는 카피이다. 이 드라마를 재밌게 시청한 독자라면 유사한 주제의 책에 관심을 가질 가능성이 더 높아 효과적인 맞춤 전략이 될 수 있다. whodunnit books filled with exotic locales, titillating characters, and murder!라는 문구에서는 미스터리 소설에 매력을 더해주는 핵심 요소들이 재확인된다. 게다가 단순히 buy these books 이 책들을 사십시오 라고만 말하지 않고, 엄선된 책을 추천해 독자가 선택하도록 유도한다. 전체적으로 인기 있는 문화물에 책들을 연결하며 주제와 관련된 감각적인 매력을 강조하며, 엄선된 목록을 제공해 독자에게 더 깊이 찾아보도록 유도하는 메시지이다.

> **Spend $35 and get FREE shipping.** (HarperCollins Publishers - website)
>
> **35달러 이상 구매해 무료 배송 혜택을 받아보세요.** (HarperCollins Publishers - 웹사이트)

이쯤에서 잠재 고객은 이미 구매를 고려하고 있으므로, 이 단계의 목표는 구매 장벽을 제거하고 전환율을 높이는 것이 된다. 온라인 쇼핑에서 가장 흔한 장애물 중 하나는 배송비 같은 추가 비용이다. 따라서 무료 배송이란 제안은 고객의 구매 완료를 유도하는 데 도움이 된다. Spend $35라고 명확하고 달성 가능한 기준을 제시함으로써 고객이 무료 배송 혜택을 받기 위해 장바구니에 상품을 더 추가하도록 유도한다. 이 문구는 더 많은 상품을 구매하게 만드는 전략으로도 활용되어 평균 주문 금액을 높이는 동시에 고객에게는 무료 배송 혜택을 받는다는 승리감을 만끽하게 해 준다. FREE shipping이란 문구는 특히 강력한 효과를 발휘한다. free라는 단어는 마케팅에서 이미 입증된 심리적 유발 요인으로, 구매자에게 추가적인 노력을 요구하지 않으면서도 무언가를 더 얻는다는 기분과 긴박감을 심어 준다. 많은 쇼핑객이 결제하려는 순간 배송비를 보면 망설이기 때문에 이런 장벽을 해소해 주면 구매 결정이 더 쉬워진다.

> **Get recommended reads, deals, and more from Hachette.** (Hachette Book Group - website)
> **Hachette는 추천 도서와 특가 상품 및 그 이상을 제공합니다.** (Hachette Book Group - 웹사이트)

이 메시지는 어떤 특정한 책을 판매하려는 것이 아니다. 추천 도서와 특별 할인을 통해 지속적인 가치를 제공함으로써 독자와 관계를 계속 유지하려는 목적으로 고안된 메시지이다. Get recommended reads라는 문구는 개별적으로 맞춤화되어 엄선된 콘텐츠를 가리킨다. Hachette는 고객에게 직접 책을 검색하도록 강요하지 않고 관련 추천 도서를 곧바로 고객의 보관함으로 전송한다. 이 방법으로 Hachette는 고객 유지율 customer retention 을 강화하는 동시에 일회성 구매 플랫폼의 수준을 넘어선다. deals란 단어는 인센티브의 제공을 가리키고, 이런 할인과 판촉은 재구매를 유도한다. 또한 and more는 제안의 폭에 여지를 남기며 추가 혜택을 암시한다.

마케팅 퍼널 프랙티스

인지(Awareness)

Discover/Explore/Uncover the story waiting for you.
당신을 기다리는 이야기를 만나 보세요/탐험해 보세요/찾아보세요.

Escape/Dive/Immerse into worlds beyond imagination.
상상 너머의 세계로 도피합니다/뛰어듭니다/몰입합니다.

Words/Pages/Stories that transform your perspective.
당신의 관점을 바꿔 줄 단어들/페이지들/이야기들.

Find/Seek/Embrace your next literary adventure.
문학에서 다음으로 시도할 모험을 찾아봅니다/모색합니다/만나봅니다.

Books/Reading/Literature that changes everything.
책/독서/문학은 모든 것을 바꿔 줍니다.

관심(Interest)

Your imagination/mind/world deserves this story.
당신의 상상/마음/세계는 이 이야기에 어울립니다.

Journey/Travel/Wander through tales that captivate.
매혹적인 이야기들로 세상을 여행합니다/여정을 떠납니다/두루 누빕니다.

Experience/Feel/Encounter characters that stay with you.
당신의 기억에 남아 있는 등장인물들을 경험합니다/느낍니다/만납니다.

Discover/Unearth/Reveal the magic between the pages.
행간에 숨은 마법을 찾아보세요/발굴해 보세요/밝혀내 보세요.

Stories/Narratives/Tales that echo long after the final page.
마지막 페이지를 넘긴 후에도 오랫동안 여운이 남는 이야기/서사/설화.

고려(Consideration)

Crafted/Written/Designed for readers who crave authenticity.
진실성을 갈망하는 독자들을 위해 제작/집필/기획되었습니다.

Reviews/Readers/Critics agree: this book is unforgettable.
서평/독자/평론가 모두 한목소리로 말합니다. 결코 잊히지 않을 책이라고.

Perfect/Ideal/Essential for fans of thought-provoking fiction.
생각하게 만드는 픽션을 원하는 팬들에게 완벽합니다/이상적입니다/필수적입니다.

Acclaimed/Praised/Celebrated storytelling that resonates.
찬사/박수/칭송을 받은 스토리텔링으로 당신의 마음에도 울림을 줄 겁니다.

Compare/Browse/Explore similar titles loved by readers like you.
당신과 유사한 취향을 지닌 독자들이 좋아하는 비슷한 책들을 비교/검색/탐색해 보세요.

구매 결정(Decision)

Join/Enter/Become part of a community of passionate readers.
열정적인 독자들로 이루어진 커뮤니티에 가입하세요/들어오세요/일원이 되세요.

Begin/Start/Embark on your reading journey today.
오늘 독서를 위한 여정을 시작하세요/개시하세요/출발하세요.

Order/Purchase/Secure your copy before supplies run out.
재고가 소진되기 전에 주문하세요/구매하세요/확보하세요.

Special/Exclusive/Limited edition available now.
이제 특별판/독점판/한정판을 구할 수 있습니다.

Transform/Elevate/Enrich your bookshelf with this must-have title.
이 필수 도서로 책장에 변화를 주세요/품격을 높여 보세요/더 풍요롭게 만들어 보세요.

충성도(Loyalty)

Your exclusive/special/personalized reading recommendations await.
당신만을 위해 마련된/특화된/개인화된 추천 도서가 준비되어 있습니다.

Stay/Remain/Keep connected to authors you love.
좋아하는 작가들과 연결되는 끈을 계속/지속적으로/끊기지 않도록 유지하세요.

Receive/Enjoy/Appreciate member-only previews and discounts.
회원에게만 허락된 미리보기와 할인 혜택을 받아 보세요/누려 보세요/즐겨 보세요.

Build/Curate/Develop your collection with expert guidance.
전문가의 안내를 받아 여러분만의 컬렉션을 구축해 보세요/큐레이션해 보세요/만들어 보세요.

Share/Discuss/Exchange thoughts with fellow book lovers.
동료 독서 애호가들과 생각을 공유해 보세요/토론해 보세요/교환해 보세요.

뉴스 채널과 신문
News Channels & Newspapers

배경

뉴스 미디어 산업의 마케팅 언어는 사실 중심의 홍보에서 벗어나 이용자를 저널리즘의 목적으로 안내하는 내러티브 중심의 참여로 진화하며 커다란 변화를 겪었다. 이 분야의 카피라이팅 유산에는 양질의 저널리즘을 민주주의의 필수 요소로 포지셔닝한 The Washington Post의 혁명적인 캠페인 Democracy Dies in Darkness 민주주의는 어둠 속에서 죽는다 부터, 가짜 뉴스 fake news 가 극성을 부리는 동안 언론의 신뢰성을 언급한 CNN의 상징적인 This is an apple 이것은 사과입니다 시리즈에 이르기까지 미디어 마케팅을 재정의한 분수령이 되는 캠페인이 적잖게 있었다.

BBC의 캠페인 Your World in One Place 세상의 모든 것을 한 곳에서 는 세계 방방곡곡의 포괄적인 보도를 핵심적인 가치 제안 value proposition 으로 제시하며 TV 뉴스 마케팅 방식에 혁명을 일으켰다. 한편 The Wall Street Journal이 오랫동안 사용하던 슬로건 The Daily Diary of the American Dream 아메리칸 드림의 일일 일지 은 경제적 야망을 세련되게 표현하며 금융 저널리즘 financial journalism 의 야심찬 매력을 차곡차곡 쌓아갔다.

오늘날 뉴스 미디어의 카피라이팅은 권위와 접근성의 균형을 신중하게 조절하고, 편집의 신뢰성과 독자의 참여를 조화롭게 엮어내야 한다. 뉴스 미디어 산업의 마케팅은 The Guardian의 초기 캠페인 Facts are Sacred 사실은 신성합니다 를 넘어 뉴스 소비를 기자와 독자 간의 지적인 협업으로 포지셔닝하는 NPR의 캠페인 Consider This 이렇게 생각해 보십시오 처럼 다층적 의미를 내포한 메시지를 전달하는 수준으로 진화했다.

기업 개요

BBC News
설립 - 1922년
웹사이트 - https://www.bbc.com/news

BBC News는 영국 공영 방송사로 출발해 국제적인 뉴스 기관으로 성장한 끝에 이제는 공정한 보도의 세계적인 기준으로 자리하고 있다. BBC News는 디지털 플랫폼에 적응하며 전 세계 시청자의 기대에 부응하면서도 엄격한 편집 기준을 통해 명성을 유지하고 있다.

    BBC News의 마케팅 전략은 신뢰성과 국제적 관점에 중점을 두고, 점점 더 양극화되는 미디어 환경에서 객관적인 목소리를 내는 방송사로 포지셔닝하는 데 있다. 따라서 BBC News의 캠페인에서는 세계적으로 갖추어진 보도망과 균형 잡힌 보도를 하려는 노력이 부각되는 경우가 많고, 믿을 만한 출처로부터 종합적인 국제 뉴스를 들으려는 시청자를 타깃으로 한다. BBC News의 마케팅은 역사적인 신뢰성과 현대적 적합성을 모두 강조하며, 의견 중심의 콘텐츠보다 사실에 기반한 정확성과 맥락적 이해를 우선시하는 시청자에게 어필한다.

The Washington Post
설립 - 1877년
웹사이트 - https://www.washingtonpost.com

The Washington Post는 호평 받던 한 지역 신문에서 출발해 어느덧 세계적인 영향력을 지닌 디지털 저널리즘의 강자로 발돋움했다. Amazon의 설립자 제프 베이조스 Jeff Bezos 의 소유하에 디지털 플랫폼으로 성공리에 전환하면서도 책임 있는 보도와 정치 분석에 대한 역사적인 책무를 훌륭하게 수행하고 있다.

The Washington Post의 마케팅 전략은 디지털 혁신 이외에도 저널리즘의 역사적 유산을 활용하며 전통적 방식의 보도 가치와 현대적인 콘텐츠 전달이 교차되는 곳으로 포지셔닝하는 데 있다. The Washington Post의 캠페인에서는 탁월한 탐사 보도와 정치적 전문성이 주로 부각되고, 권력 구조에 대해 신뢰할 수 있는 보도를 원하는 열혈 시민을 타깃으로 한다.

Financial Times
설립 - 1888년
웹사이트 - https://www.ft.com

The Financial Times는 경제 전문 신문에서 글로벌한 종합 경제 신문으로 변신했다. The Financial Times가 선도한 디지털 구독 모델은 뉴스 미디어 산업계의 기준이 되었지만, 종이로 발간되는 신문은 여전히 특유의 옅은 연어색을 유지하고 있다

Financial Times의 마케팅 전략은 최고의 통찰과 실질적인 가치를 강조하며, 단순히 유익한 정보가 담긴 콘텐츠가 아니라 비즈니스의 필수적인 도구를 제공하는 저널리즘으로 포지셔닝하는 데

있다. 따라서 Financial Times의 캠페인에서는 전문가 분석과 독점적인 정보가 빈번하게 보도되며, 양질의 정보를 경쟁적 이점으로 생각하는 전문가들을 타깃으로 한다. Financial Times의 마케팅은 지적인 권위와 구체적인 혜택을 결합하며, 구독료를 미디어 비용이 아니라 전문가로서 성공하기 위한 투자로 여기는 독자들에게 어필한다.

마케팅 퍼널

> **Hear every voice.** (NPR - website)
> 모든 목소리를 들어보세요. (NPR - 웹사이트)

브랜드 인지도를 구축하기 위해 고안된 강력한 메시지로, 세 단어만으로 NPR의 가치를 효과적으로 전달한다. 이 슬로건의 가장 큰 강점 중 하나는 간결함과 기억하기 쉽다는 점이다. 슬로건은 기억하기 쉬워야 한다는 것이 원칙이고, 이 슬로건은 단순함을 통해 이 목표를 달성한다. hear라는 동사를 사용해 NPR이 라디오와 오디오에 기반을 둔 매체라는 것이 강조된다. every voice라는 문구에서는 공영 라디오 방송의 핵심 가치인 포용성이 부각된다. 따라서 잠재적 청취자에게 NPR을 다양한 목소리와 관점이 존중받는 공간으로 인식하도록 촉구하는 문구가 된다. 이런 문구는 공정하고 차별을 두지 않는 보도를 원하는 새로운 청취자를 끌어당기기 위해 무척 중요하다. 전체적으로 잠재적 청취자의 마음속에 명확하고 설득력 있는 메시지를 심어 주며, NPR의 콘텐츠와 사명을 더 깊이 살펴보도록 독려하는 슬로건이다.

*NPR(National Public Radio): 미국의 공영 라디오 방송국.

> **See both sides of the story.** (BBC News - billboard)
> 이야기의 양면을 봅니다. (BBC News - 옥외 광고판)

BBC News를 객관적이고 균형 잡힌 뉴스의 제공자로 포지셔닝하는 슬로건이다. BBC News를 차별화하는 두 가지 핵심 가치, 즉 저널리즘의 진실성과 중립성을 직접적으로 전달하고 있다. BBC는 both sides를 보도한다는 것을 명시적으로 언급함으로써 잠재적 시청자들에게 공정하고 균형 잡힌 보도를 만날 수 있다는 있다는 확신을 준다. 이 슬로건의 또 다른 핵심적인 강점은 은근한 콜 투 액션에 있다. See both sides라는 표현은 시청자에게 BBC 콘텐츠를 적극적으로 찾아보도록 유도한다. 이처럼 다양한 관점을 고려하라는 암묵적 요구는 오히려 커다란 관심을 불러일으키며, 비판적 사고와 다각적인 뉴스 보도를 중시하는 시청자들을 끌어들일 수 있다.

> **Subscribe today to support The Independent and gain unlimited access to our free-thinking, award-winning journalism.** (The Independent - website)
> 지금 구독하셔서 The Independent를 후원하시고, 자유로운 사고와 수상 경력에 빛나는 저널리즘을 무제한으로 만나 보세요. (The Independent - 웹사이트)

독자의 동기에 직접적으로 호소하며 시급성을 강조하는 메시지이다. subscribe today라는 문구는 시급성을 부각하며 지금이 시의적절한 기회라는 것을 명확히 드러낸다. 이 슬로건은 두 가지 인센티브를 제안하고 있다는 점에서도 또 다른 효과가 기대된다. 하나는 개인적인 혜택(양질의 저널리즘에 대한 무제한 접근)이고, 다른 하나는 가치에 중심을 둔 호소(독립된 저널리즘에 대한 지원)이다. 잠재 구독자에게는 다른 뉴스 매체보다 The Independent를 선택해야 하는 명확한 이유가 필요하기 때문에 이런 슬로건은 무척 중요하다. 구독을 지원 행위로 규정함으로써 단순한 콘텐츠 소비를 넘어 목적 의식을 형성해 주므로 언론의 자유와 독립적인 보도를 중시하는 독자에게 어필하기에 충분하다.

> **Subscribe for unlimited access to unmatched reporting. You can cancel anytime.** (The Washington Post - website)
>
> **구독 신청을 하시고 독보적인 보도를 무제한으로 이용해 보세요. 구독은 언제라도 해지할 수 있습니다.** (The Washington Post - 웹사이트)

구독을 결정하기 직전에 있지만 여전히 우려하거나 망설이는 잠재 고객을 설득할 목적으로 고안된 메시지이다. 구독의 이점과 잠재적 불안 요인이 하나의 간결한 문장에서 모두 다루어진다. unlimited access라는 문구에는 구독하면 비구독자에게는 허용되지 않는 소중한 것을 얻게 된다는 뜻이 함축되어 있다. 한편 unmatched reporting이란 표현은 The Washington Post가 최고의 저널리즘이란 신념을 거듭 강조한다. 이 슬로건에 내포된 또 하나의 핵심적 특징은 위험 감소 전략 risk-reduction strategy 에 있다. You can cancel anytime이란 문구는 망설임의 공통된 원인, 즉 장기 계약에 묶일 수 있다는 두려움을 직접적으로 다룬다. The Washington Post는 해지 과정을 쉽게 만들어 구독 장벽을 해소한다. 그 결과, 구독 결정을 하더라도 위험 부담이 적어 구독 결정이 더욱더 유혹적으로 느껴진다. 이런 접근법은 구독에 기반한 서비스 기업의 고전적인 전술로, 사용자에게 인지되는 불리한 면을 줄임으로써 제품을 사용해 보도록 유도하는 효과를 기대할 수 있다.

> **A Financial Times subscription gives you so much more than just award-winning reporting, commentary and analysis. Take advantage of our range of complimentary tools to maximise the value of your investment.** (Financial Times - website)
> Financial Times를 구독하면 수상 경력에 빛나는 보도와 논평 및 분석을 넘어 그 이상의 가치를 누릴 수 있습니다. 우리가 추가로 제공하는 도구도 이용하면 투자 가치를 극대화할 수 있습니다. (Financial Times - 웹사이트)

이 단계의 목표는 제품에 대해 인식된 가치 perceived value 를 재확인하고, 지속적인 사용을 독려하는 데 있다. Financial Times의 이 슬로건은 구독자에게 추가 혜택을 통해 투자 효율을 높여준다는 점을 다시 알려주며 그 목표를 효과적으로 이루어내고 있다. 이 메시지의 가장 강력한 요소 중 하나는 가치 확장 전략 value expansion strategy 에 있다. Financial Times를 구독하면 단순한 보도를 넘어 so much more를 누릴 수 있을 것이라 말하며, 콘텐츠를 넘어 경제에 관련한 종합적인 뉴스 제공으로 초점을 옮긴다. 이런 제안은 구독자가 지속적으로 구독료를 지불할 가치가 있는지 의문을 제기하는 것을 차단하는 데 도움이 된다. complimentary tools라는 표현은 이런 추론을 재확인해 주며 구독자가 구독을 유지한 상태에서 적극적으로 활용할 이유를 추가로 제공한다. 또한 maximise the value of your investment라는 문구는 재무적 관점에서 말하며, 구독을 수동적인 비용이 아니라 전략적 결정으로 규정한다. 이렇게 투자 수익률 Return on Investment, ROI 을 언급함으로써 구독 해지를 예방하고 장기적인 고객 관계를 유지하는 효과를 기대할 수 있다.

마케팅 퍼널 프랙티스

인지(Awareness)

Discover/Explore/Uncover the stories that matter.
중요한 기사를 만나 보세요/탐색해 보세요/읽어 보세요.

Truth/Facts/Reality delivered daily.
매일 전달되는 진실/사실/현실.

Navigate/Decipher/Interpret today's complex world.
오늘날의 복잡한 세상을 탐색합니다/해독합니다/해석합니다.

Beyond/Beneath/Behind the headlines.
헤드라인 너머에는/아래에는/뒤에는.

Journalism/Reporting/Coverage worth your attention.
당신의 주목을 끌기에 충분한 저널리즘/보도/뉴스.

관심(Interest)

Your/Our/The guide to making sense of a changing world.
변화하는 세상을 이해하게 해 주는 당신의/우리의/유일한 가이드.

Dig/Dive/Delve deeper into stories that shape our world.
우리 세상을 만들어 가는 사건들을 더 깊이 파헤쳐 보세요/조사해 보세요/분석해 보세요.

Thoughtful/Rigorous/Nuanced journalism for curious minds.
호기심 많은 사람들을 위한 심층적인/엄격한/다층적인 저널리즘.

Connect/Engage/Interact with news that matters to you.
당신에게 중요한 뉴스를 놓치지 마세요/받아 보세요/상호작용해 보세요.

> Experience/Witness/Access news beyond soundbites.
> 짧은 코멘트를 넘어 진짜 뉴스를 경험해 보세요/목격자가 되어 보세요/만나 보세요.

고려(Conideration)

> Trusted/Respected/Acclaimed by readers worldwide.
> 전 세계 독자들로부터 신뢰/호평/찬사를 받는 뉴스.
>
> Analysis/Insight/Perspective you won't find elsewhere.
> 다른 곳에서는 찾아볼 수 없는 분석/통찰/관점이 제공됩니다.
>
> Comprehensive/Complete/Thorough coverage, thoughtfully delivered.
> 종합적인/완벽한/철저한 보도가 신중하게 전달됩니다.
>
> Independent/Unbiased/Objective journalism at its finest.
> 최고의 독립적인/불편부당한/객관적인 저널리즘.
>
> Exclusive/Unique/Distinctive reporting worth supporting.
> 지원할 가치가 충분한 독점적인/유일무이한/차별적인 보도.

구매 결정(Decision)

> Join/Support/Empower journalism that makes a difference.
> 차이를 만들어내는 저널리즘과 함께해 주세요/지금 지원해 주세요/힘을 실어 주세요.
>
> Subscribe/Commit/Invest in the stories that matter.
> 중요한 기사를 구독해 주세요/힘을 보태 주세요/투자해 주세요.
>
> Choose/Select/Embrace quality over quantity.
> 양보다 질을 선택하세요/고르세요/받아들이세요.

Become/Emerge as an informed citizen today.
오늘, 정보를 갖춘 시민이 되세요/거듭나세요.

Access/Unlock/Reveal the full picture now.
지금 바로, 그림 전체를 확인하세요/펼쳐 보세요/드러내 보세요.

충성도(Loyalty)

Your/Our/The trusted partner in understanding the world.
세상을 이해하는 데 믿을 수 있는 당신의/우리의/유일한 동반자.

Premium/Exclusive/Special insights for loyal subscribers.
충성도 높은 구독자를 위한 프리미엄/독점적인/특별한 통찰.

Growing/Evolving/Advancing our coverage together.
보도 능력에서 함께 성장/진화/발전하겠습니다.

Dedicated/Committed/Devoted to keeping you informed.
당신에게 계속 정보를 제공하기 위해 헌신/최선/
혼신을 다하겠습니다.

Experience/Enjoy/Appreciate the difference quality makes.
품질이 만들어내는 차이를 경험해 보세요/즐겨 보세요/
누려 보세요.

대학 및 대학교   Colleges & Universities

배경

고등교육 분야의 마케팅 언어는 제도적 기관의 형식주의에서 벗어나, 변혁적 잠재력과 개인의 여정에 집중한 스토리텔링으로 전환하며 커다란 변화를 겪었다. 고등교육 산업의 카피라이팅 유산에는 학문의 추구를 도덕적 목표로 격상시킨 Princeton University의 상징적인 캠페인 In the Nation's Service and the Service of Humanity 국가를 위하여, 인류를 위하여 부터, 기술 교육을 지적 능력과 실질적인 영향의 융합으로 재규정한 MIT의 획기적인 모토 Mind and Hand 머리와 손 에 이르기까지, 고등 교육 마케팅에 대변혁을 일으킨 중대한 캠페인이 적지 않았다.

고등교육 기관의 마케팅은 2000년대 초 학문적 권위와 온화한 접근성을 조화롭게 조절한 Oxford University의 Study Here 여기에서 공부하십시오 시리즈를 필두로 전례가 없을 정도로 정교해졌다. 한편 NYU의 캠페인 I Am a Violet 나는 바이올렛입니다 은 학생의 스토리텔링을 통해 교육기관의 정체성이 어떻게 개인화될 수 있는지 보여주었고, 인간적인 냄새라고는 느껴지지 않던 교육기관의 이미지에 인구통계학적 경계를 넘어 공감을 불러일으키는 친밀한 개인적 내러티브를 더해주었다.

한국의 대학교들은 혁신적인 확장 전략을 국제적 차원에서 선도했다. 예컨대 Seoul National University의 캠페인 Global SNU

글로벌 서울대 는 다국어로 녹음된 콘텐츠를 통해 국제 학생 모집의 새로운 기준을 제시했다. 마찬가지로, KAIST의 캠페인 Challenge the Future 미래에 도전하라 는 교육 혁신을 강조함으로써 과학기술 교육기관의 마케팅에 대변혁을 일으켰다.

오늘날 고등교육의 카피라이팅은 전통과 혁신 사이에서 섬세한 조화를 이루며, 교육기관의 유산에 미래지향적인 비전을 조화롭게 엮어내야 한다. 이 분야의 마케팅은 Columbia University의 캠페인 In the City of New York 뉴욕시 안에 처럼 지리적 위치를 강조하던 수준을 넘어 Brown University의 캠페인 You@Brown과 같이 단순히 명망 있는 교육기관이 아니라 개인의 변화를 도모하기 위한 플랫폼으로 대학교를 포지셔닝하는 목적 지향적 스토리텔링을 활용하는 수준으로 진화했다.

기업 개요

Harvard University
설립 - 1636년
웹사이트 - https://www.harvard.edu

Harvard는 미국에서 가장 오래된 고등교육 기관이자 학문적 탁월성의 세계적 상징이다. Harvard는 비할 데 없는 교수진의 전문성, 획기적인 연구 계획, 그리고 다양한 분야에서 글로벌 리더십을 구축하는 광범위한 동문 네트워크를 통해 본연의 눈부신 위상을 유지하고 있다.

Harvard의 마케팅 전략은 시대를 초월하는 명성과 현대의 관련성을 조화롭게 결합하며, 지적 전통의 수호자이자 미래 혁신의 촉매로서 포지셔닝하는 데 있다. Harvard의 캠페인에서는 역사적 진지함과 최첨단 연구에 대한 이야기가 흔히 결합되고, 전 세계의 우수한 학생들과 선구자적 사상가를 타깃으로 한다. Harvard의 마케팅은 혁신적인 교육 방식과 현실 세계에 미치는 실질적인 영향력을 모두 강조하며, 학위증을 얻는 데만 급급한 것이 아니라 탁월한 학문적 성과를 통해 사회에 의미 있게 기여하려는 사람들에게 어필한다.

Stanford University
설립 - 1885년
웹사이트 - https://www.stanford.edu

Stanford는 캘리포니아의 개척자 정신으로 잉태된 뒤 이제는 혁신과 기업가 정신으로 무장한 세계적인 대학교로 발돋움했다. Stanford는 학제 간 연구, 실리콘 밸리와의 긴밀한 연계성, 그리고 경계를 허무는 학문적 연구를 통해 인류가 직면한 가장 시급한 과제를 해결하려는 노력으로 차별화를 꾀한다.

Stanford의 마케팅 전략은 가능성과 혁신을 중심에 두고, 변화를 유도하는 아이디어와 벤처의 발상지로 포지셔닝하는 데 있다. 따라서 Stanford의 캠페인에서는 기업가의 성공 사례와 획기적인 연구 성과가 주로 부각되며, 창의적인 문제 해결자와 야심찬 변화 주도자를 타깃으로 한다. Stanford의 마케팅은 학문적 엄격성과 미래 지향적 낙관주의를 조화롭게 조절하며, 교육을 그 자체로 목적인 것이 아니라 세상을 바꾸는 발전의 도약대로 생각하는 학생들에게 어필하는 방식으로 접근한다.

University of Oxford

설립 - 1096년

웹사이트 - https://www.ox.ac.uk

Oxford는 중세에 설립된 이후 항상 세계 최고의 대학교들과 어깨를 나란히 하는 연구 중심지로 성장한 덕분에 학문적 전통의 정점을 상징한다. Oxford는 수세기 동안 이어져 온 전통적 대학 문화와 최첨단 연구 시설 사이에 균형을 유지하며, 전통과 혁신이 조화를 이루는 독특한 교육 환경을 제공한다.

    Oxford의 마케팅 전략은 학문적 배타성과 세계적인 접근성을 조화롭게 조절하며, 탁월한 지적 능력을 수호하면서도 그 영향력을 세계적으로 확대하는 교육기관으로 포지셔닝하는 데 있다. Oxford의 마케팅 커뮤니케이션에서는 엄격한 학문적 기준과 더불어 학생들에게 많은 도움을 주는 개별 지도 시스템이 강조되고, 세계 전역에서 지적 호기심이 많고 학업 성취도가 높은 학생들을 타깃으로 한다. Oxford의 마케팅은 역사적 명성과 현대적 관련성을 결합하고, 유서 깊은 전통과 미래 지향적인 연구 효과를 모두 중시하는 사람들에게 어필하는 방식으로 접근한다.

마케팅 퍼널

> **What starts here changes the world.** (University of Texas at Austin - TV advert)
>
> **이곳에서 시작되는 것이 세상을 바꿉니다.** (University of Texas at Austin - TV 광고)

장래의 학생과 교수 및 기부자를 끌어들이는 핵심 요소인 강렬한 인상과 야망, 영감이 담긴 슬로건이다. 이 슬로건의 가장 큰 특징 중 하나는 광범위하고 보편적인 호소력이다. 학문이나 스포츠, 특정 프로그램에 초점을 맞추지 않고 대학 공동체가 지닌 변혁적 잠재력을 부각하고 있다. What starts here라는 문구를 사용함으로써 UT Austin은 뛰어난 아이디어와 혁신, 영향력 있는 리더들의 출발점이 된다. changes the world는 야심 차고 대담한 표현으로, 시청자와 정서적 유대감을 형성한다. 이 슬로건에서 UT Austin은 교육이 의미 있는 변화로 이어지도록 중대한 영향을 주는 곳으로 포지셔닝된다. 전체적으로 장래의 학생과 후원자에게 UT Austin과 그 사명에 대해 더 자세히 알아보도록 독려하는 슬로건이다.

> **A mission defined by possibility.** (Stanford University - website)
>
> **우리 사명은 곧 가능성의 개발입니다.** (Stanford University - 웹사이트)

웹사이트에 볼드체로 쓰인 이 슬로건은 장래의 학생과 이해관계자에게 Stanford University에 대해 더 자세히 알아보도록 독려한다. mission이란 단어를 사용함으로써 Stanford가 더 원대한 목표를 지닌 교육기관으로 강력하게 포지셔닝된다. Stanford가 학문을 가르치는 곳에 그치지 않고 사회에 영향을 미치는 곳이란 뜻도 함축되어 있다. defined by possibility라는 문구에서 Stanford는 경계가 확장되고, 아이디어가 꽃피며, 개개인이 놀라운 성과를 이루어낼 수 있는 대학교라는 것이 암시된다. 따라서 혁신을 장려하는 환경을 원하는 우수한 학생과 연구자의 열망을 반영한 슬로건이라 할 수 있다. Stanford가 기업가 정신, 연구, 과학기술 발전으로 유명한 세계적인 교육기관이란 평판을 은근히 재확인해 준다.

> **Learning at Harvard can happen for every type of learner, at any phase of life.** (Harvard University - website)
> 삶의 어느 단계에 있든, 어떤 유형의 학습자라도, Harvard에서 공부할 수 있습니다. (Harvard University - 웹사이트)

Harvard University의 웹사이트에 쓰인 슬로건으로, 방문자에게 학습 기회에 대해 더 자세히 알아보도록 유도하는 방향타 역할을 한다. 이 단계에서 전달되는 메시지는 잠재적인 우려 사항을 해결하고 잠재 고객이 대학 공동체의 일원으로 자신을 머릿속에 그릴 수 있도록 도와야 한다. 이 슬로건은 접근성, 포용성, 평생 학습을 강조함으로써 Harvard를 많은 사람에게 매력적인 선택지로 만들어 준다. 특히 every type of learner에게 가능한 학습이라 언급함으로써 전통적인 학부생을 넘어 대학원생, 전문직에 종사하는 직장인, 온라인 학습자, 평생 학습자까지 Harvard에 관심을 갖게 만든다. Harvard가 자신에게 적합한 교육기관인지를 고민하는 사람에게 특히 효과적인 슬로건이다.

> **Do you love to question and have an appetite for knowledge? Do you consistently achieve top grades in your class? Are you looking for an exceptional education in an environment which values individuals for who they are? Oxford might be the place for you.** (University of Oxford - website)
> 질문하기를 좋아하고 지식에 대한 갈망이 있으신가요? 학교 수업에서 좋은 성적을 꾸준히 얻고 있으신가요? 개개인을 그 자체로 존중하는 환경에서 탁월한 교육을 받고 싶으신가요? 그렇다면 Oxford가 당신에게 어울리는 곳일 수 있습니다. (University of Oxford - 웹사이트)

이 단계에서 장래의 학생들은 University of Oxford에 지원할 의도를 이미 진지하게 보인 뒤여서 이제는 실제로 지원할 것인지를 결정해야 한다. 따라서 이 단계의 메시지는 지원자가 자신 있게 전진할 수 있도록 도움을 주는 최종적인 고려 사항들을 다루어야 한다. 이 메시지에서는 직접적인 참여, 선택적인 포지셔닝, 은근한 콜 투 액션을 활용해 우수한 자격을 갖춘 학생에게 자신이 Oxford에 적합하다고 생각하도록 유도한다. 또한 이 메시지의 가장 효과적인 요소 중 하나는 질문 형식을 띤다는 점이다. 질문은 자기 성찰을 유도하고 학업 기준을 재확인하며, 지원자에게 Oxford가 개개인의 정체성과 성장을 중요하게 생각하는 곳이란 확신을 심어 준다. 마지막 문장 Oxford might be the place for you는 부드럽지만 효과적인 콜 투 액션이다. 직접적인 독려(예: Apply now)와 달리, 이 문구는 적절한 자격을 갖춘 학생들에게 Oxford에서 지내는 자신의 모습을 상상해 보도록 은근히 독려한다.

> **Harvard looks forward. Explore how the University is advancing knowledge in service to society, strengthening the Harvard community, and fostering open dialogue.** (Harvard University - website)
> **Harvard는 미래를 내다봅니다. Harvard가 어떻게 사회를 위한 방향으로 지식을 끌어 가고, Harvard 공동체를 강화하며 열린 대화를 조성하는지 살펴보세요.** (Harvard University - 웹사이트)

이 메시지는 웹사이트의 동문란에서 발췌한 것으로, 동문 및 기부자와의 관계를 계속 유지하고 심화하는 데 초점을 맞추고 있다. 이 단계에서 전달되는 메시지는 교육기관의 가치관을 재확인하며 소속감과 자부심을 심어 줘야 한다. Harvard의 이 메시지는 기존 공동체에 직접 호소하며 사회에 주어지는 지속적인 기여를 강조한다. Harvard looks forward라는 문구가 담고 있는 미래 지향적 관점은 Harvard를 진보적이고 진화하는 대학교로 포지셔닝한다. 또한 후원자에게는 Harvard가 여전히 선두권에 있는 대학이란 확신을 주기도 한다. 또한 advancing knowledge in service to society라며 방향성을 강조함으로써 Harvard가 본래의 사명에 여전히 충실하다는 것이 부각된다. 이로써 Harvard를 '선한 힘' a force for good 으로 생각하고 싶어하는 동문이나 기부자에게 어필하는 문구가 된다. strengthening the Harvard community와 fostering open dialogue라는 문구에서는 공동체 구축과 학문의 자유를 위한 Harvard의 책무가 재확인된다.

마케팅 퍼널 프랙티스

인지(Awareness)

> Discover/Explore/Uncover your potential with us.
> 우리가 당신의 잠재력을 함께 깨워드립니다/발굴합니다/찾아드립니다.
>
> Transform/Shape/Define your future through education.
> 교육을 통해 당신의 미래를 바꿔 보세요/새롭게 만들어 보세요/규정해 보세요.
>
> Join/Enter/Access a legacy of excellence.
> 탁월한 유산의 전당에 함께합니다/입학합니다/들어옵니다.

Experience/Embrace education that matters.
당신의 삶에 중요한 교육을 경험해 보세요/받아들여 보세요.

Begin/Start/Launch your journey to greatness.
위대함을 향한 여정을 여기에서 시작합니다/출발합니다/
첫발을 뗍니다.

관심(Interest)

Your/Our passion becomes purpose here.
여기에서는 당신의/우리의 열정이 목적이 됩니다.

Imagine/Envision/Picture yourself making an impact.
당신이 이 세상에 영향을 미치는 모습을 상상해 보세요/
머릿속에 그려 보세요/마음속에 그려 보세요.

Connect/Engage with world-class faculty and peers.
세계적인 교수진 및 동료들과 교류합니다/관계를 맺습니다.

Unlock/Release/Awaken your full academic potential.
당신의 학문적 잠재력을 마음껏 발휘하세요/펼쳐 보세요/
일깨워 보세요.

Find/Discover/Pursue your path to success.
성공으로 향하는 길을 발견해 보세요/만나 보세요/추구해 보세요.

고려(Consideration)

Ranked/Recognized/Celebrated for excellence in research and teaching.
연구와 교육 분야에서 탁월하다는 평가/인정/칭찬을 받았습니다.

Personalized/Customized/Tailored learning experiences for every student.
모든 학생에게 개인화된/맞춤형/주문형 학습 방법이 제공됩니다.

Groundbreaking/Innovative/Pioneering programs that prepare leaders.
미래의 리더를 양성하는 획기적인/혁신적인/선구적인 프로그램.

A supportive/Inclusive/Welcoming community that fosters growth
성장을 북돋우는 협력적인/포용적인/따뜻한 공동체.

Global/Overseas/International opportunities at your fingertips.
글로벌한/국경을 넘나드는/국제적인 기회를 얻느냐가 당신의 손끝에 달려 있습니다.

구매 결정(Decision)

Apply/Join/Become part of our distinguished community.
우리가 제공하는 멋진 커뮤니티에 지원하세요/가입하세요/참여하세요.

Choose/Select/Embrace excellence in education.
탁월한 교육을 선택하세요/고르세요/받아들이세요.

Secure/Ensure/Guarantee your place in tomorrow's world.
내일의 세상에서 당신의 자리를 확보하세요/지키세요/마련하세요.

Transform/Elevate/Advance your future with us.
우리와 함께 당신의 미래를 바꾸세요/드높이세요/증진하세요.

Begin/Start/Commence the most important chapter of your life.
당신의 삶에서 가장 중요한 장을 시작하세요/개시하세요/막을 여세요.

충성도(Loyalty)

Forever/Always/Eternally connected to your alma mater.
모교와는 영구히/항상/영원히 이어져 있습니다.

Proud/Honored/Privileged to be part of our university family.
우리 대학의 일원인 것을 자랑스레/영광스럽게/명예롭게 여기세요.

Continuing/Extending/Expanding our legacy together.
우리 유산을 함께 이어갑니다/확장합니다/확대합니다.

Give/Contribute/Donate back to shape future generations.
미래 세대를 위해 환원하세요/기여하세요/기부하세요.

Share/Spread/Extend the impact of your university experience.
대학에서 얻은 영향력을 주변에 나누세요/널리 퍼뜨리세요/확대하세요.

사립학교와	Private &
기숙학교	Boarding Schools

배경

사립학교와 기숙학교의 마케팅 커뮤니케이션은 엄격한 교육과 관련한 메시지를 전달하는 차원에서 벗어나, 전통과 혁신을 동시에 부각하며 감성적 공감을 끌어내는 스토리텔링으로 현격한 변화를 겪었다. 이 분야에서는 봉사 학습 service-learning 을 핵심적인 교육 가치로 끌어올린 Phillips Exeter Academy의 캠페인 Non Sibi 자신만을 위해서가 아니라 부터, 미래의 영향이란 관점에서 전통적인 교육을 재규정한 Harrow School의 인상적인 시리즈 Leaders for Tomorrow 내일의 리더 에 이르기까지, 교육의 마케팅을 재정의한 기념비적인 캠페인이 적지 않았다.

이 분야의 카피라이팅 역사에는 전통과 미래 지향적 접근 방식을 절묘하게 결합한 세련된 캠페인들이 눈에 띈다. 하지만 Eton College가 오랫동안 사용한 캠페인으로, 수세기 동안 내려온 전통에 현대적 관련성을 접목한 Nurturing Leaders Since 1440 1440년 이후로 리더를 양성했습니다 만큼 전통과 미래 사이의 균형을 조화롭게 맞춘 카피는 없을 것이다. 마찬가지로, Roedean School의 캠페인 Remarkable Women Begin Here 뛰어난 여성은 이곳에서 시작됩니다 는 여학생 교육을 단순히 교육 개혁의 완성이 아니라 변혁적 리더십의 기반으로 재조명함으로써 새로운 지평을 열었다.

오늘날 사립학교의 카피라이팅은 탁월한 교습과 전인적 발전을 조화롭게 조절하며 학업 성취와 인성 함양을 적절히 엮어내야 한다. 사립학교의 마케팅은 통계적 수치를 부각하던 초기 안내 자료에서 보았던 전통적 마케팅 방식을 넘어 Marlborough College의 캠페인 Extraordinary Journeys 비범한 여정 처럼 교육을 단순히 대학교에 진학하는 경로가 아니라 삶의 변화를 도모하기 위한 개인적인 모험으로 포지셔닝하는 내러티브에 기반한 접근 방식으로 옮겨갔다.

기업 개요

Eton College
설립 - 1440년
웹사이트 - https://www.etoncollege.com

Eton College는 세계에서 가장 명망 높은 기숙학교 중 하나로, 거의 6세기 동안 남학생만을 교육해 왔다. 왕립 학교로 설립된 이후, Eton College는 세계에서 손꼽히는 교육기관으로 성장했지만, 고유의 전통과 타협하지 않는 학업 수준을 그대로 유지하고 있다.

    Eton College의 마케팅 전략은 전통과 혁신을 조화롭게 조절하며, 시대를 초월하는 교육적 가치를 지키는 동시에 현대 교육학을 선도적으로 적용하는 학교로 포지셔닝하는 데 있다. Eton College의 캠페인에서는 역사적인 건축물과 최첨단 시설이 나란히 소개되는 경우가 많고, 전통과 미래 지향적 교육을 모두 중시하는 가족을 타깃으로 한다. Eton College는 마케팅 메시지에서 탁월한 교습 수준과 인성 함양을 강조하고, 아들에게 대학 진학을 위한 준비만이 아니라 리더십과 봉사 정신을 함양하는 교육을 원하는 학부모들에게 어필한다.

St. George's International School

설립 - 1927년

웹사이트 - https://www.stgeorges.ch

St. George's International School은 스위스의 작은 기숙학교로 시작해 어느덧 세계적으로 인정받는 교육기관으로 성장했다. 특히 국제 바칼로레아 International Baccalaureate, IB 프로그램에서 확인받은 탁월한 학업 성취도를 통해 본연의 위상을 유지하는 동시에 다양한 국제 공동체를 육성하고 있다.

St. George's International School의 마케팅 전략은 탁월한 교습과 국제적인 시각을 중심에 두고, 국제 교육기관의 선두주자로 포지셔닝하는 데 있다. St. George's International School의 캠페인에서는 뛰어난 학업 성취도와 다문화적 배경이 빈번하게 부각되고, 장소에 연연하지 않고 세계 최상급의 교육을 원하는 가족을 타깃으로 한다. St. George's International School은 마케팅에서 학업의 성취와 동문의 성공담을 결합하고, 자녀 교육에서 학업 성취와 글로벌 마인드를 모두 중시하는 학부모들에게 어필하는 방식으로 접근한다.

마케팅 퍼널

> **Honouring tradition. Inspiring change.** (Eton College - website)
>
> **전통을 중시하고, 변화도 두려워하지 않습니다.** (Eton College - 웹사이트)

이 슬로건의 목표는 주목을 끌고 강렬한 첫인상을 남기는 데 있다. 유산과 혁신을 뚜렷하게 대조함으로써 그 목표를 이루어낸다. tradition과 change는 역설적 관계에 있어, 이 둘의 대조는 관심을 끄는 데 특히 효과적이다. Honouring tradition이라는 문구는 유산과 역사, 권위라는 개념을 즉각적으로 떠올려 준다. 특히 honouring이라는 단어를 사용함으로써 Eton College의 풍요로운 유산을 보존해야 한다는 책무가 함축된 문구가 된다. 또한 Inspiring change는 진보와 혁신을 암시하며 전통을 중시하는 사람들 너머에도 호소력을 발휘한다. creating이나 driving이 아니라 inspiring이란 단어를 사용한 것에서 리더십의 역할이 암시된다. 전체적으로 Eton College를 전통의 보루이자 미래 지향적 교육기관으로 포지셔닝하는 슬로건이다.

> **Recognised for Most Outstanding IB Results in Switzerland.** (St. George's International School - website)
> **스위스에서 가장 뛰어난 IB 성적으로 인정을 받았습니다.** (St. George's International School - 웹사이트)

신뢰를 구축하고, 경쟁 학교와 차별화하며, 장래의 학생과 학부모에게 St. George's International School을 더욱 적극적으로 고려하도록 설득하는 강력한 근거를 제공한다. 이 메시지에서는 recognised for라는 문구를 사용해 인증과 외부 검증을 거쳤다는 것을 암시하고, most outstanding IB results라는 문구는 탁월한 학업 성과를 강조할 목적으로 쓰였다. high나 strong 대신 most outstanding을 사용함으로써 St. George's International School이 IB 성적에서 최고라는 것을 암시하고 있다. 따라서 이 슬로건은 학업 성과를 중시하는 학부모에게 어필하는 효과가 기대된다. 또한 in Switzerland

를 언급함으로써 St. George's International School의 경쟁력이 재확인된다. 스위스에는 명문 국제학교가 많은데도 St. George's International School이 스위스에서 가장 뛰어난 IB 성적을 올렸다고 주장함으로써 경쟁 학교들과 차별화하는 전략을 구사하는 메시지이다.

> **Let us begin a conversation about your personal needs and continue on through a campus visit, application, and interview—of course, we'll be on hand every step of the way to guide you along your path to College and Lycee Saint-Charles.**
> (College and Lycee Saint-Charles - website)
>
> **여러분이 개인적으로 원하는 것에 대해 대화를 나누시면 캠퍼스 방문, 지원, 면접까지 이어지도록 하겠습니다. 물론 여러분이 College and Lycee Saint-Charles에 입학할 때까지 모든 과정을 함께하며 안내해 드리겠습니다.** (College and Lycee Saint-Charles - 웹사이트)

이 메시지의 목표는 장래의 학생에게 입학할 때까지 매 단계를 꼼꼼히 챙기며 개별적으로 도움을 줄 테니 안심하라고 다독이는 데 있다. 첫 문구 Let us begin a conversation about your personal needs는 한 명 한 명에게 개별적으로 접근하겠다는 의도를 즉각적으로 전달한다. 그 과정을 거래가 아닌 대화로 규정함으로써 College and Lycee Saint-Charles는 따뜻하게 호응하는 학교로 포지셔닝된다. 메시지 전체의 구조는 첫 대화부터 캠퍼스 방문, 지원, 면접까지 단계별 과정을 개략적으로 나타낸다. 이렇게 체계화된 접근 방식은 불확실성을 줄이고, 학부모가 전체적인 과정을 시각화하는 데 도움을 준다. 따라서 장래의 학생은 지원 과정에 지레 겁먹지 않고 명확한 지원 시스템이 마련되어 있다는 사실에 안심하게 된다. we'll be on hand every step of the way to guide you라는 문구에서는 지원자가 그 과정에서 혼자가 아니라는 사실을 재확인한다. 이런 약속을 명확히 천명함으로써 College and Lycee Saint-Charles는 신뢰를 구축하고, 주저하는 지원자에게 다음 단계로 넘어가도록 독려한다.

> **Book your personalised on-site or online admissions appointment now, so you can meet our team, see our facilities, ask questions and learn more about our school.** (St. George's International School - website)
>
> **지금 현장 방문이나 온라인으로 맞춤형 입학 상담 약속을 예약하시면 저희 팀을 만나고, 시설을 둘러보고, 궁금한 점을 질문하고, 학교에 대해 더 많은 것을 알아볼 수 있습니다.** (St. George's International School - 웹사이트)

이 메시지의 주된 목적은 남아 있는 의문을 해소하고 즉각적으로 행동을 취하도록 유도하는 데 있다. book your personalised on-site or online admissions appointment now라는 문구는 잠재적 지원자에게 즉시 행동을 취하도록 촉구하는 강력하고 직접적인 콜 투 액션이다. now라는 단어는 긴급성을 더하며, 가족들에게 결정을 미루지 말고 앞으로 나아가도록 독려한다. on-site or online이란 탄력적인 운영은 다양한 기호를 배려하고 접근성과 편의성을 보장한다. personalised라는 표현을 사용함에 따라 상담이 일반론적인 것이 아니라 맞춤형으로 느껴진다. meet our team, see our facilities, ask questions and learn more about our school이라 초대함으로써 다음 단계를 쉽게 해낼 수 있고, 어렵지 않게 느껴지게 한다. St. George's International School은 이 과정을 전체 등록 단계의 하나가 아니라 하나의 약속에 불과한 것으로 설정함으로써 잠재 지원자들의 참여를 조금이나마 더 쉽게 해 준다. 전체적으로 의사결정 과정의 마찰을 줄이고 다음 단계로 넘어가는 것을 원활하게 해 주는 효과가 기대되는 메시지여서, 관심 있는 지원자가 실제 학생으로 전환될 가능성이 극대화된다.

> **Let us know your story since leaving St. George's. Life at university—was it a big transition and very different from school life? What else have you done since leaving University? We would love to hear from you.** (St. George's International School - website)
> St. George's를 졸업한 뒤의 이야기를 들려주십시오. 대학 생활은 큰 전환점이었고, St. George's에서의 생활과 크게 달랐습니까? 대학을 졸업한 뒤에는 무엇을 하셨습니까? 여러분의 이야기를 듣고 싶습니다. (St. George's International School - 웹사이트)

동문들과 장기적인 관계를 유지하고 참여를 독려하며, 지속적인 소통과 지지를 통해 학교의 명성을 강화할 목적으로 고안된 메시지이다. let us know your story라는 문구를 통해 이 메시지는 개인적이면서도 포괄적인 것이 된다. 졸업생들에게 자신의 경험을 공유하도록 유도하는 이런 접근 방식은 동문의 충성심과 장기적인 참여에 반드시 필요한 조건, 즉 강력한 정서적 유대감을 유지시키는 데 도움이 된다. 졸업생들에게 대학에 진학했을 때를 생각해 보도록 유도하며 St. George's가 개인적인 발전에 어떤 역할을 했는지 돌이켜보게 만든다. 개방형 질문을 사용해 의미 있는 답변을 유도하는 효과도 기대할 수 있다. 이런 초대에 동문들은 자신이 소중하게 여겨지고 존중받는다고 느끼게 되며, 이런 인정 효과는 졸업생들과 장기적인 관계를 유지하는 데 무척 중요하다. 적극적으로 참여하는 동문은 브랜드 홍보대사로 봉사하며 긍정적인 경험을 장래의 학생과 그 가족에게 공유할 가능성이 높다. 동문들의 성공 사례는 마케팅 목적, 추천장, 네트워킹 행사 등에 활용될 수 있다. 이런 유형의 참여는 멘토링 프로그램, 동문 기부, 진로 네트워킹 기회로 이어질 수 있다.

마케팅 퍼널 프랙티스

인지(Awareness)

Shaping/Molding/Crafting tomorrow's leaders since [year].
[특정 연도] 이후로 내일의 리더를 양성해/배출해/교육해 왔습니다.

Discover/Explore/Experience education beyond the ordinary.
평범함을 넘어선 교육을 만납니다/살펴봅니다/경험합니다.

Blending/Combining/Merging timeless traditions with future innovation.
시대를 초월한 전통과 미래의 혁신이 만났습니다/결합되었습니다/융합되었습니다.

Nurturing/Developing/Cultivating both intellect and character.
지성과 인성을 모두 키우고/개발하고/함양하고 있습니다.

Building/Creating/Fostering foundations for extraordinary lives.
특별한 삶을 위한 기반을 구축합니다/쌓아 갑니다/닦아 갑니다.

관심(Interest)

Your child's/student's/scholar's journey to excellence begins here.
탁월함을 향한 자녀/학생/학자의 여정이 여기에서 시작됩니다.

Unlock/Release/Ignite potential through exceptional teaching.
특별한 교육을 통해 잠재력을 깨워 보세요/발산하세요/
촉발해 보세요.

Transform/Elevate/Enhance education into lifelong advantage.
배움을 평생의 이점으로 바꿉니다/승화합니다/강화합니다.

Join/Enter/Access a community of future innovators and leaders.
미래의 혁신가와 리더의 공동체에 함께합니다/소속됩니다/
참여합니다.

Experience/Witness/Observe learning that transcends the classroom.
교실을 초월하는 학습을 경험해 보세요/참관해 보세요/
관찰해 보세요.

고려(Consideration)

Personalized/Tailored/Customized education for every student's journey.
모든 학생에게 개인화된/맞춤형/주문형 교육이 제공됩니다.

Balancing/Harmonizing/Integrating academic rigor with personal growth.
엄격한 학사 운영과 개인의 성장 사이에서 균형/조화/통합을
추구합니다.

Small/Intimate/Focused classes, extraordinary opportunities.
소규모/친밀한/집중적인 수업은 특별한 기회가 됩니다.

Proven/Established/Recognized pathways to the world's finest universities.
세계 최고의 대학으로 가는 검증된/확고한/인정된 경로.

A supportive/nurturing/encouraging environment where excellence thrives.
탁월함이 꽃피우는 협력적인/포용적인/고무적인 환경.

구매 결정(Decision)

Secure/Reserve/Guarantee your child's place in tomorrow's world.
내일의 세상에서 자녀의 자리를 확보하세요/지키세요/마련하세요.

Begin/Start/Commence a legacy of achievement and character.
성취와 인격의 유산을 시작하세요/개시하세요/막을 여세요.

Join/Enter/Become part of our distinguished community of learners.
뛰어난 학습자들로 이루어진 커뮤니티에 지원하세요/가입하세요/일원이 되세요.

Transform/Elevate/Enhance potential into lifelong success.
당신의 잠재력을 성공 요인으로 바꾸세요/드높이세요/증진하세요.

Choose/Select/Embrace education that defines excellence.
탁월함으로 이어지는 교육을 선택하세요/고르세요/받아들이세요.

충성도(Loyalty)

> Continuing/Extending/Advancing our shared journey beyond graduation.
> 졸업 후에도 우리와 함께 공동의 여정을 이어가세요/확대하세요/발전시켜 나가세요.
>
> Always/Forever/Eternally part of our global community.
> 항상/영구히/영원히 우리 글로벌 커뮤니티의 일원이 되세요.
>
> Celebrating/Honoring/Recognizing the achievements of our alumni.
> 우리는 동문들의 업적을 찬양합니다/존중합니다/인정합니다.
>
> Strengthening/Deepening/Enriching connections that last a lifetime.
> 평생 지속되는 관계로 강화하겠습니다/깊이를 더하겠습니다/발전시켜 나가겠습니다.
>
> Carrying/Upholding our values throughout your life's journey.
> 여러분이 살아가는 동안 항상 우리 가치를 기억해 주세요/지켜 주세요.

이러닝 플랫폼   E-Learning Platforms

배경

이러닝 산업 e-learning industry 의 마케팅 내러티브는 기능 중심의 메시지 전달 방식에서 벗어나, 개인적인 변화와 평생 성취에 초점을 맞춘 스토리텔링으로 현격하게 바뀌었다. 이 분야의 카피라이팅 진화는 전문성 개발을 단발적인 과정이 아니라 지속적인 여정으로 재정립한 Lynda.com의 선구적인 캠페인 Learn. Practice. Succeed 배우라, 실천하라, 성공하라 부터, 능력 함양에 초점을 맞춘 메시지를 통해 교육을 대중화한 Khan Academy의 혁명적인 운동 You Can Learn Anything 당신은 무엇이든 배울 수 있습니다 에 이르기까지, 교육 마케팅을 재규정한 기념비적인 캠페인이 적지 않았다.

    Skillshare의 Creativity Is For Everyone 창의성은 모두를 위한 것 시리즈는 전통적인 교육 과목에 얽매이지 않고 창의력의 발현으로 학습을 확대함으로써 디지털 교육을 설득력 있게 새로운 차원으로 끌어올렸다. 한편 MasterClass는 Genius Teaches You 천재가 가르칩니다 라는 접근 방식으로 목표 지향적 학습 aspirational learning 에 대변혁을 일으켰고, 유명 강사를 활용해 온라인 강좌를 자랑해도 부끄럽지 않을 프리미엄급 수준으로 끌어올렸다. 이런 캠페인들은 교육과 관련된 전통적 광고를 뛰어넘어 능력 습득 skills acquisition 을 정체성 형성 및 삶의 만족도와 연결시켰다.

요즘의 이러닝 카피라이팅은 자격증의 가치와 개인의 성취를 세심하고 조화롭게 조절하며, 전문성 개발과 심원한 목적을 적절히 융화시켜야 한다. 이러닝 산업의 마케팅은 Coursera의 초기 캠페인 Learn Without Boundaries 경계가 없는 학습 를 넘어 LinkedIn Learning의 캠페인 This Is Your Time 지금은 당신의 시간 처럼 능력 개발을 개인적인 커리어에서 중추적 순간이나 개인적 유산과 연결된 세련된 스토리텔링을 수용하는 수준으로 진화했다. 이런 진화는 교육에 대한 인식이 크게 달라진 현실을 반영하며, 이러닝 플랫폼들은 교육 자격을 유지하면서도 라이프 코칭 용어를 점점 더 많이 채택하고 있다.

기업 개요

Udemy
설립 - 2010년
웹사이트 - https://www.udemy.com

Udemy는 전 세계의 전문가들이 적정 가격의 온라인 강좌를 통해 지식을 공유할 수 있는 열린 장터를 개설하여 전통적인 교육 방식을 완전히 바꿔놓았다. Udemy는 소규모 스타트업에 불과했지만, 이제는 과학기술, 비즈니스, 크리에이티브 분야에서 185,000개 이상의 강좌를 제공하는 글로벌 학습 생태계로 성장한 이러닝 플랫폼이다.

    Udemy의 마케팅 전략은 전문 지식을 대중화하고 학습 장벽을 허물어뜨리는 데 중점을 두고 있다. Udemy의 캠페인에서는 접근성과 실용적 능력 개발이 강조되며, 커리어에 중심을 두고 즉시 적용할 수 있는 지식을 추구하는 사람들을 타깃으로 한다. Udemy의 광고는 다채로운 강의와 강사를 빈번하게 부각하면서도 적정 가격으로 제공되는 학습을 비용이 아닌 투자로 포지셔닝하는 메시지를 전달한다. 전통적 교육기관과 달리 Udemy는 빠르게 진화하는 산업에서 능력 습득의 시급성을 강조하며, 자격증보다 유연성과 즉각적인 적용을 중시하는 자기주도적 학습자에게 어필하는 방식으로 마케팅한다.

Coursera

설립 - 2012년
웹사이트 - https://www.coursera.org

Coursera는 Stanford University의 한 연구에서 잉태되어 세계 전역의 명문 교육기관과 온라인 학습자를 잇는 이러닝 플랫폼의 선구적 역할을 해 왔다. Coursera는 독립된 강좌를 제공하는 차원을 넘어 이제는 취업 시장에서 기관의 신뢰성을 입증하는 종합적인 학위 프로그램과 전문 자격증을 제공하는 기업으로 발전했다.

 Coursera의 마케팅은 교육기관으로서의 명망과 커리어 개발을 결합하며, 탁월한 고등교육과 직무 관련성을 잇는 가교로서 자체 플랫폼을 포지셔닝하는 데 있다. 따라서 Coursera의 캠페인에서는 구체적인 커리어 성과와 대학과의 파트너십이 빈번하게 언급되고, 공인 자격증을 취득하려는 야심찬 전문가들을 타깃으로 한다. Coursera의 마케팅 메시지는 높게 설정된 목표와 졸업생의 성공에 대한 구체적 지표 사이에 균형을 유지하며, 교육에 투자한 효과로 제도적 검증만이 아니라 실질적 능력 개발까지 기대하는 학습자에게 어필한다.

edX

설립 - 2012년

웹사이트 - https://www.edx.org

edX는 Harvard와 MIT가 협업한 비영리 온라인 교육 플랫폼으로 시작해 이제는 2U에 인수되어 종합적인 학습 플랫폼으로 확장되었다. edX는 특정한 학과목에 구애되지 않고 다양한 강의부터 정식 학위까지 전문 자격 취득을 위한 여러 강의를 개발하면서도 교육의 접근성 향상을 위한 노력을 다하고 있다.

edX의 마케팅 전략은 학업의 엄격한 관리와 변화 가능성에 중점을 두고, 체계적인 학습을 통해 삶의 의미 있는 변화를 촉진하는 플랫폼으로 포지셔닝하는 데 있다. edX는 교육 콘텐츠의 질과 깊이를 강조하는 방식으로 접근하고, 신속한 해결책보다 실질적인 지식을 추구하는 학습자를 타깃으로 한다. edX의 메시지에서는 교육기관과의 파트너십을 통해 개인적인 변화를 이루어낸 스토리가 자주 언급되고, 교육을 단순한 커리어 개발이 아니라 더 큰 영향력을 갖추기 위한 과정으로 인식하는 목표 지향적인 학습자에게 어필한다.

Skillshare

설립 - 2010년

웹사이트 - https://www.skillshare.com

Skillshare는 창의적이고 기업가적인 학과목들에 중점을 두고, 커뮤니티 중심의 플랫폼을 구축함으로써 능력에 기반한 학습에 대변혁을 일으켰다. Skillshare는 주로 기술 교육에 집중하던 수준에서 벗어나 전문성 개발과 자기표현 능력 모두를 육성하는 활기찬 창의적 생태계로 발전했다.

Skillshare의 마케팅 전략은 창의적인 탐구와 커뮤니티 연결에 중심을 두고, 학습을 실용주의적 활동이 아니라 하나의 라이프스타일로 포지셔닝하는 데 있다. 따라서 Skillshare의 캠페인에서는 창작의 즐거움과 자기 발견이 주로 다루어지고, 능력을 다양하게 개발하려는 전문가와 창의적 성취를 추구하는 개인 모두를 타깃으로 한다. Skillshare는 단순히 결과보다 학습 과정을 중시하는 방식으로 접근하며, 실질적인 능력 습득과 함께 자기표현과 창의적 커뮤니티를 중시하는 사람들에게 어필한다.

마케팅 퍼널

> **Learn anything, on your schedule.** (Udemy - website)
> **여러분의 일정에 맞추어 무엇이든 배워보세요.** (Udemy - 웹사이트)

이 슬로건을 통해 Udemy는 두 가지 핵심 판매 포인트를 명확히 드러낸다. 하나는 무제한 학습 선택권이고, 다른 하나는 유연성이다. Learn anything이라는 문구는 무한한 가능성을 즉각적으로 전달한다. 이 문구는 학습 범위를 개방적으로 유지함으로써 다양한 학습자에게 어필한다. 뒷부분 on your schedule은 잠재적 학습자들이 겪는 주된 어려움, 즉 시간적 제약을 직접적으로 언급한다. 많은 사람이 바쁜 일정 때문에 온라인 학습을 망설인다. Udemy는 사용자가 자신의 페이스에 맞춰 학습할 수 있다는 것을 강조함으로써 편리한 솔루션으로 포지셔닝한다. 짧고 기억하기 쉬우며 실행 가능한 슬로건이어서 폭넓은 고객층의 마음에 호소하며 공통된 어려움을 해결하고, Udemy라는 플랫폼에 대해 관심을 갖게 만든다.

> **Bring your goals into focus.** (edX - website)
> 여러분의 목표에 집중하세요. (edX - 웹사이트)

목적 의식, 명확성, 방향성을 분명히 드러내는 까닭에 효과가 기대되는 메시지이다. Bring your goals into focus라는 문구는 학습자의 포부를 직접적으로 다룬다. Start learning today와 같은 일반적 콜 투 액션과 달리, 이 슬로건은 사용자가 구체적인 목표를 갖고 있다는 것을 인정한다. 이 슬로건에서는 edX가 제공하는 서비스가 직접적으로 언급되지는 않지만, 궁금증을 유발한다. edX가 목표를 달성하는 데 어떻게 도움을 줄 수 있는지 알아보기 위해서라도 사용자에게 그 플랫폼을 자세히 조사하도록 은근히 유도한다. 요컨대 edX는 자체 플랫폼보다는 개인적인 열망에 초점을 맞추는 방식으로 학습자의 내적 동기에 관심을 돌린다. 학습자는 어떤 플랫폼이 자신의 여정을 이해하고 거기에 부합한다고 느낄 때 가입할 가능성이 더 높아진다.

> **Launch a new career in as little as 6 months.** (Coursera - website)
> 6개월 뒤에는 새로운 커리어를 시작할 수 있습니다. (Coursera - 웹사이트)

커리어 개발, 시간 효율성, 보장된 결과와 같은 핵심적 의사결정 요소들을 효과적으로 언급하며, Coursera를 매력적인 선택지로 만드는 슬로건이다. Launch a new career라는 문구는 구체적이고 삶을 변화시키는 결과를 원하는 사람들에게 즉각적으로 어필한다. 잠재적 학습자들에게 가장 큰 걱정거리 중 하나는 결과를 얻는 데 시간이 얼마나 걸리느냐는 것이다. in as little as 6 months라는 표현이 사용되며 제한된 시간 내 무언가를 이룰 수 있을 것이라는 명확한 기대감이 생기고, 불확실성이 줄어든다. 단기적으로 인상적인 결과를 얻을 수 있다는 장점에 초점을 맞춤으로써, 사용자에게 실질적인 결과를 얻기 위해 수년이란 시간 동안 학습할 필요는 없다는 확신을 심어 준다. 시간 투자나 커리어에 미치는 영향과 같은 공통된 우려 사항을 해결함으로써 잠재적 사용자에게 Coursera를 진지하게 고려해 보도록 유도한다.

> **You set the goal. We'll mark the path.** (edX - website)
> **목표는 여러분이 정하세요. 길은 저희가 안내하겠습니다.** (edX - 웹사이트)

이 단계에서 주된 목표는 의혹을 해소하고 확신을 주며, 앞으로 나아갈 길을 명확히 제시하는 것이다. 이 슬로건은 간결하고 쉽게 기억되며, 학습자와 해당 플랫폼 간의 역학 관계를 설정한다. You set the goal이란 문구는 학습자에게 자신의 포부에 대한 완전한 통제권을 부여한다. 뒷부분 We'll mark the path는 학습자에게 학습 여정을 혼자 외롭게 헤쳐 나가지는 않을 것이라며 안심시킨다. edX를 신뢰할 수 있는 안내자로 포지셔닝함으로써 불확실성을 제거하고, 사용자에게 체계적인 방향성이 제공될 것이라 약속하는 슬로건이 된다. 이런 은근한 감성적 호소는 학습자에게 다음 단계로 넘어가겠다는 자신감을 더해준다.

> 😌 **yes, learning new skills IS self-care!** (Skillshare - social media)
> 😌 **네, 새로운 능력을 배우는 게 바로 자기 관리입니다!** (Skillshare - 소셜 미디어)

이 소셜 미디어 게시물에서 학습은 의무나 강제적인 것이 아니라 개인적이고 즐거운 경험으로 규정된다. 이모티콘을 사용해 친근한 분위기를 조성하며, Skillshare의 창의적이고 커뮤니티 중심적인 사용자층에게 공감을 얻으려 한다. 커리어 개발이나 체계적 교육을 강조하는 전통적 이러닝 플랫폼과 달리 Skillshare는 자기표현과 개인적인 성장을 위한 공간으로 포지셔닝한다. 이렇게 편안한 대화형 메시지는 해당 브랜드를 친근하게 느끼게 해 준다. 이 슬로건의 두드러진 특징은 학습에 대한 재정의에 있다. learning new skills IS self-care라고 주장함으로써 교육에 대한 인식을 까다롭고 힘든 것에서 즐겁고 치유적이며 성취감을 주는 것으로 바꿔 놓는다. 이 메시지에 공감하는 사용자는 '좋아요'를 누르거나, 댓글을 달거나 리포스트 repost 할 수 있다.

이런 감성적인 브랜딩 branding, 브랜드 관리 기법 은 일반적인 학습자를 장기적이고 열정적인 커뮤니티 구성원으로 전환하는 데 도움이 된다.

마케팅 퍼널 프랙티스

인지(Awareness)

> Transform/Elevate/Revolutionize your career with skills that matter.
> 중요한 능력을 키워 커리어에 변화를 줍니다/품격을 높입니다/대변혁을 일으킵니다.
>
> Unlock/Discover/Unleash potential you never knew existed.
> 미처 알지 못했던 잠재력을 일깨웁니다/찾아냅니다/펼쳐 냅니다.

Master/Conquer/Command in-demand skills at your own pace.
요즘 수요가 많은 능력을 당신의 페이스에 맞춰 마스터합니다/정복합니다/장악합니다.

Join/Enter/Access a world where learning never stops.
학습이 결코 중단되지 않는 세계에 함께합니다/참여합니다/들어섭니다.

Embrace/Harness/Leverage knowledge that changes everything.
지식을 수용해/이용해/활용해 모든 것을 바꿔 보세요.

관심(Interest)

Your/The/Every journey to expertise begins with a single course.
전문가적 능력을 향한 당신의/유일한/모든 여정이 하나의 강의로 시작됩니다.

Find/Locate/Discover courses that speak to your ambitions.
여러분의 포부에 부합하는 강의를 찾아 보세요/골라 보세요/만나 보세요.

Explore/Investigate/Navigate learning pathways crafted just for you.
당신을 위해 공들여 작성한 학습 경로를 탐색합니다/살펴봅니다/둘러봅니다.

Connect/Engage/Interact with instructors who've mastered their craft.
최고의 전문성을 갖춘 강사들과 교류해 보세요/함께해 보세요/소통해 보세요.

Visualize/Imagine/Envision the professional you're becoming.
당신이 어떤 전문가가 될지 마음속에 그려 보세요/상상해 보세요/머릿속에 그려 보세요.

고려(Consideration)

Flexible/Adaptable/Adjustable learning that fits your life perfectly.
당신의 삶에 완벽하게 들어맞는 유연한/융통성 있는/조정 가능한 학습.

Proven/Verified/Validated results from students who came before you.
선배들이 입증해 주는/증명해 주는/인증해 주는 결과.

Practical/Applicable/Actionable skills you can use immediately.
즉시 사용할 수 있는 실질적인/적절한/실행 가능한 능력.

Affordable/Accessible/Attainable education without compromise.
타협을 허용하지 않는 적정한 가격의/접근 가능한/성취 가능한 교육.

Comprehensive/Complete/Exhaustive curriculum designed by experts.
전문가들이 설계한 포괄적인/완벽한/철저한 교육 과정.

구매 결정(Decision)

Begin/Start/Commence your transformation into the expert you aspire to be.
당신이 꿈꾸는 전문가로의 변신을 시작하세요/개혁하세요/출발하세요.

Invest in/Commit to/Dedicate yourself today, reap rewards tomorrow.
오늘부터 투자하세요/전념하세요/헌신하세요, 그리고 내일의 열매를 거두세요.

Choose/Select/Opt for learning that evolves with industry demands.
업계의 요구에 맞춰 진화하는 학습을 선택하세요/고르세요/받아들이세요.

Take/Grasp/Seize control of your future with just one click.
단 한 번의 클릭으로 당신의 미래를 주도하세요/손에 넣으세요/스스로 결정하세요.

Join/Enter/Access thousands of successful learners worldwide.
전 세계에서 성공한 수천 명의 학습자들과 함께하세요/같이하세요/만나세요.

충성도(Loyalty)

Continue/Pursue/Advance your learning journey with us.
우리와 함께 학습 여정을 계속하세요/추진하세요/진척하세요.

Access/Unlock/Receive exclusive courses for dedicated members.
헌신적인 회원만을 위한 특별 강좌를 만나세요/함께하세요/즐기세요.

Share/Spread/Communicate your success with our community.
우리 커뮤니티에 당신의 성공 비결을 공유하세요/전하세요/알리세요.

Build/Develop/Cultivate a portfolio of skills that set you apart.
당신만의 특별함을 더해줄 다양한 포트폴리오를 구축하세요/개발하세요/강화하세요.

Track/Monitor/Observe your progress across multiple disciplines.
다수의 분야에서 당신의 발전 상황을 추적/모니터링/관찰해 보세요.

교과서와 교육 출판

Educational Textbooks & Publishing

배경

교육 출판 산업의 마케팅 언어는 카탈로그에서 사실을 나열하던 설명 수준을 벗어나, 학습의 변화력을 강조하는 목적 지향적 스토리텔링으로 꾸준히 옮겨갔다. 이 분야의 카피라이팅 진화 과정에는 1950년대 Encyclopedia Britannica의 상징적인 캠페인 The Gift That Opens a Thousand Doors 천 개의 문을 열어주는 선물 로부터, 교과서를 교실의 필수품이 아니라 평생의 동반자로 재포지셔닝한 Pearson의 혁명적인 캠페인 Always Learning 평생 학습 시리즈에 이르기까지, 교육 자료를 학습자와 교육자에게 연결하는 방법을 재규정한 획기적인 캠페인이 적지 않았다.

1980년대와 1990년대에 교육 출판계의 카피라이팅은 Scholastic의 Open a World of Possible 가능성의 세상을 엽니다 처럼 책 읽기를 학업적 활동이 아니라 무한한 상상의 세계로 연결되는 관문으로 규정한 캠페인들로 감성적인 면에 호소하는 편이었다. 한편 McGraw Hill의 캠페인 Driving Performance 역량 향상을 위하여 가 교육 자료를 수동적 자원으로부터 성취의 적극적인 촉매로 바꿔 놓음으로써 교육 출판 산업에서도 결과에 초점을 맞춘 마케팅의 새로운 기준이 제시되었다.

오늘날 교육 출판계의 카피라이팅은 학문의 엄격함과 감성적 공감을 조화롭게 결합하며, 증거에 기반한 결과와 영감을 주는 스토리텔링을 융합하는 형태를 띤다. 교육 출판 산업의 마케팅은 초기 교과서 광고에서 보여준 것처럼 자격 획득에 초점을 맞춘 메시지 전달에서 벗어나, Oxford University Press의 캠페인 Learning for Life 평생 학습 처럼 교실이란 울타리를 넘어 개인의 변화를 유도하는 촉매로 교육 자료를 포지셔닝하는 전인적 접근 방식으로 진화했다.

기업 개요

Oxford University Press
설립 - 1586년
웹사이트 - https://www.oup.com

Oxford University Press(OUP)는 세계에서 가장 오래된 대학 출판사로, 학술 도서의 인쇄소로 시작했지만 이제는 교육 출판계에서 세계적인 거목으로 성장했다. 수세기 동안의 진화를 거쳐 OUP는 탁월한 학술 도서를 출판한다는 명성을 유지하면서도 모든 단계의 학습을 아우르는 종합적인 교육 자료 출판사로 출판 범위를 확대해 왔다.

OUP의 마케팅 전략은 전통과 혁신을 조화롭게 짜맞추며, 전통적인 학술 출판의 수호자이자 현대 교육 접근법의 선구자로 포지셔닝하는 데 있다. 따라서 OUP의 캠페인에서는 이상적인 메시지와 실질적인 학습 결과가 결합되는 경우가 많고, 지적 엄격함과 편하게 접근할 수 있는 교육 방법론을 모두 중시하는 교육자를 타깃으로 한다. OUP는 마케팅에서 학술 출판에 대한 높은 평판과 현실 세계에 대한 영향을 조화롭게 결합해, 진정한 호기심과 평생 교육을 고무하는 실증적 검증 자료를 구하는 교육기관과 교사에게 어필한다.

McGraw Hill

설립 - 1888년

웹사이트 - https://www.mheducation.com

McGraw Hill은 철도 산업과 관련한 출판사로 시작했지만 과학기술을 전문으로 취급하는 교육 출판사로 성장한 뒤 디지털 도구와 전통적인 학습 방법론을 통합하는 데 선구자적 역할을 해 왔다. McGraw Hill은 출판 전문성과 과학기술의 혁신을 융합한 이후에도 적응형 학습 adaptive learning 플랫폼의 지속적인 발전을 통해 고유의 위상을 유지하며, 양질의 콘텐츠 개발에 필요한 기반을 지키고 있다.

McGraw Hill의 마케팅 전략은 교육적 성과와 과학기술의 역량 강화를 강조하며, 자체의 자원을 상당한 성과의 촉매로 포지셔닝하는 데 있다. McGraw Hill의 캠페인에서는 교육자의 성공 사례 이외에 데이터에 기반한 결과가 흔히 언급되고, 검증된 성과 개선 방법을 찾으려는 교육기관을 타깃으로 한다. McGraw Hill의 마케팅은 실질적인 기능성과 고무적인 가능성을 결합해, 교육 자료를 선택할 때 실질적인 교육 방법론과 학생 참여도를 모두 중시하는 교육자에게 어필하는 방식으로 접근한다.

Scholastic

설립 - 1920년

웹사이트 - https://www.scholastic.com

Scholastic은 한 교실에서 발간한 잡지로 시작해 세계 최대의 아동 도서 출판사 및 유통 회사로 발돋움하며, 학교와 교사, 가정을 잇는 견줄 데 없는 연결망을 구축했다. Scholastic은 전통적인 출판 경계를 넘어 교실까지 직접 전달하는 유통 모델과 문해력에 초점을 맞춘 커뮤니티 프로그램을 통해 교육 출판에 대변혁을 일으켰다.

    Scholastic의 마케팅 전략은 정서적 유대를 통해 평생 독자를 양성하는 데 중점을 두고, 독서를 즐거운 자기발견이자 삶에 반드시 필요한 능력으로 포지셔닝하는 데 있다. Scholastic의 캠페인에서는 실제 교실 장면과 독서를 통해 경험한 변화가 빈번하게 등장하고, 통합 교육 프로그램을 통해 교사와 부모와 학생을 직접적으로 겨냥한다. Scholastic의 마케팅은 독서에 대한 관심을 유발하는 것과 교육의 가치를 조화롭게 조절하고, 문해력을 학업의 기반이자 개인의 역량 강화에 반드시 필요한 조건이라 믿는 이해관계자들에게 어필하는 방식으로 접근한다.

마케팅 퍼널

> **Education changes lives.** (Oxford University Press - video advert)
>
> **교육은 삶을 변화시킵니다.** (Oxford University Press - 동영상 광고)

교육의 영향력에 대해 대담하고 보편적인 주장을 담은 슬로건이다. 특정 유형의 교육이나 대상, 혹은 교육 자료를 지칭하지 않아, 폭넓은 대상에게 어필할 수 있다. 이렇게 메시지의 대상을 넓히면 범위와 공감력이 극대화되어 브랜드 인지도 brand awareness 를 높이는 데 무척 효과적이다. 학습의 메커니즘에 초점을 맞추기보다는 최종적인 결과를 부각하는 슬로건으로, Oxford University Press를 출판사일 뿐만 아니라 의미 있는 변화를 촉진하는 촉매로 포지셔닝하는 접근법이기도 하다.

Find the path to what's possible. (McGraw Hill - website)
가능한 것으로 향하는 길을 찾아보세요. (McGraw Hill - 웹사이트)

이 단계에서 잠재 고객은 McGraw Hill의 교육 자료와 서비스가 자신의 목표에 어떻게 부합하는지 평가하기 시작한다. 이 슬로건은 궁금증을 유발하며 더 자세히 조사해 보도록 유도한다. Find the path라는 문구는 방향과 안내를 암시하고, to what's possible이란 표현은 개방적이고 희망적이다. 전체적으로 사용자가 미리 정해진 결과에 제약되지 않아 McGraw Hill의 교육 자료를 통해 개인적인 잠재력을 마음껏 펼칠 수 있을 것이란 뜻이 은근히 전달된다. 교육 자료에 초점을 맞추기보다는 McGraw Hill을 교육의 동반자로 포지셔닝하며 신뢰와 믿음을 구축하는 슬로건이기도 하다.

Get ready to discover the magic of books and much more. (Oxford University Press - social media)
책의 마법과 그 이상을 만나 보세요. (Oxford University Press - 소셜 미디어)

2025년 뉴델리 세계도서전의 슬로건으로, 잠재적 참석자들에게 도서전 참석을 위한 다음 단계를 취하라고 독려한다. Get Ready라는 문구는 행동을 촉구하는 콜 투 액션으로 기능하며 기대감을 조성한다. Discover the magic of books라는 문구는 독서의 감성적이고 상상력을 북돋우는 매력을 활용한 것이다. 끝에 붙은 and much more는 매력의 범위를 확대하기 위한 전략적 선택이다. Oxford University Press는 much more라는 개방형 문구를 사용함으로써 궁금증을 자극하고 잠재적 방문객에게 더 자세히 살펴보도록 유도한다. 이 슬로건은 소셜 미디어에 게시된 것으로 보아 관련자들에게 도서진을 더 자세히 살펴보도록 유도할 목적으로 고안된 것이 분명하다.

> **Every order directly benefits your classroom. With every Book Club order, teachers earn rewards redeemable for books and other essential classroom resources.** (Scholastic - website)
> 모든 주문은 교실에 직접적인 혜택을 제공합니다. 북클럽에 주문할 때마다 교사는 도서 및 그 밖의 필수 교실 자료로 교환할 수 있는 보상을 받습니다. (Scholastic - 웹사이트)

이 단계에서 잠재 고객은 Scholastic의 자료에 이미 관심이 있고 구매를 앞두고 있다. 여기에서 목표는 구매를 망설이는 마음을 잠재우고, 즉시 구매하는 행동을 취하도록 설득력 있는 이유를 제공하는 것이다. 첫 문장 Every order directly benefits your classroom은 강력하고 직접적인 인센티브가 교사에게 있을 것이란 점을 즉각적으로 암시한다. teachers earn rewards라는 문구는 사람들이 가치 있는 것을 받았을 때 행동을 취할 가능성이 더 높아진다는 일반적인 이론에 기반한 것이다. Scholastic은 도서 구입이 단순한 거래가 아니라 교육의 질적 향상에 기여하는 행위라는 것을 강조한다. 이런 메시지로 인해 단순한 도서 주문을 넘어 교실 환경 개선에 큰 영향을 미치는 요소로 초점이 이동한다. 실질적인 보상, 감성적인 호소, 긴박감이 적절히 결합된 메시지로, 교사와 학부모가 확신을 갖고 주문을 결정하도록 돕고, 이런 결정은 궁극적으로 참여도와 판매의 증가로 이어진다.

> **Is there a better combo than coffee and a book?**
> ☕ (Oxford University Press - social media)
>
> **커피와 책, 이보다 더 좋은 조합이 있을까요?** ☕ (Oxford University Press - 소셜 미디어)

기존 고객과의 관계를 유지하고 공동체 의식을 함양할 목적으로 참여를 독려하는 콘텐츠의 좋은 예이다. 이 게시물은 직접적으로 무언가를 판매하려는 것이 아니라 널리 공유되는 문화적 경험을 활용하려는 것이다. 이 메시지가 효과적인 이유는 독서를 의무나 노동이 아니라 즐거움과 휴식으로 관련짓기 때문이다. 커피와 책은 독자에게 보편적으로 사랑받기 때문에 이 게시물은 즉각적으로 공감을 불러일으킨다. 더구나 질문 형식으로 표현되어 응답을 유도하며, 소셜 미디어에서의 참여를 높인다. 하드셀 hard-sell 홍보와 달리 이 메시지는 특정 제품을 강요하지 않고 Oxford University Press의 브랜드 정체성을 은근히 강조한다. 이런 소프트 마케팅 soft marketing 접근 방식은 장기적인 충성도를 강화하고 재구매율을 높이는 효과가 있다.

* hard-sell promotion(하드셀 홍보): 즉각 구매하도록 소비자를 신속하게 설득하려는 직접적이고 공격적인 판매 기법.

마케팅 퍼널 프랙티스

인지(Awareness)

> Transform/Elevate/Revolutionize learning through powerful resources.
> 양질의 교육 자료로 학습에 변화를 줍니다/질적 수준을 높입니다/대변혁을 일으킵니다.

Discover/Unlock/Explore a world of educational possibilities.
교육이 낳는 무궁무진한 가능성의 세계를 만납니다/엽니다/탐험합니다.

Ignite/Spark/Kindle curiosity that lasts a lifetime.
평생 지속되는 호기심을 촉발합니다/불태웁니다/불러일으킵니다.

Journey/Venture/Embark beyond traditional education.
전통적인 교육 너머로 여행합니다/모험합니다/도전합니다.

Cultivate/Nurture/Foster minds ready for tomorrow's challenges.
내일의 도전에 대비해 인재를 양성합니다/기릅니다/키웁니다.

관심(Interest)

Your/Their/Every classroom deserves exceptional materials.
여러분의/그들의/모든 교실에는 훌륭한 자료가 필요합니다.

Build/Construct/Create foundations for lifelong success.
평생 지속될 성공의 기틀을 다지세요/구축하세요/마련하세요.

Empower/Equip/Enable educators to inspire brilliance.
교육자들이 뛰어난 역량을 발휘할 수 있도록 권한을 부여해야/자원을 제공해야/조건을 마련해야 합니다.

Harness/Leverage/Utilize proven methods for remarkable results.
검증된 방법을 활용/이용/사용하며 놀라운 결과를 거두세요.

Reimagine/Rethink/Redefine what's possible in education.
교육으로 가능한 것을 새로이 상상/생각/정의해 보세요.

고려(Consideration)

> Trusted/Respected/Renowned by educators worldwide for generations.
> 수세대 동안 전 세계 교육자들로부터 신뢰/존중/호평을 얻었습니다.
>
> Expertly/Carefully/Meticulously crafted for today's diverse learners.
> 오늘의 다양한 학습자들을 위해 전문적으로/신중하게/꼼꼼하게 제작되었습니다.
>
> Seamlessly/Effortlessly/Naturally integrate into your teaching approach.
> 교수법에 매끄럽게/원활하게/자연스럽게 통합됩니다.
>
> Rigorously/Thoroughly/Comprehensively researched, brilliantly presented.
> 엄격하게/철저하게/종합적으로 연구되고, 탁월하게 제시됩니다.
>
> Specifically/Purposefully/Specially designed for measurable outcomes.
> 결과를 측정할 수 있도록 명확히/목적에 맞게/특별히 설계되었습니다.

구매 결정(Decision)

> Join/Connect/Unite with millions of successful educators worldwide.
> 전 세계에서 수백만 명의 성공적인 교육자들과 함께하세요/교류하세요/손잡으세요.

Transform/Revitalize/Reinvigorate your classroom experience today.
오늘, 당신의 교실 수업에 변화의 바람/새로운 생기/
활력을 불어넣으세요.

Invest in/Commit to resources that deliver lasting results.
결과를 지속적으로 만들어내는 자료에 투자하세요/전념하세요.

Bring/Introduce/Welcome excellence into your educational environment.
당신의 교육 환경에 탁월한 자료를 도입하세요/받아들이세요.

Choose/Select/Embrace materials backed by proven success.
검증된 성공 사례로 뒷받침되는 자료를 선택하세요/고르세요/
받아들이세요.

충성도(Loyalty)

Continue/Extend your journey toward educational excellence.
탁월한 교육을 향한 여정을 계속하세요/확장하세요.

Exclusive/Premium/Specialized resources for our dedicated learning community.
우리의 헌신적인 학습 커뮤니티만을 위한 독점적/프리미엄/
전문화된 교육 자료.

Growing/Advancing/Progressing together through better resources.
더 나은 자료를 통해 함께 성장합시다/진전합시다/발전합시다.

Customize/Personalize/Tailor your ongoing professional development.
지속적인 전문성 개발을 위해 주문형/개인별/맞춤형 자료를 제공하겠습니다.

Experience/Appreciate/Recognize the difference quality makes every day.
양질의 자료가 만들어내는 차이를 매일 경험해 보세요/평가해 보세요/느껴보세요

HEALTHCARE & MEDICINE

의료 기관과 제약 회사	Healthcare Providers & Pharmaceuticals
건강 보험	Health Insurance
영양과 영양 보충제	Nutrition & Supplements
웨어러블 테크놀로지	Wearable Tech

의료 기관과 제약 회사
Healthcare Providers & Pharmaceuticals

배경

의료 및 제약 산업의 마케팅 언어는 상당한 변화를 겪었다. 초기에는 임상적이고 기능 중심적인 메시지 전달이 지배적이었지만, 이제는 환자에 초점을 맞춘 스토리텔링을 적극적으로 수용하여 역량 강화와 웰빙을 강조하는 경향을 띤다. 이런 변화는 환자의 자율성과 정보에 기반한 의료 선택을 중시하는 사회적 변화를 반영하는 것이다.

이런 변화를 이루는 데는 몇몇 주요 마케팅 캠페인이 중요한 역할을 했다. 예컨대 2012년에 시작된 Pfizer의 캠페인 Get Old 겟 올드 는 노화를 특권으로 재규정하며 적극적인 건강 관리를 장려했다. Merck의 캠페인 Journey of Hope 희망의 여정 는 암 연구를 지원하며 감성적인 스토리텔링이 고객과 개인적 차원에서 깊이 교감하는 힘을 보여주었다. GSK Consumer Healthcare의 환자복 Sickwear 프로젝트는 매우 편안하고 간편하게 디자인된 일련의 의류를 선보이며, 환자를 위한 제품을 바라보는 우리의 시각을 완전히 바꿔 놓았다. 또한 Sanofi의 캠페인 Health Guardians 건강 지킴이 는 감성을 자극하는 스토리텔링을 이용해 백신 접종의 중요성을 강조한다.

오늘날 의료 산업의 카피라이팅은 과학적 신뢰성과 인간적 유대 간의 균형을 유지하며, 복잡한 의료 정보를 쉽게 이해되는 이야기 형식으로 풀어 환자와 간병인의 공감을 끌어내려 애쓴다. 의료 산업의 마케팅은 단순히 제품을 광고하던 수준을 벗어나, 이제는 컨강 결과에 대한 파트너십과 공동의 책임을 언급하며 공감을 유도하는 전인적 커뮤니케이션 전략으로 전환하는 경향을 띤다.

기업 개요

Abbott
설립 - 1888년
웹사이트 - https://www.abbott.com

Abbott는 선구적인 제약 회사로 시작해 이제는 진단, 의료기기, 영양제, 브랜드 제네릭 의약품 branded generic medicine 등 다양한 제품을 판매하는 글로벌 의료 기업으로 성장했다. 현재 Abbott는 끊임없는 혁신과 삶의 모든 단계에서 삶의 질을 향상하려는 책무를 통해 본연의 지위를 유지한다.

 Abbott의 마케팅 전략은 전인적 웰빙과 평생 파트너십을 강조하며, 최적의 건강을 유지하는 필수 도구로 자사 제품을 포지셔닝하는 데 있다. Abbott의 캠페인에서는 실제 사례와 공감할 수 있는 경험이 자주 등장하고, 건강 관리를 위해 신뢰할 수 있는 솔루션을 찾는 광범위한 고객을 타깃으로 한다.

* 브랜드 제네릭 의약품(branded generic medicine): 브랜드 의약품과 동일한 성분을 함유하지만, 다른 명칭으로 판매되는 의약품.

Roche
설립 - 1896년
웹사이트 - https://www.roche.com

Roche는 제약 및 진단 분야에서 세계적인 선구자로 군림하며, 사람들의 삶을 개선하기 위한 과학 발전에 혼신을 다하고 있다. Roche는 개인 맞춤형 의료에 중점을 두고, 제약 및 진단 분야의 강점을 결합해 표적 치료와 혁신적인 솔루션 발전에 힘쓰고 있다.

Roche의 마케팅 전략은 미래 지향적인 혁신과 환자 중심적 치료를 강조하는 데 있다. Roche의 캠페인에서는 획기적인 연구와 과학 발전이 언급되는 경우가 많고, 의료 전문가만 아니라 최첨단 치료법을 찾는 환자 모두를 타깃으로 한다.

Novartis

설립 - 1996년 (합병을 통해)
웹사이트 - https://www.novartis.com

Novartis는 Ciba-Geigy와 Sandoz의 합병으로 설립된 다국적 기업으로, 혁신적인 의약품과 솔루션 개발에 중점을 둔 글로벌 의료 기업이다. Novartis는 제약, 눈 관리, 제네릭 의약품을 아우르며 탄탄한 연구 개발을 통해 제약 업계의 선두 자리를 유지하고 있다.

Novartis의 마케팅 전략은 사회적 영향과 과학의 비약적 발전에 중점을 두고, 세계 보건을 향상하는 데 앞장서는 기업으로 포지셔닝하는 데 있다. Novartis의 캠페인에서는 접근성과 혁신이 자주 강조되며, 환자와 의료인부터 투자자와 정책 입안자에 이르기까지 폭넓은 이해관계자를 타깃으로 한다.

마케팅 퍼널

> **Abbott is in the business of life.** (Abbott - website)
> **Abbott는 생명과 관련한 사업에 헌신하고 있습니다.** (Abbott - 웹사이트)

Abbott를 제약회사나 의료기기 회사 이상의 존재로 포지셔닝하는 문구이다. 이 슬로건을 통해 Abbott라는 브랜드는 건강과 장수의 수호자가 된다. 이 슬로건의 가장 매력적인 요소 중 하나는 감성적인 호소에 있다. business of life라는 문구에서는 곧바로 목적 의식, 신뢰, 배려가 떠올려진다. 브랜드 권위 brand authority 라는 관점에서 볼 때 이 문구는 Abbott를 의료 산업의 리더로 자리매김한다. 이 슬로건은 시작할 때부터 브랜드 이름을 자신 있게 내세움으로써 전문성과 지배력을 과시하지만 조금도 허풍스럽게 들리지 않는다. 결국 Abbott의 역할을 의료 기관일 뿐만 아니라 웰빙을 위한 파트너로 재확인함으로써 강력하고 지속적인 브랜드 메시지가 된다.

> **Doing now what patients need next.** (Roche - website)
> **우리는 환자에게 다음에 필요한 것을 지금 고민합니다.** (Roche - 웹사이트)

이 슬로건은 미래 지향적이고 환자 중심적이며 행동 지향적인 브랜드 포지셔닝의 좋은 예이다. 이 단계에서 잠재적 환자나 의료 전문가는 솔루션을 간절히 찾고 있다. 그들은 어떤 기업이든 미래를 내다보고 환자에게 필요한 것을 예측하며, 의료의 미래를 대비하기를 바란다. Roche의 슬로건은 선제적인 혁신을 함축함으로써 이런 기대감을 직접적으로 다룬다. doing now라는 문구는 긴급성과 즉각적인 행동을 암시하며, 잠재적 환자에게 중대한 위기를 맞기 전 Roche가 솔루션을 찾아 노력하고 있다는 확신을 심어 준다. what patients need next라는 문구는 Roche가 환자를 중심에 둔 관리에 최선을 다하고 있다는 것을 강조한다는 점에서 특히 효과적이다. 미래에 초점을 맞춘 강력한 비전을 전달하는 데 성공한 슬로건이라 할 수 있다.

> **Our products help you live your best life at all stages.** (Abbott - website)
> 저희 제품은 여러분이 삶의 모든 단계에서 최상의 삶을 살 수 있도록 도움을 드릴 것입니다. (Abbott - 웹사이트)

Abbott 제품이 환자를 염두에 두고 제작되었다는 확신을 소비자들에게 즉각적으로 심어 주는 메시지이다. Abbott가 내놓은 제품을 핵심적인 가치 제안으로 즉시 설정할 목적으로 Our products라는 문구가 전략적으로 첫머리에 배치되었다. help you live your best life라고 표현함으로써 Abbott는 웰빙의 동반자로 포지셔닝된다. at all stages라는 문구는 포괄적이어서, Abbott의 제품이 유아기부터 노년기까지 삶의 모든 단계를 충족시킬 수 있다는 뜻을 담고 있다. 이 메시지를 통해 Abbott는 단기적인 솔루션이 아니라 평생을 함께 할 의료 기관이라는 것을 은근히 전달한다.

> **Working together. Learning together. Thriving together. Discover how you can join us in changing people's lives.** (Novartis - website)
> 함께 일하겠습니다. 함께 배우겠습니다. 함께 성장하겠습니다. 사람들의 삶을 변화시키는 데 우리와 함께할 수 있는 방법을 만나 보십시오. (Novartis - 웹사이트)

이 단계에서 고객은 Novartis와 함께할지 여부를 적극적으로 결정하려 한다. 이 메시지는 협력과 성장과 영향력을 강조하며 강력한 동기 부여자가 된다. together를 세 번 반복함으로써 일체감과 공동의 목표가 재확인된다. 또한 이 슬로건의 구조가 일에서 학습, 성장으로 이어지는 자연스러운 흐름을 만들어낸다. 이 순서는 Novartis와 함께할 때 성공으로 이어진다는 것을 암시한다. Novartis에 입사하는 사람에게는 지속적인 학습과 커리어 개발의 기회가 주어진다는 것을 뜻하기도 한다. 이 슬로건은 고객에게 다음 단계를 취하도록 적극적으로 독려하는 강력한 콜 투 액션으로 마무리된다. 궁극적으로 망설임을 행동으로 전환하며 참여와 채용을 위한 강력한 도구가 되는 메시지이다.

> **Innovation only matters when it reaches those who need it. Today, we are honored that Novartis has been ranked first in the 2024 Access to Medicine Index. This recognition reinforces our commitment to improving access to breakthrough medicines for people around the world, regardless of their location or socio-economic status.** (Novartis - social media)
> **혁신은 필요한 사람들에게 도달할 때 비로소 의미가 있습니다. 오늘, 영광스럽게도 우리 Novartis가 2024년 의약품 접근성 지수에서 1위를 차지했다는 소식을 들었습니다. 이번 수상을 계기로, 지역이나 사회경제적 지위와 관계없이 전 세계 사람들을 위해 혁신적인 의약품의 접근성을 향상하겠다는 Novartis의 책무에 더욱 헌신하겠습니다.** (Novartis - 소셜 미디어)

이 단계에서 고객들은 이미 Novartis와 어느 정도 관계를 맺은 상태이다. 이 단계의 목표는 신뢰를 강화하고 장기적인 관계를 구축하며, 지속적인 지지를 확보하는 것이다. 이 메시지는 목적 지향적인 혁신, 사회적 책임, 글로벌 영향력을 강조함으로써 그 목표를 실현하려 한다. 첫 문장 Innovation only matters when it reaches those who need it은 가치 중심적인 분위기를 띠우며 의학이 획기적으로 발전하더라도 접근성이 확보되지 않으면 별다른 영향을 미치지 못한다는 것을 인정한다. Novartis가 2024년 의약품 접근성 지수 Access to Medicine Index 에서 1위를 차지했다는 사실을 언급함으로써, 이 메시지는 제3자의 검증을 통해 신뢰도를 높인다. 수상과 순위는 이해관계자들에게 Novartis가 세계적으로 인정받고 있다는 확신을 주는 강력한 도구 역할을 한다. 또한 고객들에게 Novartis와의 관계를 자랑스럽게 생각하도록 독려함으로써 브랜드 옹호 brand advocacy 를 높이는 역할도 한다.

마케팅 퍼널 프랙티스

인지(Awareness)

> Transforming/Revolutionizing/Redefining healthcare together/globally/forever.
> 함께/전 세계적으로/영원히 의료를 바꿉니다/변혁합니다/재규정합니다.
>
> Science/Innovation/Expertise with heart/compassion/purpose.
> 과학/혁신/전문성에 진심/연민/목적 의식을 더합니다.

Empowering/Inspiring/Supporting healthier lives/futures/journeys.
더 건강한 삶/미래/여정에 힘을 힘을 실어 줍니다/영감을 줍니다/응원합니다.

Beyond medicine/treatment/products, towards wellness/well-being/wholeness.
의학/치료/약품을 넘어, 웰니스/웰빙/온전함을 향해.

Your health/well-being/future is our mission/priority/purpose.
당신의 건강/웰빙/미래를 지키는 게 우리의 사명/우선순위/목적입니다.

관심(Interest)

Discover/Explore/Experience the difference/impact/future.
차이/효과/미래를 찾아보세요/경험하세요/확인하세요.

Your health/journey/story in trusted/capable/expert hands.
신뢰할 수 있고/유능한/전문가의 손에 여러분의 건강/여정/이야기를 맡기세요.

Where science/innovation/technology meets compassion/care/understanding.
과학/혁신/테크놀로지가 연민/케어/이해와 만나는 곳이 바로 이곳입니다.

Solutions/Treatments/Options designed for you/your needs/your life.
당신/당신의 요구/당신의 삶에 맞춰 설계된 솔루션/치료법/선택지입니다.

Beyond expectations/limitations/boundaries, to better health/outcomes/futures.
기대/한계/경계를 넘어, 더 나은 건강/결과/미래로.

고려(Consideration)

Trusted/Respected/Recommended by patients/doctors/experts worldwide.
세계 전역의 환자/의사/전문가로부터 신뢰/존경/추천을 받고 있습니다.

Proven/Effective/Reliable solutions for your/life's challenges.
당신의/삶의 어려움을 해결하는 데 필요한 것으로 검증된/실질적인/믿을 수 있는 솔루션.

Science-backed/Evidence-based/Clinically-proven results you can trust.
과학에 기반한/증거에 근거한/임상적으로 입증된 결과여서 믿으셔도 됩니다.

Personalized/Tailored/Customized care for your/unique needs.
당신의/특별한 요구에 맞춰 개인화된/맞춤형/주문형 케어가 제공됩니다.

Quality/Innovation/Excellence in every product/service/solution.
모든 제품/서비스/솔루션에서 양질/혁신/탁월함을 경험할 수 있을 겁니다.

구매 결정(Decision)

> Join millions/families/communities who trust us/our brand/our care.
> 우리/우리 브랜드/우리 케어를 신뢰하는 수많은 사람들/가족들/커뮤니티들과 함께하세요.
>
> Start your journey/path/road to better health/wellness/recovery today.
> 오늘 더 나은 건강/웰빙/회복을 향한 여정/과정/길을 시작해 보세요.
>
> Choose confidence/assurance/peace of mind with us/our brand.
> 우리/우리 브랜드와 함께하며 자신감/확신/마음의 평화를 얻으세요.
>
> Experience the difference/advantage/future of [Brand Name] care.
> [브랜드 이름]이 제공하는 케어의 차이/장점/미래를 경험해 보세요.
>
> Begin your healthier/better/brighter future now/today/here.
> 지금/오늘/여기에서 더 건강한/더 나은/더 밝은 미래를 시작해 보세요.

충성도(Loyalty)

> Your lifelong/trusted/dedicated partner in health/wellness/care.
> 건강/웰빙/케어에서 당신의 평생/신뢰받는/헌신적인 동반자가 되겠습니다.

Growing/Evolving/Advancing healthcare together/with you/for everyone.
함께/당신과 함께/모두를 위해 의료 수준을 높이겠습니다/진화시키겠습니다/발전시키겠습니다.

Exclusive/Special/Premium benefits for valued/loyal/dedicated patients.
소중한/충성스런/헌신적인 환자를 위한 특권적인/특별한/프리미엄 혜택이 준비되어 있습니다.

Your health/well-being/journey is our priority/mission/purpose.
여러분의 건강/웰빙/여정이 우리에게는 우선순위/사명/목적입니다.

Experience the difference/quality/care that lasts/endures/matters.
지속되는/계속되는/의미 있는 차이/품질/케어를 경험해 보세요.

건강 보험　　Health Insurance

배경

건강 보험 산업의 마케팅 커뮤니케이션은 전문용어로 가득하던 난해한 보험 증권의 설명에서 벗어나, 역량 강화와 웰빙, 개인화된 진료에 중점을 둔 내러티브로 진화하며 큰 변화를 겪었다. 초기 마케팅 활동은 두려움에 기반한 전술에 주로 의존하며 보험에 가입하지 않은 때의 위험을 강조했지만, 이제는 한층 전향적이고 예방적인 접근 방식을 점차 채택하고 있다.

이런 변화 과정에는 기념비적인 캠페인들이 중요한 역할을 했다. 예컨대 Aetna의 캠페인 What's Your Healthy? 당신에게 건강이란? 는 전통적인 보험 메시지를 넘어 건강과 웰니스에 대한 개개인의 정의에 초점을 맞추었다. Cigna의 캠페인 Go You 당신답게 사십시오 는 이런 접근 방식을 더욱 개인화하며 개인적인 건강 목표를 달성하는 데 필요한 파트너로 Cigna를 포지셔닝했다. Kaiser Permanente가 오랫동안 사용한 캠페인 Thrive 웰빙은 가까이 있습니다 는 단순히 질병을 보장하는 것보다 전체적인 웰빙을 강조함으로써 건강 보험 마케팅을 재정의했다.

한국의 건강 보험 회사들은 특히 디지털 플랫폼을 활용하는 부분에서 크게 기여했다. Kyobo Life Insurance를 비롯해 여러 보험회사가 모바일 퍼스트 mobile-first 전략으로 모바일용 웹사이트나 앱을 먼저 개발하며 개인화된 건강 관리 도구를 제공하고 보험금 청구 절차를 간소화했다.

오늘날 건강 보험 카피라이팅에서 성공하려면 보험 증권의 복잡한 세부 조항과 공감할 수 있는 인간적인 이야기가 적절한 균형을 맞춰야 하고, 포괄적 보장의 담보와 더 건강하고 행복한 삶에 대한 열망을 조화롭게 결합해야 한다. 이 분야의 마케팅은 두려움에 기반한 메시지 전달 방식에서 벗어나 역량 강화와 파트너십에 대한 내러티브를 적극적으로 수용하는 방식으로 크게 바뀌었고, 건강 보험을 단순한 안전망이 아니라 개개인의 웰빙을 가능하게 해 주는 도구로 포지셔닝하고 있다.

기업 개요

Aetna

설립 - 1853년
웹사이트 - https://www.aetna.com

Aetna는 전통적인 보험회사에서 종합적인 건강 솔루션을 제공하는 파트너로 탈바꿈했다. Aetna는 개인화된 맞춤형 관리와 예방적 웰빙을 강조하며, 회원들 스스로 건강을 관리할 수 있도록 다양한 계획과 자료를 제공한다.

 Aetna의 마케팅 전략은 건강 보험에 인간미를 더하는 데 중점을 두며, 친근하고 지원을 아끼지 않는 협력자로 포지셔닝하는 데 있다. 따라서 Aetna의 캠페인에서는 개인적인 이야기와 다양한 건강 여정이 주로 부각되고, 공감할 수 있고 개인화된 건강 관리 솔루션을 찾는 폭넓은 고객을 타깃으로 한다.

Cigna

설립 - 1792년 (전신은 INA)

웹사이트 - https://www.cigna.com

Cigna는 유서 깊은 보험회사에서 포괄적인 보장과 웰니스 프로그램을 제공하는 글로벌 건강 서비스 기업으로 성장했다. Cigna는 선제적 건강 관리와 개인 맞춤형 솔루션을 강조하며, 개개인의 웰빙과 전반적인 국민 건강 증진을 목표로 하는 기업이다.

Cigna의 마케팅 전략은 파트너십과 역량 강화에 중점을 두고, 복잡한 건강 관리에 힘쓰는 사람들을 위한 안내자로 포지셔닝하는 데 있다. Cigna의 캠페인에서는 융통성과 미래 지향적인 계획이 빈번하게 등장하고, 즉각적인 보장만이 아니라 장기적인 건강 지원까지 원하는 소비자를 타깃으로 한다.

Star Health

설립 - 2006년

웹사이트 - https://www.starhealth.in

Star health Insurance는 개인, 가족, 기업 등 모든 고객의 요구에 맞는 상품을 제공하는 인도 최초의 건강 보험 전문회사 Standalone Health Insurance provider이다.

Star Health의 마케팅 전략은 고객에게 보험을 제공하는 데 그치지 않고 신뢰할 수 있는 보험 제공자가 되는 데 중점을 두며, 고객 중심적이고 혁신적인 상품을 제공하고 있다.

마케팅 퍼널

> **Health plans as unique as you.** (Aetna - website)
> 당신만큼이나 특별한 건강 보험 플랜. (Aetna - 웹사이트)

건강 보험 산업은 복잡한 전문용어와 비인격적인 메시지로 가득하다. 따라서 Aetna의 슬로건은 간결하면서도 인간적이고 친근하다는 점에서 돋보인다. 이 슬로건에서 가장 눈에 띄는 부분 중 하나는 unique라는 단어이다. 건강 보험이 흔히 경직되고 획일적인 것으로 인식되는 시장에서 Aetna는 개인 맞춤형 솔루션을 제공하는 보험회사로 포지셔닝된다. as unique as you라는 표현을 사용함으로써 정서적인 유대감을 형성하고, 잠재 고객으로 하여금 자신이 보살핌을 받고 존중받는다는 느낌을 받게 해 준다. 또한 이 슬로건은 티저 teaser 역할을 하며 잠재 고객에게 더 자세히 알아보도록 유도한다. 이 카피의 목표는 즉각적인 전환이 아니라 참여를 유도하는 것이다. 다시 말하면, 잠재 고객에게 웹사이트를 방문해 여러 보험 플랜 옵션을 살펴보고 더 자세한 정보를 요청하도록 유도한다.

* 티저(teaser): 상품 이름을 비롯한 관련 정보를 거의 알려 주지 않아 호기심을 유발해 다음 광고에도 관심을 갖도록 하는 마케팅 기법.

> **Solutions for your ever-changing health needs. Planning for the Unexpected.** (Cigna - website)
> 건강에 대해 끊임없이 변하는 요구에 대한 솔루션. 예상치 못한 상황에 대비한 계획을 세우세요. (Cigna - 웹사이트)

소비자들이 건강 보험을 선택할 때 망설이게 되는 가장 큰 이유 중 하나는 해당 보험 상품이 현재와 미래의 요구를 모두 충족할 수 있느냐는 것이다. Cigna는 ever-changing health needs라는 표현을 사용하며 건강 관리가 고정적이지 않다는 것을 솔직히 인정한다. Cigna는 역동적이고 유연한 솔루션을 제공하는 보험회사로 포지셔닝하며, 잠재 고객에게 보장 범위를 벗어나는 경우가 없을 것이란 확신을 심어 준다. 뒷부분 Planning for the unexpected에서는 Cigna가 사후에 대응하는 데 그치지 않고 선제적으로도 대응한다는 것이 강조된다. Cigna는 만반의 대비를 부각함으로써 신뢰할 수 있는 안전망으로 포지셔닝된다. ever-changing health needs와 planning for the unexpected라는 두 표현이 결합되며 Cigna는 장기적 건강 파트너로서의 입지를 효과적으로 구축한다.

> **First time with us? Let's get you to the right place. To start your journey with us, choose the audience that best fits you.** (Aetna - website)
> 우리와는 처음이신가요? 최적의 장소로 모시겠습니다. 우리와 함께 여정을 시작하시려면 가장 적합한 대상을 선택하세요.
> (Aetna - 웹사이트)

이 단계에서 잠재 고객은 적극적으로 여러 옵션을 검토하고 보험회사를 비교하며, 어떤 회사가 자신의 요구를 어떻게 충족시킬 수 있는지를 살펴본다. 이 메시지는 안내, 개인화, 원활한 사용자 경험 user experience 을 약속한다. 이 고려 단계에서 가장 큰 장애물 중 하나는 의사결정의 피로감 decision fatigue 이다. Aetna의 따뜻한 대화형 어법은 방문자가 이 과정에 혼자 외톨이로 있는 것이 아니라는 안도감을 즉각적으로 준다. Let's get you to the right place라는 문구에는 Aetna가 잠재 고객을 선제적으로 돕는다는 뜻이 담겨 있다. choose the audience that best fits you라는 표현은 고객에게 자신을 스스로 파악하고 자신의 고유한 상황에 맞추어진 정보를 찾을 기회를 부여한다. 건강 보험은 모든 사람에게 적용되는 범용 상품이 아니며 개인과 가족, 노인과 고용주 등 대상에 따라 요구 조건이 다르다. Aetna는 사용자에게 자신의 범주를 스스로 결정하도록 유도함으로써 적절한 플랜과 혜택에 더 쉽게 접근하도록 지원한다. 이렇게 하면 좌절감이 줄어들어 사용자가 경쟁사 사이트로 이동하지 않고 Aetna의 상품을 계속 탐색할 가능성이 높아진다.

* 사용자 경험(user experience): 사용자가 어떤 제품이나 서비스를 직·간접적으로 이용하면서 느끼고 생각하게 되는 총체적 경험.

> **We have the answer to your happy and secure future. Get quote.** (Star Health - website)
> **여러분의 행복하고 안전한 미래에 대한 해답이 우리에게 있습니다. 견적을 받아 보세요.** (Star Health - 웹사이트)

이 단계의 마케팅은 전환을 유도하기 위해 안심, 긴박감, 명확한 콜 투 액션에 중점을 두어야 한다. 따라서 이 메시지는 감성적인 호소, 안정감을 주는 문구, 직접적인 행동 촉구로 이루어진다. We have the answer라는 문구는 강력한 확신과 신뢰감을 불러일으킨다. Star Health는 자사를 확실한 해결책으로 제시함으로써 의심을 불식하고 권위와 신뢰성을 강화한다. happy and secure future라는 약속은 마음의 평화와 장기적인 웰빙 등 건강 보험에 가입하는 핵심 동기를 직접적으로 활용한 것이다. 메시지의 뒷부분 Get quote는 즉각적인 참여를 유도하는 직접적이고 행동 지향적인 콜 투 액션이다. 명령형 동사 get를 사용해 긴박감을 조성한다. 이 메시지는 확실성과 정서적 안정감, 저항을 줄인 다음 단계가 적절히 결합된 덕분에 높은 설득력을 띠며 관심을 실제 구매로 전환시키는 효과를 발휘한다.

> **2024 was an excellent year, right across Aviva. To our brilliant colleagues in the UK, Canada and Ireland, thank you. Well done everyone** ♥ (Aviva - social media)
>
> **2024년은 Aviva의 전 부문에서 훌륭한 한 해였습니다. 영국, 캐나다, 아일랜드의 훌륭한 동료들에게 감사드립니다. 모두 수고하셨습니다** ♥ (Aviva - 소셜 미디어)

이 메시지는 직원들을 겨냥한 것이다. 주지의 사실이지만 직원은 어떤 기업에서나 가장 소중한 브랜드 지지 세력 중 하나이다. Aviva는 직원들에게 공개적으로 감사를 표시함으로써 내부적으로 사기를 북돋울 뿐만 아니라 외부 브랜드 평판도 강화한다. 직원을 소중하게 생각하는 기업을 보는 소비자와 이해관계자는 그 기업을 신뢰할 수 있고 윤리적이며, 사람 중심적이라고 인식할 가능성이 높다. 따라서 이런 메시지는 긍정적인 브랜드 이미지를 강화하는 데 도움이 된다. 게다가 특정 지역들을 언급함으로써 메시지가 개인화되고, 포용성과 소속감이 조성된다. 특히 그 지역의 직원과 고객은 자신들이 인정받는다고 몸소 느끼며, Aviva와의 정서적 유대감을 강화하게 된다. 2024 was an excellent year라는 선언을 통해 Aviva는 성취감과 발전한 결과를 재확인한다. 이런 긍정적인 스토리텔링은 고객들이 Aviva와 함께하는 것에 자부심을 느끼도록 하는 데 무척 효과적일 수 있다.

마케팅 퍼널 프랙티스

인지(Awareness)

> Your health, your journey, your way.
> 당신의 건강, 당신의 여정, 당신의 길.
>
> Coverage that understands/supports/empowers you.
> 당신을 이해하는/지원하고/힘을 실어 주는 보장 범위.
>
> Beyond insurance, toward/for/building well-being.
> 보험을 넘어, 웰빙을 향해/위해/구축합니다.
>
> Experience/Discover/Embrace healthcare reimagined/reinvented/redefined.
> 새롭게 구상된/설계된/정의된 건강 관리를 경험합니다/만납니다/받아들입니다.
>
> Peace/Clarity/Confidence for life's special/important/momentous moments.
> 삶의 특별한/중요한/중대한 순간을 위한 평화/명료함/자신감.

관심(Interest)

> Your life, your health, your choices.
> 당신의 삶, 당신의 건강, 당신의 선택.
>
> Solutions/Plans/Options designed for you/your needs/your future.
> 당신/당신의 요구/당신의 미래에 맞춰 설계된 솔루션/플랜/옵션.

Experience/Discover/Unlock a healthier/better/brighter tomorrow.
더 건강한/더 나은/더 밝은 내일을 맞이하세요/만나 보세요/펼쳐 보세요.

Coverage/Support/Care that adapts/evolves/grows with you.
당신에게 맞춰/진화하는/성장하는 보장/지원/관리.

Empowering/Inspiring/Supporting you to live your best/healthiest/fullest life.
최고의/가장 건강한/가장 충만한 삶을 살 수 있도록 힘을 북돋아 드립니다/독려합니다/지원합니다.

고려(Consideration)

Trusted/Recommended/Preferred by millions/families/experts worldwide.
세계 전역에서 수많은 개인/가족/전문가로부터 신뢰/추천/사랑을 받고 있습니다.

Comprehensive/Flexible/Personalized plans for every stage/every need/every lifestyle.
삶의 모든 단계/모든 요구/모든 라이프스타일에 맞추어진 포괄적인/탄력적인/개인화된 플랜.

Security/Protection/Assurance you can count on/rely on/depend on.
당신이 신뢰할 수 있는/의지할 수 있는/의존할 수 있는 보장/보호/보험.

Value/Benefits/Advantages that go beyond/above expectations.
기대를 넘어서는/웃도는 가치/혜택/이점.

Experience/Discover/Unlock the difference/advantage/ power of personalized /proactive/ preventative care
개인화된/선제적/예방적 관리의 차이/이점/힘을 경험해 보세요/ 만나 보세요/느껴 보세요.

구매 결정(Decision)

Join/Become part of/Embrace a community that prioritizes/ values/champions health.
건강을 우선시하는/소중히 생각하는/위해 싸우는 커뮤니티에 가입하세요/회원이 되세요/함께하세요.

Start your journey/path/road to better health/well-being/a brighter future today.
오늘 더 나은 건강/웰빙/더 밝은 미래를 향한 여정/과정/길을 시작하세요.

Choose confidence/peace of mind/security for yourself/your family/your future.
당신 자신/당신 가족/당신의 미래를 위한 자신감/마음의 평화/ 보장을 선택하세요.

Experience/Discover/Unlock the difference/advantage/ power of personalized/ proactive/ preventative care.
개인화된/선제적/예방적 관리의 차이/이점/힘을 경험하세요/ 만나 보세요/느껴 보세요.

Get/Receive/Access the coverage/support/care you deserve/need/expect.
당신이 마땅히 받을 만한/필요한/기대하는 보장/지원/ 관리를 누리세요/받으세요/이용하세요.

충성도(Loyalty)

Your/The trusted partner in health/wellness/well-being.
건강/웰니스/웰빙에서 당신의/믿음직한 파트너가 되겠습니다.

Growing/evolving/advancing healthcare together/with you/for everyone.
함께/당신과 함께/모두를 위해 건강 관리 수준을 높이겠습니다/진화시키겠습니다/발전시키겠습니다.

Exclusive/Special/Premium benefits for valued/loyal/dedicated members.
소중한/충성스런/헌신적인 회원을 위한 특권적인/특별한/프리미엄 혜택이 준비되어 있습니다.

Your health/well-being/journey is our priority/mission/commitment.
여러분의 건강/웰빙/여정이 우리에게는 우선순위/사명/책무입니다.

Experience/Enjoy/Appreciate the difference/value/peace of mind that endures/matters.
지속되는/계속되는/유의미한 차이/가치/마음의 평화를 경험합니다/누립니다/즐깁니다.

| 영양과 영양 보충제 | Nutrition & Supplements |

배경

영양 및 보충제 산업의 마케팅 언어는 전문용어를 사용하는 성분 중심의 설명에서 벗어나, 전인적이고 라이프스타일을 통합한 내러티브로 전환하며 상당한 진화를 겪었다. 초기 마케팅은 과학에 기반한 성분 구성과 건강상의 구체적 이점을 강조하는 경우가 많았지만, 현대 캠페인은 개인의 역량 강화, 전반적인 웰빙, 이상적인 라이프스타일에 점차 중점을 두는 경향을 띤다.

이런 변화는 소비자 행동에서 나타난 더 광범위한 추세를 반영한 것이다. 이제 소비자는 단순한 기능성 제품을 넘어 개인적인 가치관과 열망에 부합하는 솔루션을 원한다. 예컨대 GNC의 캠페인 Beat Average 평균을 넘어라 를 비롯한 몇몇 상징적인 캠페인은 해당 브랜드를 단순히 제품 제공으로 만족하는 곳이 아니라 개인적인 변화를 위한 동기 부여자로 포지셔닝했다. 마찬가지로, Muscle Milk의 캠페인 Stronger Everyday 매일 더 건강하게 는 단순히 체력 향상이 아니라 점진적인 발전과 개인적인 성장을 부각함으로써 소비자들의 공감을 끌어냈다.

한국 브랜드들도 이런 변화에 큰 영향을 미쳤다. Korea Yakult 한국야쿠르트 를 비롯해 몇몇 기업은 프로바이오틱스에 초점을 맞추며 과학적 신뢰성과 일상적 웰니스에 대해 공감할 수 있는 메시지를 성공적으로 결합했다. 게다가 K-뷰티 분야에서는 내면의 아름다움

inner beauty을 부각하는 마케팅으로 내면에서 밖으로 드러나는 전인적 웰빙을 강조하며 건강 보충제 포지셔닝 방법에 영향을 미쳤다.

기업 개요

GNC
설립 - 1935년
웹사이트 - https://www.gnc.com

GNC는 소규모 건강식품 매장으로 시작했지만 이제는 건강 및 웰니스 제품을 전문으로 판매하는 글로벌 소매 기업으로 성장했다. GNC는 다양한 종류의 비타민, 보충제, 미네랄, 허브류, 스포츠 영양 보충제, 다이어트, 에너지 상품을 제공하며, 품질과 혁신에 대한 헌신적 책무를 통해 본연의 위상을 유지하고 있다.

Centrum
설립 - 1978년 (Lederle Laboratories의 한 생산 라인)
웹사이트 - https://www.centrum.com

Centrum은 단일 제품에 불과했지만 다양하게 요구되는 영양에 맞추어 목적으로 고안된 종합 영양 보충제로 진화하며, 손꼽히는 종합 비타민 브랜드로 발돋움했다. Centrum은 과학적 연구와 완벽한 영양 지원을 위한 노력을 통해 시장에서 현재의 위상을 유지하고 있다.

 Centrum의 마케팅 전략은 과학적 신뢰성과 종합적인 웰니스를 강조하며, 해당 제품들을 균형 잡힌 라이프스타일의 필수 요소로 포지셔닝하는 데 있다. Centrum의 캠페인에서는 제품의 완벽한 성분 구성이 빈번하게 부각되고, 건강에 신경을 쓰며 신뢰할 수 있는 올인원 솔루션 all-in-one solution 을 찾는 소비자들을 타깃으로 한다.

Optimum Nutrition
설립 - 1986년
웹사이트 - https://www.optimumnutrition.com

Optimum Nutrition은 스포츠 영양 분야의 개척자로 시작했지만 이제는 효능에 초점을 맞춘 보충제 분야의 글로벌 리더로 성장했다. Optimum Nutrition은 근육 성장, 회복, 전반적인 운동 능력을 지원하도록 설계된 다양한 제품을 제공하며, 엄격한 품질 기준과 지속적인 혁신을 통해 명성을 유지하고 있다.

    Optimum Nutrition의 마케팅 전략은 목표 달성과 개인적인 역량 강화에 중점을 두고, 해당 제품들을 운동선수와 피트니스 애호가에게 필수적인 도구로 포지셔닝하는 데 있다. Optimum Nutrition의 캠페인에서는 동기를 부여하는 메시지와 과학적 근거가 결합되는 경우가 많고, 신체 능력을 최적화하고 개인적으로 최고 기록을 달성하고자 하는 사람들을 타깃으로 한다.

마케팅 퍼널

> **Live well.** (GNC - billboard)
> **건강하게 사세요.** (GNC - 옥외 광고판)

이 슬로건의 목표는 강렬한 첫인상을 남겨 인지도를 구축하고 관심을 불러일으키는 데 있다. 짧고 기억에 남으며, 열망을 담은 슬로건을 통해 GNC는 그 목적을 달성한다. Live well이라는 문구에 담긴 핵심적인 강점은 간결함과 명확성이다. 두 단어로만 이루어져 기억하기 쉽고, 강력한 브랜드 리콜 brand recall 이 보장된다. 또한 이 슬로건은 간결해 옥외 광고판, 포장지, 소셜 미디어, 매장 내 광고 등 다양한 마케팅 채널에서 효과적으로 활용할 수 있다. 커다란 꿈을 담고, 폭넓은 잠재 고객층에게 어필하는 메시지이다. 이 메시지를 통해 GNC는 더 나은 건강과 활력을 주는 기업으로 포지셔닝된다. 메시지에 어떤 제약도 두지 않아 잠재 고객에게 자신의 건강 목표에 부합하는 방향으로 해석하도록 유도하며 높은 공감과 참여를 끌어낸다. GNC는 이렇게 광범위하고 영감을 주는 방식으로 메시지를 전달함으로써 잠재 고객의 범위를 극대화한다.

* 브랜드 리콜(brand recall): 소비자가 특정 자극이나 상황에 직면했을 때 해당 브랜드의 이름이나 관련된 정보를 떠올리는 능력.

Complete from A to Zinc. (Centrum - TV advert)
비타민 A부터 아연까지 완벽하게. (Centrum - 텔레비전 광고)

A to Zinc라는 문구는 완전하고 철저하게, 처음부터 끝까지 모든 것을 포괄한다는 뜻으로 흔히 사용되는 관용어구 A to Z를 재치 있게 비튼 것이다. 이 문구는 필요한 모든 요소가 포함되는 포괄적인 것을 뜻한다. Centrum은 이 문구를 이용해 Z를 널리 알려진 필수 미네랄 Zinc 아연 로 대체하며, Centrum의 종합 비타민제가 모든 영양소를 제공한다는 것을 재확인한다. 이런 창의적인 변형으로 인해 완전한 영양제라는 본래의 의미를 유지하면서도 기억할 만하고 유익한 정보를 담은 슬로건이 된다. 또한 운율이 있고 기억하기 쉬운 구조를

띄어 언제라도 쉽게 떠올릴 수 있다. 요컨대 완벽함, 과학적 신뢰성, 기억하기 쉬운 구조가 결합되어 깊은 인상을 남기는 짤막한 문구로 이루어져 있다.

> **Everybody has goals—let us help you reach yours.** (Optimum Nutrition - website)
> **누구에게나 목표는 있습니다. 당신이 목표를 달성할 수 있도록 우리가 돕겠습니다.** (Optimum Nutrition - 웹사이트)

이 문구는 모든 사람이 건강을 위한 각자의 목표에서 무언가를 달성하려 노력한다는 것을 인정함으로써 공감대를 형성한다. Everybody라는 표현을 사용함으로써 Optimum Nutrition의 메시지는 포용적이면서도 반갑게 느껴진다. 따라서 메시지가 개인화되고, 초점이 제품 자체보다는 개별 소비자에게로 옮겨간다. let us help you reach yours라는 문구를 통해 Optimum Nutrition은 스포츠 영양 분야의 신뢰할 수 있는 전문 기업으로 포지셔닝된다. 그 결과 Optimum Nutrition은 든든한 파트너로 느껴지고, 구매할 준비를 끝낸 소비자에게 선택을 받을 가능성이 높아진다.

> **Look and feel your best with our gummies for beauty. Choose a multivitamin or Biotin gummy vitamin to help support hair, skin, and nails.** (Vitafusion - website)
> **뷰티를 위한 구미 젤리로 최적의 모습을 기대하고, 최고의 기분을 느껴 보세요. 모발, 피부, 손톱 건강에 도움이 되는 종합 비타민이나 비오틴 구미 젤리 비타민을 선택해 보세요.** (Vitafusion - 웹사이트)

이 단계에서 잠재 고객은 선택 가능한 여러 보충제 옵션을 이미 고려한 뒤여서 구매를 앞둔 상태이다. 따라서 이 단계에서 전달하는 메시지의 목표는 최종적인 확신을 제공하며 즉각적인 행동을 유도하는 것이다. 위의 메시지는 효능과 제품의 다양성에 초점을 맞춤으로써 그 같은 목표를 달성한다. 그 덕분에 구매 결정 과정이 빠르고 원활해진다. Look and feel your best라는 문구는 정서적인 염원에 즉각적으로 호소한다. 두 가지 옵션을 제시함으로써 인지 부하 cognitive load 는 줄어들고 즉각적인 행동 가능성은 올라간다. hair, skin, and nails라는 언급에서 구미 젤리를 구매해야 할 이유, 즉 구체적이고 실질적인 이점이 재확인된다. 메시지에서 buy now라고 명시적으로 말하지는 않지만, choose라는 동사가 은근한 콜 투 액션으로 작용하며 소비자를 구매 결정으로 유도한다. 감성적 호소, 구체적으로 언급된 효능, 은근한 콜 투 액션이 결합된 결과로, 무척 설득력 있는 메시지가 된다.

* 인지 부하(cognitive load): 어떤 과제를 해결하는 과정에서 요구되는 인지량.

> **What's in your daily stack of performance nutrition supplements?** 🍃 **It might be time for an upgrade that can help you unlock more you.** 🍃 (Optimum Nutrition - social media)
>
> **신체 기능의 향상을 위해 매일 섭취하는 영양 보충제로는 무엇이 있을까요?** 🍃 **지금이 잠재력을 펼쳐 보일 업그레이드의 때일 수 있습니다.** 🍃 (Optimum Nutrition - 소셜 미디어)

이 마케팅 메시지는 소통과 재구매를 유도하려고 고안된 것이다. 또한 고객에게 보충제 섭취 습관을 다시 평가하도록 유도하며 업셀링 전략 upsell strategy 으로도 기능한다. What's in your daily stack?이라는 질문은 기존 고객에게 자신의 습관을 되돌아보게 하며 참여를 유도한다. It might be time for an upgrade라는 표현은 기존 고객에게 새로운 제품이나 개선된 제품을 찾아보도록 자극하는 넛지 기능을 한다. unlock more you는 자기계발 심리학을 이용해 효능을 중심에 두고 더 나은 결과를 항상 추구하는 고객을 끌어들인다. 편안하고 쌍방향적인 어법이 자연스러운 대화를 유도하며, 재구매율을 높이고 고객 유지율을 강화한다. 전체적으로 개인화되고 동기를 부여하며 쌍방향적인 어법을 유지함으로써 Optimum Nutrition과 고객 간의 정서적 유대감을 강화하는 메시지가 된다.

마케팅 퍼널 프랙티스

인지(Awareness)

> Fuel/Nourish/Optimize your body/life/potential.
> 몸/삶/잠재력에 연료를 보급합니다/영양을 공급합니다/최적화합니다.
>
> Wellness/Health/Well-being starts here/now/within.
> 웰니스/건강/웰빙은 여기/지금/내면에서 시작됩니다.
>
> Discover/Experience/Unlock the power of nutrition/supplements/science.
> 영양제/보충제/과학의 힘을 만나 발견합니다/경험합니다/열어 갑니다.

Beyond ordinary/vitamins/supplements, towards optimal health/enhanced performance/a better you.
평범함/비타민/보충제를 넘어, 최적의 건강/향상된 효능/
더 나은 당신을 향해.

Transform/Elevate/Revolutionize your health/wellness/routine.
당신의 건강/웰니스/일상에 변화를 줍니다/질적 수준을 높입니다/
대변혁을 일으킵니다.

관심(Interest)

Your goals, our science, real results.
당신의 목표, 우리의 과학, 그리고 실질적인 결과.

Feel/See/Experience the difference/impact/power of premium/quality/targeted nutrition.
프리미엄/고품질/표적 영양제의 차이/영향/파워를 느껴 보세요/
만나 보세요/경험해 보세요.

Solutions/Support/Supplements designed for your/every/unique needs.
당신의/모든/고유한 요구에 맞춰 설계된 솔루션/보조제/보충제.

Where science/nature/innovation meets wellness/performance/health.
과학/자연/혁신이 웰니스/효능/건강에 더해졌습니다.

Unlock/Discover/Embrace your full potential/best self/optimal health.
당신의 완전한 잠재력/최고의 자아/최적의 건강을 일깨우세요/
만나 보세요/펼쳐 보세요.

고려(Consideration)

Trusted/Recommended/Preferred by experts/athletes/health professionals.
전문가/운동선수/건강 전문가로부터 신뢰/추천/사랑을 받고 있습니다.

Proven/Effective/Reliable results you can see/feel/trust.
입증된/실질적인/믿을 수 있는 결과를 눈으로 볼 수 있습니다/온몸으로 느낄 수 있습니다/신뢰할 수 있습니다.

Ingredients/Formulas/Products backed by science/research/evidence.
과학/연구/증거로 뒷받침되는 성분/제조법/제품입니다.

Quality/Purity/Potency you can count on/depend on/rely on.
당신이 신뢰할 수 있는/의존할 수 있는/의지할 수 있는 품질/순도/효능.

Experience/Discover/Unlock the advantage/difference/benefit of targeted/personalized/optimized nutrition.
표적/개인화된/최적화된 영양제의 장점/차이/이점을 경험해 보세요/만나 보세요/느껴 보세요.

구매 결정(Decision)

Join millions/communities/individuals who trust/choose/rely on us.
우리를 믿고/선택한/신뢰하는 수백만 명/커뮤니티/개인과 함께 하세요.

Start your journey/transformation/evolution to better health/ optimal wellness/peak performance today.
오늘 더 나은 건강/최적의 웰니스/최고의 성과를 향한 여정/변화/ 진화를 시작해 보세요.

Choose/Select/Embrace the power/potential/advantage of premium/superior/advanced nutrition.
프리미엄/우월한/첨단 영양제의 효능/잠재력/이점을 선택해 보세요/ 받아들이세요/누려 보세요.

Invest in your health/well-being/future with confidence/ assurance/certainty.
자신 있게/확신을 갖고/확실하게 당신의 건강/웰빙/미래에 투자해 보세요.

Experience/Unlock/Discover the difference/the impact/better results now.
지금, 차이/영향/더 나은 결과를 경험해 보세요/느껴 보세요/ 만나 보세요.

충성도(Loyalty)

Your trusted partner/ally/companion in health/wellness/ performance.
당신의 건강/웰빙/성과를 위한 믿음직한 파트너/응원군/동반자가 되겠습니다.

Growing/evolving/advancing together on your journey/path/ quest to optimal health.
최적의 건강을 향한 당신의 여정/과정/추적을 위해 함께 성장/ 진화/발전해 나가겠습니다.

Exclusive/Special/Premium benefits for valued/loyal/dedicated customers.
소중한/충성스런/헌신적인 고객을 위한 특권적인/특별한/프리미엄 혜택이 준비되어 있습니다.

Your health goals/aspirations/success are our mission/priority/commitment.
건강을 향한 여러분의 목표/열망/성공이 우리에게는 사명/우선순위/책무입니다.

Experience/Discover/Unlock the difference/advantage/power of long-term/ongoing/continuous support.
장기적으로/지속적으로/계속해서 복용하는 보조제의 차이/장점/효능을 경험해 보세요/만나 보세요/느껴 보세요.

웨어러블   **Wearable Tech**
테크놀로지

배경

웨어러블 테크놀로지 wearable technology 산업의 마케팅 전략은 초기에는 기술 규격과 참신함에 초점을 맞추었지만 이제는 라이프스타일 융합, 개인의 역량 강화, 실질적인 혜택에 더욱 중점을 두는 방향으로 옮겨가며 눈에 띄지 않게 은근히 바뀌었다. 웨어러블 기기의 초기 마케팅에서는 걸음수 측정이나 심박수 모니터링과 같은 기능이 부각되는 경우가 많았지만, 이제는 기기를 사용자의 목표, 정체성, 일상적 습관과 연결하는 스토리텔링을 수용하는 방향으로 발전했다.

선구적인 캠페인들이 이런 진화를 형성하는 데 중요한 역할을 했다. 예컨대 클라우드 펀딩 사이트 Kickstarter의 지원을 받아 출시된 Pebble의 캠페인 It's Time 바로 지금입니다 은 커뮤니티를 중심에 둔 개발과 사용자별 맞춤 설정을 강조하며 스마트워치 기기를 대중화했다. Fitbit의 캠페인 Find Your Fit 당신에게 맞는 건강을 찾으세요 는 피트니스 트래킹 fitness tracking 을 누구에게나 적용되는 범용식 접근이 아니라 개인화된 여정으로 재규정했다. Google Glass는 초기에 상업적인 면에서 어려움을 겪었지만 How it Feels 어떤 느낌일까 캠페인을 통해 웨어러블 기기의 마케팅 경계를 넓혔으며, 테크놀로지가 인간의 삶과 완벽하게 융합되는 미래를 얼핏 보여주었다.

Samsung을 비롯한 한국의 거대 테크 기업들도 웨어러블 기기의 마케팅에 중대한 영향을 미쳤다. Samsung은 Galaxy Gear 스마트워치 제품군에 사용한 캠페인 Gear Up에서 웨어러블 기기가 단순한 알림 기능을 넘어 개인적이고 직업적인 업무 활동의 다양한 부문들과 융합되어 일상생활을 어떻게 향상시킬 수 있는지 보여주었다.

* 라이프스타일 융합(lifestyle integration): 전반적인 웰빙을 향상시키는 방향으로 직장과 개인 생활을 융합하는 것을 뜻한다.

기업 개요

Oura Ring
설립 - 2013년
웹사이트 - https://ouraring.com

Oura Ring은 틈새 건강 추적 기기로 출발해 주류 웰니스 플랫폼으로 성장했다. Oura Ring은 수면 추적, 회복 지표, 전인적 건강 통찰 등에 초점을 맞추고, 맵시 있지만 지나치게 야단스럽지 않은 반지 모양의 디자인으로 차별화를 꾀한다.

    Oura Ring의 마케팅 전략은 개인화된 데이터와 실행 가능한 통찰로 사용자에게 힘을 북돋우는 데 중점을 두고, Oura Ring을 일상의 활동과 장기적인 웰빙을 최적화하는 데 반드시 필요한 도구로 포지셔닝한다. Oura Ring의 캠페인에서는 과학적 신뢰성과 매력적인 라이프스타일이 자주 결합되어 나타나고, 건강에 민감해 자신의 몸 상태를 더 자세히 알려는 사람들을 타깃으로 한다.

Apple Watch
설립 - 2015년 (첫 출시)
웹사이트 - https://www.apple.com/watch

Apple Watch는 스마트워치를 재정의하며, 테크놀로지가 적용된 액세서리에서 Apple 생태계의 필수 요소로 승격되었다. Apple Watch는 커뮤니케이션, 피트니스 트래킹, 건강 모니터링, Apple의 다른 제품과의 원활한 통합 등 다양한 기능을 수행하고, 끊임없는 혁신과 탁월한 디자인을 통해 시장에서 선두주자로서의 위상을 유지하고 있다.

Apple Watch의 마케팅 전략은 첨단 과학기술만이 아니라 정서적 유대도 강조하며, Apple Watch를 일상생활에서 없어서는 안 될 동반자로 포지셔닝하는 데 있다. Apple Watch의 캠페인에는 다양한 용례와 개인적인 이야기가 자주 언급되며, 스타일과 기능성, 원활한 통합 등 다양한 기능을 지닌 기기를 원하는 고객을 타깃으로 한다.

Garmin

설립 - 1989년
웹사이트 - https://www.garmin.com

Garmin은 GPS 기기를 제작하는 선구적 기업으로 출발해 이제는 피트니스, 야외 활동, 항공과 해양, 자동차 시장에 특화된 기기를 제공하는 다각화된 웨어러블 테크 리더로 변모했다. Garmin은 견고한 내구성, 정밀한 트래킹, 특정 목적을 위해 제작된 기능성으로 본연의 명성을 유지하고 있다.

Garmin의 마케팅 전략은 성능과 신뢰성, 특정 분야에 대한 전문성에 초점을 맞추고, 자사의 제품들을 진지한 운동선수, 모험가, 전문가를 위한 필수 도구로 포지셔닝하는 데 있다. Garmin의 캠페인에서는 기술적 역량과 실제 적용 사례가 부각되는 경우가 많고 정확성과 내구성, 특정 목적에 맞추어진 기능을 원하는 사용자를 타깃으로 한다.

기업 개요

> **Get all wrapped up in your health.** (Oura Ring - website)
> **당신은 건강에만 집중하세요.** (Oura Ring - 웹사이트)

건강을 추적하는 웨어러블 기기 Oura Ring은 이 슬로건을 통해 매력적이면서도 개방적인 방식으로 자신을 소개하며 더 자세히 조사해 보라고 유도한다. 이 슬로건의 가장 큰 강점 중 하나는 말장난과 은유에 있다. wrapped up이란 문구는 이중적인 의미를 갖는다. 하나는 감성과 정신을 자신의 건강과 웰니스에 온전히 몰입하는 상태를 뜻한다. 다른 하나는 반지가 문자 그대로 손가락을 감싸는 것처럼 제품 자체의 물리적 형태를 은밀하게 가리킨다. 이런 재치 있는 언어 사용으로 지나치게 노골적이지 않은 제품 관련 메시지가 된다. 또한 이 슬로건은 감성에도 호소한다. wrapped up in의 대상을 건강으로 규정함으로써 Oura Ring은 사용자 개인의 책무와 케어를 응원한다. 따라서 건강 트래킹을 차갑고 기술적인 과정으로 제시하지 않고, 몰입하면 보상이 뒤따르는 행위처럼 느끼게 해 주는 메시지이다.

> **Knows you by heart.** (Apple Watch - website)
> **Apple Watch는 당신을 속속들이 알고 있습니다.** (Apple Watch - 웹사이트)

이 단계에서 잠재 고객은 이미 제품에 대해 알고 있지만, 더 가까이 다가오게 유도하는 설득력 있는 이유가 필요하다. 이 슬로건은 사용자와 제품 사이에 감성적이고 기능적인 관계를 더 심화한다는 점에서 효과적이다. 친밀함과 똑똑함을 동시에 전달하는 언어유희이다. 문자 그대로는 Apple Watch의 건강 추적 기능, 특히 심박수와 심혈관 건강을 모니터하는 기능을 가리킨다. 비유적으로는 Apple Watch가 사용자를 정말 속속들이 알고 보살피는 것처럼 사용자를 깊이 파악하고 있다는 뜻으로 해석된다. Apple Watch가 사용자를 '알고 있다' knows 라고 말함으로써 이 슬로건은 신뢰감와 안정감을 북돋운다. 잠재 고객에게 Apple Watch가 최첨단 건강 추적 기기이 자 사용자의 삶에 완벽하게 어울리는 개인 맞춤형 기기라는 확신을 주기도 한다.

> **tactix 8 is the ultimate tactical smartwatch for navigating the outdoors. Superior positioning accuracy is standard, thanks to multi-band GPS with SatIQ technology and built-in sensors for a 3-axis compass, gyroscope and barometric altimeter.** (Garmin - social media)
> **tactix 8은 야외에서 활동하는 데 최고의 전술적 스마트워치입니다. SatIQ 테크놀로지가 적용되고, 3축 나침반과 자이로스코프, 기압 고도계가 내장된 센서를 갖춘 다중 대역 GPS 덕분에 위치 파악의 탁월한 정확도는 기본입니다.** (Garmin - 소셜 미디어)

tactix 8 스마트워치를 홍보하는 Garmin의 메시지로, 고도의 기술 과 성능을 중시하는 소비자를 직접적으로 겨냥하고 있다. Apple이 나 Oura처럼 정서적 유대와 라이프스타일 통합을 강조하는 브랜 드들과 달리 Garmin은 우월한 기술력과 기능성을 우선시하는 소 비자에게 어필한다. 높은 수준의 성능을 곧바로 암시하는 매우 구 체적이고 전문화된 언어 표현에서 이런 추론은 명확히 드러난다.

Garmin의 소셜 미디어에 게시된 글은 막연히 주장하지 않고 세부 사항을 정확히 제공함으로써 Garmin의 기술력이 경쟁사들보다 뛰어난 이유를 입증한다. 특정 센서들, GPS 테크놀로지, 야외에서의 기능성을 언급함으로써 첨단 내비게이션 테크놀로지를 이해하는(또는 이해하고 싶어하는) 소비자들에게 어필한다. Garmin은 기술 규격과 고급 기능을 강조함으로써 규격을 적극적으로 비교하며 최고의 성능을 원하는 소비자를 타깃으로 한다.

> **Oura Membership translates your body's data into actionable insights personalized to your unique needs.** (Oura Ring - website)
> **Oura 멤버십은 신체 데이터를 고유한 요구에 맞춰 구체적인 행동으로 이어질 수 있는 결과로 변환합니다.** (Oura Ring - 웹사이트)

Oura는 이런 메시지를 통해 멤버십의 가치를 강조한다. 마케팅 관점에서 이 메시지의 가장 큰 장점 중 하나는 개인화를 강조하는 데 있다. 데이터의 분석 결과가 personalized to your unique needs라고 언급함으로써 Oura는 또 하나의 건강 추적 기기가 아니라 더 스마트하고 더 직관적인 건강 관리 도구로 포지셔닝된다. 이런 메시지는 일반적인 건강 데이터보다는 맞춤형 관리를 원하는 고객에게 어필하며, 고객이 얻게 될 혜택을 명확하게 전달함으로써 회원 가입을 망설이는 고객의 부담을 덜어주는 데 효과가 있다. 이렇게 확신과 안도감을 주는 메시지는 저울을 구매 쪽으로 기울어지게 할 수 있다.

> **Build on your strengths. And, yes. It's free.** (Garmin - social media)
>
> **강점을 기반으로 더 성장하세요. 옙, 무료입니다.** (Garmin - 소셜 미디어)

Garmin은 핵심 고객층이 데이터와 성능을 중요하게 생각하며 체력 향상 과정을 추적하고, 신체 건강과 야외 활동을 지속적으로 개선하려는 사용자들로 구성되어 있다는 것을 알고 있다. 따라서 Build on your strengths라는 문구는 지속적인 개선을 위한 도구로 Garmin Connect 앱을 포지셔닝함으로써 그런 성향을 지닌 고객들에게 직접적으로 어필한다. 이 문구에서는 시간이 지남에 따라 사용자가 자신의 목표를 달성하도록 지원하는 생태계를 Garmin이 제공한다는 인식이 강화된다. 메시지의 뒷부분은 충성도를 높이는 인센티브 역할을 한다. Oura Membership, Strava Premium을 비롯해 많은 프리미엄 피트니스 트래킹 서비스가 유료 회원으로 가입하라고 요구한다. 따라서 Garmin Connect는 무료라는 것을 명시적으로 언급함으로써 Garmin Connect의 가치가 더 크게 부각된다. 이 문구를 통해 기존 고객은 유사한 데이터 분석에 대해 비용을 청구하는 경쟁사로 전환하지 않고 Garmin 제품을 계속 사용하겠다는 동기를 부여받는다. 사용자가 Garmin 생태계에 더 깊이 통합될수록 향후에도 Garmin 제품을 고수하며 재구매할 가능성이 높아진다.

마케팅 퍼널 프랙티스

인지(Awareness)

Embrace/Experience the future/power/potential of technology/innovation.
과학기술/혁신의 미래/힘/잠재력을 체감합니다/경험합니다.

Beyond/More than/Not just a device/gadget/wearable, a lifestyle companion.
단순한 기기/장치/웨어러블을 넘어/그 이상/아닙니다, 라이프스타일의 동반자입니다.

Tech/Technology/Innovation that moves/lives/breathes with you.
당신과 함께 움직이는/살아가는/호흡하는 테크/테크놀로지/혁신.

Discover/Unlock/Unleash a smarter/healthier/better you.
더 스마트한/더 건강한/더 나은 당신을 발견합니다/일깨웁니다/펼쳐봅니다.

Life/Living/Moments enhanced/amplified/transformed.
삶/생활/순간들이 질적으로 나아집니다/확장됩니다/달라집니다.

관심(Interest)

Your world/future/potential on your wrist/finger/body.
당신의 세계/미래/잠재력이 당신의 손목/손가락/몸에 있습니다.

> Connect/Engage/Interact with your health/body/world in a whole new way/new dimension/smarter way.
> 완전히 새로운 방식/새로운 차원/더 스마트한 방식으로 당신의 건강/몸/세계와 연결해 보세요/하나가 되어 보세요/쌍방향으로 소통해 보세요.
>
> Data/Insights/Knowledge that empowers/inspires/motivates you.
> 당신에게 힘을 북돋워 주는/영감을 주는/동기를 부여하는 데이터/통찰/지식.
>
> Technology/Innovation/Design that fits/adapts/responds to your life/needs/rhythm.
> 당신의 삶/요구/리듬에 꼭 맞는/부응하는/들어맞는 테크놀로지/혁신/디자인.
>
> Experience/Discover/Unlock the power/potential/possibility of personalized/actionable/meaningful insights.
> 개인화된/실행 가능한/의미 있는 통찰의 힘/잠재력/가능성을 경험해 보세요/발견해 보세요/열어 보세요.

고려(Consideration)

> Trusted/Recommended/Preferred by athletes/experts/professionals worldwide.
> 세계 전역에서 운동선수/전문가/전문직 종사자로부터 신뢰/추천/사랑을 받고 있습니다.
>
> Performance/Accuracy/Reliability you can count on/depend on/rely on.
> 당신이 믿을 수 있는/의존할 수 있는/의지할 수 있는 성능/정확성/신뢰성.

Features/Technology/Innovation designed for your/every/ unique lifestyle.
당신의/모든/특별한 라이프스타일을 위해 고안된 기능/테크놀로지/혁신.

Seamless/Intuitive/Effortless integration into your daily routine/active life/digital world.
당신의 일상적 습관/활동적인 삶/디지털 세계에 매끄럽게/직관적으로/무리 없이 통합됩니다.

Beyond tracking/monitoring/measuring, towards understanding/optimizing/transforming.
트래킹/모니터링/측정을 넘어, 이해/최적화/변혁을 향해.

구매 결정(Decision)

Join the movement/revolution/future of wearable tech/connected health/personal empowerment.
웨어러블 테크/커넥티드 헬스/개인 역량 강화를 위한 움직임/혁명/미래와 함께하세요.

Choose/Select/Embrace the power/potential/advantage of [Brand Name].
[브랜드 이름]의 힘/잠재력/이점을 선택하세요/고르세요/받아들이세요.

Start your journey/transformation/evolution to a healthier/smarter/better you.
더 건강한/더 스마트한/더 나은 당신을 향한 여정/변화/진화를 시작하세요.

Experience/Discover/Unlock the difference/advantage/impact today.
오늘, 차이/이점/영향력을 경험하세요/발견하세요/느껴보세요.

Invest in your health/well-being/future with confidence/assurance/certainty.
자신 있게/확신을 갖고/확실하게 당신의 건강/웰빙/미래에 투자하세요.

충성도(Loyalty)

Your/The essential companion/partner/ally for life/adventure.
당신의 삶/모험에 반드시 필요한 동반자/파트너/조력자입니다.

Growing/evolving/advancing together with you/on your journey.
당신 옆에서/당신의 여정에서 함께 성장하겠습니다/진화하겠습니다/발전해 나가겠습니다.

Exclusive/Premium/Special benefits for valued/loyal/dedicated users.
소중한/충성스런/헌신적인 사용자를 위해 준비한 독점적인/프리미엄/특별한 혜택.

Your insights/data/feedback shape our future/innovation/development.
당신의 통찰력/데이터/피드백이 우리의 미래/혁신/발전을 만들어 갑니다.

Experience/Discover/Unlock the power/potential/possibility of a connected/ empowered/ optimized life.
연결된/강화된/최적화된 삶의 힘/잠재력/가능성을 경험해 보세요/만나 보세요/느껴 보세요.

HALLYU & K-WAVE

K-드라마와 텔레비전	K-Dramas & Television
K-팝	K-pop
한국 전통 음식	Korean Traditional Food

K-드라마와 텔레비전

K-Dramas & Television

배경

K-드라마와 TV 콘텐츠의 마케팅은 역동적인 진화를 거듭하며 전통적인 방송 편성표와 광고 시간에 의존하던 방식에서 벗어나, 멀티 플랫폼을 활용해 글로벌 팬덤을 구축하는 정교한 캠페인으로 전환되었다. K-드라마의 초기 마케팅은 스타 파워와 과장된 줄거리를 부각하는 데 중점을 두었지만 이제는 디지털 참여, 소셜 미디어를 이용한 바이럴 마케팅 social media virality, 다문화적 매력을 활용한 혁신적인 전략을 점차 수용하고 있다.

이런 변화에서 결정적인 전환점은 한국의 대중문화가 국제적인 주목을 받게 된 한류 Korean Wave 였다. 2000년대 초에는 「겨울연가」 Winter Sonata 의 캠페인에서 보았듯이 미디어의 경계를 넘나드는 스토리텔링, 팬 참여, 특정 고객층을 겨냥한 해외 배급으로 헌신적인 고객층을 세계적으로 구축한 캠페인과 더불어, 상황을 정확히 파악하고 효과적으로 접근하는 마케팅이 중대한 역할을 했다. 그 이후 최근에는 Netflix가 한국 콘텐츠에 전략적으로 투자해 「오징어 게임」 Squid Game 같은 프로그램에 미니멀하면서도 감성적인 마케팅을 더함으로써 강력한 비주얼 브랜딩과 입소문이 언어 장벽을 뛰어넘어 세계적인 열풍을 빚어낼 수 있다는 것을 보여주었다.

한국의 방송사와 제작사는 언젠가부터 이런 변화의 선두에 서 있었다. 예컨대 Studio Dragon은 자체적으로 치밀하게 제작한 드라마의 세계적인 인기를 활용하고, 세계적인 스트리밍 플랫폼과 전략적으로 파트너십을 체결함으로써 새로운 시청자에게 다가갔다. 한편 Viki 같은 플랫폼은 팬 커뮤니티의 힘을 활용하고, 크라우드소싱을 통한 자막 제작과 소셜 미디어 참여를 이용해 언어와 문화의 장벽 너머로 K-드라마의 영향력을 확대했다.

K-드라마 산업의 마케팅은 단순히 프로그램을 광고하던 수준에서 벗어나 팬들이 내러티브에 적극적으로 참여하는 역동적인 생태계를 구축하는 동시에, 주인의식과 공동체 의식을 조성하는 방식으로 옮겨갔다. 시청자들이 진정한 유대감, 쌍방향적인 소통, 글로벌 팬덤 내에서의 소속감을 점점 더 추구한다는 점에서 이런 변화는 엔터테인먼트가 소비되는 방식의 광범위한 변화를 반영하는 것이다.

기업 개요

Netflix
설립 - 1997년 (2007년 스트리밍 시작)
웹사이트 - https://www.netflix.com

Netflix는 DVD를 빌려주는 회사로 출발해 시장 지배적인 스트리밍 플랫폼이자 콘텐츠 제작사로 변신하며 글로벌 엔터테인먼트 산업의 지형을 완전히 바꿔 놓았다. 한국 드라마에 대한 투자가 Netflix의 글로벌 확장에 중요한 역할을 했고, 현지화된 콘텐츠가 전략적 파트너십과 매력적인 스토리텔링을 통해 어떻게 국제적인 호평을 얻을 수 있는지를 보여주었다.

K-드라마에 대한 Netflix의 마케팅 전략은 미니멀한 비주얼 브랜딩과 특정 소셜 미디어 캠페인을 주로 결합하며, 자연스러운

팬 참여와 입소문을 통한 바이럴 밈 viral meme 을 조성하는 데 있다. Netflix는 글로벌한 스트리밍 범위와 데이터에 기반한 인사이트를 활용해 다양한 문화권의 시청자에게 한국 콘텐츠를 연결하며 지리적 경계를 초월하는 문화적 현상을 만들어내고 있다.

MyDramaList

설립 - 2011년
웹사이트 - https://mydramalist.com

MyDramaList(MDL)는 틈새 팬 커뮤니티로 시작되었지만, 이제는 아시아 드라마와 영화를 좋아하는 전 세계 팬들의 중심지로 진화했다. MyDramaList는 포괄적인 데이터베이스, 사용자 리뷰, 개인화된 시청 목록, 소셜 네트워킹 기능을 제공하며, 팬들이 좋아하는 콘텐츠를 찾아내 토론하며 칭찬할 수 있는 활기찬 커뮤니티를 조성하는 플랫폼이다.

MDL의 마케팅 전략은 자연스런 커뮤니티 구축과 사용자가 생성한 콘텐츠에 중점을 두고, 정보와 유대를 원하는 팬들이 자주 찾는 최적의 플랫폼으로 포지셔닝하는 데 있다. MDL은 사용자 리뷰, 평점, 공개 토론을 활용해 참여를 유도하며, 수동적인 시청자들을 아시아 드라마와 영화에 대한 전 세계의 대화에 적극적으로 참여하도록 바꿔 가고 있다.

마케팅 퍼널

> **Your next K-Drama obsession is coming.** (Disney+ - video advert)
> 여러분을 다시 사로잡을 K-드라마가 곧 공개될 예정입니다.
> (Disney+ - 동영상 광고)

시청자들의 흥미를 유발하고 호기심을 자극하는 동시에 Disney+를 K-드라마 콘텐츠의 주요 플랫폼으로 은근히 강조할 목적으로 고안된 슬로건이다. 지나치게 많은 것을 드러내지 않으면서도 새롭고 흥미로운 무언가가 곧 공개될 것임을 암시하며, 호기심을 자극하고 기대감을 높인다. 그리고 더 자세한 내용을 알고 싶으면 계속 주목하라고 시청자의 발을 묶어 놓는다. obsession이란 단어를 사용함으로써 많은 K-드라마 팬들이 경험하는 깊은 감정적 몰입을 재확인해 주며 더 유혹적으로 느끼게 한다. 팬들이 K-드라마에서 느끼는 감정적 유대를 활용해 Disney+는 꼭 봐야 할 콘텐츠를 방영하는 가치 있는 플랫폼으로 포지셔닝된다.

> **Laugh, cry, sigh, scream, shout or whatever you feel like with these funny, intense, romantic and suspenseful Korean dramas.** (Netflix - website)
> 웃거나 울고, 한숨을 쉬거나 비명이나 고함을 질러 보세요. 이 재밌고 강렬하며 로맨틱하고 긴장감 넘치는 한국 드라마들을 보며 감정을 마음껏 표출해 보세요. (Netflix - 웹사이트)

laugh, cry, sigh, scream, shout 등 다양한 감성적 반응을 나열함으로써 즉시 주목을 끄는 슬로건이다. 이런 접근 방식은 시청자로 하여금 K-드라마를 시청할 때 경험한 감정을 되돌아보며 K-드라마가 강렬한 감정을 유발할 수 있다는 생각을 재확인하게 만든다. 그런 감정을 whatever you feel like라고 표현함으로써 Netflix는 시청자에게 드라마에 대해 왈가왈부 판단하지 않고 완전히 몰입할 수 있도록 해 준다. funny, intense, romantic and suspenseful이라는 문구는 K-드라마의 다양한 스토리텔링을 강조하며, 누구나 K-드라마를 즐겁게 시청할 수 있다는 것을 명확히 한다. 이런 접근법을 통해 Netflix는 틈새 시청자, 예컨대 로맨스를 좋아하는 애호가는 물론 광범위한 시청자층에게 어필하며, 평소 K-드라마를 시청하지 않는 사람들에게도 K-드라마에 대해 조사해 보도록 유도한다.

> **17 daebak K-dramas to get obsessed with right now.** (Netflix - website)
> **17편의 대박 K-드라마로 지금 당장 푹 빠져 보세요.** (Netflix - 웹사이트)

Netflix는 엄선된 목록을 부각함으로써 사용자들이 추천 목록을 살펴보고 드라마를 선택해 시청을 시작할 가능성을 높인다. daebak이란 단어를 사용한 까닭에 진정성과 흥미가 더해지고, K-드라마 팬과 한국 문화에 익숙한 사람들에게 공감을 불러일으킨다. 이를 통해 Netflix가 시청자를 이해할 뿐만 아니라 헌신적인 K-드라마 애호가들의 취향을 직접적으로 맞추려고 노력하고 있다는 것을 보여 준다. 17편의 드라마 목록이 제공된 덕분에 시청자에게는 드라마를 선택하는 과정이 더 편해진다. to get obsessed with right now라는 문구는 몰아보기 문화 binge-watching culture 를 이용해 고객을 Netflix 생태계에 묶어 두는 효과를 기대한다.

> **Watch in one weekend.** (Netflix - website)
> 주말에 몰아 시청해 보세요. (Netflix - 웹사이트)

망설임을 없애고 즉각적인 시청을 유도할 목적으로 마지막으로 밀어붙이는 압박 역할을 하는 슬로건이다. 새로운 드라마를 시작할 때 가장 큰 장애물 중 하나는 시간 투자이다. 이 슬로건은 해당 프로그램이 주말에 시청을 끝낼 수 있을 만큼 짧다고 시청자를 안심시켜 이런 망설임을 해결한다. 요컨대 프로그램을 완전히 시청하는 데 오랜 시간을 투자할 필요가 없다는 것을 은근히 전달함으로써 사용자가 더 편한 마음으로 프로그램을 시청할 수 있도록 해 준다. in one weekend라는 문구는 현대 스트리밍 서비스에서 흔한 몰아보기 습관과도 일맥상통한다. 주말이란 시간은 사용자들이 결정을 미루지 않고 곧장 시청을 시작하도록 유혹하기에 충분하다. 이 슬로건은 여전히 망설이는 시청자에게 재생 버튼을 눌러, 고려 단계에서 행동하는 단계로 넘어가도록 유도하는 데 효과적일 수 있다.

> **Who's the most loved actor on MDL?** (MyDramaList - website)
> MDL에서 가장 사랑받는 배우는 누구일까요? (MyDramaList - 웹사이트)

이 단계에서는 플랫폼과 시청자 사이에 지속적인 관계를 구축하는 것이 목표이다. 이 슬로건도 유명 연예인에 집착하는 K-드라마 팬덤의 특성을 활용해 팬들이 순위와 토론에 적극적으로 참여하도록 유도하고, 업데이트를 확인하기 위해 재방문하게 만드는 것이 목적이다. 위의 질문에서도 MDL은 팬덤의 경쟁적이고 열정적인 속성을 활용한다. 팬들은 궁금증을 보이는 것으로 그치지 않고 좋아하는 스타가

상위에 오르는 것을 직접 보고 싶어한다. 이런 감정적인 애착이 팬들을 웹사이트에 붙잡아 두고, 순위를 자주 확인하게 만든다. 사회적 증거가 여기에서도 중요한 역할을 한다. 어떤 특정 배우가 가장 사랑받는 배우로 선정되면 새로운 팬들이 형성되며, 그 배우가 출연한 드라마를 시청하고 싶은 욕망을 갖게 되고, 더 나아가 MDL 콘텐츠에 대한 관심도 깊어진다. 이렇게 경쟁을 촉진함으로써 팬들이 MDL을 다시 찾도록 유도한다.

마케팅 퍼널 프랙티스

인지(Awareness)

> Prepare/Get ready/Brace yourselves for your next/an unforgettable/a thrilling obsession.
> 다음/잊지 못할/짜릿한 몰입을 준비합니다/채비합니다/대비합니다.
>
> Beyond/Transcending/Defying borders, languages/genres/expectations.
> 언어/장르/기대라는 경계를 넘어섭니다/초월합니다/무너뜨립니다.
>
> Stories/Narratives/Worlds that captivate/resonate/stay with you.
> 마음을 사로잡는/울림을 주는/여운을 남기는 이야기/서사/세계.
>
> Experience/Discover/Uncover the magic/power/phenomenon of K-Drama.
> K-드라마의 마법/힘/현상을 경험해 보세요/만나 보세요/감상해 보세요.

Welcome/Step into/Join a world of unforgettable/captivating/immersive stories.
잊지 못할/매혹적인/몰입도 높은 이야기의 세계에 오신 것을 환영합니다/들어가 보세요/함께합니다.

관심(Interest)

Your heart/emotions/imagination will race/soar/ignite.
심장/감정/상상력이 힘차게 달립니다/솟구칩니다/타오릅니다.

Characters/Stories/Worlds you won't forget/resist/escape.
잊지 못할/저항할 수 없는/외면할 수 없는 등장인물들/스토리들/세계들.

Where drama/romance/thrills meet passion/intensity/authenticity.
드라마/로맨스/스릴에 열정/강렬함/진실성이 더해졌습니다.

Experience/Discover/Uncover the magic/allure/phenomenon of Korean storytelling.
한국 스토리텔링의 마법/매력/현상을 경험해 보세요/만나 보세요/느껴 보세요.

Beyond subtitles/language, to universal emotions/human connection/shared experiences.
자막/언어를 넘어, 보편적인 감정/인간적 유대/공유된 경험으로.

고려(Consideration)

Fall in love/Get hooked/Become obsessed with characters/stories/worlds that resonate/captivate/inspire.
마음에 울림을 주는/마음을 사로잡는/영감을 주는 등장인물/이야기/세계와 사랑에 사랑에 빠져 듭니다/중독됩니다/사로잡힙니다.

From Korea/Asia to your screen/your heart/the world.
한국/아시아에서 여러분의 스크린/여러분의 마음/전 세계로.

Experience/Discover/Unlock the global phenomenon/cultural sensation/worldwide obsession.
세계적인 현상/문화적인 센세이션/세계를 사로잡은 마법을 경험합니다/만납니다/느낍니다.

Join millions/viewers/fans in discovering/celebrating/sharing the magic/power/beauty of K-Drama.
수많은 시청자/팬과 함께하며 K-드라마의 마법/힘/아름다움을 만나 보세요/즐겨 보세요/나눠 보세요

More than just drama/television/entertainment, a cultural experience/global movement/shared passion.
드라마/텔레비전 프로그램/오락물을 넘어, 문화적 경험/세계적인 흐름/공유된 열정입니다.

구매 결정(Decision)

Start your/an unforgettable journey now/today/tonight.
지금/오늘/오늘밤, 여러분의/잊지 못할 여정을 시작해 보세요.

Stream/Watch/Binge the series/show/drama everyone is talking about/obsessed with/raving about.
모두가 화제로 삼는/몰입하는/열광하는 시리즈/프로그램/드라마를 스트리밍하세요/시청하세요/몰아 보세요.

Join the conversation/community/fandom that's sweeping the world/taking over the internet/redefining entertainment.
전 세계를 휩쓸고/인터넷을 장악하고/엔터테인먼트를 재정의하고 있는 대화/커뮤니티/팬덤과 함께해 보세요.

Experience/Discover/Unlock the magic/power/emotion for yourself.
마법/힘/감정을 직접 경험하세요/발견하세요/느껴 보세요.

Start watching your next obsession/favorite/addiction.
당신의 빠져드는 작품/좋아하는 작품/중독성 있는 작품을 지금 만나보세요.

충성도(Loyalty)

Your/The ultimate destination/hub/community for K-Drama lovers/fans/enthusiasts.
K-드라마 마니아/팬/애호가를 위한 당신의/유일한 궁극적인 목적지/허브/커뮤니티입니다.

Connect/Engage/Share your passion/obsession/love with fellow fans/viewers/enthusiasts.
동료 팬/시청자/애호가와 함께 당신의 열정/애착/사랑을 연결/접속/공유해 보세요.

Beyond the screen/drama/show, a community/family/movement.
스크린/드라마/프로그램 너머에는 커뮤니티/가족/트렌드가 있습니다.

Celebrate/Relive/Discuss the moments/episodes/scenes that moved/captivated/inspired you.
당신의 마음에 울림을 주었던/마음을 사로잡았던/영감을 주었던 순간/에피소드/장면을 기념해 보세요/되살려 보세요/토론해 보세요.

Keep the passion/obsession/conversation alive/going/burning.
열정/애착/대화를 생생하게/지속적으로/뜨겁게 계속 유지해 보세요.

K-팝　　　　　　K-pop

배경

K-팝의 세계적인 성장에는 음악 마케팅의 혁명적인 변화가 동반되었다. 음악 마케팅은 전통적인 앨범 홍보 방식에서 벗어나, 팬을 중심으로 엔터테인먼트, 커뮤니티, 커머스의 경계가 모호해진 몰입형 생태계를 조성하는 쪽으로 옮겨갔다. 초기에 K-팝 마케팅은 주로 TV 출연과 음악 프로그램 공연에 의존했지만, 이제 K-팝 산업은 디지털 플랫폼, 소셜 미디어 참여, 쌍방향적 콘텐츠를 적극적으로 활용해 헌신적인 글로벌 팬덤을 구축하는 데 심혈을 기울인다.

1990년대 후반에 고안된 SM Entertainment의 전략 Culture Technology 컬처 테크놀로지 는 체계적인 인재 육성과 전략적인 글로벌 확장을 강조하며 이런 변화의 토대를 놓았다. YG Entertainment가 빅뱅 Big Bang 같은 아티스트들을 위해 디지털 플랫폼과 바이럴 마케팅을 조기에 도입한 시도에서는, 온라인 참여가 아티스트의 영향력을 확대하고 헌신적인 팬 커뮤니티를 구축할 수 있는 것이 입증되었다. 최근에는 BTS가 대표적인 경우로, 팬덤 아미 fan armies 의 부상과 전략적으로 설계된 소셜 미디어 캠페인이 아티스트와 팬, K-팝 산업 간의 역학 관계를 재정립하며, 헌신적인 고객을 적극적인 브랜드 홍보대사로 바꿔 놓았다.

한국 엔터테인먼트 기업들은 팬의 직접적인 참여와 커뮤니티 구축을 우선시하는 혁신적인 마케팅 접근 방식을 개척해 왔다.

HYBE의 Weverse, SM Entertainment의 DearU bubble 같은 플랫폼이 대표적인 예로, 유니버스 Universe 라는 개념은 팬들이 아티스트와 쌍방향으로 소통하고 독점 콘텐츠에 접근할 수 있으며, 활발한 팬 생태계에 참여할 수 있는 몰입형 디지털 공간을 만들어 간다. 이런 접근법은 소속감을 함양하고 정체성을 공유하게 함으로써 전통적인 마케팅을 뛰어넘어 수동적인 고객을 K-팝 현상의 적극적인 참여자로 바꾸는 효과를 기대할 수 있다.

기업 개요

Koreaboo
설립 - 2010년
웹사이트 - https://www.koreaboo.com

Koreaboo는 한국 대중 음악과 문화를 집중적으로 다루는 틈새 블로그로 시작했지만, 이제는 전 세계의 누리꾼에게 한국 관련 뉴스와 특징 및 커뮤니티에 참여할 기회를 제공하는 선도적인 디지털 미디어 플랫폼으로 성장했다. Koreaboo는 K-팝에 대한 새 소식을 신속히 보도하고 바이럴 트렌드 viral trend 에 집중하며, 열정적인 해외 팬층과 소통하는 능력으로 차별화된 서비스를 제공한다. Koreaboo는 음악 분야를 넘어 이제는 한국 드라마와 영화, 유명 연예인의 라이프스타일, 폭넓게는 한국 문화의 다양한 면까지 아우르며 취급 범위를 꾸준히 넓혀왔다.

Koreaboo의 마케팅 전략은 바이럴 효과, 즉각성, 팬 참여를 활용하는 데 중점을 둔다. Koreaboo는 K-팝에 대한 모든 것을 제공하는 플랫폼으로 포지셔닝하며, 매혹적인 헤드라인과 소셜 미디어 친화적인 콘텐츠 및 쌍방향적 기능을 활용해 시청자의 관심을 끌고 트래픽을 유도한다. Koreaboo의 마케팅은 시의적절함과 유행 선도를 강조하며, 지속적인 업데이트와 공동체 의식을 추구하는 열성적인 팬들에게 어필한다. Koreaboo는 고객과의 직접적인 소통을 강화하고 팬들의 대화에 적극적으로 참여함으로써 강력한 브랜드 정체성과 충성도 높은 팬층을 구축해 왔다.

* 바이럴 트렌드(viral trend): 디지털 마케팅 분야에서 특정 콘텐츠나 아이디어 또는 주제의 인기가 급격하게 올라가며 널리 공유되는 현상을 가리킨다.

Soompi
설립 - 1998년
웹사이트 - https://www.soompi.com

K-팝이 세계적으로 폭발적인 성장을 보이기 이전부터 Soompi는 온라인에서 한국 대중문화를 전문으로 취급하는 가장 오래되고 가장 존중받는 커뮤니티 중 하나로 인식되었다. 처음에는 팬 사이트로 시작해 이제는 종합적인 소식을 전하는 커뮤니티 플랫폼으로 성장한 가운데 K-팝과 K-드라마, 더 넓게는 한국 엔터테인먼트를 다룬 기사와 토론 및 독점적인 콘텐츠를 제공하고 있다.

Soompi의 마케팅 전략은 공동체 의식과 진실성을 조성하며, 가입자들에게만 허용되는 특권을 강조하는 데 중점을 두고 있다. Soompi는 신뢰할 수 있는 정보원이자 팬 소통의 허브로 포지셔닝하며, K-팝 세계에서 오랫동안 축적한 경험을 바탕으로 신뢰도와 충성도를 높이고 있는 플랫폼이다. Soompi는 시의적절한 뉴스 보도와 심층적인 특집 기사를 통해 일반 팬과 열성 팬 모두에게 어필한다. 또한 팬들에게 소통과 토론, 열정을 공유할 수 있는 공간을 제공함으로써 활발한 커뮤니티를 구축한 가운데, 이를 통해 팬들의 참여를 독려하고 K-팝 문화의 중심으로서의 위상을 강화하고 있다.

마케팅 퍼널

> **The original viral K-Pop media company.** (Koreaboo - social media)
> 원조 바이럴 K-팝 미디어 기업. (Koreaboo - 소셜 미디어)

이 슬로건의 목표는 브랜드 인지도를 구축하고 관심을 끌며, Koreaboo를 다른 K-팝 뉴스 매체와 차별화하는 것이다. 이 슬로건은 신뢰성과 권위 및 바이럴리티라는 개념을 활용해 K-팝의 기존 팬만이 아니라 새로운 팬까지 끌어들인다는 점에서 효과가 있다. The original이란 문구에서 Koreaboo가 선구자라는 것이 암시되고, 오래전부터 뉴스와 트렌드에 대해 신뢰받던 출처로 포지셔닝된다. viral이란 단어를 사용함으로써 Koreaboo는 빠르게 확산되고 트렌드를 선도하며 공유되는 콘텐츠와 관련성을 지니며, 트렌드를 앞서가고 대화에 참여하기를 원하는 팬들에게 어필한다. Koreaboo에 대해 잘 모르는 신규 사용자에게도 이 슬로건은 Koreaboo의 목적과 가치를 즉각적으로 전달한다. 권위와 바이럴리티, 차별화를 한꺼번에 융합해 K-팝 콘텐츠에 접근하기 위한 필수 브랜드로 Koreaboo를 자리매김해 준다.

> **"K-Pop Idols" offers fans an unprecedented backstage pass to the world's biggest musical phenomenon.** (Apple TV - trailer)
> 'K-팝 아이돌'은 팬들에게 세계 최대의 음악 현상을 직접 엿볼 수 있는 전례 없는 백스테이지 패스를 제공합니다. (Apple TV - 예고편)

이 단계에서 잠재 고객들은 K-팝이 세계적인 현상이라는 것을 이미 알고 있지만, 그 콘텐츠에 관심을 가져야 할 설득력 있는 이유가 필요하다. 이 슬로건은 호기심을 자극하고 독점성을 부여한다는 점에서 효과가 있다. unprecedented backstage pass라는 문구는 이 다큐멘터리가 K-팝 아이돌의 세계에 대해 배타적이고 전에 공개된 적이 없는 인사이트가 제공한다는 것을 암시한다. 이 슬로건에서 K-팝은 the world's biggest musical phenomenon으로 불림으로써 K-팝은 놓쳐서는 안 될 문화적인 세력으로 포지셔닝된다. 슬로건에 쓰인 단어들에서 K-팝은 모두가 반드시 알아야 할 것이라 추천되고 있어 대중문화에 관심 있는 보통 팬이나 일반인조차도 다큐멘터리를 시청하고 싶어할 수 있다. 이 메시지는 예고편의 일부이므로 시청자들에게 다큐멘터리 전체를 시청하도록 유도하는 덫으로서의 역할을 한다. 다시 말해, 정보를 제공하는 데 그치지 않고 잠재 고객들이 시청하거나 구독해 공유하도록, 요컨대 구체적인 행동을 취하도록 유도한다.

> **It's raining men. Amen. Here are your handsome and charismatic men of Waterbomb Day 1.**
> (Hellokpop - social media)
>
> **남자들이 비처럼 내리기를. 아멘. 잘생기고 카리스마 넘치는 남자들이, 워터밤 1일차에.** (Hellokpop - 소셜 미디어)

소셜 미디어에 게시된 이 글은 유머, 문화적 지시체, 팬심을 활용해 참여를 유도한다는 점에서 효과적이다. It's raining men. Amen라는 문구는 웨더 걸스 The Weather Girls 가 1982년 발표한 노래 「It's Raining Men」을 노골적으로 인용한 것이다. 이런 대중문화적 요소의 인용으로 게시물이 장난스럽고 재밌는 분위기를 띠고,

워터밤 페스티벌에 잘생긴 아이돌들이 참석하고 물싸움이 있을 것이라 짐작된다. Hellokpop은 Here are your handsome and charismatic men이라 명시적으로 언급하며 아이돌의 비주얼과 매력, 역동적인 공연에 대한 팬들의 관심에 직접적으로 호소한다. 이 문구가 팬들을 들뜨게 만들어 클릭, 좋아요, 공유, 댓글에서의 반응이 증가할 가능성이 커진다. 이 메시지는 소셜 미디어에 게시된 글인 까닭에 더 진지한 참여를 유도하는 것이 목표이다. 따라서 이 게시글은 티저 teaser 역할을 하며, 1일차에 출연하는 남자 아이돌이 누구인지 팬들을 궁금하게 만든다. 요컨대 여기에서 선택된 단어들이 잠재 고객에게 링크를 클릭하거나 좋아하는 아이돌에 대해 댓글을 달거나, 다른 팬들과 정보를 공유하는 등 추가로 행동하도록 자극한다.

> **Check out the link in our Stories to get tickets to FIFTY FIFTY's Love Sprinkle Tour in USA!** (Soompi - social media)
>
> **'피프티 피프티'의 미국 러브 스프링클 투어 티켓을 구매하려면 우리 스토리에서 링크를 확인하세요!** (Soompi - 소셜 미디어)

이 메시지의 목적은 망설임을 해소하고 즉각적인 행동을 유도해 티켓 구매로 이어지게 하는 것이다. Check out the link in our Stories라는 문구는 잠재 고객에게 다음 차례로 무엇을 해야 하는지 정확히 말해 주는 직접적이고 긴급한 콜 투 액션이다. 24시간 후에는 사라지는 인스타그램 스토리 Instagram Stories 로 사용자를 유도함으로써, 사용자는 신속하게 행동하지 않으면 기회를 놓칠 수 있다는 두려움 fear of missing out, FOMO 을 느낄 수 있다. 아이돌 그룹의 이름을 눈에 띄게 표기함으로써 투어 소식을 이미 팔로우하고 있는 팬들의 관심을 즉시 사로잡는 게시글이다. Love Sprinkle Tour in USA

라는 표현은 행사 장소를 부각해 해외 팬들에게 피프터 피프티의 라이브 공연을 볼 기회가 있다는 것을 다시 상기시킨다. 팬들에게 즉시 티켓을 구매하도록 유도함으로써 Soompi는 참여를 극대화하고 직접 판매를 독촉하며, 관심을 행동으로 전환하는 데 도움을 준다.

> **Minji, Hanni, Danielle, Haerin, and Hyein have announced their new start! (Read more in our Stories 🔗) What do you think about their new group name?** (Soompi - social media)
> 민지, 하니, 다니엘, 해린, 혜인이 새 출발을 알렸습니다! (우리 스토리에서 더 자세히 읽어보세요 🔗) 그들이 새로 선택한 그룹 이름에 대해 여러분은 어떻게 생각하시나요? (Soompi - 소셜 미디어)

이 게시물은 핵심 정보, 즉 그룹의 새 이름을 의도적으로 감추어 팬들의 마음을 계속 설레게 만들며 팬들의 기대와 궁금증을 효과적으로 극대화한다. Soompi는 새 그룹명을 명확히 공개하는 대신 멤버들의 이름을 나열함으로써 호기심을 불러일으키고 클릭을 통한 링크율을 높인다. 그 이름들을 아는 팬이라면 개인적으로 관련되었다는 느낌을 받아 스토리에 있는 링크를 눌러 전체 공지를 확인하고 싶은 충동을 느낄 것이다. K-팝 팬들은 좋아하는 아이돌에게 깊은 애착을 느끼고, 그 아이돌에게 큰 변화가 생기면 강렬한 궁금증을 불러일으키기 때문에 이 기법은 특히 효과적이다. announced their new start라는 문구는 세부 정보를 공개하지 않고도 중요한 변화를 암시하며 미스터리한 분위기를 더해 참여를 유도한다.

마케팅 퍼널 프랙티스

인지(Awareness)

Experience/Uncover/Immerse yourself in the world/phenomenon/wave of K-Pop.
K-팝의 세계/현상/열풍을 경험해 보세요/만나 보세요/푹 빠져 보세요

Beyond/More than/Not just music, a movement/culture/revolution.
음악을 넘어섭니다/음악, 그 이상입니다/단순한 음악이 아닙니다. 하나의 운동/문화/혁명입니다.

Where music/passion/fandom meets/ignites/explodes.
음악/열정/팬덤이 만나는/불타오르는/폭발하는 곳입니다.

Discover/Connect with/Join the global/worldwide/unstoppable K-Pop community/family/nation.
국제적인/전 세계적인/막을 수 없는 K-팝 커뮤니티/가족/네이션을 만납니다/교류합니다/함께합니다.

Your gateway/passport/all-access pass to K-Pop/Hallyu/the Korean Wave.
K-팝/한류/K-웨이브로 들어가는 데 필요한 관문/여권/만능 패스입니다.

관심(Interest)

Feel/Experience/Live the rhythm/energy/passion of K-Pop.
K-팝의 리듬/에너지/열정을 느껴 보세요/경험해 보세요/실감해 보세요.

Your/The ultimate destination/source/hub for everything/all things/the latest K-Pop.
K-Pop에 대한 모든 것/전부/최신 소식을 구할 수 있는 당신의/궁극적인 목적지/출처/허브입니다.

Music/Artists/Stories that move/inspire/captivate you.
당신에게 감동/영감/황홀감을 주는 음악/아티스트/스토리.

Connect/Engage/Interact with fans/idols/artists worldwide.
전 세계의 팬/아이돌/아티스트와 연결합니다/함께합니다/소통합니다.

Dive/Delve/Immerse deeper into the world/culture/magic of K-Pop.
K-팝의 세계/문화/마법에 더 깊이 빠져 보세요/파고들어 보세요/몰입해 보세요

고려(Consideration)

The sound/beat/rhythm of a generation/Korea/the future.
한 세대/한국/미래의 사운드/비트/리듬.

More than music/idols/entertainment, a lifestyle/culture/movement.
음악/아이돌/엔터테인먼트를 넘어, 새로운 라이프스타일/문화/운동입니다.

Experience/Discover/Unlock the power/passion/phenomenon of K-Pop.
K-팝의 힘/열정/현상을 경험해 보세요/만나 보세요/실감해 보세요.

Join the millions/fans who are obsessed/hooked/captivated.
K-팝에 사로잡힌/푹 빠진/매료된 수백만/팬들과 함께하세요.

> Where music/fandom/community meets/joins forces/unites.
> 음악/팬덤/커뮤니티가 만나는/힘을 합치는/하나가 되는 곳.

구매 결정(Decision)

> Become/Join/Enter the world/universe/family of K-Pop.
> K-팝의 세계/우주/가족이 되어 보세요/함께하세요/들어오세요.

> Start your obsession/journey/adventure today.
> 오늘 당신의 열정/여정/모험을 시작하세요.

> Experience/Discover/Unlock the magic/power/thrill for yourself.
> K-팝의 마법/힘/스릴을 직접 경험하세요/발견하세요/열어 보세요.

> Stream/Listen/Watch the music/videos/content that's sweeping the internet/taking over the world/redefining pop culture.
> 인터넷을 휩쓸고/전 세계를 장악하고/대중문화를 재정의하고 있는 음악/비디오/콘텐츠를 스트리밍하세요/청취하세요/시청하세요.

> Don't miss out/get left behind/be the last to know.
> 놓치지 마세요/뒤처지지 마세요/뒤늦게 알게 되는 사람이 되지 마세요.

충성도(Loyalty)

> Your ultimate/essential/go-to source for all things/everything/the lasted K-Pop.
> K-팝에 대한 모든 것/전부/최신 소식을 구할 수 있는 궁극적인/필수적인/믿을 만한 출처입니다.

Connect/Engage/Interact with fellow fans/enthusiasts worldwide.
전 세계의 동료 팬들/열성적인 팬들과 연결/접속/소통해 보세요.

Share/Celebrate/Express your love/passion/obsession for K-Pop.
K-팝에 대한 사랑/열정/애착을 공유/기념/표현하세요.

Beyond the music/fandom/community, a lifestyle/culture/movement.
음악/팬덤/커뮤니티를 넘어, 하나의 라이프스타일/문화/운동입니다.

Keep the dream/passion/fire alive.
꿈/열정/열기를 계속 이어가세요.

한국 전통 음식   Korean Traditional Food

배경

한국 전통 음식의 글로벌 마케팅은 틈새 에스닉 푸드 ethnic cuisine 에서 벗어나 주류 요리 트렌드로 전환하며 중대한 변화를 겪었다. 초기 마케팅 활동은 한국 전통 음식에 생소한 사람들에게 기본적인 요리와 식재료를 소개하는 데 집중하는 경우가 많았다. 하지만 최근 수년 전부터는 한국 음식에 내재한 진정성, 건강상의 이점, 풍부한 문화 유산을 점점 강조하는 캠페인에 주력했다.

이런 변화가 일어난 결정적인 계기는 한국 정부가 2009년에 시작한 한식 세계화 사업이었다. 이 캠페인은 한국 음식을 국제적으로 홍보하는 것을 목표로 삼고, 김치와 비빔밥, 불고기 등 한국의 대표적인 음식에 초점을 맞추었다. 이 사업은 요리 외교 culinary diplomacy, 음식 축제, 유명 셰프와의 파트너십 등 다각적인 접근 방식으로 한국 음식에 대한 인지도를 높이고, 긍정적인 이미지를 구축했다.

또 하나의 핵심적 요인은 전 세계 사람의 마음을 훔친 K-팝과 K-드라마 및 한국 영화를 통한 한류 the Korean Wave 의 부상이었다. 이런 문화적 현상이 자연스럽게 음식으로 확장되며, 시청자들은 화면에 비친 음식에 대해 점점 호기심을 갖게 되었다. CJ CheilJedang Bibigo를 비롯해 여러 브랜드가 이런 추세를 성공적으로 활용해 K-팝 스타와 K-드라마에 기반한 제품 간접 광고 product placement, PPL 로 제품을 홍보하며 국제적인 인지도를 구축해 나갔다.

카피라이팅도 단순한 음식 설명을 넘어 한국 음식에 대한 이야기와 전통, 건강상의 이점을 강조하는 내러티브를 꾸미는 방식으로 이런 변화에 중요한 역할을 했다. 이제는 전통 음식을 뜻하는 한국어, '한식'이란 단어가 마케팅에서 진정성과 문화적 깊이를 전달하기 위해 더 자주 사용되고 있다. 성공적인 캠페인에서는 발효 과정, 신선한 제철 재료의 사용, 한식 특유의 균형적인 맛이 자주 부각된다. 한국 전통 음식과 관련된 산업도 단순히 음식을 판매하는 수준에서 그치지 않고 경험을 판매하는 수준, 즉 한국 문화를 맛보고 풍부한 미식 유산으로의 여정을 제공하는 방향으로 옮겨갔다.

* 에스닉 푸드(ethnic cuisine/food): 이국적인 분위기를 풍기는 세계 각국의 민족적이고 토속적인 음식.

기업 개요

Oseyo
설립 - 2016년 (첫 영국 매장 개업)
웹사이트 - https://oseyo.co.uk

Oseyo는 런던의 한 매장으로 출발해 이제는 영국 전역에 분포된 주요 한국 슈퍼마켓 체인으로 빠르게 성장했다. Oseyo는 영국에 거주하는 한국인과, 한국 음식에 관심 있는 영국인 모두에게 다양한 정통 한국 식품을 제공하는 데 주력하고 있다.

    Oseyo의 마케팅 전략은 식료품뿐만 아니라 한국식 라이프스타일의 맛까지 제공하는 문화 허브로 포지셔닝하는 데 중점을 두고 있다. 따라서 Oseyo의 캠페인에서는 한국 음식 문화의 생동감과 다양성이 자주 강조되고, 경험 많은 애호가와 호기심 많은 신규 고객 모두를 타깃으로 한다.

Maeil Foods (Ajumma Republic)

설립 - 1969년 (모회사는 Maeil Dairies, Ajumma Republic이란 브랜드는 나중에 출시됨)

웹사이트 - https://www.maeili.com (Ajumma Republic - 온라인 소매 판매점)

Maeil Foods는 Ajumma Republic이란 브랜드를 통해 한국 식품을 해외 시장에 성공적으로 진출시켰다. Maeil Dairies는 한국의 주요 유제품 기업인 반면, Ajumma Republic은 포장된 한국식 소스와 조미료, 간편식에 집중하며 특히 해외 소비자를 타깃으로 한다.

    Ajumma Republic의 마케팅은 뛰어난 요리 실력과 현실적인 태도로 유명한, 중년 여성을 뜻하는 단어 '아줌마'의 전형을 영리하게 활용한다. 이런 브랜딩은 진정성과 가정식 요리라는 느낌을 빚어낼 뿐만 아니라, 한국 문화에 익숙한 사람들에게는 친근함과 재미까지 더해준다.

Jungsik

설립 - 2011년 (뉴욕 지점)

웹사이트 - https://www.jungsik.com

Jungsik은 서울과 뉴욕에 지점을 둔 고급 식당으로, 한국 전통 요리에 혁신적이고 현대적으로 접근해 미슐랭 2스타를 획득하며 한국 파인 다이닝을 재정립했다. Jungsik은 정교한 기법과 예술적인 플레이팅을 통해 한국 요리의 품격을 높이고, 한국 음식에 대한 선입견을 깨뜨린다.

    Jungsik의 마케팅 전략은 요리의 예술성과 특별한 식사 경험을 강조하는 데 있다. Jungsik의 메시지에서는 셰프의 창의적인 비전과 한식의 경계를 넓히려는 식당의 책무가 주로 부각되며 세련되고 혁신적인 요리를 맛보려는 안목 있는 고객들을 타깃으로 한다.

*파인 다이닝(fine dining): 양질의 음식이 격식을 갖추어 제공되는 비싼 식당에서 이루어지는 식사.

마케팅 퍼널

> **Korean food & culture hub.** (Oseyo - store signage)
> 한국 음식과 문화의 중심지. (Oseyo - 매장 간판)

이 단계에서는 브랜드를 소개하고 브랜드 정체성을 확립하는 것이 목표이다. 따라서 Oseyo를 아직 잘 모르는 잠재 고객의 관심을 사로잡는 것이 목표가 된다. 이 슬로건은 짧고 직접적이며 기억하기 쉽다. Korean food & culture라는 표현을 사용해 Oseyo는 식료품점일 뿐만 아니라 한국 제품과 요리 및 전통이 존재하는 공간이라는 것을 지체 없이 전달한다. 영국 매장의 간판에 쓰인 까닭에, 지나가는 행인이나 매장을 방문하는 사람의 관심을 끄는 것이 슬로건의 목적이 된다. 또한 익숙한 제품을 찾는 한국 교민만이 아니라 한국 음식과 문화에 관심이 많은 외국인 고객에게도 호소하기 때문에 효과적일 수 있다. 이런 은근한 초대는 사람들에게 매장에 들어와 자세히 살펴보도록 유혹한다.

> **Ajumma Republic** (Maeil Foods - brand name)
> 아줌마 리퍼블릭 (Maeil Foods - 브랜드명)

Ajumma Republic이 국제 식품 브랜드의 이름으로 적합한 이유는 '아줌마'라는 단어가 한국 문화에 대한 외국인의 인식과 그런데로 부합하기 때문이다. 많은 한국인에게 아줌마라는 단어는 따뜻함, 집밥, 전통적인 맛을 떠올려 준다. 하지만 한국에 대해 그럭저럭 아는 외국인들에게는 화려한 꽃무늬 옷에 얼굴 가리개를 쓰고 뽀글뽀글 파마를 한 과감한 차림의 여성을 떠올려 준다. 구글에서 아줌마 Ajumma를 검색하면 나이 든 한국 여성을 유머러스하게 묘사한 모습을 주로 보여준다. 이런 결과는 외국인들이 이 단어를 어떻게 생각하는지를 보여준다. 하지만 한국의 검색 엔진 네이버에서 이 단어를 검색하면 한국 사회에서 아줌마들이 차지하는 일상적인 역할에 초점이 맞추어져 검색 결과가 상대적으로 중립적이고 실질적이다. 이런 대조적인 결과에서 '해외에서 마케팅할 때는 기업의 의도보다 고객의 관점이 더 중요하다'라는 브랜딩의 중요한 교훈이 부각된다. Maeil Foods는 이런 교훈을 받아들여, 한국 문화에 대해 아는 외국인 소비자들이 즉각 알아볼 수 있도록 Ajumma라는 단어를 브랜드명에 사용한 것이다.

> **We invite you to come and experience the boldly flavored and whimsical culinary offerings of restaurant Jungsik.** (Jungsik New York - website)
> **레스토랑 Jungsik이 대담하게 맛을 낸 기발한 요리를 직접 오셔서 경험해 보세요.** (Jungsik New York - 웹사이트)

이 메시지는 감각적 자극, 배타성, 고상한 식사를 강조함으로써 효과를 기대한다. We invite you라는 문구는 미묘하지만, 잠재 고객에게 해당 레스토랑을 직접 방문해 환영을 받은 듯한 느낌을 주기에 충분하다. Jungsik이 제공하는 메뉴를 단순히 나열하지 않고, 특별하고 따뜻한 대우를 받을 것이라는 기운을 더해주며 Jungsik에서의 식사가 특별한 경험이 될 것이라 유혹하는 메시지이 메뉴가

boldly flavored and whimsical culinary offerings라고 표현되며 Jungsik에서의 식사는 고상하고 전위적인 avant-garde 식사로 포지셔닝되어 고급 요리에 대한 기대감을 높인다. Jungsik은 이 메시지를 통해 고객에게 기억에 남을 만한 식사를 하게 될 것이란 느낌을 주며 예약이나 방문 가능성을 높인다.

> **South Korean cuisine has become renowned across the world for its tongue-tingling spicy dishes, including kimchi, buldak chicken and super hot Samyang noodles. Delve into a range of other tasty flavours with our favourite Korean ingredients, snacks and drinks.** (Oriental Mart UK - website)
>
> **한국 음식은 김치, 불닭 치킨, 엄청 매운 삼양라면 등 혀를 얼얼하게 하는 매콤한 음식으로 전 세계에 유명해졌습니다. 우리가 엄선한 한국 식재료 및 간식류, 음료로도 다른 다양한 좋은 맛을 경험해 보세요.** (Oriental Mart UK - 웹사이트)

한국 음식의 매력을 강조하고 고객의 선택에 조언하며 특정 제품을 구매하도록 자극하는 효과가 기대되는 메시지이다. 이 메시지가 한국 음식이 세계적으로 유명하다는 점을 강조하는 것으로 시작하는 이유는 그 사실이 사회적 증거의 한 형태이기 때문이다. 또한 kimchi, buldak chicken, and super hot Samyang noodles라고 품목을 나열하며, 한국 음식 중에서 가장 널리 알려지고 유명한 몇몇 식품을 전략적으로 부각한다. 이런 접근법은 기존 고객의 친숙성을 활용하면서도, 대담하고 모험적인 맛을 선호하는 고객에게 어필하는 것이기도 하다. Delve into a range of other tasty flavours라는 문구는 고객에게 단순히 매운 음식을 넘어 더 다양한 맛을 경험해 보라고 유도한다. 이렇게 다양한 선택지를 제시하면 잠재 구매력을 확대해 더 많은 상품을 판매하는 효과를 기대할 수 있다.

> **The Chef's Counter is an intimate and personable experience featuring a U-shaped counter and an up-close look at our open kitchen. There are two seatings, at 5:30PM and 8:45PM. Reservations are required.** (Atomix New York - website)
> **셰프의 카운터는 U자형 카운터에서 친밀하면서도 품격 있게 식사하는 경험과 개방형 주방을 가까이에서 지켜보는 즐거움을 드립니다. 오후 5시 30분과 8시 45분, 두 차례 이용 가능하며 예약은 필수입니다.** (Atomix New York - 웹사이트)

파인 다이닝을 중시하는 단골 고객과, 레스토랑 Atomix의 명망을 잘 알고 있는 첫 방문 고객 모두를 타깃으로 하는 메시지이다. intimate and personable experience라는 문구에서 셰프의 카운터 Chef's Counter 는 일반적인 좌석이 아니라 배타적이고 특별한 공간으로 포지셔닝된다. 이런 표현 방식은 조리팀과 더 깊이 함께하는 유대감을 중시하는 고상한 식사 손님들에게 어필한다. U자형 카운터와 개방형 주방 open kitchen 을 강조함으로써 식사 손님이 쌍방향으로 조율된 미식 여정의 일부라는 것을 부각하는 메시지이기도 하다. two seatings, at 5:30 PM and 8:45 PM이라는 언급은 셰프의 카운터가 제한된 기회라는 것을 강조한다. 이런 접근 방식으로 Atomix의 브랜드 이미지가 격상되고, Atomix에서의 식사는 일반적인 레스토랑 방문이 어떤 중요한 행사, 꼭 예약해야 할 요리 행사라고 느끼게 된다.

마케팅 퍼널 프랙티스

인지(Awareness)

Discover/Explore/Experience the flavors/tastes/traditions of Korea.
한국의 풍미/맛/전통을 발견합니다/탐험합니다/경험합니다.

Beyond kimchi/bibimbap/bulgogi, a world/universe/journey of culinary delights/discoveries/sensations.
김치/비빔밥/불고기를 넘어, 유쾌한/새로운/감각적인 요리의 세계/우주/여정을 즐겨 보세요.

Taste/Savor/Experience the authentic/real/true flavors of Korea.
한국의 진정한/진짜/본연의 풍미를 맛봅니다/음미합니다/경험합니다.

Your gateway/passport/introduction to Korean cuisine/gastronomy/culinary heritage.
한국 요리/미식/음식의 유산을 향한 관문/여권/소개장입니다.

More than just food/ingredients/recipes, a culture/tradition/experience.
음식/식재료/조리법을 넘어, 문화/전통/경험입니다.

관심(Interest)

Spice up/Elevate/Transform your meals/cooking/life with Korean flavors.
한국의 양념으로 당신의 식사/요리/삶에 맛을 더합니다/격을 높입니다/변화를 줍니다.

From our table/kitchen/family to yours/your home/your heart.
우리 식탁/주방/가족에서부터, 당신의 식탁/가정/마음까지.

Experience/Discover/Uncover the secrets/magic/art of Korean cooking.
한국 요리의 비밀/마법/예술을 경험합니다/발견합니다/밝혀냅니다.

Ingredients/Flavors/Traditions that inspire/delight/captivate.
영감을 주는/기쁨을 주는/마음을 사로잡는 식재료/맛/전통.

Your culinary adventure/journey/exploration begins here/now/today.
당신의 요리 모험/여정/탐험은 여기/지금/오늘부터 시작됩니다.

고려(Consideration)

Authentic/Traditional/Genuine Korean flavors/ingredients/products.
정통한/전통적인/진짜 한국의 맛/식재료/상품.

Quality/Freshness/Taste you can trust/rely on/depend on.
당신이 신뢰할 수 있는/의지할 수 있는/믿을 수 있는 품질/신선함/맛.

Handpicked/Carefully selected/Expertly crafted for your/ultimate/authentic Korean food experience.
당신의/궁극적인/진정한 한국 음식을 경험할 수 있도록 정성껏 골랐습니다/신중하게 엄선했습니다/전문가의 자문을 받아 조리했습니다.

Taste the difference/heritage/tradition in every bite/dish/meal.
한 입 한 입에서/요리 하나하나에서/매 끼니에서 차이/유산/전통을 느껴 보세요.

Elevate/Transform/Reimagine your cooking/meals/dining with authentic/premium/exceptional Korean ingredients.
정통한/프리미엄/최고급 한국 식재료로 당신이 요리한 음식/식사/미식 경험에 품격을 높여 보세요/변화시켜 보세요/새롭게 상상해 보세요.

구매 결정(Decision)

Bring home/Share the flavors/tastes/traditions of Korea today/tonight.
오늘/오늘 밤, 한국의 양념/맛/전통에 대해 더 깊이 느껴 보세요/나눠 보세요.

Experience/Discover/Unlock the magic/joy/delight of Korean cuisine.
한국 요리의 마법/기쁨/환희를 경험해 보세요/만나 보세요/맛보세요.

Join the movement/trend/revolution that's sweeping the globe/taking over kitchens/redefining flavor.
전 세계를 휩쓸고/주방을 장악하고/맛을 재정의하고 있는 움직임/트렌드/혁명과 함께하세요.

Choose authentic/premium/exceptional Korean food/ingredients/products.
정통한/프리미엄/뛰어난 한국 음식/식재료/상품을 선택해 보세요.

Start your culinary adventure/journey/exploration with us.
우리와 함께 요리의 모험/여정/탐험을 시작해 보세요.

충성도(Loyalty)

Your trusted source/partner/destination for authentic/premium/exceptional Korean food.
정통한/프리미엄/뛰어난 한식에 대한 정보를 얻을 수 있는 믿을 만한 출처/파트너/식당(매장).

Sharing/Celebrating/Honoring the traditions/flavors/heritage of Korea together/with you.
한국의 전통/맛/유산을 함께/여러분과 함께 나누려고/축하하려고/기리려고 합니다.

Growing/evolving/expanding your culinary horizons/repertoire/experience.
요리의 지평/레퍼토리/경험을 넓혀/발전시켜/확장해 보세요.

Experience/Discover/Unlock the joy/delight/satisfaction of Korean cuisine, again and again/every time.
한국 요리의 기쁨/즐거움/만족감을 되풀이해서/매번 경험해 보세요/만나 보세요/느껴 보세요.

Become part of our/the family/community/movement of Korean food lovers/ enthusiasts/ connoisseurs.
한식 애호가/열광자/감정가로 이루어진 우리/가족/커뮤니티/운동 조직의 일원이 되어 보세요.

Editor's Page

그 어떤 표준화

늘 카피라이팅에 혼용되어 있는 영어와 국문을 보며, 1차적으로 의미 전달만 되는 수준의 영어가 아니라, 그들의 카피라이팅을 모델로 삼아 영문/국문 카피라이팅 병기의 기준축을 재정렬해 보면 어떨까 하는 생각이 들었습니다. 한국어 환경의 카피라이팅에서 영어를 국문에 대한 주의 환기 차원의 보조 도구가 아니라 영문 카피라이팅을 중심에 두고, 그에 상응하는 국문 카피라이팅을 다시금 정렬해 보고 싶었습니다. 어떤 model 같은 기준을 접하면, 한국어 카피라이팅에서도, 또 그 병기 방식이나 조화로운 사용에 있어서도 새로운 시선을 얻을 수 있지 않을까 기대했습니다. 영어 콘텐츠를 기획하면서 authenticity는 늘 중심에 두는 명제입니다.

그러던 중 『마케팅 설계자』라는 책을 접했습니다. 퍼널이라는 개념이 새로웠고, 각 산업별로 퍼널의 단계별 접근을 결합해 중층적인 카피라이팅의 면면을 보여 주면 어떨까 하는 생각으로 이어졌습니다.

카피라이팅의 문화적 뉘앙스를 세밀히 전해주실 수 있을 한국외대 통번역대학원 교수자이자 동대학원 통번역센터에서 한국어 번역자의 번역문을 다수 감수해 온 이력이 있는 저자분과 『Hollywood Verbs: 동작과 행동의 영어』 작업을 함께했던 저자, 이렇게 두 분의 원어민 언어 전문가를 모셨습니다. 번역이라는 여정이 필요할 것이지만 원어민성으로 바라본 카피라이팅의 뉘앙스가 왜곡 없이 전달되길 바랐습니다.

이러한 생각의 단초들로 기획을 꾸렸지만, 산업별 스펙트럼으로 다양한 사례가 펼쳐지는 가운데 생각지도 못한 언어의 내밀함을 많이 보았습니다. 언어 접근은 단순히 구조적인 효율만으로 알게 되지 않는다는 점, 구조는 1차 맵에 불과하다는 점을 확인했습니다. 다양한 산업, 그리고 마케팅 퍼널이라는 렌즈를 통해 드러나는 언어의 역동성을 통해 우리 삶에서 언어가 자리 잡는 방식을 흥미롭게 관찰할 수 있었습니다.

언어 사용성이 글로벌 맥락에서 표준화되어 가는 지점 역시 다시 살펴보게 되어 흥미로웠습니다. 더 이상 고립된 언어 사용은 없으며, 표준화의 단위 자체가 글로벌 기준임을 새삼 확인했습니다. 그 사이 로컬라이제이션의 형태로도 널리 자리 잡아 가는 문자의 현장을 목도하는 기분이었습니다.

망라하는 지식의 구조를 그리면서도 세부적으로는 전혀 다른 특질을 보여 주는 언어의 현장을 즐거이 발견하는 일독이 되셨기를 바랍니다.

편집자 김효정